中国共产党不忘初心，全中国人民也要不忘初心，不忘我们的革命宗旨、革命理想，不忘我们的革命前辈、革命先烈，不要忘了我们苏区的父老乡亲。

——2019 年 5 月 20 日，习近平总书记视察赣州时的重要讲话

红土巨变

——赣南苏区振兴发展十周年回眸与展望（2022）

HONGTU　JUBIAN
——GANNAN SUQU ZHENXING FAZHAN SHIZHOUNIAN
HUIMOU YU ZHANWANG (2022)

赣南苏区振兴发展工作办公室　编

中国计划出版社

北　京

《红土巨变——赣南苏区振兴发展十周年回眸与展望（2022）》

序　言

奋力谱写革命老区高质量发展的时代华章

赣南苏区是原中央苏区的主体和核心区域，是人民共和国的摇篮和苏区精神的主要发源地，为中国革命作出了重大贡献和巨大牺牲，在中国革命史上具有特殊重要的地位。90 多年前，党领导人民创建中央革命根据地，成立中华苏维埃共和国，书写了中国革命历史上浓墨重彩的不朽篇章。党的十八大以来，在以习近平同志为核心的党中央坚强领导下，在中央和国家机关的鼎力支持下以及江西省委、省政府的高位谋划下，赣州市委、市政府团结带领广大苏区干部群众感恩奋进、砥砺前行，谱写了无愧于时代、不负于人民的赣南老区振兴发展新篇章。

赣南等原中央苏区振兴发展战略实施的十年，是用马克思主义中国化最新成果指导革命老区振兴发展伟大实践的飞跃时期。十年来，赣州市以实际行动坚持贯彻新发展理念，在创新发展上注重科技赋能，在协调发展上注重城乡融合，在绿色发展上注重生产生活生态统筹，在开放发展上注重内外联动，在共享发展上注重惠农利农，迈出了高质量发展新步伐。习近平总书记殷切嘱托江西，提出要“努力在加快革命老区高质量发展上作示范、在推动中部地区崛起上勇争先”。赣州市锚定“两个更好”的老区发展目标，向改革开放要动力，向创新创业要活力，向特色优势要竞争力，以“老区中的特区”为参照和坐标，从经济发展、产业集群、乡村振兴、国家区域中心城市、区域性科研创新中心、生态文明建设等方面打造赣州样板，推进革命老区高质量发展示范区建设，为新时代中国特色社会主义建设提供了鲜活案例。

赣南等原中央苏区振兴发展战略实施的十年，是发挥中国特色社会主义制度优势推动革命老区与全国同步发展的飞跃时期。习近平总书记在参加十二届全国人大三次会议江西代表团审议时讲话指出，要着力推动老区特别是原中央苏区加快发展，决不能让老区群众在全面建成小康社会进程中掉队，立下愚公志、打好攻坚战，让老区人民同全国人民共享全面建成小康社会成果。党中央、国务院对赣南老区和老区人民的“老区情怀”，全国一盘棋、集中力量办大事的老区扶持政策，支持赣州与东部地区城市建立的对口合作机制等，充分彰显了中国特色社会主义制度的显著优势。2012 年以来，国家层面建立支持赣南等原中央苏区振兴发展部际联席会议机制，安排 40 个中央国家机关及有关单位对口支援赣州，下派 5 批共 200 多名干部到赣州挂职帮扶，江西省委、省政府定期召开省赣南等原中央苏区振兴发展工作领导小组和省支持推进会议，协调解决赣州需要上级层面支持解决的重大事项，有力助推苏区振兴发展。

赣南等原中央苏区振兴发展战略实施的十年，是赣南老区经济社会发展最快、城乡面貌变化最大、老百姓受益最多的飞跃时期。以人民为中心是党的根本执政理念，必须把发展硬道理更多体现在增进人民福祉上。《国务院关于支持赣南等原中央苏区振兴发展的若干意见》明确提出，解决好民生问题是振兴发展的首要任务。十年来，赣州市脱贫攻坚战取得全面胜利，创造了新中国成立以来最大规模人口脱贫的奇迹——170多万贫困人口全部脱贫，11个贫困县全部摘帽，1 000多个贫困村全部出列，贫困发生率由2012年的23.45%降至0。十年来，赣州市各项民生指标显著提升。累计改造农村危旧土坯房69.52万户，建设农村保障房1.74万套，近300万农民住上新房；全面实施农村饮水安全工程，解决546.8万农村人口安全饮水问题；在全国率先构建基本医疗保险、大病保险、疾病医疗补充保险、医疗救助组成的“四道医疗保障线”，惠及贫困人口146.08万人次。2011年赣州市主要经济指标人均水平只有全国平均水平的三至四成，到2021年大部分人均指标提高到了全国平均水平的五到六成，其中人均GDP（国内生产总值）从1.8万元增长到4.65万元，已从中等偏下收入社会迈入中等偏上收入社会。

赣南等原中央苏区振兴发展战略实施的十年，是传承弘扬中国共产党革命精神、繁荣发展赣南老区精神文明的飞跃时期。赣南是人民共和国的摇篮和苏区精神、长征精神的主要发源地，拥有中华苏维埃临时中央政府旧址群、中央红军长征出发地等名闻遐迩的红色资源。赣南苏区振兴发展对于传承红色基因、赓续红色血脉，具有特别重要的现实意义和支撑作用。赣州市按照红色文化传承创新区的战略定位，充分发挥革命传统深厚和红色资源丰富的区域优势，推进革命文物的统筹规划、连片保护、整体展示、梯次利用，建设一批省级革命文物保护传承示范基地，重点建设和提升中央红军长征出发地纪念园、中央革命根据地纪念馆、长征国家文化公园赣州段等标志性纪念设施，加大对革命历史类纪念设施、遗址的保护修缮和展示利用力度。组织开展“全民诵读红色故事”活动，参与人数超过5 000万人次。坚持把传承弘扬红色基因作为文艺作品创作的主方向，每年策划和推出一批红色题材的精品力作。红色电影《八子》被列为“庆祝新中国成立70周年献礼影片”；策划出版的图书《决不让一个老区群众掉队——脱贫攻坚“赣州答卷”》和《新长征 再出发》宣传了赣州脱贫攻坚的成就；摄制的《从瑞金出发》入选国家广播电视总局“庆祝建党100周年重点纪录片”；推出的红色动漫连续剧《长征总动员》和《红游记》受到中央主流媒体特别关注。

习近平总书记高度关注赣南老区振兴发展事业，先后两次莅临赣州考察指导工作，九次作出重要指示批示，为赣州新时代高质量发展指明前进航向。“文以载道，书以焕彩。”当前正值全面推进新时代革命老区振兴发展的关键时期，系统总结赣南等原中央苏区振兴发展战略实施十年来的成效和经验，对于全国其他革命老区加快高质量发展具有示范与借鉴作用，对于深入探讨习近平新时代中国特色社会主义思想在革命老区的实践路径也有重要的启迪意义。我们期待这本记录赣南等原中央苏区振兴发展十年成效与经验的新时代“老区志”，能够为全国其他革命老区奋力发展提供有益参考，能够成为展示中国特色的革命老区振兴发展道路的重要窗口。

品读《红土巨变——赣南苏区振兴发展十周年回眸与展望（2022）》，十年来，赣南苏区振兴发展、跨越追赶的巨大成绩跃然纸上；十年来，984万赣南儿女感恩奋进、锐意进取的拼搏精神扑面而来；十年来，全市上下众志成城、聚力振兴的奋斗足迹历历在目。

砥砺奋进新征程，扬帆起航再出发。让我们更加紧密团结在以习近平同志为核心的党中央周围，坚持以习近平新时代中国特色社会主义思想为指导，深入贯彻落实党的二十大和习近平总书记视察江西重要讲话精神，立足新发展阶段、贯彻新发展理念、构建新发展格局，聚焦“作示范、勇争先”目标定位，按照江西省委、省政府对赣州提出的“六个第一等”“六个区”的工作要求，大力实施“三大战略、八大行动”，抢抓机遇、乘势而上，感恩奋进、担当实干，加快推进赣州革命老区高质量发展示范区建设，奋力谱写赣南苏区振兴发展新篇章。

是为序。

编者

2022 年 11 月

赣南苏区十年经济社会发展主要指标

类别	指标	2011 年	2021 年	十年增长
经济发展	GDP 总量	1 519.5 亿元	4 169.4 亿元	174.4%
	GDP 增速	12.5%	9.1%	
	人口城镇化率	39.3%	56.4%	
	一般公共预算收入	110.05 亿元	294.07 亿元	167.2%
	固定资产投资增速	28.1%	11.6%	
	社会消费品零售总额	432.32 亿元	1 987.68 亿元	359.8%
民生福祉	贫困人口数量	194.88 万人	0	
	贫困发生率	26.71%	0	
	城镇居民人均可支配收入	16 058 元	40 160 元	150.1%
	农村居民人均可支配收入	4 684 元	14 675 元	213.3%
	民生支出	169.64 亿元	804.76 亿元	374.4%
	民生支出占一般公共预算支出比重	54.4%	83.7%	
基础设施	铁路运营总里程	378 千米	923 千米	144.2%
	高速公路里程数	809.26 千米	1 599 千米	97.6%
	机场旅客吞吐量	51.5 万人	180.8 万人	251.1%
	电力装机	190.6 万千瓦	783.51 万千瓦	311.1%
	天然气长输管道	118 千米	1 098.3 千米	830.8%
产业发展	第一产业增加值	234.6 亿元	427.5 亿元	82.2%
	第二产业增加值	701.1 亿元	1 652.3 亿元	135.7%
	第三产业增加值	583.8 亿元	2 089.5 亿元	257.9%
	规模以上企业数量	781 家	2 478 家	217.3%
	规模以上工业增加值增速	18.7%	11.6%	
	高新技术企业数量	26 家	1 067 家	4 003.8%
	脐橙产量	133.4 万吨	150.4 万吨	12.7%
	A 股上市企业数量	3 家	16 家	433.3%
	红色旅游人数	718.6 万人次	6 348.7 万人次	783.5%
	红色旅游收入	50.7 亿元	613.5 亿元	1 110.1%

续表

类别	指标	2011 年	2021 年	十年增长
生态环境	水土流失综合治理面积	12 705.8 平方公里	21 323.3 平方公里	67.8%
	生态环保支出	12.6 亿元	61.7 亿元	389.7%
	单位 GDP 二氧化碳排放量	0.956 吨 / 万元	0.559 吨 / 万元	–41.5%
社会事业	学前教育毛入学率	61.67%	91.4%	
	九年义务教育巩固率	94.48%	99.74%	
	高中阶段毛入学率	70.61%	93.27%	
	每千常住人口床位数	2.71 张	6.7 张	147.2%
	每千常住人口拥有执业（助理）医师数	1.05 人	2.28 人	117.1%
	每千常住人口拥有注册护士数	1.11 人	2.88 人	159.5%
	医疗保险总参保人数	204.21 万人	913 万人	347.1%
改革开放	进出口总额	292 312 万美元	1 142 328 万美元	290.8%
	实际使用外商直接投资	92 862 万美元	235 099 万美元	153.2%
	引进省外资金项目	157 个	414 个	163.7%
	实际使用省外资金	306.93 亿元	1 093.58 亿元	256.3%

内容提要

《红土巨变——赣南苏区振兴发展十周年回眸与展望（2022）》是对赣南等原中央苏区振兴发展政策实施十年来赣南苏区所取得成效经验的系统总结和深入分析的研究成果。全书共分为总报告、专题报告、县域发展报告三部分。

本书指出，赣南等原中央苏区振兴发展政策实施十年来，在以习近平同志为核心的党中央坚强领导下，在中央和国家机关的鼎力支持以及江西省委、省政府的高位谋划下，赣州市委、市政府团结带领广大苏区干部群众感恩奋进、砥砺前行，全力以赴贯彻落实好《国务院关于支持赣南等原中央苏区振兴发展的若干意见》《国务院关于新时代支持革命老区振兴发展的意见》，以高度的政治自觉和使命担当推进苏区振兴发展，赣南苏区翻开了历史新篇章，进入了经济社会发展最快、城乡面貌变化最大、老百姓受益最多的时期。具体表现在十个方面。

第一，经济高质量跨越式发展势头强劲。主要经济指标增速持续高于全国、全省平均水平，人均水平与全国、全省差距加快缩小。经过十年发展，赣州市 GDP 先后跃上 2 000 亿元、3 000 亿元和 4 000 亿元三个台阶，2021 年 GDP 达到 4 169.37 亿元，经济总量比 2011 年扩大了 1.74 倍；在全国城市排位由第 108 位跃升至第 65 位，十年前进 43 位。

第二，创造了解决贫困顽疾的历史奇迹。面对极其艰巨的脱贫攻坚任务，赣州市坚持以脱贫攻坚贯穿经济社会发展全局，集中资源，尽锐出战，取得脱贫攻坚全面胜利，贫困人口全部脱贫、1 023 个贫困村（含 167 个深度贫困村）全部出列、11 个贫困县全部摘帽，贫困发生率由 2011 年的 26.71% 降至 0，创造了新中国成立以来赣州市最大规模人口脱贫的奇迹。

第三，人民生活芝麻开花节节高。城乡居民就业途径更加广泛，增收渠道更加多样，“钱袋子”装得更满。2021 年，赣州市城镇居民人均可支配收入达 40 160 元，比上年增长 8.5%，增幅居全省第 2 位，与 2011 年相比，增加 1.5 倍，年均增长 9.5%；农村居民人均可支配收入达 14 675 元，比上年增长 12.6%，增幅居全省第 1 位，与 2011 年相比，增加 2.1 倍，年均增长 11.7%。城乡居民收入均在 2018 年就已实现比 2011 年翻一番的全面小康目标。人民生活变化之大，改善之快，是过去难以想象的，远远超出了人们的预料。

第四，教育、文化、卫生事业发展步伐不断加快。赣州市高度重视教育医疗事业发展，推动文化事业进步和文化产业繁荣，把健康扶贫、教育扶贫、文化扶贫纳入脱贫攻坚战范围，着力解决教育资源短缺问题，促进教育公平，提升教育质量，做到幼有所育、学有所教，办好人民满意的教育；着力解决公共文化设施落后、公共文化资源不足的问题，不断提高公共文化服务水平，健全现代文化产业体系，保障文化产品供给，满足人民日益增长的高质量精神文化需要；着力解决医疗卫生服务保障能力不足的突出问题，扩大总量、提升质量，尤其着力提升乡镇医疗卫生保障能力，推动人才下沉、资源下沉，提高医疗卫生资源可及性，努力解决人民群众看病难看病贵和因病致贫问题。

第五，现代产业体系加快构建。赣州市坚持把发展经济着力点放在制造业和实体经济上，对接建设制造强国、质量强国、网络强国、数字中国的国家发展战略，充分利用自身的资源禀赋优势和比邻珠三角的区位优势，推进产业基础高级化、产业链现代化，以深化供给侧结构性改革为主线，以推动高质量发展为主题，不断提高经济质量效益和核心竞争力。坚持集群发展、创新发展，坚持不懈做大做强优势产业，培育壮大新兴产业，改造升级传统产业，过去“一矿独大”的单一产业结构已经成为历史，具有赣州特色的现代产业体系加快构建。

第六，基础设施建设实现重大突破。赣州市把加快基础设施建设作为赣南苏区振兴发展先导工程，加快布局推进一批重大交通、能源、水利等重大项目，综合立体交通网络基本形成，能源保障能力大幅提升，功能完善、安全高效的现代化基础设施体系加快构建，振兴发展支撑能力得到明显增强。

第七，城乡面貌焕然一新。赣州市大力实施新型城镇化战略，推动城镇空间布局和形态持续优化，提升城市功能品质，建设宜居、宜业、宜游、绿色、智慧、人文的新型城镇。把乡村建设摆在社会主义现代化建设的重要位置，统筹美丽乡村规划建设，完善产业基础设施，改善农村人居环境，努力建设新时代“五美”乡村。

第八，生态环境优势持续提升。赣州市深入贯彻习近平生态文明思想，坚持生态优先，森林覆盖率达到 76.23%，列江西省设区市之首；加快推动绿色低碳发展，持续改善环境质量，全面提高资源利用率，积极培育绿色生态产业发展，科学解决经济社会发展与自然环境资源的矛盾问题，努力做到“既要绿水青山，又要金山银山”。扎实做好治山理水、显山露水文章，着力打通绿水青山与金山银山双向转换通道，经济高质量发展和生态环境高水平保护协同共进，构建生态文明体系，促进经济社会发展全面绿色转型，努力建设人与自然和谐共生的现代化赣州。

第九，发展动力活力更加充沛。赣州市充分利用该政策文件赋予的先行先试权，坚持深化改革、扩大开放，建好“大平台”、扩大“朋友圈”，积极承接产业转移，加快对接融入“一带一路”、粤港澳大湾区，发展动力活力持续释放，正成为“老区中的特区”。

第十，红色资源保护利用成效显著。赣州市站在党和国家事业全局上，高度重视对属地红色资源的保护利用，坚持在保护中利用、在利用中保护，坚持以社会效益优先，围绕打造“红色文化传承创新区”“红色旅游先行示范区”的定位要求，推动红色资源创造性转化和创新性发展，推动红色文化事业进步和红色文化产业繁荣，奋力实现社会效益和经济效益双丰收。干部群众坚定捍卫“两个确立”，不断增强“四个意识”、坚定“四个自信”、做到“两个维护”，赣南老表发自内心记共产党的恩、念习近平总书记的好，热爱党、跟党走的决心坚如磐石。

本书在系统总结赣南苏区振兴发展十年来所取得重大成效的基础上，详细分析了当前推进新时代赣南苏区振兴发展所面临的机遇、挑战，围绕建设全国革命老区高质量发展示范区，提出以实施“三大战略，八大行动”为抓手，聚焦全面推进乡村振兴、发展特色优势产业、打造美丽中国赣州样板、推进改革开放走深走实、健全公共服务体系、弘扬革命精神，在促进城乡协调发展上先行示范、在创新发展上先行示范、在生态文明建设上先行示范、在内陆双向开放合作上先行示范、在增进老区人民福祉上先行示范、在传承红色基因上先行示范等一系列重点任务和政策建议，希望能够为有关部门制定政策提供有益参考。

关键词：赣南苏区　振兴发展　总结经验

目　录

总报告 …… 001

01 赣南苏区振兴发展十周年报告 …… 003

专题报告 …… 043

02 赣南苏区脱贫攻坚与乡村振兴报告 …… 045
03 赣南苏区基础设施建设报告 …… 060
04 赣南苏区产业发展报告 …… 075
05 赣南苏区改革开放报告 …… 088
06 赣南苏区生态文明建设报告 …… 103
07 赣南苏区民生事业报告 …… 116
08 赣南苏区红色基因传承发展报告 …… 130
09 赣南苏区党建工作报告 …… 144
10 赣南苏区社会治理工作报告 …… 160
11 中央国家机关及有关单位对口支援工作报告 …… 172

县域发展报告 …… 183

12 章贡区十年苏区振兴发展报告 …… 185
13 赣县区十年苏区振兴发展报告 …… 197
14 南康区十年苏区振兴发展报告 …… 207
15 信丰县十年苏区振兴发展报告 …… 218
16 大余县十年苏区振兴发展报告 …… 229
17 上犹县十年苏区振兴发展报告 …… 239
18 崇义县十年苏区振兴发展报告 …… 249
19 安远县十年苏区振兴发展报告 …… 257
20 龙南市十年苏区振兴发展报告 …… 268
21 全南县十年苏区振兴发展报告 …… 280
22 定南县十年苏区振兴发展报告 …… 290

23 兴国县十年苏区振兴发展报告......299
24 宁都县十年苏区振兴发展报告......309
25 于都县十年苏区振兴发展报告......320
26 瑞金市十年苏区振兴发展报告......331
27 会昌县十年苏区振兴发展报告......342
28 寻乌县十年苏区振兴发展报告......349
29 石城县十年苏区振兴发展报告......358
30 赣州经济技术开发区十年苏区振兴发展报告......370
31 蓉江新区十年苏区振兴发展报告......378

后记......385

总报告

01 赣南苏区振兴发展十周年报告

摘要：《国务院关于支持赣南等原中央苏区振兴发展的若干意见》出台以来，赣州市深入贯彻落实习近平总书记关于革命老区特别是原中央苏区振兴发展的重要指示批示精神，牢记嘱托，感恩奋进，坚持贯彻新发展理念，坚持推动高质量跨越式发展，坚持“输血”和“造血”相结合、重在增强“造血”功能，以解决突出民生问题和打好脱贫攻坚战为切入点，着力改善城乡生产生活条件；以承接产业转移为抓手，着力培育壮大特色优势产业；以加快交通、能源、水利等基础设施建设为突破口，着力增强发展的支撑能力；以保护生态环境为前提，着力促进绿色发展；以改革开放为动力，积极融入“一带一路”及粤港澳大湾区建设。经过十年奋发努力，赣南苏区不负习近平总书记的嘱托，彻底摆脱了区域性整体贫困，胜利实现全面建成小康社会战略目标，实现各领域、全方位、深层次的美丽蝶变，向党和人民交出了满意答卷，站在新的历史起点和高点上与全国同步奋战全面建设社会主义现代化国家新征程。

关键词： 赣南苏区　振兴发展　十周年

赣州市位于江西省南部，又称赣南，国土面积3.94万平方公里，人口984万人。土地革命战争时期，赣南是中央苏区的主体和核心区域、人民共和国的摇篮、红军长征出发地、南方三年游击战争的主阵地，中国共产党在这里经历了巨大苦难、创造了无上辉煌，老一辈无产阶级革命家在这里留下光辉足迹。赣南人民为中国革命作出了重大贡献和巨大牺牲，为革命牺牲的姓名可考的烈士有10.82万人，长征路上平均每公里就有3名赣南籍烈士倒下。苏区时期的光辉历程，为赣南树立了永恒的丰碑。正是基于这种特殊贡献、特殊地位、特殊情感，习近平总书记高度重视赣南苏区振兴发展。

新中国成立特别是改革开放以来，赣州市经济社会发展取得了明显进步。但由于种种原因，到“十一五”末，赣南苏区仍是全国较大的集中连片特困地区，经济发展相对落后，与全国其他地区的发展差距不断拉大，实现全面小康的任务十分艰巨。一是经济发展差距大，处于全国落后位置。2010年，赣州市人均地区生产总值只有全国平均水平的44.7%，人均财政总收入只有全国平均水平的24.7%。二是人民生活差距大，公共服务水平低。“十一五”时期，赣州市城镇居民人均可支配收入相当于全省、全国的水平，由2005年的95%、78%降低到2010年的91%、74%，农村居民人均可支配收入相当于全省、全国的水平，由2005年的85%、84%降低到2010年的72%、70%。三是发展基础差距大，“瓶颈”制约严重。赣州市是典型的丘陵山区，属“八山半水一分田，半分道路和庄园”，交通相对闭塞，人均耕地只有全国平均水平的39.62%，制约了规模农业发展；工业“一矿独大”，稀土、钨占整个工业主营业务收入的34.7%，受外部环境影响波动大；城镇化率为37.53%，分别低于全省、全国平均水平6.53个、12.42个百分点；基础设施建设滞后，交通运输网络差、标准低，能源保障能力严重不足；资源开发和生态环境约束矛盾十分突出，环境治理压力巨大。

党中央高度重视赣南苏区的发展，2011年12月31日，习近平同志在《赣南苏区经济社会发展状况调查报告》上作出重要批示："赣南苏区是中央革命根据地的主体，为中国革命作出了重大贡献和巨大牺牲。由于种种原因，赣南苏区目前经济发展依然滞后，人民生活依然比较困难。如何进一步帮助和支持赣南苏区发展，使这里与全国同步进入全面小康，使苏区人民过上富裕、幸福的生活，应当高度重视和深入研究。"2012年，根据中央领导同志重要批示精神，国家发展改革委等42个部委组成联合调研组，对赣南开展了为期7天的专门调研。2012年6月28日，《国务院关于支持赣南等原中央苏区振兴发展的若干意见》正式出台，从国家层面系统规划了赣南等原中央苏区振兴发展的目标任务、战略定位、主要举措和扶持政策，明确"振兴发展赣南等原中央苏区，既是一项重大的经济任务，更是一项重大的政治任务，对于全国革命老区加快发展具有标志性意义和示范作用"。《国务院关于支持赣南等原中央苏区振兴发展的若干意见》的出台实施，翻开了赣南苏区发展的历史新篇章。

一、赣南苏区在振兴发展中发生美丽蝶变

赣南等原中央苏区振兴发展政策实施的十年[①]，是赣南经济社会发展最快、城乡面貌变化最大、老百姓受益最多的时期。在党中央、国务院的关心关怀下，在江西省委、省政府的坚强领导下，在中央国家机关及江西省直机关的倾心帮扶下，赣南苏区人民牢记习近平总书记"原中央苏区振兴发展工作要抓好，这具有政治意义"的殷殷嘱托，把赣南苏区振兴作为重大政治责任和历史机遇，坚持贯彻新发展理念，坚持推动高质量跨越式发展，把"输血"和"造血"相结合、重在"造血"作为基本原则，以"敢教日月换新天"的豪情壮志和"咬定青山不放松"的坚定执着，初心如磐，感恩奋进，实现了各领域、全方位、深层次的美丽蝶变。2013年以来，赣州市连续九年获全省综合考评先进设区市，获得全国文明城市、国家卫生城市、国家森林城市、全国社会治安综合治理优秀市和综治最高奖"长安杯"等荣誉。在全国革命老区地市中，赣州市是唯一一个同时拥有铁路口岸、公路口岸和航空口岸的城市，赣州市从过去偏远落后的老区山区正在蝶变为工业强市、开放高地、创业之州、区域中心、文化名城。2019年5月20日，习近平总书记亲临赣州，在深入企业、农村、革命纪念馆考察调研后，深情地指出，赣南苏区发展取得重大进展，经济发展迈入快车道，特色产业快速发展，科技创新能力明显增强，民生问题得到较好解决，脱贫攻坚取得决定性胜利，城乡面貌大变样，赣南的巨大变化是江西和革命老区发展变化的一个生动缩影。

（一）经济高质量跨越式发展势头强劲

习近平总书记深刻指出："发展是解决中国所有问题的关键。"十年来，赣州市牢牢扭住发展这个

① "十年"在本书中如没有特殊说明，均指2012—2021年。

第一要务，坚持用新发展理念引领发展行动，在建好南方生态屏障的同时，加快发展步伐，持续增强经济韧性，主要经济指标增速明显高于全省、全国平均水平，经济总量实现倍增，经济效益不断提高，追赶跨越态势彰显。

1. 经济总量连上新台阶

2011 年，赣州市 GDP 为 1 519.51 亿元，经过十年发展，先后跃上 2 000 亿元、3 000 亿元和 4 000 亿元三个台阶，2021 年 GDP 达到 4 169.37 亿元，比 2011 年扩大了 1.74 倍，在全省所占比重由 13.1% 提高到 14.1%，地区生产总值翻一番的目标，于 2018 年就已提前实现；赣南苏区范围的所有县（市、区）均实现十年翻番。赣州市自 2016 年跻身全国城市 GDP 百强榜以来，位次不断前进，2021 年进入第 65 位，比 2011 年前移了 43 位，赣州市在全国区域经济版图中的地位明显提升，如表 1-1 所示。

表 1-1　2011—2021 年赣州市 GDP 总量、增长速度及百强城市排位情况

年份	GDP 总量（亿元）	比上年增长（%）	百强城市位次
2011	1 519.5	12.5	108
2012	1 700.9	11.9	108
2013	1 917.0	10.5	105
2014	2 123.4	10.0	104
2015	2 310.3	9.6	102
2016	2 541.2	9.5	99
2017	2 805.9	9.5	94
2018	3 170.3	9.3	87
2019	3 466.1	8.4	71
2020	3 645.2	4.2	66
2021	4 169.4	9.1	65

资料来源：2011—2021 年《赣州市政府工作报告》、赣州市统计年鉴。

2. 经济发展速度处于领先地位

赣州市大部分经济指标增速都领先于全国、全省同期增长速度，2012—2021 年，赣州市 GDP 年均增长 9.2%，分别高于全国、全省同期平均增速 2.5 个、0.5 个百分点，年均增幅居全省第 1 位。其中，“十三五”期间连续 5 年增幅领跑全省。赣州市一般公共预算收入、规模以上工业增加值、固定资产投资、出口总额、实际利用外资等指标年均增速分别为 10.3%、10.2%、17.3%、13.6%、10.4%，增幅高于全国、全省同期平均水平，稳居江西省“第一方阵”。

3. 人均水平取得突破性进展

2011 年赣州市人均 GDP 只有 1.8 万元，2021 年达 4.65 万元，折合 7 200 美元，增长了 1.6 倍，年均增长 8.5%，已从中等偏下收入社会迈入中等偏上收入社会。据统计，2011 年赣州市主要经济指标人均水平只有全国平均水平的三到四成，到 2021 年大部分人均指标提高到了全国平均水平的五到六成。

4. 产业结构发生转型升级的重大变化

在农业综合生产能力不断提高、工业化进程不断推进的前提下，现代服务业加速发展，赣州市三次产业结构由 2011 年的 15.4∶46.2∶38.4 调整为 2021 年的 10.3∶39.6∶50.1。第一产业和第二产业

赣州市中心城区夜景

占比分别下降 5.1 个百分点和 6.6 个百分点，第三产业占比提高 11.7 个百分点，三次产业的序列由“二三一”转换为“三二一”，第三产业占据了半壁江山，成为国民经济第一大产业，已从第二产业主导型结构升级为服务业主导型结构。赣州市成为赣粤闽湘四省九市中金融机构最多、种类最全、金融总量最大的设区市，A 股上市公司十年间增加了 13 家，新增金融存款、贷款规模稳居全省前列。

5. 经济运行效益和普惠性显著提高

赣州市一般公共预算收入由 2012 年的 141.3 亿元增加到 2021 年 294.1 亿元，增长 1.1 倍，年均增长 8.5%，同期，规模以上工业利润由 98.83 亿元增加到 301.68 亿元，增长 2.1 倍，年均增长 13.2%，大大高于经济总量及一般公共预算收入增长速度。居民收入的大幅度增加，有效扩大了积累的源流，百姓的家底更加殷实。城乡居民人均储蓄存款由 2012 年的 15 749 元增加到 2021 年的 47 567 元，增长 2 倍，年均增长 13.1%，若与 1957 年人均储蓄存款 5 元相比，增长了近万倍。

（二）创造了解决贫困顽疾的历史奇迹

贫困是人类社会的顽疾，一部中国史就是中华民族同贫困作斗争的历史。摆脱贫困，成为炎黄子

孙数千年来孜孜以求的梦想。新中国成立后，赣州市人民自力更生，发愤图强，为摆脱贫困打下了坚实基础。在波澜壮阔的改革开放中，通过实施大规模、有计划、有组织的扶贫开发，着力解放和发展生产力，着力保障和改善民生，取得前所未有的进展。特别是党的十八大以来，赣州人民发扬钉钉子精神，敢于啃硬骨头，攻克一个又一个贫中之贫、坚中之坚，脱贫攻坚取得重大历史性成就，有史以来第一次消灭绝对贫困和区域性整体贫困，实现了祖先们的千年梦想，兑现了共产党人的庄严承诺，展现了赣南人民的美好前景。

1. 脱贫攻坚战取得全面胜利

赣南苏区作为典型的集中连片特困地区，贫困人口基数非常大，2011 年底有贫困人口约 194.88 万人，贫困发生率高达 26.71%(是江西省的 2 倍)，有贫困县 11 个。面对极其艰巨的脱贫攻坚任务，赣州市坚持以脱贫攻坚贯穿经济社会发展全局，集中资源，尽锐出战，取得脱贫攻坚全面胜利，贫困人口全部脱贫、1 023 个贫困村（含 167 个深度贫困村）全部出列、11 个贫困县全部摘帽，贫困发生率由 2011 年的 26.71% 降至 0，创造了新中国成立以来赣州市最大规模人口脱贫的奇迹，如表 1–2 所示。

表 1-2　2011—2021 年赣州市贫困人口数量和贫困发生率

年份	贫困人口数量（万人）	贫困发生率（%）
2011	194.88	26.71
2012	172.60	23.45
2013	139.50	18.75
2014	114.33	14.28
2015	65.19	9.40
2016	51.18	6.60
2017	34.99	4.31
2018	18.86	2.45
2019	2.82	0.37
2020	0	0
2021	0	0

资料来源：2011—2021 年《赣州市政府工作报告》、赣州市统计局。

2."两不愁三保障"如期达标

《国务院关于支持赣南等原中央苏区振兴发展的若干意见》出台后，赣州市聚焦"两不愁三保障"目标精准发力，如期达标。贫困人口收入显著提高，脱贫群众不愁吃、不愁穿，义务教育、基本医疗、住房安全有保障，饮水安全也都有了保障。长期困扰贫困群众的住房难、上学难、就医难等问题得到历史性解决。赣州市政府把群众迫切期盼的农村危旧土坯房改造作为解决突出民生问题的突破口，十年累计改造农村危旧土坯房 69.52 万户，建设农村保障房 1.74 万套，近 300 万农民住上新房，完成城市棚户区改造 13.5 万户，新建城市保障性住房 7.95 万套，解决 71.4 万城镇居民的住房问题。同时，全面实施农村饮水安全工程，解决 546.8 万农村人口安全饮水问题，农村集中供水率、自来水普及率分别达 93%、91%，超出国家和省下达赣州市"十三五"规划目标值 13 个、16 个百分点。

赣州市章贡区沙石镇龙岗村干部和村民正在观看《赣南日报》，为《国务院关于支持赣南等原中央苏区振兴发展的若干意见》正式出台感到欢欣鼓舞

围绕实现贫困人口"基本医疗有保障"的要求，赣州市在全国率先构建基本医疗保险、大病保险、疾病医疗补充保险、医疗救助"四道医疗保障线"，累计补偿住院医疗费用 68.9 亿元，惠及贫困人口 146.08 万人次。实行市域内贫困人口住院"先诊疗后付费"和"一卡通"即

时结算，解决了贫困群众报销多头跑和看病垫资问题。赣南苏区建立了一套覆盖幼儿园到大学的贫困学生资助体系，共发放各类资金 13.03 亿元，资助贫困家庭学生 151.71 万人次。贫困家庭的孩子享受到更公平的教育机会，他们不再天天跋山涉水上学，可以住学校、吃食堂，真正让他们住得安心、吃得暖心、学得开心。义务教育阶段建档立卡贫困家庭辍学学生实现动态清零。赣州农村还实现了从"土里刨食"到"地里淘金"的历史性转变，赣州市创新推广产业扶贫"五个一"机制，因地制宜发展脐橙、蔬菜、油茶等特色农业，覆盖带动 25.75 万户贫困户发展产业增收，基本实现家家户户都参与产业发展，所有深度贫困地区的最后堡垒被全部攻克，赣州市处处展现出山乡巨变、山河锦绣的时代画卷。

3. 生活生产条件大为改善

农村电网改造实现全面升级，完成低电压治理 58.5 万户，2020 年首次实现低电压"动态清零"，近 300 万山区群众用上了稳压电。实施普通国省道改（扩）建近 1 800 公里，普通国道、省道二级及以上公路比例提高至 94%、57%。累计投入 320.8 亿元新建改造农村公路 2.7 万公里，在实现乡乡通、村村通水泥（柏油）路的基础上，率先实现 25 户以上自然村通水泥路、率先实现组组通目标，解决了 600 多万农民群众的出行难题，为后续乡村全面振兴创造了良好条件。

500 千伏抚州—瑞金红都输电线路投运送电

（三）人民生活芝麻开花节节高

习近平总书记深刻指出，人民对美好生活的向往，就是我们的奋斗目标。赣州市坚持以人民为中心的发展思想，坚持在发展中保障和改善民生，坚持一切发展为了人民、一切发展依靠人民、一切发展成果由人民共享，奋力把人民最关心最直接最现实的利益实现好、维护好、发展好，不断增进人民的获得感、幸福感、安全感，切实把国家扶持资源用于造福人民，集中人力、物力、财力用于保障和改善民生，让赣南苏区广大人民群众得到了振兴发展带来的实惠。

1. 城乡居民收入成倍增加

随着一系列富民惠民政策的落实，城乡居民就业途径更加广泛，增收渠道更加多样，"钱袋子"装得更满。2021 年，赣州市城镇居民人均可支配收入达 40 160 元，比上年增长 8.4%，增幅居全省第 2 位，与 2011 年相比，增加 1.5 倍，年均增长 9.6%；农村居民人均可支配收入达 14 675 元，比上年增长 12.6%，增幅居全省第 1 位，与 2011 年相比，增加 2.1 倍，年均增长 12.1%。城乡居民收入均在 2018 年就已实现比 2011 年翻一番的全面小康目标，如表 1-3 所示。

表 1-3　2010—2021 年赣州市城乡居民人均可支配收入情况　单位：元

年份	城镇居民可支配收入	农村居民可支配收入
2010	14 203	4 182
2011	16 058	4 684
2012	18 704	5 301
2013	20 797	6 224
2014	22 935	6 946
2015	25 001	7 787
2016	27 086	8 729
2017	29 567	9 717
2018	32 163	10 782
2019	34 826	11 941
2020	37 031	13 036
2021	40 160	14 675

资料来源：2011—2021 年《赣州市政府工作报告》、赣州市统计年鉴。

2. 人民生活发生超出预期的变化

在居民收入持续较快增长的同时，生活水平大幅度提高。2021 年，赣州市城镇人均消费支出 24 357 元，比 2011 年增长 1.1 倍，年均增长 7.7%；农村人均消费支出 13 604 元，比 2011 年增长 1.9 倍，年均增长 11.3%。城镇居民家庭恩格尔系数为 31.8%，比改革开放初期的 1983 年下降 31.6 个百分点，比 2011 年下降 9.1 个百分点；农村居民家庭恩格尔系数 34.7%，比 1983 年下降 30.3 个百分点，比 2011 年下降 12.2 个百分点。耕地不用牛，点灯不用油，曾经是人们对未来的真切向往。老百姓所思所盼的是解决温饱问题，梦寐以求的是拥有自行车、缝纫机、手表、收音机"三转一响"，"楼上楼下，电灯电话"就是美好生活的象征。如今赣南苏区人民消费层次已经历了数次重大的变化。20 世纪 80 年代就实现了以"三转一响"为代表的温饱型消费；继而在 90 年代转向以彩电、冰箱、洗衣机、电话这新四件为代表的发展型消费；进入 21 世纪，再转向以住房、手机、计算机、家用汽车这更高层次四项为代表的小康型消费。人民生活变化之大，改善之快，是过去难以想象的，远远超出了人们的预期。

3. 民生支出比重逐步扩大

2012—2021 年，赣州市民生类支出分别为 227.34 亿元、271.60 亿元、303.10 亿元、350.00 亿元、552.54 亿元、648.19 亿元、725.13 亿元、863.14 亿元、814.32 亿元和 804.76 亿元，累计支出 5 560.12 亿元，年均增长 15.08%，占赣州市一般公共预算支出的比重从 2011 年的 56.4% 上升到 2021 年的 83.7%，提高了 27.3 个百分点，如表 1-4 所示。

表 1-4　2012—2021 年赣州市民生类支出及其所占比重

年份	民生支出（亿元）	民生支出占比（%）
2012	227.34	56.4
2013	271.60	56.5
2014	303.10	56.6
2015	350.00	56.8

续表 1-4

年份	民生支出（亿元）	民生支出占比（%）
2016	552.54	81.6
2017	648.19	83.5
2018	725.13	84.6
2019	863.14	85.7
2020	814.32	83.4
2021	804.76	83.7

资料来源：2011—2021 年《赣州市政府工作报告》、赣州市统计局。

4. 就业和社会保障水平不断提高

赣州市基层就业和社会保障服务平台实现全覆盖，近十年累计新增城镇就业 82.83 万人，新增转移农村劳动力 134.29 万人，建成创业孵化基地 39 个。赣州市初步建立惠及全民的基本养老保险制度，实施了城乡统一的居民基本医疗保险制度，推行了工伤保险制度、生育保险制度和失业保险制度，切实做到养老保险惠及全民，医疗保险保障健康，工伤保险护佑劳动者，生育保险关爱女性，失业保险兜底生活。2021 年，赣州市参加城乡居民基本养老保险人数 438.11 万人，比 2011 年增加 372.67 万人、增长 5.7 倍；参加工伤保险人数 71.40 万人，比 2011 年增加 41.44 万人、增长 1.4 倍；参加失业保险人数 40.15 万人，比 2011 年增加 6.05 万人、增长 17.8%；有养老机构 368 家、总床位数 5.7 万张，床位数比 2011 年增加 3.26 万张、增长 1.3 倍，每千名老人床位增加 10 张，达到 46 张。

5. 织牢特殊困难群体生活保障网

赣州市有 2.2 万名年满 60 周岁的烈士子女、2.4 万名年满 60 周岁的农村籍退役士兵享受国家定期生活补助政策。在乡退伍红军老战士遗孀按照在乡退伍军人补助标准给予定期生活补助，红军失散人员遗孀定期生活补助由赣州市财政自筹资金纳入财政预算，参照在乡退伍红军老战士遗孀生活补助标准发放。

（四）教育、文化、卫生事业发展步伐不断加快

对接建设教育强国、文化强国、健康中国的国家发展战略，赣州市高度重视教育医疗事业发展，推动文化事业进步和文化产业繁荣，把健康扶贫、教育扶贫、文化扶贫纳入脱贫攻坚战范围，着力解决教育资源短缺问题，促进教育公平，提升教育质量，做到幼有所育、学有所教，办好人民满意的教育；着力解决公共文化设施落后、公共文化资源不足的问题，不断提高公共文化服务水平，健全现代文化产业体系，保障文化产品供给，满足人民日益增长的高质量精神文化需要；着力解决医疗卫生服务保障能力不足的突出问题，扩大总量、提升质量，尤其着力提升乡镇医疗卫生保障能力，推动人才下沉、资源下沉，提高医疗卫生资源可及性，努力解决人民群众看病难看病贵和因病致贫问题。

1. 教育事业欣欣向荣

学前教育和青少年教育得到了前所未有的发展。2021 年，赣州市学前三年毛入园率 91.4%，九年义务教育巩固率达 99.74%，高中阶段毛入学率达 93.27%，如表 1-5 所示。公办及普惠性民办幼儿园

在园幼儿占比达 90.8%，比十年前提高 58.64 个百分点，具有招生资格的中职达标学校占比 95%，高出全省 15 个百分点，高考一本上线人数万人比为 12.3。

表 1-5　2011—2021 年赣州市教育发展水平变化情况　　单位：%

年份	学前三年毛入园率	义务教育巩固率	高中阶段毛入学率
2011	61.76	94.48	70.61
2012	61.35	94.75	73.22
2013	65.59	94.84	76.97
2014	81.29	94.48	77.99
2015	80.16	94.64	87.10
2016	85.91	96.22	88.69
2017	87.89	99.14	90.67
2018	83.14	99.22	91.33
2019	84.03	99.28	91.76
2020	91.14	99.67	93.24
2021	91.40	99.74	93.27

资料来源：2011—2021 年《赣州市政府工作报告》、赣州市统计局。

党的十八大以来，教育保障水平全面提升。2021 年赣州市有公办幼儿园 1 804 所，较 2011 年增加 1 748 所。2018 年开始启动实施城乡学校建设三年行动计划，投入使用 196 所，新增学位 27.1 万余个。十年累计招聘“特岗计划”教师 15 229 名、“三区人才支教计划”教师 4 884 名、学前教育巡回支教志愿者 3 474 名。改（扩）建城乡学校 5 821 所，校舍面积增长 68.8%，校舍 D 级危房全面消除。办学条件的改善，有力地促进了教育水平的整体提升。高等教育快速发展，2021 年，赣州市在校研究生 6 700 人，比 2011 年增长 2.4 倍；在校大学生 13.09 万人，增长 57.1%。赣南教育学院顺利改制为赣州师范高等专科学校，工业与信息化部、教育部与江西省合作共建的江西理工大学获批博士学位授予单位，赣南医学院获批硕士学位授予单位，赣南师范学院更名为赣南师范大学（并建立了国家级脐橙工程技术研究中心），新建赣南卫生健康职业学院、赣州职业技术学院。江西理工大学应用科学学

宁都县乡村小学前后改造对比

崇义县关田镇乡村小学旧貌换新颜

院转设为市属本科高校赣南科技学院，和君职业学院（民办）获批设立，结束了赣州市无市属本科高校和民办高职院校的历史。

2. 文化建设进入全省前列

赣州市不断健全公共文化服务体系，深入实施文化惠民工程，丰富群众性文化活动，加快培育新型文化业态，增强群众的文化获得感和幸福感。2021 年，赣州市年末电视人口覆盖率达 99.98%，广播人口覆盖率达 99.97%；“三馆一站”文化服务设施实现全覆盖，其中，群艺馆、文化馆 19 个，组织文艺活动 932 次，比 2011 年增长 83.5%；乡镇文化馆 283 个，组织文艺活动 4 834 次，增长 3.6 倍。在全国率先开展“文化（农家书屋）+ 电商”工作，得到各级领导的高度称赞。“百姓大舞台”“青少年曲艺故事大赛”等群众性文化活动，每年常态化开展。在全省率先启动公共文化服务标准化试点，率先开展公益性文化事业单位法人治理改革，率先开展公共文化绩效年活动，成为全国首批、江西省首个国家级公共文化服务体系示范区。

3. 医疗服务水平显著提升

过去这十年，是赣州市卫生健康事业发展速度最快、发展质量最好的时期，是人民群众享受政策红利最多、健康水平提高最快的时期。2011—2021 年，赣州市累计实施医疗卫生项目 2 998 个，新（改、扩）建乡镇卫生院 261 所，县、乡、村三级和城市社区医疗卫生服务机构实现全覆盖，赣州市人民医院新院区、赣南医学院第一附属医院黄金院区、赣州市妇幼保健院新院区全面投入使用。市人民医院（全国排 96 位）和赣医一附院（全国排 99 位）双双进入全国设区市百强医院，建设了南方医科大学南方医院赣州医院和广东省人民医院赣州医院 2 个国家区域医疗中心；卫生资源总量较快增长，2021 年，赣州市三级医院达 20 所，比 2011 年增加 9 所，增长 81.8%；医疗机构床位数 6.02 万张、卫技人员 5.7 万人，分别比 2011 年增长 162.9%、126.2%；主要卫生资源指标明显改善，每千常住人口床位数 6.7 张、执业（助理）医师数 2.28 人、注册护士数 2.88 人，分别比 2011 年增长 147.23%、117.14%、159.46%，如表 1–6 所示；主要居民健康指标明显改善，赣州市孕产妇死亡率、婴儿死亡率分别从 2011 年的 13.9/10 万、7.06‰ 下降至 2021 年的 4.02/10 万、2.57‰，连续十年大幅低于全国平均水平。

赣州市人民医院

表 1-6　2011—2021 年赣州市医疗服务水平变化情况

年份	每千常住人口床位数（张）	每千常住人口执业（助理）医师数（人）	每千常住人口注册护士数（人）
2011	2.71	1.05	1.11
2012	3.26	1.11	1.27
2013	3.65	1.20	1.42
2014	3.98	1.28	1.55
2015	4.23	1.37	1.73
2016	4.50	1.46	1.91
2017	5.21	1.63	2.16
2018	5.53	1.73	2.33
2019	5.60	1.91	2.51
2020	6.03	2.10	2.63
2021	6.70	2.28	2.88

资料来源：2011—2021 年《赣州市政府工作报告》、赣州市统计局。

（五）现代产业体系加快构建

赣州市坚持把发展经济着力点放在制造业和实体经济上，对接建设制造强国、质量强国、网络强国、数字中国的国家发展战略，充分利用自身的资源禀赋优势和比邻珠三角的区位优势，推进产业基础高级化、产业链现代化，以深化供给侧结构性改革为主线，以推动高质量发展为主题，不断提高经济质量效益和核心竞争力。坚持集群发展、创新发展，坚持不懈做大做强优势产业，培育壮大新兴产业，改造升级传统产业，过去的“一矿独大”的单一产业结构已经成为历史，具有赣州特色的现代产业体系加快构建。

1. 工业产业集聚壮大

赣州市坚定不移推进工业倍增升级，大力培育壮大“1+5+N”重点产业集群（现代家居产业集群产值倍增至 5 000 亿元，打造电子信息、有色金属、纺织服装、新能源及新能源汽车、医药食品产业 5 个 2 000 亿元级产业集群，新型建材、化工等若干个 500 亿元级产业集群），南康家具从“草根经济”发展成为全国最大的实木家具制造基地，品牌价值居全国家具行业第一。首家总部落户江西的央企——中国稀土集团在赣州挂牌成立；赣州稀土钨新型功能材料产业集群获批国家级战略性新兴产业集群；凯马汽车、中电汽车、孚能科技、亿鹏能源、中车生一伦等新能源汽车项目落户赣州。赣州新能源汽车量产销售，实现了期盼已久的“造车梦”，营业收入超 100 亿元的工业企业实现零的突破，总数达 5 家，赣州经济技术开发区营收突破 1 000 亿元。赣州市规模以上企业由 2011 年的 781 家增加到 2021 年的 2 478 家，净增 1 697 家，比 2011 年增长 2.2 倍，企业总数和净增数均居全省第一，如表 1-7 所示。

表 1-7　2011—2021 年赣州市规模以上企业数量变化情况　　单位：家

年份	规模以上企业数量	年份	规模以上企业数量
2011	781	2017	1 721
2012	889	2018	1 890
2013	1 018	2019	2 168
2014	1 095	2020	2 250
2015	1 188	2021	2 478
2016	1 337		

资料来源：2011—2021 年《赣州市政府工作报告》、赣州市统计局。

2. 科技创新能力大幅提高

赣州市积极主动适应经济发展新常态，深入实施创新驱动发展战略，推动经济发展新旧动能转换，主要表现在以下方面。

一是科技创新综合实力快速增强，全社会研发投入占 GDP 比重由 2011 年的 0.32% 增加到 2020 年 1.58%，比 2011 年提高 1.26 个百分点；高新技术产业增加值由 2011 年的 92.13 亿元增加到 2020 年的 356.58 亿元，是 2011 年 3.9 倍，占规模以上工业比重超过 40%；高新技术企业数量实现突破性增长，高新技术企业由 2011 年的 26 家增加到 2021 年的 1 067 家，比 2011 年增长 40 倍，总数列江西省第 2 位、增幅列江西省第 1 位，如表 1-8 所示。

表 1-8　2011—2021 年赣州市高新技术企业数量变化情况　　单位：家

年份	高新技术企业数量	年份	高新技术企业数量
2011	26	2017	276
2012	33	2018	477
2013	56	2019	747
2014	89	2020	1 094
2015	131	2021	1 067
2016	185		

资料来源：2011—2021 年《赣州市政府工作报告》、赣州市统计局。

二是重大创新平台取得新突破。赣州市引进赣南创新与转化医学研究院、赣南苏区食品创新研究院落户并挂牌运行，共获批建设国家级创新平台和载体 20 个、省级创新平台和载体 144 个，实现国

中国科学院赣江创新研究院挂牌成立

家级高新区、国家级重大科研创新平台、国家重点实验室、国家级大院大所、国家级重大科技项目等 5 个方面零的突破；进一步优化市级科研平台布局，制定了《赣州市新型研发机构认定管理办法》《赣州市重点实验室和技术创新中心管理办法（试行）》《赣州市科研创新平台三年行动计划》，组建市级重点实验室和技术创新中心 169 个。

三是科技人才加速集聚。赣州建成章贡区、赣州经济技术开发区 2 个国家高层次人才产业园，获批组建省级优势科技创新团队 9 个；高层次科技创新人才增至 1 852 名，年均增长 54%；本土培养国家重大人才工程人选 5 人，引进中国科学院赣江创新研究院科研团队 16 个，进驻院士、国家杰出青年等科研人员 240 名，入选省“双千计划”人选 69 人，3 名外籍专家荣获省政府“庐山友谊奖”，推荐获评首届市“苏区之光”人才计划（自然科学类）37 个。

3. 优势农业蓬勃发展

2021 年赣州市农林牧渔业总产值 696.58 亿元，是 2011 年的 1.86 倍。赣州市被誉为“世界橙乡”，脐橙种植面积 175 万亩、年产量 150 万吨，入选首批中国特色农产品优势区，品牌价值 681.85 亿元，连

“赣南脐橙”以 681.85 亿元的品牌价值稳居全国区域品牌水果类第 1，成为农民“致富果”

续7年位居全国区域品牌（地理标志产品）水果类第1。蔬菜产业异军突起，建成钢架大棚28万亩，成为全省产业发展标杆，建成全国蔬菜质量标准中心（赣州）分中心和粤港澳大湾区“菜篮子”配送赣州分中心，认定粤港澳大湾区“菜篮子”生产基地48家，成为共建粤港澳大湾区“菜篮子”平台城际合作城市。油茶产业快速发展，赣州市油茶林面积突破300万亩，达306万亩，年产茶油4.89万吨，油茶产业综合产值达120亿元，成为“全国油茶产业发展示范市”，“赣南茶油”获批国家地理标志保护产品。

4. 现代服务业不断壮大

2021年，赣州市服务业增加值突破2 000亿元，达2 089.51亿元，占GDP的比重由2011年的36.7%上升到2021年的50.1%，提高了13.4个百分点。软件和信息技术服务业，互联网等高科技服务业迅速发展。金融业呈跨越赶超发展之势。赣州市金融机构类型不断丰富，金融组织体系趋于多元化，新设、引进63家金融机构与组织，2021年赣州市拥有各类金融机构组织191家，成为赣粤闽湘四省九市中金融机构最多、种类最全、金融总量最大的设区市。A股上市公司从2011年的3家增至2021年16家，率先在全省实现境内A股各板块全覆盖，设立了上交所服务基地和深交所路演中心，成为江西省唯一有沪深交易所服务平台的地级市，如表1–9所示。

表1–9　2011—2021年赣州市金融机构及A股上市企业数量变化情况　单位：家

年份	金融机构数量	A股上市企业数量
2011	—	3
2012	—	3
2013	—	4
2014	—	4
2015	164	5
2016	151	5
2017	160	7
2018	160	8
2019	185	10
2020	188	14
2021	191	16

资料来源：2011—2021年《赣州市政府工作报告》、赣州市统计局。

旅游业依托丰富的红色、绿色、古色资源扬优成势，发展态势良好。旅游接待总人数突破1亿人次，旅游总收入突破1 500亿元。瑞金共和国摇篮景区、安远三百山景区晋升国家5A级景区，国家4A级景区实现县域全覆盖，赣州市跻身全国12大重点红色旅游区。

赣州西站

（六）基础设施建设实现重大突破

基础设施建设是区域经济社会发展的重要前提和支撑，

赣南苏区的落后很大程度上源于基础设施的短板制约，面对基础设施长期投入不足的状况，赣州市把加快基础设施建设作为赣南苏区振兴发展先导工程，加快布局推进一批重大交通、能源、水利等重大项目，功能完善、安全高效的现代化基础设施体系加快构建，振兴发展支撑能力得到明显增强。

1. 综合立体交通网络基本形成

赣州市铁路运营里程约 924 公里，铁路网密度为 234 公里 / 万平方公里，人均铁路运营里程 1.03 公里 / 万人。昌赣高铁、赣深高铁、赣龙铁路扩能改造工程、赣韶铁路、兴泉铁路建成运营，赣州迈入高铁时代，瑞梅铁路可研报告获国家发展改革委批复，长赣铁路完成可研评审，赣郴永兴铁路、赣韶铁路扩能纳入国家中长期铁路网规划，赣州已成为国家“八纵八横”高速铁路网的节点枢纽之一。

公路建设全面提速，赣州市新增高速公路通车里程 750 公里，总里程达 1 559 公里，约占全省 1/4，实现县县通高速公路，“四纵四横九联”高速公路网加快形成，大广高速龙杨段、赣州至崇义、寻乌至全南、南昌至宁都、兴国至赣县、宁都至定南（含定南联络线）、广昌至吉安、兴赣高速北延等 8 条高速建成通车，大广高速南康至龙南段扩容改造工程、寻乌南桥至广东龙川、信丰至南雄、大广高速吉安至南康段改（扩）建、遂川至大余等高速公路加快建设，如表 1-10 所示。

表 1-10　2011—2021 年赣州市高速公路里程数变化情况　　单位：公里

年份	高速公路里程数	年份	高速公路里程数
2011	809.26	2017	1 441.26
2012	958.26	2018	1 490.26
2013	949.24	2019	1 495.00
2014	1 015.00	2020	1 559.00
2015	1 116.26	2021	1 559.00
2016	1 441.00		

资料来源：2011—2021 年《赣州市政府工作报告》、赣州市统计局。

四通八达的高速公路网，兴赣高速赣县枢纽互通

赣州黄金机场 T2 航站楼

民航事业快速发展，赣州黄金机场 T2 航站楼于 2019 年 9 月建成运营，航空口岸实现同步临时开放，并开通首条通往东南亚的国际航线。第二个民用机场瑞金机场于 2020 年 6 月开工建设，石城、定南、宁都、安远、崇义、龙南通用机场项目前期加快推进，初步形成“一主多辅”的机场布局网络。目前赣州通航点达 35 个，旅客吞吐量突破 208 万人次，总量和增速位居全省支线机场第 1，成为全国著名的支线航空发展城市。赣江航道加快建设，赣州至九江航道实现三级通航，赣粤运河研究论证加快推进。

2. 能源保障能力大幅提升

华能秦煤瑞金电厂、赣浙国华信丰电厂一期建成投产，2021 年赣州市电力装机总容量达 753 万千瓦，较 2011 年增长 378%。赣州南 500 千伏输变电工程、赣州东（红都）至抚州 500 千伏输变电工程、500 千伏抚州 2 号主变扩建工程等竣工投产，形成“两纵一横一环网”的 500 千伏网架结构，在原中央苏区率先实现 220 千伏变电站县县全覆盖。建成樟树—吉安—赣州成品油管道，结束了赣州市多年来依靠铁路运输成品油的历史，建成成品油油库 4 个，储备能力 17.35 万立方米。建成天然气长输管道总里程约 980 公里，形成西气东输二线、三线“双气源”供气格局，累计建成储气设施 48 座，总储气能力 238 万立方米。2015—2021 年赣州市电力装机总容量见表 1-11。

表 1-11　2015—2021 年赣州市电力装机总容量　　单位：万千瓦

年份	电力装机总容量	年份	电力装机总容量
2015	212	2019	404
2016	232	2020	515
2017	342	2021	753
2018	384		

资料来源：2015—2021 年《赣州市政府工作报告》、赣州市统计局。

3. 水利基础设施进一步巩固

寻乌太湖中型水库竣工验收，定南洋前坝、兴国洋池口、龙南茶坑、于都岭下等中型水库及兴国塘澄、安远艾坝、安远嵊斜、安远小水、宁都好支桥、寻乌黄坑、会昌高陂、崇义南山口等小型水库加快建设，已建成水库累计增加库容 5 658.4 万立方米。开工建设瑞金梅江引调水工程，实施了章江、长龙、长冈、下栏、雷公坝、丰收陂、梅岭、仓前等大中型灌区续建配套与节水改造工程，以及龙南、安远、信丰规模化节水灌溉增效示范项目，有力保障了农田灌溉需要。赣州市还实施了 126 个中小河流治理、40 个城镇防洪工程，新建防洪堤 659.54 公里，完成 806 座病险水库除险加固，小型水库基本除险摘帽，确保水利设施的安全。

赣州迈入“高架时代”，中心城区高架快速路从无到有、从有到优，形成立体化的新时代大交通

（七）城乡面貌焕然一新

城市化是现代化的应有之义和重要内容，是随着工业化的生产方式转变而必然导致的生活方式转变。但是，现代社会的城市化不仅是工业化的产物，而且反过来影响工业化的进程。当代中国发展经验表明，只有不断提升工业化水平才能推动城市化发展，只有不断提高城市化率才能保障工业化发展。对于赣州这样一个历史上的农业大市、农民大市而言，要提升其现代化水平，协调推动工业化和城市化发展，实现双轮驱动，是必由之路。因此，赣州市大力实施新型城镇化战略，推动城镇空间布局和形态持续优化，提升城市功能品质，建设宜居、宜业、宜游、绿色、智慧、人文的新型城镇。把乡村建设摆在社会主义现代化建设的重要位置，统筹美丽乡村规划建设，完善产业基础设施，改善农村人居环境，努力建设新时代“五美”乡村。

1. 新型城镇化加快推进

赣州市被列为江西省唯一的省域副中心城市，南康、赣县撤市（县）设区，龙南撤县设市，蓉江新区获批建设，中心城区五区一体化进程明显加快，常住人口城镇化率达 56.4%，较 2011 年的 39.3% 提高 17.01 个百分点（见表 1-12），中心城区建成面积从 2011 年的 85.23 平方公里扩大到 2021 年的 208 平方公里，城市人口从 72.75 万人增加到近 207 万人。赣州都市区综合承载力持续增强，建成“一环三连”50.3 公里快速路网，加速形成“四横六纵一环”快速路网，中心城区全面进入“高架时代”。

表 1-12　2011—2021 年赣州市常住人口城镇化率　　单位：%

年份	常住人口城镇化率	年份	常住人口城镇化率
2011	39.3	2013	42.6
2012	41.2	2014	44.0

续表 1-12

年份	常住人口城镇化率	年份	常住人口城镇化率
2015	45.5	2019	51.9
2016	47.1	2020	55.3
2017	48.7	2021	56.4
2018	50.3		

资料来源：2011—2021 年《赣州市政府工作报告》、赣州市统计局。

2. 努力建设新时代“五美”乡村

赣州市大力发展特色农业，大力建设现代化农业示范区，大力延伸产业链。农村的交通、电力、水利、通信等基础设施得到极大改善，农村危旧“空心房”整治全面完成，农村户用卫生厕所基本普及，农村生活污水处理设施建成数、覆盖村庄数均居江西省第 1 位；持续开展村庄和庭院美化，保护传统村落和乡村风貌，提高农房建设质量，建立健全多功能农村便民服务平台。发展新型农村集体经济，赣州市所有行政村都成立了经济（股份）合作社，行政村经营性收入达到 10 万元以上，村集体经济走上“快车道”。广大农民坚持以社会主义核心价值观为引领，积极弘扬中华优秀传统文化，大力破除陈规陋习和不良风气，修订完善村规民约，有效遏制大操大办、炫富攀比等不良风气。努力打造彰显产业之美、自然生态之美、文明淳朴之美、共建共享之美、和谐有序之美的新时代“五美”乡村。2019 年 5 月 20 日，习近平总书记视察赣州时，高度评价赣南苏区城乡面貌大变样，农村气象新、面貌美、活力足、前景好。

安远县镇岗乡老围村

（八）生态环境优势持续提升

赣州市矿产资源、绿色资源丰富，绿水青山之下覆盖的是金山银山。但是，如何既要金山银山，又要绿水青山？为了解决这个困扰赣州经济社会发展的老问题、大问题，赣州市深入贯彻习近平生态文明思想，秉持绿水青山就是金山银山理念，坚持生态优先，加快推动绿色低碳发展，持续改善环境质量，全面提高资源利用率，积极培育绿色生态产业发展，科学解决经济社会发展与自然环境资源的矛盾问题。扎实做好治山理水、显山露水文章，着力打通绿水青山与金山银山双向转换通道，经济高质量发展和生态环境高水平保护协同共进，构建生态文明体系，促进经济社会发展全面绿色转型，努力建设人与自然和谐共生的现代化赣州。

1. 环境质量全面改善

赣州市中心城区 $PM_{2.5}$（细颗粒物）年均浓度、空气质量优良天数比例，均排名江西省第 1 位，所有县（市、区）空气质量达到了国家二级标准，2 个县达到国家一级标准，10 个县（市）在江西省 111 个县（市、区）中排名前 30 位。赣江干流赣州段 4 个断面水质全部达到Ⅱ类，赣州市 26 个地表水国家考核断面水质优良率为 96.2%，达到国家考核目标，73 个地表水省级考核断面水质优良率为 98.6%，优于省级考核目标 2.71 个百分点，县级及以上城市集中式饮用水水源地水质达标率为 100%。随着生态环境质量的持续改善，赣州人民群众源自生态环境的获得感、幸福感、安全感不断增强，如表 1-13 所示。

表 1-13　2011—2021 年赣州市主要河流国考、省考断面水质优良率　　单位：%

年份	国考断面水质优良率	省考断面水质优良率
2011	100	100
2012	100	95.6
2013	100	95.6
2014	100	95.6
2015	100	100
2016	100	93.6
2017	100	93.6
2018	100	95.2
2019	100	96.8
2020	100	96.8
2021	96.2	98.6

资料来源：2011—2021 年《赣州市政府工作报告》、赣州市统计局。

2. 南方地区重要生态屏障更加牢固

赣州市在全省率先启动低质低效林改造，实施 10 年 1 000 万亩低质低效林改造工作。截至 2021 年底，已完成低质低效林改造 531 万余亩，据统计测算，赣州市低质低效林改造项目产生的生态系统服务价值量达到 115.95 亿元。同时，赣州市坚持城乡造林绿化一体化，同步推进长江（珠江）防护林、退化林修复、退耕还林、木材储备林等一系列林业重点生态工程建设，累计完成人工造林 398.83 万亩、森林抚育 1 112.91 万亩、封山育林 256.67 万亩，赣州市活立木蓄积量由 1.19 亿立方米增加到 2.09 亿立方米，增长 75.6%。赣州市森林覆盖率达到 76.23%，列江西省设区市之首。

森林资源保护不断加强，赣州市严格落实公益林管护责任制，规范管理生态公益林，推进新增天然商品林停伐、管护协议签订工作，落实天然林管护任务，赣州市 1 507.59 万亩公益林和 940.39 万亩天保林得到有效保护。全市现有省级以上的自然保护区 11 处、湿地公园 21 处、森林公园 31 处、风景名胜区 9 处、地质公园 4 处，如表 1-14 所示。

表 1-14　2011—2021 年赣州市省级以上生态保护水平情况　　单位：处

年份	自然保护区	湿地公园	森林公园	风景名胜区	地质公园
2011	6	4	21	9	0
2012	7	4	22	9	1
2013	8	11	24	9	1
2014	9	11	26	9	2
2015	9	14	26	9	3

续表 1-14

年份	自然保护区	湿地公园	森林公园	风景名胜区	地质公园
2016	9	18	26	9	3
2017	11	18	28	9	3
2018	11	18	30	9	4
2019	11	20	31	9	4
2020	11	21	31	9	4
2021	11	21	31	9	4

资料来源：2011—2021 年《赣州市政府工作报告》、赣州市统计局。

废弃矿山实现复绿，赣州市被誉为“稀土王国”，矿业对地方经济社会发展作出了重要贡献，但也对生态环境造成了较严重的破坏。2012 年以来，赣州市累计治理废弃稀土矿山 92.78 平方公里，近半个世纪的历史遗留问题得到有效解决。例如，寻乌县先后实施了文峰乡石排、柯树塘和涵水片区 3 个废弃矿山综合治理与生态修复工程，总投资约 9.55 亿元，治理修复面积 14 平方公里，复绿 14 000 多亩。

3. 水环境治理持续改善

水生态建设取得重大进展，赣州市是全国水土保持改革试验区，2011—2021 年，累计完成新增水土流失治理面积 6 281.51 平方公里。《国务院关于支持赣南等原中央苏区振兴发展的若干意见》提出“加强东江源头保护”，财政部、生态环境部推动江西、广东两省签订了两轮东江流域上下游横向生态补偿协议，2016 年试点以来，东江流域出境断面水质达标率达 100%，保护了一江清水流向广东和香港。

赣州市坚决落实最严格的水资源管理制度，推进水资源总量和强度双控，鼓励节水创建，严控取水许可，努力提高水资源管理水平；用水总量连年控制在年度目标之内，万元 GDP 用水量、万元工业增加值相较 2011 年分别下降 51.2%、44.8%，农业灌溉利用系数提高至 0.509，较 2011 年提高 11%；2015 年实施河长制以来，巩固完善四级河长组织体系，4 604 名市、县、乡、村河长累计巡河 107 万余次，3 605 名保洁员常态化开展河湖保洁工作。

4. 生态平台硕果累累

赣州市累计创建国家级生态文明建设示范县 3 个、国家“绿水青山就是金山银山”实践创新基地 1 个、省级“绿水青山就是金山银山”实践创新基地 3 个。国家级生态乡镇 11 个、国家级生态村 1 个、省级生态县 6 个、省级生态乡镇 116 个、省级生态村 161 个，市级生态村 1 589 个，生态创建数量、比例均位居全省前列。在水土保持方面，创造国家级水土保持示范县 9 个，约占全省总数的 50%，为全国设区市之首。

赣州市被列为全国第三批餐厨废弃物资源化利用和无害化处理试点城市，章贡高新技术产业园区获评国家级绿色园区。崇义县、全南县、于都县、寻乌县、上犹县、瑞金市获批江西省低碳试点县，崇义上堡梯田景区获批江西省碳中和试点，崇义县获批江西省第一批林业碳汇项目开发试点。大余县纳入《全国资源型城市可持续发展规划（2013—2020 年）》范围。

5. 生态文明制度不断完善

赣州市建立了领导干部环境损害约谈问责、一票否决、终身追究的“责任链条”，探索设立了生态综合执法局、生态检察处、环资审判合议庭，用最严格制度、最严密法治保护生态环境。组建江西省第一家碳交易机构，探索碳排放权、排污权、水权交易试点，促进生态建设共建共享，在全省率先制定水土保持地方性法规《赣州市水土保持条例》。

（九）发展动力活力更加充沛

改革开放是决定当代中国命运的关键一招。因为改革，破除了不适应生产力发展要求的生产关系和上层建筑，为推动我国经济社会发展释放了内部动力；因为开放，破除了不适应经济全球化发展的体制机制障碍，为推动我国经济社会发展引进了外部动力。正是在这一内部动力和外部动力的共同作用下，我国在短短四十多年的时间里取得了举世瞩目的发展成就，创造了世所罕见的经济快速发展奇迹和社会长期稳定奇迹。这一发展经验表明，全面深化改革、全面扩大开放是中国任何地区获得新一轮大发展的动力之源。长期以来，赣州虽与广东、福建等沿海发达地区邻近，但由于交通条件闭塞、产业基础薄弱等原因，改革动力不足，开放程度较低。《国务院关于支持赣南等原中央苏区振兴发展的若干意见》出台后，赣州市充分利用该政策文件赋予的先行先试权，坚持深化改革、扩大开放，建好“大平台”、扩大“朋友圈”，发展动力活力持续释放。

1. 打造内陆双向开放高地

2018 年，江西省出台了《支持赣州港高质量发展若干政策措施》。赣州国际陆港获批全国内陆第 8 个开放口岸和全国内陆首个国检监管试验区、国家“一带一路”多式联运示范工程，运营江西省第 2 个进口肉类指定监管场地、首个汽车整车进口口岸，港口运营品种拓展至汽车、电子、服装等十几个品种，从最初木材进口、家具出口的单一通道，发展成为全国综合性对外开放内陆口岸；中欧（亚）班列开行数进入全国内陆港“第一方阵”，开通了 5 条铁海联运“三同”班列线路，中欧班列覆盖中亚五国及欧洲 22 个国家 151 个城市，内贸班列通达国内主要物流枢纽城市，顺利打通了经宁波舟山港、深圳盐田港至美国以及经广州港至非洲德班港的铁海联运通道；正式开通运营赣深组合港，在全国首创“跨省、跨关区、跨陆海港”通关新模式，进一步畅通了内陆江西对外开放的出海口。赣州综合保税区成功迈入全国综合保税区 B 类方阵，获批调整至赣州国际陆港，建成 RCEP（区域全面经济伙伴关系协定）东盟产业园，一线外贸进出口总额突破百亿元大关。龙南保税物流中心在全省率先完成跨境电商“9610”陆路出口转关首单业务。跨境电商生态不断健全，赣州市建设跨境电商园区 5 个，实现了跨境电商全业态开通，在江西省率先开展“跨境电商 + 中欧班列”B2B（企业对企业电子商务）业务试点。赣州跨境电商综试区与匈牙利中欧商贸物流园区“双区联动”项目运行顺畅，对接“一带一路”，推动中欧商贸物流合作园区与赣州跨境电商综试区“双区联动”项目列入中国 - 中东欧国家领导人峰会成果清单。

赣州国际陆港获批成为全国内陆第 8 个对外开放口岸和中国内陆首个国检监管试验区

2. 试点示范成果丰硕

崇义县杰坝乡石皮村林仁群获颁全国第一本林权类不动产权证

赣州市用好对口支援工作优势，先后争取开展国家紧密型县域医共体建设、交通运输高质量发展等 140 余项国家级示范试点，开展了 200 余项省级以上示范试点；中国科学院赣江创新研究院挂牌运行、中国稀土集团总部落户，“互联网 + 第四方物流”、公立医院综合改革试点等一批试点创新走在全国前列；全国革命老区扶贫攻坚示范区、教育改革发展试验区、集体林权综合改革试验示范区等取得示范成果，赣州市成为国家部委改革创新的“试验田”和获批国家级试点平台最多的设区市之一，为苏区振兴发展注入了动力活力；一批试点示范平台建设在全省、全国形成了可复制可推广的“赣州经验”，颁发了全国第一本林权类不动产权证和江西省第一本房屋不动产权证，于都县公立医院改革经验在全国推广。赣州市正成为“老区中的特区”。

3. 营商环境更加优化

大力实施营商环境优化升级“一号改革工程”，着力建设对接融入粤港澳大湾区桥头堡。在江西省率先组建市县两级行政审批局，推行“市县同权”“全产业一链办”“免申即享、即申即享”等惠企政策改革；争取到与深圳对口合作，“无中生有”建设赣州国际陆港、赣深组合港，着力打造比肩大湾区的营商环境，知名企业接连落户，A 股上市公司从 3 家增至 16 家，形成 4 个千亿元级产业集群，5 家营收过百亿元企业。赣州市出台《优化提升营商环境专项行动方案》，重点推出 19 个重点领域 254 个改革事项，努力打造“四最”营商环境。“放管服”改革取得突破，在全省率先开展企业开办、工程项目审批、不动产登记三个“一窗办”，“最多跑一次”事项达 91%，对标大湾区打造新时代“第一等”营商环境成为全省典型。在全省率先启动“一链办理”改革，“赣服通”市县分厅全部上线，80% 以上服务事项实现“掌上办”。

赣州市出台“优化发展环境 50 条”，设立纾困发展基金，深入推进降成本、优环境专项行动，赣州市“三个信贷通”（小微信贷通、创业信贷通和财园信贷通）作为探索解决中小企业融资难融资贵的典型经验做法获国务院通报表扬。扎实推进供给侧结构性改革，降成本、优环境专项行动累计为企业减负超 700 亿元。

4. 开放合作成效明显

积极承接产业转移。国家发展改革委批复赣州为赣南承接产业转移示范区，商务部批复赣州为全国承接加工贸易产业转移示范地，江西省发展改革委、省商务厅联合批复《赣州“三南”承接加工贸易转移示范地规划》。围绕民企、外企、国企和杰出乡友、校友、战友等群体，赣州市开展了“三请三回”和“三企入赣”，加大招商力度。据统计，2011—2021 年，赣州市引进省外资金项目 2 802 个，签约金额 8 626.41 亿元，实际进资 7 538.68 亿元，年平均增长 12.6%、增长 2.5 倍。引进了吉利、格力、富士康等知名企业。

加快对接融入“一带一路”、粤港澳大湾区。赣州市先后与广东深圳、河源、广州等地签订了合作协议，在农业、环保、食品、基础设施等方面以及产业、园区、干部培养等方面开展了深入合作。国家发展改革委印发了《革命老区重点城市对口合作工作方案》，明确赣州和深圳建立对口合作关系。江西省成立了粤港澳大湾区桥头堡建设领导小组，由省长任组长，每年协调解决一批对接粤港澳大湾区事项。深圳信息职业技术学院与赣州职业技术学院签订了正式合作协议，赣州加入了粤港澳大湾区科技协同创新联盟。2011—2021 年赣州市累计新批外资项目 918 个，实际利用外资 172.1 亿美元，年均增长 9.94%。

（十）红色资源保护利用成效显著

习近平总书记深刻指出："我们必须始终赓续红色血脉，用党的奋斗历程和伟大成就鼓舞斗志、指引方向。"弘扬红色文化，传承红色基因，是确保红色江山不变色、红色基因代代传的大事。赣州市站在党和国家事业全局上，高度重视对属地红色资源的保护利用，坚持在保护中利用、在利用中保护，坚持以社会效益优先、围绕打造"红色文化传承创新区""红色旅游先行示范区"的定位要求，推动红色资源创造性转化和创新性发展，推动红色文化事业进步和红色文化产业繁荣，奋力实现社会效益和经济效益双丰收。

1. 红色旅游快速发展

赣州市把红色旅游作为发展全域旅游的总抓手，创建红色旅游 5A 级旅游景区 1 处、4A 级旅游景区 4 处、3A 级旅游景区 3 处，纳入全国红色旅游经典景区 2 处，全国红色旅游精品线路 1 条，江西省红色旅游精品线路 3 条。创建于都中央红军长征出发地纪念园、兴国苏区干部好作风纪念园、宁都中央苏区反"围剿"战争纪念馆等一批精品景区和线路。深化与井冈山、闽西、粤东北、长征沿线城市等区域的旅游合作，举办了首届"红军长征论坛"、中央苏区"7+2"红色旅游区域联盟协作会，出台了红色旅游专列、包机等系列优惠政策。赣州市跻身全国 12 大重点红色旅游区，基本建成全国著名红色旅游目的地。

2. 打造一批文艺精品

赣州市重点打造大型赣南采茶歌舞剧《八子参军》《永远的歌谣》，赣南采茶戏《一个人的长征》，电影《八子》，赣南民俗音画《客家儿郎》等一批红色文艺精品。《八子参军》获中宣部第十二届精神文明建设"五个一工程奖"、文化部第十四届文华优秀剧目奖，《永远的歌谣》获中宣部第十四届精神文明建设"五个一工程奖"。红色文化遗产保护利用卓有成效，基本完成革命遗址保护维修任务，赣州市的国家级爱国主义教育基地数量位居全国设区市前列。

3. 将红色资源融入党的建设和社会建设

赣州市把学习宣传贯彻习近平新时代中国特色社会主义思想，特别是习近平总书记对江西和赣州工作的重要指示批示精神，作为首要政治任务和长期战略任务，致力打造成为最讲党性、最讲政治、最讲忠诚、最讲担当的地方。开展党的群众路线教育实践活动、"三严三实"专题教育、"两学一做"学习教育、"不忘初心、牢记使命"主题教育、党史学习教育等活动，广泛开展"永远热爱党，永远跟党走"主题教育、百万群众缅怀革命先烈清明祭典、"五红"等系列活动。创新提出"3+X"集中学习模式①，建立每月学习日制度，建好"新时代文明实践中心"，用好"学习强国"

① "3+X"集中学习模式："3"指"三个一"，在开展集中学习时，参会全体党员集体诵读一篇习近平总书记系列重要讲话、一段党章党规、讲一个以上红色故事；"X"是要求若干个党员联系自身实际作中心发言，谈谈这篇系列讲话的出处、背景、内涵等，谈清楚这些规定的出处、背景、历史沿革和含义，并联系红色故事和自身实际谈如何理解、贯彻。

学习平台，并争取平台用户服务中心落户赣州，干部群众坚定捍卫“两个确立”，不断增强“四个意识”、坚定“四个自信”、做到“两个维护”，赣南老表发自内心记共产党的恩、念习近平总书记的好。

二、赣南苏区振兴发展主要经验启示

十载风雨路，今朝展新姿。实践充分证明，赣南苏区振兴发展政策的实施，极大地促进了赣南苏区与全国同步进入全面小康社会。这片红土圣地的巨大变化，是新时代中国取得历史性成就和历史性变革的一个缩影，是习近平新时代中国特色社会主义思想在赣南大地的生动实践，是我们党不忘初心、牢记使命的真实写照，是社会主义制度优越性的充分彰显。赣州市上下人心向党、感恩奋进，坚信跟着习近平总书记、跟着共产党，就一定能够芝麻开花节节高，过上更加幸福富裕的生活。十年振兴历程，我们从中可以得到以下启示。

（一）以习近平同志为核心的党中央关心关怀是最强大动力

以习近平同志为核心的党中央深情关怀、英明决策，为赣南苏区振兴发展指明了前进方向、提供了根本保证。习近平总书记始终情牵中央苏区、记挂赣州发展，先后两次亲临赣州视察指导，九次对赣南苏区振兴发展作出重要指示批示，亲自推动《国务院关于支持赣南等原中央苏区振兴发展的若干意见》等重大政策出台实施，反复强调“一定要把老区特别是原中央苏区振兴发展放在心上”“现在国家发展了，人民生活变好了，我们要饮水思源，不要忘了革命先烈，不要忘了党的初心和使命，不要忘了我们的革命理想、革命宗旨，不要忘了我们中央苏区、革命老区的父老乡亲们”。2017 年 7 月，在《国务院关于支持赣南等原中央苏区振兴发展的若干意见》实施五周年之际，总书记再次作出重要批示，强调：“抓好革命老区振兴发展，让老区人民过上富裕幸福的生活，具有特殊的政治意义；希望继续弘扬井冈山精神和苏区精神，进一步完善政策，创新举措，补齐短板，推动老区加快发展，坚决打赢脱贫攻坚战，确保老区与全国同步全面进入小康社会！”2019 年 5 月 20 日，总书记亲临赣州考察调研时指出，“我一直关心赣南的发展。《国务院关于支持赣南等原中央苏区振兴发展的若干意见》出台实施 7 年来，赣南苏区发展取得重大进展，脱贫攻坚取得决定性胜利，赣南的巨大变化是江西和革命老区发展变化的一个生动缩影”。2016 年李克强总理在赣州视察时强调，“对赣南老区的支持，别的地方不能攀比”，2017 年 7 月李克强总理再次作出重要批示，要求“国务院各部门要继续予以有力支持”。赣南苏区振兴发展凝聚着党中央、国务院的亲切关怀，饱含着中央国家机关的关心支持，赣州全市上下把习近平总书记等中央领导同志重要指示批示精神作为强大的精神动力，努力做到学、思、用贯通，知、信、行统一，坚决把习近平总书记指示批示落到实处，努力在加快革命老区高质量发展上作示范。

（二）革命老区振兴发展政策体系的持续完善是最坚实支撑

政策是最大的资源、最好的红利，也是促进区域发展最有力的支持。革命老区要实现跨越式发展，国家顶层设计、精准支持是关键。自《国务院关于支持赣南等原中央苏区振兴发展的若干意见》出台以来，国务院及国家相关部委持续加大支持力度，量身定制了一系列整体性、系统化扶持政策，推动政策、项目、资金、人才和信息高效落地。国家层面先后出台配套政策文件达 281 个，其中国务院或国务院办公厅印发 20 个，逐步形成了系统化政策支撑体系，构筑起区域性“政策高地”。例如，2014 年国务院批复《赣闽粤原中央苏区振兴发展规划》，将《国务院关于支持赣南等原中央苏区振兴发展的若干意见》政策内容进一步细化实化，在投资、金融、资源利用、产业发展、改革创新等方面明确了政策指向。在财税政策方面，2012 年财政部办公厅出台的《关于江西省赣州市比照西部开发转移支付政策的通知》以及 2013 年财政部、海关总署、国家税务总局下发的《关于赣州市执行西部大开发税收政策问题的通知》，均提出赣南原中央苏区享有“老区中的特区”财税优惠政策；在对口支援政策方面，2013 年国务院发布的《中央国家机关及有关单位对口支援赣南等原中央苏区实施方案》，从项目、政策、资金、人才等方面就对口支援赣南原中央苏区明确了具体扶持举措。此外，2019 年 2 月，国家发展改革委等联合印发《完善支持赣南等原中央苏区振兴发展的若干政策措施》，32 条关于完善重大政策、实施重大项目、落实重大事项、推进重大改革的政策方针宣告落地。

江西省委、省政府高位谋划，对赣南苏区振兴发展坚持“只做加法不做减法”的原则，全力支持苏区振兴发展政策加快实施。在机制方面，成立了以江西省委、省政府主要领导为双组长的苏区振兴工作领导小组。建立由省政府常务副省长牵头召开的支持赣南等原中央苏区振兴发展工作推进会议机制。参照国家部委对口支援政策，建立了省直机关单位及省内高校、科研机构对口支援赣南等原中央苏区工作机制。在政策体系方面，江西省委、省政府先后出台《着力推动赣南等原中央苏区加快发展的意见》《深入推进对口支援赣南等原中央苏区的若干政策措施》《关于纵深推进赣南等原中央苏区振兴发展实现与全国同步全面小康的意见》等政策文件，从改善民生、产业发展、基础设施建设、生态环境保护等多方面给予政策支持。另外，在财税、投资、金融、产业、土地、生态、人才等方面明确了一系列特殊支持政策。例如，在财税政策方面，江西省委、省政府出台了《关于支持赣南等原中央苏区振兴发展重点平台建设的若干政策措施》，对相关项目建设给予一定贷款补贴贴息。

（三）部省持续有力的对口帮扶和特殊支持是最有力保障

政策红利的充分释放，需要各方协调配合、形成强大合力。2012 年以来，国家发展改革委先后牵头召开 7 次支持赣南等原中央苏区振兴发展部际联席会议，协调解决赣州需要国家层面支持的重大事项 94 项。中组部、国家发展改革委牵头建立中央国家机关及有关单位对口支援赣南等原中央苏区工作机制，40 个中央国家机关及有关单位对口支援赣州，下派 5 批共 201 名干部到赣州挂职帮扶，架起了中央和老区的“连心桥”，开启了部委与赣南的“直通车”，开辟了干部锤炼的“实训场”。十年来，对口支援单位先后派出 303 批次由部委主要领导或副职领导带队的调研组深入赣州调研，抓住赣南最突出困难、最薄弱环节给予特殊扶持，助推赣南苏区振兴发展。江西省委、省政府先后召开 11 次省赣南等原中央苏区振兴发展工作领导小组会和 7 次省支持赣南等原中央苏区振兴发展工作推进会，协调解决赣州需要省级层面支持的重大事项 202 项，形成了有效的苏区振兴发展推进落实机制。赣州市注重主动加强与国家、省的对接沟通，坚持常态化向上对接汇报工作机制，形成了“上接天线、下接地气”的协同落实机制，使苏区振兴各项政策措施得到全面有效落实。

（四）老区干部群众不等不靠、真抓实干是最重要基础

千条万条，实干第一条，好政策要在实干中见成效。十年来，赣州牢记习近平总书记“作示范、勇争先”目标要求，在国家、江西省的大力支持下，积极推动在经济社会发展各个领域先行先试，争创“第一等工作”，创造了一批在全省、全国有影响的“赣州经验”。据统计，十年来，赣州市获国家层面批复的试点示范平台达124项，是获批国家级平台最多的设区市之一。全国革命老区扶贫攻坚示范区、国家进境木材示范监管区、国家教育综合改革发展试验区、集体林权综合改革试验示范区、水土保持改革试验区等取得示范成果，脐橙产业脱贫经验成为全国典型案例，颁发了全国第一本林权类不动产权证和江西省第一本房屋不动产权证，赣州山水林田湖草生态保护修复试点经验在全国试点工作会做典型经验发言，“小微信贷通”“创业信贷通”“财园信贷通”做法获国务院通报表扬，中央环境督察组点赞“南方崩岗治理‘赣州模式’”和“废弃矿山修复‘寻乌经验’”，赣州国际陆港成为江西省吞吐量最大和全国铁海联运外贸集装箱吞吐量最大的内陆港。赣州市干部职工大力弘扬“坚定信念、求真务实、一心为民、清正廉洁、艰苦奋斗、争创一流、无私奉献”为主要内涵的苏区精神和新时代苏区干部好作风，狠抓苏区振兴各项政策落实，依靠自己的勤劳和智慧创造美好未来，地方主体责任得到充分落实。

三、赣南苏区振兴发展面临的机遇和挑战

当前和今后一个时期，世界百年未有之大变局深度演变和我国社会主义现代化建设新征程开局起步相互交融，赣南苏区经济发展的内在支撑和外部环境发生深刻变化，特别是全球新冠肺炎疫情影响广泛深远，大国博弈、地缘政治影响等不稳定性因素明显增多，赣州革命老区高质量发展示范区建设既面临着重大发展机遇，也面临着系列挑战。

（一）赣南苏区振兴发展的新机遇

1. 国家加快构建新发展格局，为赣南苏区振兴发展提供了广阔空间

最近五年来，经济全球化遭遇了单边主义、保护主义逆流和新冠病毒大流行的寒流，全球产业链、供应链遭到严重冲击甚至面临碎片化风险，为了确保国家经济安全、确保国家经济发展行稳致远，党中央作出加快构建以国内大循环为主体，国内国际双循环相互促进的新发展格局的战略决策。这一战略决策，为赣州深耕国内市场、开拓国际市场提供新的发展机遇。

（1）综合全面的比较优势。在党中央、国务院的深切关怀下，国家层面先后出台了一系列支持革命老区振兴发展的利好政策，科学谋划革命老区振兴发展“路线图”“施工图”，为老区振兴发展注入了强劲动力。赣州区位条件优越，与周边发达城市连接紧密，开放合作基础坚实；特色资源丰富，素有“世界钨都”“稀土王国”的美誉，具有大量的稀有金属和自然资源；正处于产业转移加快推进和工业化、城镇化加速发展阶段，市场开发潜力大；特别是经过十年振兴发展，赣州的政策红利日趋释放、基础设施日趋完善，各级干部群众激情满怀、干劲十足，赣南苏区潜力巨大、前景广阔。已经具备的主客观条件，为赣州承接国家加快构建新发展格局战略创造了条件。

（2）四省通衢的交通优势。赣州市是赣粤闽湘四省通衢区域性中心城市、“一带一路”重要节点

城市。近年来，赣州市充分发挥区域优势，打通跨区域交通通道，不断集聚人流物流。2021年12月赣深高铁通车运营，铁路运营里程达923公里，赣南人民实现了在家门口坐高铁直达大湾区的梦想，赣州深度融入大湾区“2小时经济圈”。2019年12月黄金机场迈入中型机场行列，2020年6月瑞金机场开工建设，赣粤运河进入实质性推进阶段，全国性综合交通枢纽地位日益凸显。赣州国际陆港成为全国第八个内陆开放口岸，是全国内陆第一个也是唯一一个进口木材直通口岸，全国内陆第一个国检监管试验区，入选国家“一带一路”多式联运示范工程，2021年中欧班列开行277列，位居江西第1位、全国第18位，赣州市已经成为中西部最重要的物流枢纽之一，交通优势非常明显。赣州的交通优势，将在畅通国内大市场、加快建设全国统一大市场中发挥重要作用。

（3）得天独厚的区位优势。赣州是江西的南大门，对接融入粤港澳大湾区的最前沿，与粤港澳大湾区山水相连、人缘相亲、文化相近、商路相通。近年来，赣州市全力打造对接融入粤港澳大湾区桥头堡，与深圳、广州、东莞、佛山等地签订战略合作协议，特别是经国务院同意，2022年5月国家发展改革委印发《革命老区重点城市对口合作工作方案》，明确赣州与深圳建立对口合作机制，共同打造老区与特区合作样板区，赣南苏区即将迎来新的重大历史发展机遇。赣州这种居于国内大循环、国内国际双循环关键节点的区位优势，将在国家加快构建新发展格局中得以彰显。

2. 国家和省特殊政策扶持，为赣南苏区振兴发展提供了坚强保障

十年来，针对赣南苏区经济社会发展存在的特殊困难和问题，国家量身定制了一系列政策支持。进入新时代，国家加快建立健全支持革命老区振兴发展的“1+N+X”政策体系，赣州市作为全国著名革命老区，再次成为国家政策文件支持的重点。特别是2022年3月，经国务院批复同意，国家发展改革委印发了《赣州革命老区高质量发展示范区建设方案》，是继《国务院关于支持赣南等原中央苏区振兴发展的若干意见》之后，赣南苏区再次迎来的重大发展机遇。持续构筑区域性“政策高地”，尤其是2021年1月出台的《国务院关于新时代支持革命老区振兴发展的意见》，明确健全长效扶持机制政策，使赣州继续成为“老区中的特区”。

（1）延续支持赣南等原中央苏区振兴发展部际联席会议制度。2012年11月，国务院批复同意建立由国家发展改革委牵头的支持赣南等原中央苏区振兴发展部际联席会议制度，明确由中组部、国家发展改革委等32个中央国家机关和有关单位，以及江西、广东、福建三省政府为联席会议成员单位。2013年以来，国家发展改革委已累计牵头召开7次支持赣南等原中央苏区振兴发展部际联席会，每次均由国家发展改革委主要领导或分管领导主持，研究协调事项131项，其中涉及赣州市事项94项（占71.8%），帮助赣州市解决了一批“老大难”问题。《国务院关于新时代支持革命老区振兴发展的意见》明确，要完善支持赣南等原中央苏区振兴发展部际联席会议制度，将继续为破解赣南苏区振兴发展难题发挥重要作用。

（2）延续中央国家机关及有关单位对口支援政策。2013年8月，国务院办公厅印发《中央国家机关及有关单位对口支援赣南等原中央苏区实施方案》，明确39个部委对口支援赣州。2021年4月，国务院办公厅印发《新时代中央国家机关及有关单位对口支援赣南等原中央苏区工作方案》，明确延续对口支援政策到2030年。对口支援工作开展以来，40个对口支援部委累计出台了对口支援工作方案或计划223个，支持受援地项目1 470个，先行先试政策（含平台）671项，开展人才交流培训11万余人次，并且援助了大量资金。

（3）延续执行西部大开发政策。《国务院关于支持赣南等原中央苏区振兴发展的若干意见》明确“赣州市执行西部大开发政策”，赣州市成为全国第四个非西部全面执行西部大开发政策地区，也是华东地区唯一实施西部大开发税收优惠政策的地市，有力助推了赣南苏区振兴发展。比如，财政政策上，2012 年 10 月，财政部办公厅印发了《关于江西省赣州市比照执行西部开发转移支付政策的通知》，明确从 2013 年起，赣州市执行西部开发转移支付政策，18 个县（市、区）全部纳入均衡性转移支付补助范围。税收政策上，对设在赣州市的鼓励类产业的内资企业和外商投资企业减按 15% 的税率征收企业所得税，十年来西部大开发税收政策惠及赣南苏区家具制造、商务服务等 43 个行业，累计为 3 108 家（次）企业减免所得税 65.64 亿元，税收优惠政策减负增利的“虹吸效应”正成为赣州市招商引资的“核武器”。2020 年 4 月，财政部、国家税务总局、国家发展改革委联合发布《关于延续西部大开发企业所得税政策的公告》，将这一税收优惠政策延期至 2030 年。

（4）建立发达省市与革命老区重点城市对口合作机制。2022 年 5 月，国家发展改革委印发《革命老区重点城市对口合作工作方案》，明确赣州与深圳建立对口合作机制，这是继部际联席会、对口支援、执行西部大开发政策后，国家给予赣州市的第四大核心支持政策，赣州对接融入粤港澳大湾区获“国家动力”支持，对于促进“老区 + 特区”联动发展，实现共同富裕目标，具有重要的政治和经济意义。

3. 十年奋斗取得的显著成就，为赣南苏区振兴发展奠定了坚实基础

打赢脱贫攻坚战、实现全面小康目标是阶段任务、阶段目标，是通往基本实现社会主义现代化、全面实现社会主义现代化目标的节点和起点。赣州市通过十年不懈奋斗取得的经济社会发展成就，为在新时代阔步迈向全面建设社会主义现代化国家新征程提供了坚实基础，是赣州实现新一轮高质量跨越式发展的底气所在。

（1）城市体量及经济规模优势。城市体量方面，赣州是人口、地域大市，人力资源丰富，具有较大的消费市场潜力，将在较长时期内享受人口红利。赣州中心城区建成区面积由 2015 年的 141 平方公里拓展至 2021 年的 202.47 平方公里、城区人口由 2015 年的 130 万人增加至 2021 年的 197.52 万人，省域副中心城市形象全面提升。赣州周边没有大中型城市，作为革命老区中为数不多的省域副中心城市，城市功能和对周边的辐射带动力较强，城镇化提升空间很大。

（2）经济外向度及营商环境优势。赣州既是中国沿海腹地，又是内地前沿，毗邻粤港澳大湾区，是赣闽粤湘四省通衢唯一的省域副中心城市、对接融入粤港澳大湾区的桥头堡，具有承南启北、呼东应西的区位优势。同时，赣州拥有 3 个国家级经济技术开发区、1 个国家级高新区、1 个综合保税区和我国中部除武汉外的第二个内陆口岸，是全国革命老区中唯一拥有铁路、公路、航空三大口岸的城市，开放设施体系相对较为完备，对外资的吸引力强，2021 年赣州市在 20 个革命老区重点城市中实际使用外资（23.51 亿美元）、进出口总额（737.39 亿元）分列第 1、2 位，经济外向度较高，如表 1-15 所示。

表 1-15　20 个革命老区重点城市 2021 年外向型经济发展情况对比

城市	进出口总额		进口		出口		实际使用外资	
	绝对值（亿元）	位次	绝对值（亿元）	位次	绝对值（亿元）	位次	绝对值（亿美元）	位次
赣州市	737.39	2	160.92	3	576.47	2	23.51	1
吉安市	531.05	3	93.11	5	437.94	3	14.64	2

续表 1–15

城市	进出口总额		进口		出口		实际使用外资	
	绝对值（亿元）	位次	绝对值（亿元）	位次	绝对值（亿元）	位次	绝对值（亿美元）	位次
龙岩市	508.00	4	190.50	1	317.50	6	3.05	6
三明市	123.70	9	7.20	14	116.50	8	2.41	7
梅州市	121.76	10	23.93	10	97.83	10	1.61	9
延安市	5.35	17	4.19	15	1.16	18	2.02	8
庆阳市	—	—	—	—	—	—	—	—
六安市	103.76	11	8.87	13	94.89	11	6.79	4
信阳市	63.10	13	28.70	9	34.40	14	6.60	5
黄冈市	94.50	12	11.80	12	82.70	12	0.71	12
百色市	426.33	6	43.30	7	383.03	4	0.40	15
巴中市	5.39	16	1.05	16	4.34	16	0.95	10
郴州市	457.74	5	99.60	4	358.14	5	0.57	13
张家界市	12.90	15	0.70	17	12.20	15	0.24	16
恩施市	1.54	19	0.04	18	1.50	17	0.09	17
遵义市	62.05	14	18.78	11	43.27	13	—	—
长治市	2.14	18	—	—	—	—	—	—
汕尾市	203.24	8	91.07	6	112.17	9	0.46	14
临沂市	1 766.80	1	182.00	2	1 584.80	1	13.80	3
丽水市	329.28	7	41.91	8	287.37	7	0.80	11

资料来源：根据 20 个革命老区重点市《2021 年国民经济和社会发展统计公报》整理得到。

（3）科技创新能力优势。近年来，赣州市科技创新投入明显加大，研发经费占 GDP 比重持续提高，高新技术企业连续两年翻番，三项科技成果获国家科技进步二等奖，7 个“国字号”科研平台落户赣州，获批建设中国（赣州）知识产权保护中心，中国科学院赣江创新研究院落地建设填补了江西省无国家级大院大所的空白。2021 年高技术制造业增加值增长 33.2%，高于规模以上工业 21.6 个百分点，占赣州市比重达 21%。

（4）基础设施体系优势。赣州市已初步构建现代化、立体式、多层次的综合交通运输体系，是全国综合性交通枢纽、“八纵八横”高铁节点城市，正在加快构建“一纵一横”高速铁路、“两纵两横”普速铁路网和“三纵三横六联”高速公路网，是全国为数不多拥有两个机场的地级市。

（5）生态环境质量优势。赣州市森林覆盖率稳定在 76.23% 以上，拥有国家级自然保护区 3 处、国家级湿地公园 13 处，获批“国家森林城市”，成为全国首批“创建生态文明典范城市”和“国家山水林田湖草生态保护和修复试点市”。相比其他革命老区城市大多位于陕北黄土丘陵沟壑区或者中部、南方生态环境脆弱地区，赣州市自然条件较好成为其加快发展的主要优势。

（二）赣南苏区振兴发展面临的挑战

进入新时代，国家再次赋予赣州新的重大历史使命，寄予赣州建设革命老区高质量发展示范区的殷切期望，这是对十年成果的充分肯定，也是对赣州发展提出的新的更高要求。对照高质量发展示范区建设目标，赣南苏区仍有不少短板和不足，赣州市在革命老区中总体呈现“经济总量靠前、发展条件较好、产业短板明显、人均水平落后”的特点，建设革命老区高质量发展示范区既具备一定基础，也面临较大压力。

1. 经济发展总体水平仍然相对落后

（1）从总量指标看，经济总量与人口、地域大市不相符。赣州市作为江西省域副中心城市，人口占江西省的 1/4，国土面积占 1/5，但 2021 年赣州地区生产总值、一般公共预算收入、社会消费品零售总额、出口总额等 4 项指标占全省的比重分别仅为 14.1%、10.5%、16.3%、15.7%。2021 年赣州市财政自给率仅为 30.6%，七成多的一般公共预算支出资金来源于上级补助，是典型的“吃饭”财政。赣州所属的 18 个县（市、区）中没有全国百强县，县域经济较弱，如表 1-16 所示。

表 1-16　2021 年赣州市主要经济指标占江西省比重

指标	赣州市	江西省	赣州市占全省比重
生产总值	4 169.37 亿元	29 619.70 亿元	14.1%
一般公共预算收入	294.07 亿元	2 812.25 亿元	10.5%
社会消费品零售总额	1 987.68 亿元	12 206.69 亿元	16.3%
实际利用外资	23.51 亿元	157.78 亿元	14.9%
利用省外 2 000 万元以上项目资金	1 093.58 亿元	9 541.76 亿元	11.5%
出口总额	576.47 亿元	3 671.80 亿元	15.7%
城镇居民人均可支配收入	40 160 元	41 684 元	96.3%
农村居民人均可支配收入	14 675 元	18 684 元	78.5%

资料来源：根据江西省、赣州市《2021 年国民经济和社会发展统计公报》整理得到。

（2）从人均指标看，赣州人均水平偏低的状况尚未得到根本改变。虽然赣州人均主要经济指标与全国平均水平的差距有了明显缩小，但是人均水平仍然相对偏低，一些指标仅为全省的 6 到 7 成、全国的 4 到 5 成。例如，2021 年，赣州市一般公共预算收入人均水平仅为全国平均水平的 41.7%，为全省平均水平的 52.6%，人均财政支出水平与全国、全省平均水平还有较大差距，如表 1-17 所示。

表 1-17　2021 年赣州市主要人均经济指标与全国、全省对比

指标	赣州市	江西省	赣州市相当于全省的水平	全国	赣州市相当于全国的水平
人均生产总值	46 452 元	65 568 元	70.8%	80 976 元	57.4%
人均一般公共预算收入	3 275 元	6 225 元	52.6%	7 868 元	41.6%
人均社会消费品零售总额	22 135 元	27 021 元	81.9%	31 225 元	70.9%
城镇居民人均可支配收入	40 160 元	41 684 元	96.3%	47 412 元	84.7%
农村居民人均可支配收入	14 675 元	18 684 元	78.5%	18 931 元	77.5%

资料来源：根据全国、江西省和赣州市《2021 年国民经济和社会发展统计公报》整理得到。

2. 高质量发展还存在短板弱项

（1）基础设施支撑能力有待加强。连接东西方向的厦渝高铁通道还未形成，有 5 个铁路空白县。

煤炭、成品油、天然气等能源全部依赖外调，70% 以上电力从外调入，能源自给率远低于全国平均水平，煤价、电价、气价偏高。水利基础设施仍然薄弱，缺少控制性工程，仍有部分病险水库（水闸）需要除险加固，中小河流需要治理，区域性水资源供需矛盾日益凸显。

（2）产业发展基础不够牢固。2021 年赣州市工业化率 32.9%，低于江西省平均水平 3.5 个百分点，主导产业竞争力不强，产业链条不够完善，科技对经济社会发展的支撑能力不足。农业产业结构存在第一产业比重过大、第二产业增加值太少的问题，农业整体效益相对较低。金融、旅游等现代服务业发展存在短板，存贷款余额、保费收入总量等指标人均值低于全省平均水平，金融业增加值、贷款余额占 GDP 比重低于全国平均水平。旅游基础设施、旅游要素配套不完善，旅游品牌影响力不高。

（3）对外开放水平不高。赣州对外经济技术合作总体仍处于较低水平，通关便利化程度不够，外贸物流成本高。赣州市出口总额占全省的比重仅为 15.7%，实际利用外资仅为全省的 14.9%，利用省外 2 000 万元以上项目资金仅为全省的 11.5%。赣州、龙南、瑞金经济技术开发区和赣州高新区等国家级平台建设基础差、水平低、体量小，在全国国家级经济技术开发区排名较后。

（4）民生福祉还需持续改善。赣州市作为原罗霄山集中连片特困地区，面临较大返贫致贫风险。基本公共服务水平仍然较低，人均教育、社保、医疗支出只有全国平均水平的八成左右，每千常住人口床位数、执业（助理）医师数、注册护士数低于西部地区平均水平。

3. 与革命老区城市竞争日趋激烈

（1）从城市规模看，赣州是地域和人口大市，但城市化进程偏慢。赣州土地面积（3.94 万平方公里）和常住人口（898 万人）分列 20 个重点革命老区重点城市第 1、2 位，为名副其实的地域、人口大市，但城镇化率（56.35%）排名第 11 位，比前 3 位的三明、龙岩、临沂市分别低 7.35 个、7.25 个、6.65 个百分点，如表 1-18 所示。

表 1-18　2021 年 20 个革命老区重点城市面积、人口及城镇化率情况对比

城市	土地面积		常住人口		城镇化率	
	绝对值（万平方公里）	位次	绝对值（万人）	位次	绝对值（%）	位次
赣州市	3.94	1	898.00	2	56.35	11
吉安市	2.53	6	442.51	7	53.41	12
龙岩市	1.90	9	273.00	12	63.60	2
三明市	2.30	7	248.00	16	63.70	1
梅州市	1.59	14	387.69	9	52.38	14
延安市	3.70	2	226.93	17	61.80	5
庆阳市	2.71	5	215.94	18	43.13	20
六安市	1.55	15	440.50	8	49.46	16
信阳市	1.89	10	618.60	4	51.14	15
黄冈市	1.75	11	578.82	5	48.65	17
百色市	3.63	3	357.20	10	44.56	19
巴中市	1.23	17	267.60	14	46.92	18
郴州市	1.94	8	465.79	6	59.04	7
张家界市	0.95	18	151.03	19	52.40	13
恩施市	0.40	20	88.84	20	60.00	6

续表 1-18

城市	土地面积		常住人口		城镇化率	
	绝对值（万平方公里）	位次	绝对值（万人）	位次	绝对值（%）	位次
遵义市	3.08	4	659.23	3	56.70	10
长治市	1.40	16	315.17	11	57.39	9
汕尾市	0.49	19	268.69	13	57.56	8
临沂市	1.72	13	1 101.84	1	63.00	3
丽水市	1.73	12	251.40	15	62.50	4

资料来源：根据 20 个革命老区重点市《2021 年国民经济和社会发展统计公报》整理得到。

（2）从经济规模看，赣州是经济大市，但与革命老区头部城市相比仍有较大差距。2021 年赣州市 GDP（4 169.37 亿元）、一般公共预算收入（294.07 亿元）、社会消费品零售总额（1 987.68 亿元），分列 20 个革命老区重点城市第 3、3、2 位，但与第 1 位的临沂市（GDP 5 465.5 亿元、一般公共预算收入 409.5 亿元、社会消费品零售总额 2 931.1 亿元）相比，3 项主要经济指标仅为其 76.3%、71.8%、67.8%，经济总量与革命老区头部城市相比仍有较大差距，如表 1-19 所示。

表 1-19　2021 年 20 个革命老区重点城市 GDP、财政及消费情况对比

城市	GDP		一般公共预算收入		社会消费品零售总额	
	绝对值（亿元）	位次	绝对值（亿元）	位次	绝对值（亿元）	位次
赣州市	4 169.37	3	294.07	3	1 987.68	2
吉安市	2 525.65	9	181.91	6	1 035.23	9
龙岩市	3 081.78	4	353.89	2	1 376.54	4
三明市	2 953.47	6	179.88	7	851.87	10
梅州市	1 308.01	15	95.00	15	654.37	13
延安市	2 004.58	11	150.00	10	414.72	17
庆阳市	885.27	17	65.38	16	198.01	19
六安市	1 923.50	12	147.50	11	1 155.70	7
信阳市	3 064.96	5	135.39	13	1 252.85	6
黄冈市	2 541.31	8	141.01	12	1 403.73	3
百色市	1 568.71	14	102.98	14	421.24	16
巴中市	742.51	18	50.80	19	485.10	14
郴州市	2 770.08	7	160.84	9	1 056.37	8
张家界市	580.30	19	58.10	17	204.80	18
恩施市	416.29	20	20.85	20	195.94	20
遵义市	4 169.90	2	270.23	4	1 293.11	5
长治市	2 311.10	10	224.10	5	667.10	12
汕尾市	1 288.04	16	52.77	18	477.30	15
临沂市	5 465.50	1	409.50	1	2 931.10	1
丽水市	1 710.03	13	163.97	8	822.87	11

资料来源：根据 20 个革命老区重点市《2021 年国民经济和社会发展统计公报》整理得到。

（3）从人均水平看，赣州总体靠后，与先进地区相比有很大差距。2021年赣州市人均GDP（46 452元）在革命老区重点城市中列第13位，分别仅为前3位三明、龙岩、延安市的39.0%、41.1%、52.6%；农村居民人均可支配收入（14 675元）列第16位，分别仅为前3位丽水、龙岩、三明市的55.6%、64.6%、67.9%；城镇居民人均可支配收入（40 160元）列第6位，但仍然仅为第1位丽水市的75.4%，如表1-20所示。

表1-20　2021年20个革命老区重点城市主要人均指标情况对比

城市	人均GDP		城镇居民人均可支配收入		农村居民人均可支配收入	
	绝对值（元）	位次	绝对值（元）	位次	绝对值（元）	位次
赣州市	46 452	13	40 160	6	14 675	16
吉安市	57 076	8	42 880	3	18 298	7
龙岩市	112 886	2	43 785	2	22 716	2
三明市	119 092	1	42 315	5	21 617	3
梅州市	33 764	19	32 751	19	19 241	6
延安市	88 335	3	39 306	9	14 258	17
庆阳市	40 810	17	36 036	15	11 538	20
六安市	43 690	15	36 793	13	16 003	13
信阳市	49 547	10	33 480	17	16 595	10
黄冈市	43 605	16	34 032	16	16 456	11
百色市	43 892	14	36 375	14	14 755	15
巴中市	27 747	20	38 989	10	15 962	14
郴州市	59 471	7	39 874	8	19 303	5
张家界市	38 423	18	29 780	20	12 669	19
恩施市	46 858	12	37 180	12	13 860	18
遵义市	63 170	6	40 549	7	16 216	12
长治市	73 329	4	38 786	11	18 081	8
汕尾市	48 095	11	33 082	18	19 885	4
临沂市	49 603	9	42 606	4	17 783	9
丽水市	68 020	5	53 259	1	26 386	1

资料来源：根据20个革命老区重点市《2021年国民经济和社会发展统计公报》整理得到。

四、新时代赣南苏区振兴发展的总体考虑和重点任务

习近平总书记强调，江西和赣州要努力在加快革命老区高质量发展上作示范，在推动中部地区崛起上勇争先。2022年3月，国务院批复同意赣州、闽西革命老区高质量发展示范区建设。2020年4月，国家发展改革委印发《赣州革命老区高质量发展示范区建设方案》，这是《国务院关于支持赣南等原中央苏区振兴发展的若干意见》出台后时隔10年国家为赣州量身定制的又一整体性、系统性重大政策文件，是新时代国家层面赋予赣南苏区新的重大历史使命，对于赣州加快实现经济社会高质量跨越式发展、打造革命老区中的“特区”具有重大战略意义。下一阶段，新时代赣南苏区振兴发展的总体考虑是：以习近平新时代中国特色社会主义思想为指导，坚决贯彻落实习近平总书记视察江西和赣州重要讲话精神，聚焦“作示范、勇争先”目标定位和“五个推进”重要要求，大力弘扬伟大建党

精神，继承发扬井冈山精神、苏区精神、长征精神、老区精神，把握新发展阶段，完整、准确、全面贯彻新发展理念，加快构建新发展格局，推动高质量发展，统筹发展和安全，全面贯彻落实革命老区“1+N+X”政策体系，推进城乡协调发展、产业创新发展、生态文明建设、内陆双向开放合作，增进老区人民福祉，做好红色基因传承先行示范，把赣南革命老区建设得更好，让老区人民过上更加美好的生活，建设社会主义现代化新赣州，打造新时代革命老区振兴发展的样板。

（一）聚焦全面推进乡村振兴，在促进城乡协调发展上先行示范

民族要复兴，乡村必振兴；没有乡村振兴，就没有民族复兴。赣州市将站在中华民族伟大复兴战略全局高度，深入实施乡村振兴战略，围绕打造乡村振兴示范区和国家区域中心城市、省域副中心城市，加快城乡融合发展，努力在统筹城乡发展上闯出新路、探索经验。

1. 巩固拓展脱贫攻坚成果

落实脱贫攻坚 5 年过渡期和“四不摘”要求，保持现有主要帮扶政策总体稳定，健全防止返贫动态监测和帮扶机制，对易返贫致贫人口及时发现、及时帮扶，坚决守住不发生规模性返贫底线。巩固提升“两不愁三保障”成果和饮水安全成果，加强易地扶贫搬迁后续扶持，加大产业就业帮扶力度，实施安置点基础设施和公共服务提升工程，确保搬迁群众稳得住、有就业、能致富。

2. 深入实施乡村建设行动

以圩镇建设为重点，完善道路、自来水、停车场等基础设施，健全农贸市场、公共厕所、电商网点等公共服务设施。扎实开展农村人居环境整治提升，推动农村人居环境由基础整治向品质提升迈进。推进农村基础设施提档升级，实施新一轮农村电网改造升级，提高农村户厕无害化改造质量，实现城乡供水一体化。因地制宜推进较大人口规模自然村（组）通硬化路建设，全面推进“四好农村路”建设，推进城乡交通运输一体化示范县创建。深入开展乡村治理体系建设试点示范工作，深化乡风文明行动，打造新时代“五美”乡村。

3. 加快发展现代农业

坚持最严格的耕地保护制度，稳定粮食生产，保障粮食安全和重要农产品有效供给。加强富硒农产品开发，积极创建赣南富硒农产品区域品牌，构建富硒食品工业体系，争取设立国家富硒产品质量监督检验中心，建设全国重要的富硒农产品供应基地。实施赣南脐橙绿色发展、品质品牌提升工程，完善质量标准体系，打造世界级优质脐橙产业基地，打响“世界橙乡”品牌。大力发展蔬菜产业，创建更多大湾区“菜篮子”生产基地，建设中部地区蔬菜产业发展中心、南方重要蔬菜集散地。推动油茶产业提质增效，积极发展生猪、畜禽、茶叶等区域特色产业。深入推动农村一二三产业融合发展，积极创建农业现代化示范区，建设国际农产品加工产业园。

4. 推进城乡融合发展

坚持推进以人为核心的新型城镇化，全面提升城市发展能级和综合承载能力，增强省域副中心城市综合实力。加快“五区一体化”联动发展，推进基础设施、公共服务、产业发展同城化，增强中心城区辐射带动力。因地制宜支持县城补短板强弱项，推动县城公共服务设施提档升级，着力推进瑞兴于“3+2”经济振兴试验区、“三南”一体化、会寻安生态经济区、大上崇幸福产业示范区、信丰高质量发展示范先行区协调发展。深入开展城市更新行动，有序推进棚户区改造和城镇老旧小区改造，提

升城乡宜居宜业水平。

（二）聚焦发展特色优势产业，在创新发展上先行示范

苏区要振兴，产业要先行。赣州市将立足自身资源禀赋优势和既有产业基础，积极主动承接珠三角产业梯度转移，深度融入粤港澳大湾区，深入实施创新驱动发展战略，加快完善现代产业体系，打造现代产业集聚区，全面提升赣南苏区“造血”功能。

1. 全面提升创新发展能力

发挥中国科学院赣江创新研究院、中国稀土集团“双龙头”作用，加快创建国家稀土技术功能材料中心、稀土国家重点实验室等战略科技平台，打造区域性科研创新中心和国家创新型城市。高质量推进国家钨与稀土产业计量测试中心、自然资源部离子型稀土资源与环境重点实验室建设，加快筹建国家市场监管重点实验室（稀土产品检测与溯源）。加强与粤港澳大湾区科技合作，探索共建科创“飞地”，打造赣粤科技合作试验区。建强赣州科技大市场，建好赣南创新与转化医学研究院，创建国家科技成果转移转化示范区。加快建设中国（赣州）知识产权保护中心，推进知识产权强市建设，创建国家知识产权试点示范城市。

2. 推动制造业高质量发展

聚焦现代家居、有色金属、电子信息、纺织服装、新能源及新能源汽车、医药食品等主导产业，力争培育 1 个 5 000 亿元、5 个 2 000 亿元和 N 个 500 亿元的“1+5+N”产业集群，形成支撑工业发展的“四梁八柱”。做大做强稀土和钨产业，强化有色金属产业资源掌控，充分发挥中国稀土集团等中央企业的产业引领作用，提升“中国稀金谷”建设水平，建设永磁变速器、永磁电机和硬质合金、电子级高纯金属材料生产基地，打造具有世界影响力的稀土钨等稀有金属产业集群。加快现代家居产业发展，推动向智能化、品牌化、多元化和个性化定制转型，促进“家具＋家电＋家装”融合发展，以家居产业智联网引领现代家居全产业链数字化升级，打造国家级家居智能制造示范基地、世界级家居制造之都和集散地。推动纺织服装产业品牌化、智能化、数字化转型，补齐面辅料市场、设计展销等短板，建设纺织服装等国家级检验检测中心，打造全国纺织服装优质智造基地。推动新能源和新能源汽车产业全链条发展，壮大整车及动力电池、正负极材料、电机电控等领域龙头企业，打造全国有影响力的动力电池生产加工基地。加快发展医药食品产业，做强“药品＋医疗器械”双链条，建设医药科创中心，打造全国知名的医药及大健康产业基地。推进工业化与信息化、数字经济和实体经济深度融合，打造“5G（第五代移动通信技术）＋工业互联网”融合应用先导区。大力培育百亿元级企业、千亿元级园区，推动各开发区在全省全国位次前移，挺起高质量跨越式发展的产业脊梁。

3. 大力发展现代服务业

加快建设区域性文化旅游中心，加快瑞金、石城、龙南等县（市）全域旅游示范区建设，推动大余丫山、会昌汉仙岩、江南宋城等创建国家高等级旅游景区，打造粤港澳大湾区“后花园”。加快建设区域性金融中心，高标准建设国家普惠金融改革试验区，建设金融商务核心区，开展金融创新试点，发起设立地方法人金融机构，推动符合条件的企业在境内外上市融资、发行信用债券。加快建设区域性商贸物流中心，推进赣州商贸服务型国家物流枢纽建设，引进大型物流企业设立分拨中心。加强农产品仓储保鲜冷链物流设施建设，建设区域性进口冷冻食品集散地。大力发展森林康养、旅游康

养、温泉康养等业态，培育一批特色康养龙头企业和知名品牌，打造全国知名的康养基地。

（三）聚焦打造美丽中国赣州样板，在生态文明建设上先行示范

习近平总书记强调："建设生态文明是中华民族永续发展的千年大计。"赣州市必将牢固树立和践行绿水青山就是金山银山的理念，把节约资源和保护环境的基本国策落到实处，像对待生命一样对待生态环境，坚持生态优先、绿色发展，认真做好治山理水、显山露水文章，打造生态文明建设典范区。

1. 打造山水林田湖草综合治理样板

打好蓝天、碧水、净土保卫战，推进"五气"同治、"清河行动"和土壤修复治理，解决好群众关注的突出环境问题。实施矿山生态修复、水土流失治理等生态工程，推动山水林田湖草一体化保护和修复，深入推动长江经济带发展战略实施，建设全国水土保持高质量发展先行区，打造"源头地区"山水林田湖草生命共同体示范区。科学开展大规模国土绿化行动，持续推进低质低效林改造和天然林保护修复，推进国家储备林建设。加快绿色矿山建设，实施钨、稀土、萤石等历史遗留矿山生态修复，推动符合条件的项目申报国家工业遗产。

2. 加快绿水青山向金山银山转化

落实碳达峰、碳中和战略部署，紧盯能耗"双控"目标，系统推进重点领域、重点行业节能降碳，坚决遏制"两高"项目盲目发展。开展低碳城市、"无废城市"建设，推动工业、城乡建设、交通重点行业和企业开展碳排放达峰行动，发挥森林、湿地、土壤等固碳作用，提升生态系统碳汇增量。推进"腾笼换鸟"，实施产业绿色化、园区循环化改造，发展生态节能环保产业。优化能源供给结构，提高风能、太阳能、生物质能等清洁低碳能源使用水平。

3. 创新生态文明建设体制机制

健全流域生态保护补偿制度，开展国家生态综合补偿试点，争取与广东省建立东江流域上下游横向生态补偿长效机制。深化生态产品价值实现机制探索，支持崇义等地开展生态产品价值实现机制试点，推动生态资源权益交易，探索推进排污权、用能权、用水权市场化交易，积极参与全国碳排放权交易市场。深化绿色金融改革，积极创建国家生态文明建设示范区、"绿水青山就是金山银山"实践创新基地。

（四）聚焦推进改革开放走深走实，在内陆双向开放合作上先行示范

乘国家全面推进深化改革、全面扩大对外开放之大势，大力推进思想再解放、改革再攻坚、开放再提升、环境再优化，用好改革开放"关键一招"，在国家构建"海陆内外联动、东西双向互济"的开放格局中精准定位、找准机会，打造更高层次、更高水平的内陆开放型经济。

1. 加快先行先试步伐

积极推动争取中央和国家机关相关试点试验示范在赣州先行先试，打造新时代改革创新"试验田"。加大"放管服"改革力度，推进审批流程再造、"一网通办"数字化改革、"全产业一链办"改革，推动更多高频事项"跨省通办""省内通办"。复制推广自贸试验区制度创新成果，推进国际贸易"单一窗口"建设，强化与沿海地区口岸通关合作，提升口岸通关效率，争取在外贸进出口、金融服

务、投资便利化等方面开展先行先试。推进农村宅基地制度改革试点，深化农村土地、集体产权等制度改革，开展农村集体经营性建设用地入市探索，全面激活农村资源要素。

2. 建设内陆双向开放高地

高水平推进内陆双向开放，着力打造“一带一路”重要节点城市，建设“一带一路”国际货物集散地。推进赣州国际陆港建设，完善口岸功能，发展现代食品、汽车进口、肉类加工分拨、木材集散等临港经济，开展多品种运营，建设国际物流分拨中心和中欧班列集结中心，打造内陆百万标箱大港。推动赣州航空口岸与赣州保税区联动发展，提升赣州综合保税区能级。加快赣州跨境电商综合试验区建设，打造完整产业链和生态圈。

3. 深度融入粤港澳大湾区建设

立足资源共享、优势互补，全方位、全要素对接融入粤港澳大湾区，打造老区与湾区合作样板。全面深化与深圳对口合作关系，出台对口合作实施方案，争取建立对口合作联席会议，推动产业对接、平台共享、园区共建。加快深赣港产城特别合作区、赣粤产业合作试验区、南康和“三南”片区建设，建设一批特色鲜明的集群式产业链合作园区。争取粤港澳大湾区内地科研院所、医疗机构、龙头企业在赣州设立技术转移中心分中心。推动大湾区优质职业院校与赣州职业技术学院开展深度合作共建，建立“湾区＋老区”职业教育联盟。

4. 完善对外开放基础支撑

加快建设全国性综合交通枢纽，积极推进赣州革命老区交通运输高质量发展试点。加密铁路运输通道，开工建设瑞金至梅州铁路、长沙至赣州高铁，争取赣州经郴州至兴义铁路、赣州至韶关铁路扩能工程等列入国家铁路网中长期规划布局。利用既有普速铁路干线富余能力开行市域（郊）列车。优化高速公路网络，打通省际断头路，提升普通国省道结构和水平。提升赣州黄金机场保障能力和服务水平，实施黄金机场三期改（扩）建工程，建成瑞金机场，有序推进一批通用机场建设。完善支撑性电源建设，加快建成信丰电厂二期，推进“赣闽联网”“特高压入赣”和赣县、寻乌抽水蓄能电站等项目建设，规划建设赣州煤炭储备基地，实现县县通长输管道天然气。推动赣粤运河前期研究论证，建成赣州港五云码头，实现赣江三级通航。推动宁都梅江大型灌区工程开工建设，加快兴国平江大型灌区工程建设，推进茅店、寒信、极富等控制性水利枢纽及营口、岭下、黄坑口等一批重点水源水库工程建设，建设信丰桃江等大型灌区及引梅入瑞、引桃入定等引调水工程，全面提升水安全保障能力。

（五）聚焦健全公共服务体系，在增进老区人民福祉上先行示范

人民日益增长的美好生活需要和不平衡不充分的发展之间的矛盾是新时代我国社会主要矛盾。赣州市必将牢牢抓住主要矛盾，在推动更加平衡、更加充分的发展中保障和改善民生，坚持以人民为中心的发展思想，大力发展社会民生事业，做到幼有所育、学有所教、劳有所得、病有所医、老有所养、住有所居、弱有所扶，更好满足人民美好生活需要。

1. 优先发展教育事业

扩大教育资源供给，持续改善办学条件，推动学前教育普及普惠、义务教育优质均衡、高中教育提质提效。纵深推进部省共建教育改革发展试验区建设，推进教育部、工业和信息化部、江西省人民政府共建江西理工大学，探索整合资源创建高水平综合型高校。加快推进赣南医学院更名为赣南医科

大学，推动赣南师范大学、赣南医学院申报博士学位授予单位。推动中职学校（含技工学校）改善办学条件，加快高水平高职院校建设。加强公共实训基地建设，推进赣南师范大学科技学院与赣州职业技术学院合并转设赣州职业技术大学、赣南师范高等专科学校升级为本科院校。大力发展技工教育，实施技工教育质量规模提升工程，推动赣州技师学院和宁都高级技工学校加快发展。

2. 加快发展卫生健康事业

推动优质医疗资源扩容和区域均衡布局，创建南方科技大学南方医院赣州医院、广东省人民医院赣州医院等国家级区域医疗中心。以市人民医院、赣南医学院第一附属医院为重点，打造国家级临床重点学科、省级领先学科。争取相关医学院校为赣州定向培养医疗人才，推动国内一流医院对口帮扶赣州重点医院实现全覆盖，合作共建专科联盟和远程医疗协作网。完善重大疾病预防控制体系和重大疫情防控救治体系，提升公共卫生防控救治能力，新建市公共卫生应急中心、市儿童医院、市第三人民医院新院，实施市肿瘤医院、市妇幼保健院、市第五人民医院、市皮肤病医院医疗能力提升扩建工程。促进中医药传承创新发展，新建市中医院新院和新（改、扩）建县级中医院，全面提升中医药服务能力。

3. 繁荣文化体育事业

加快赣州、瑞金国家历史文化名城建设，实施历史文化街区修复，推进江南宋城历史文化旅游区建设，重现“江南宋城”。加强传统村落保护利用和赣南乡村特色风貌保护与传承，推进赣州国家公共文化服务体系示范区创新发展。深化国家级客家文化（赣南）生态保护试验区建设，传承传统客家文化与习俗，做好赣南围屋等申报世界文化遗产前期研究工作，建设综合性非物质文化遗产馆。推进智慧广电、应急广播体系建设等公共文化惠民项目。开展全民健身运动，推进市全民健身中心、市老年人体育活动中心项目建设，新（改、扩）建一批城市体育公园，创建国家全民运动健身模范城市。

4. 完善就业和社会保障体系建设

加强创业孵化基地建设，争创全国创业孵化示范基地，推动赣州高新区创建国家级“双创”示范基地。完善社会保险制度，加快落实社保关系转移接续，实现基本养老保险法定人员广覆盖，构建多层次、多支柱养老保险体系。加强城乡居民社会保险与社会救助制度的衔接，建立健全分层分类的社会救助体系。完善帮扶困难老年人、残疾人、孤儿等社会福利制度，引导社会工作专业力量开展社会救济、社会互助和志愿服务活动。深化国家安宁疗护和医养结合试点，大力发展居家社区养老服务，实施养老服务质量提升工程，补齐农村养老基础设施短板。落实国家积极应对人口老龄化战略，以“一老一小”为重点，创建全国儿童友好城市试点和国家积极应对人口老龄化重点联系城市。

（六）聚焦弘扬革命精神，在传承红色基因上先行示范

红色，是赣州的底色。红色文化资源丰富，是赣州得天独厚的优势。新时代，赣州市将不断增亮底色、发挥优势，赓续红色血脉、传承红色基因，大力弘扬苏区精神、长征精神，用革命精神为改革事业注入强大精神动能，激励广大人民群众永远热爱党、永远跟党走，打造“最讲党性、最讲政治、最讲忠诚、最讲担当”的红土圣地。

1. 传承革命精神

巩固拓展党史学习教育成果，常态化开展“五红”活动，把红色故事纳入中小学教育和干部培训

内容，广泛开展红色教育培训，引领赣州市上下牢记“三个来之不易”、做到“四个不要忘了”。深入研究赣南苏区红色文化特质，建设“红色名村”，打造在全国影响较大的红色文化传承创新区。深入挖掘革命历史文化资源，实施红色基因代代传工程，以重大革命历史事件为重点，创作相关题材文艺作品，推出一批红色经典出版物和文艺精品。

2. 用好红色资源

完善红色资源保护体系，着力推进革命文物的统筹规划、连片保护、整体展示、梯次利用，建设一批省级革命文物保护传承示范基地。加快长征国家文化公园赣州段建设，建设瑞金、于都、信丰、兴国、大余等长征历史步道，建设和提升长征沿线标志性纪念馆。推动符合条件的遗址遗迹申报全国爱国主义教育示范基地、重点文物保护单位、国家级英雄烈士纪念设施和国家级抗战纪念设施、遗址。深入实施革命文物遗址保护修复工程，加大对革命历史类纪念设施、遗址的保护修缮和展示利用力度，重点推进于都中央红军长征出发纪念馆扩建、中央革命根据地纪念馆展陈提升等纪念场馆改（扩）建工程。

3. 推动红色旅游高质量发展

发挥红色文化资源丰厚和优良革命传统深厚的优势，大力发展红色培训和红色旅游，建设红色旅游融合发展示范区。推动瑞金共和国摇篮景区、石城阻击战纪念园、宁都起义纪念馆等现有红色旅游经典景区提质升级，推进瑞金“红色故都”、寻乌调查纪念馆、安远朱德天心整军纪念园等项目建设。加强与长征沿线城市交流合作，推动开通红色旅游专线（列），培育红色旅游经典线路，打造全国著名的红色旅游目的地。

专题报告

02 赣南苏区脱贫攻坚与乡村振兴报告

摘要：十年来，赣州市委、市政府深入学习贯彻习近平总书记关于扶贫工作重要论述，以及对江西和赣州工作的重要要求，特别是2019年5月视察江西和赣州时的重要讲话精神，全面贯彻党中央、国务院和江西省委、省政府脱贫攻坚决策部署，坚持把脱贫攻坚作为首要政治任务和第一民生工程，团结带领赣州市广大干部群众感恩奋进、担当实干，下足“绣花”功夫，精准扶贫、精准脱贫，努力探索革命老区脱贫攻坚新路子；坚持问题导向，聚焦“两不愁三保障”目标标准，一年一个重点，一年一个台阶，压茬推进脱贫攻坚各项工作；坚持改革创新，创新推出产业扶贫“五个一”机制、健康扶贫“四道医疗保障线”、农村保障房、金融扶贫等政策组合，扎实推进高质量、可持续脱贫；以最严的要求、最实的作风，确保脱贫攻坚责任落实、政策落实、工作落实；坚持统筹推进，积极探索脱贫攻坚的体制机制、政策保障、产业就业、资金项目等与乡村振兴相衔接，加快推动乡村全面振兴。

关键词：赣南苏区　脱贫攻坚　乡村振兴

消除贫困、改善民生、实现共同富裕，是社会主义的本质要求，是中国共产党的重要使命。习近平同志先后两次亲临赣州视察、多次对赣南老区发展作出重要指示批示，并多次强调：“原中央苏区振兴发展工作要抓好，这具有政治意义”“要使老区人民过上富裕、幸福的生活”“要推动老区加快发展，坚决打赢脱贫攻坚战，确保老区与全国同步全面进入小康社会”。十年来，赣南苏区脱贫攻坚取得显著成效，许多方面走在江西省乃至全国前列，成功承办全国产业扶贫、就业扶贫、网络扶贫、消费扶贫、“互联网 + 社会扶贫”等大型会议，创造许多“赣州经验”，书写革命老区脱贫攻坚的“赣州答卷”。

一、主要成效

受多种因素制约，2012年前，赣州市经济底子薄、基础条件差、贫困人口多、贫困范围广、贫困程度深，是全国较大的集中连片特殊困难地区之一。2012年6月28日，《国务院关于支持赣南等原中央苏区振兴发展的若干意见》出台，支持赣州市建设全国革命老区扶贫攻坚示范区。2012年以来，赣州市紧紧围绕“打造革命老区扶贫攻坚示范区”的战略定位，把握历史机遇，锲而不舍向绝对贫困宣战，下足“绣花功夫”，全面推进精准扶贫，夺取脱贫攻坚战的全面胜利，创造赣南扶贫开发史上的伟大奇迹，赣南大地因脱贫攻坚而巨变。

（一）决战脱贫攻坚取得全面胜利

1. 脱贫摘帽如期实现

2018 年 7 月 29 日，经过国务院扶贫开发领导小组组织的第三方严格评估，瑞金市率先在赣州脱贫摘帽，退出贫困县序列，翻开赣州脱贫攻坚新的历史篇章。2020 年，赣州市 114.33 万农村建档立卡贫困人口全部脱贫，1 023 个贫困村全部出列，11 个贫困县全部摘帽，其中 25.75 万户发展特色产业稳定增收，56.7 万人务工脱贫，7.39 万“一方水土养不好一方人”的贫困群众挪出“穷窝”，建设农村保障房 1.737 万套，让自身无能力建房的特困户住上安居房，16.17 万义务教育阶段建档立卡家庭子女得到精准资助，实现“应学尽学”，所有农村贫困人口饮水安全问题得到解决，并达到国家农村饮水安全评价标准，所有贫困人口均参加基本医疗保险，146.08 万人次贫困患者得到分类救治，33.35 万贫困人口纳入低保和特困供养救助范围。从 2011 年到 2021 年，赣州市累计减贫 194.88 万人，贫困人口由 194.88 万人到全面清零，贫困发生率由 26.71% 下降至 0（见表 2-1），老区人民如愿与全国同步全面小康。

表 2-1　2011—2021 年赣州市贫困人口变化情况

年份	贫困人口（万人）	贫困发生率（%）
2011	194.88	26.71
2012	172.60	23.45
2013	139.50	18.75
2014	114.33	14.28
2015	65.19	9.40
2016	51.18	6.60
2017	34.99	4.31
2018	18.86	2.45
2019	2.82	0.37
2020	0	0
2021	0	0

资料来源：根据赣州市乡村振兴局提供数据整理而得。

2. 人民生活水平全面提升

2011—2021 年，赣州市农村居民人均可支配收入由 4 684 元增加到 14 675 元，增长 2.1 倍，年均增长 12.1%，农村家庭恩格尔系数由 46.9% 下降到 34.7%；城镇居民人均可支配收入由 16 058 元增加到 40 160 元，增长 1.5 倍，年均增长 9.6%，城镇家庭恩格尔系数从 40.9% 下降到 31.8%，如表 2-2 所示。

表 2-2　赣州市居民人均可支配收入变化趋势

年份	农村居民人均可支配收入（元）	农村家庭恩格尔系数（%）	城镇居民人均可支配收入（元）	城镇家庭恩格尔系数（%）
2011	4 684	46.9	16 058	40.9
2012	5 301	45.4	18 704	40.0
2013	6 224	38.1	20 797	36.2

续表 2-2

年份	农村居民人均可支配收入（元）	农村家庭恩格尔系数（%）	城镇居民人均可支配收入（元）	城镇家庭恩格尔系数（%）
2014	6 946	38.6	22 935	35.1
2015	7 787	38.1	25 001	34.5
2016	8 729	37.5	27 086	34.3
2017	9 717	36.1	29 567	33.6
2018	10 782	34.0	32 163	31.9
2019	11 941	33.4	34 826	30.8
2020	13 036	35.5	37 031	32.2
2021	14 675	34.7	40 160	31.8

资料来源：根据赣州市乡村振兴局提供数据整理而得。

3. 危旧土坯房改造有效解决

2012 年前，赣州市还有 69.5 万户、近 300 万村民居住在危旧土坯房中。2012 年以后，赣州市完成 69.5 万户农村危旧土坯房改造，新建、修缮加固 44.82 万户，拆除空心房 24.7 万户。2016 年起，赣州市紧扣脱贫攻坚“两不愁三保障”目标，多措并举、攻坚克难，加快推进农村危房改造步伐，让所有农村贫困群众彻底告别低矮破旧、透风漏雨的危旧土坯房，住上安全放心房，顺利实现脱贫摘帽。同时，赣州市在全国率先提出并实施农村保障房建设，采取政府“交钥匙”兜底保障的模式，积极帮助农村无经济能力、无劳动能力的特困户实现“拎包入住”，让党和政府的阳光雨露真正惠及最困难群众。2016—2022 年，赣州市共实施完成农村危房改造 6 万余户，其中 2016—2017 年实施农村保障房建设项目 1.737 1 万户；农村危房改造工作连续两年获国务院表彰激励，其中，宁都县于 2019 年被国务院授予农村危房改造督查激励县，2020 年于都县也获此殊荣。2021 年兴国县住房和城乡建设局荣获“全国脱贫攻坚先进集体”称号，会昌县住房和城乡建设局荣获“江西省脱贫攻坚先进集体”称号。

（二）扎实推进就业创业帮扶

十年来，赣州市累计新增城镇就业 86.82 万人，新增转移农村劳动力 140.41 万人。截至 2022 年 6 月底，赣州市农民工就业总人数 198.34 万人，其中省内就业 85.86 万人，省外就业 112.48 万人；赣州市有劳动能力的脱贫人口和“三类人员”共 71.22 万人，实现就业 57.97 万人，占比 81.40%，就业形

改造农村危旧土坯房 69.5 万户，赣州市宁都县固厚乡楂源村东排组危旧土坯房改造前后对比

势保持稳定。脱贫攻坚时期，赣州市打造独具特色的“两精准、五送到、一扩大”就业扶贫工作模式；就业扶贫的“251”模式、“扶贫车间”典型做法向全国推广，龙南市脱贫车间等案例入选全球减贫最佳案例，上犹县劳动就业服务管理局和赣州市人力资源和社会保障局分别获得“全国脱贫攻坚先进集体”“江西省脱贫攻坚先进集体”称号。全面脱贫之后，赣州市延续实施就业扶贫相关政策措施，通过“四个一批”举措扎实推进就业帮扶助力乡村振兴。具体做法如下。

1. 引导入企就业转移一批

赣州市通过落实助企纾困政策，向就业能力和就业意愿较强的脱贫人口提供岗位信息、提升就业技能、给予就业激励等，引导鼓励其到当地企业就业。2017—2021 年，赣州市发放务工交通补贴分别为 13 600.11 万元、11 026.33 万元、16 030.31 万元、16 591.53 万元、15 517.69 万元，详见表 2–3。

表 2–3　2017—2021 年赣州市发放交通补贴金额情况　　单位：万元

年份	金额	年份	金额
2017	13 600.11	2020	16 591.53
2018	11 026.33	2021	15 517.69
2019	16 030.31		

资料来源：根据赣州市人力资源和社会保障局提供数据整理而得。

2. 发展帮扶车间吸纳一批

赣州市对有就业能力和就业意愿，但因年纪偏大或家有老小而无法入企就业的脱贫人口，通过发展就业帮扶车间，帮助其实现在家门口稳定就业。鼓励在外经商务工的乡贤，以及服装纺织、电子等劳动密集型企业，在乡村创办帮扶车间。在 2016—2021 年，赣州市建成帮扶车间数量由 299 个增加到 1 531 个，吸纳帮扶对象就业人数由 808 人增加到 11 711 人，累计发放帮扶车间个人岗位补贴金额由 262.67 万元增加到 1 767.542 万元，并对帮扶车间就业数据实行动态管理，及时对退出的脱贫劳动力等开展跟踪帮扶，详见图 2–1。

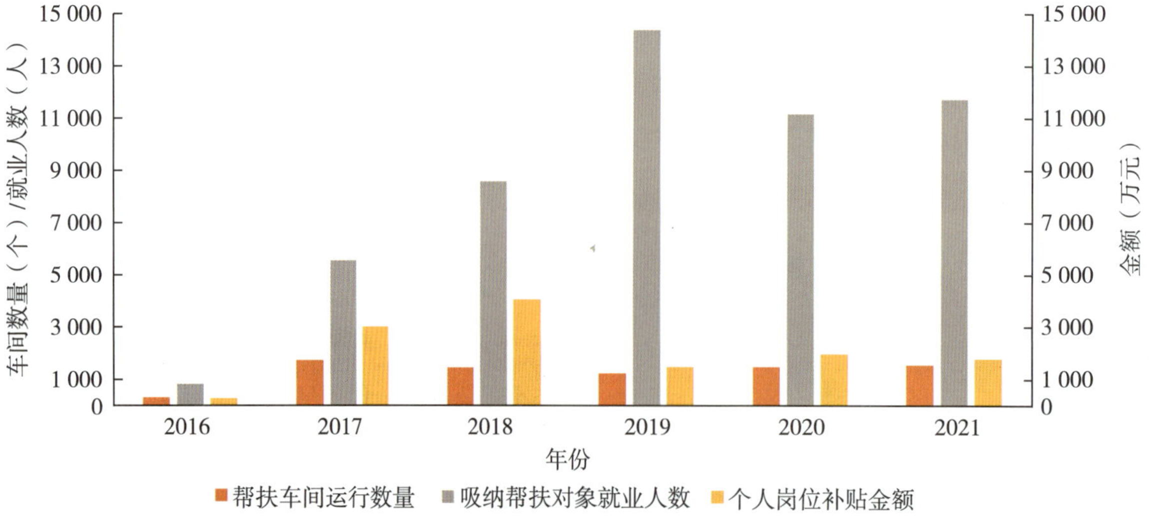

图 2–1　2016—2021 年赣州市帮扶车间运行及发放个人补贴情况

资料来源：根据赣州市人力资源和社会保障局提供数据整理而得。

3. 鼓励自主创业带动一批

赣州市对有创业能力的就业帮扶对象，通过提供创业帮扶引导创业带动就业，将脱贫人口列入创业担保贷款优先扶持对象，降低门槛、优先审批，实施创业培训“马兰花计划”，积极推进创业孵化基地建设，为创业提供真金白银的帮扶。2017—2021 年，直接扶持建档立卡贫困人员个人创业但保贷款金额从 73 万元增加到 1 891 万元，详见表 2-4。

表 2-4　赣州市创业担保贷款扶持建档立卡贫困人员创业就业情况

年份	直接扶持建档立卡贫困人员创业		带动建档立卡贫困人员就业					
	个人创业担保贷款		个人创业担保贷款			企业贷款		
	人数（人）	金额（万元）	数量（笔）	金额（万元）	就业人数（人）	企业数量（家）	金额（万元）	就业人数（人）
2017	6	73	406	3 963.0	200	37	13 015	124
2018	96	854	2 781	18 961.2	5 265	51	15 795	243
2019	0	1 207	1 614	17 077.8	3 658	43	12 500	175
2020	210	2 039	1 496	21 556.3	3 789	69	21 427	617
2021	175	1 891	885	13 205.8	2 343	74	22 842	432

资料来源：根据赣州市人力资源和社会保障局提供数据整理而得。

4. 开发公益岗位安置一批

赣州市对劳动能力偏弱、无法适应企业要求、但有就业意愿的群体，结合各地实际开发公益性岗位兜底安置。赣州市相关部门通过联合开发、分口负责、规范管理等措施，2016—2021 年赣州市安置帮扶对象就业 9 724 人、10 633 人、33 531 人、34 161 人、53 438 人、51 426 人，详见表 2-5。

表 2-5　2016—2021 年赣州市安置帮扶情况

年份	安置帮扶对象人数（人）	岗位数量（个）
2016	9 724	6 033
2017	10 633	6 638
2018	33 531	25 612
2019	34 161	34 161
2020	53 438	53 438
2021	51 426	51 426

资料来源：根据赣州市人力资源和社会保障局提供数据整理而得。

（三）现代农业高质量发展

十年来，赣州市乡村产业发展理念发生根本性转变，设施农业、科技农业、规模农业迅速扩张，一二三产业加速融合，带动农民持续增收。2021 年赣州市农林牧渔业总产值 696.58 亿元、增加值 440.87 亿元，分别比 2011 年增长 85.7%、89.7%。

1. 粮食生产稳中有升

赣州市持续巩固拓展脱贫攻坚成果同乡村振兴有效衔接，加快推进农业农村现代化，毫不放松抓好粮食生产，守好百姓“米袋子”“菜篮子”，农业农村经济保持平稳向好势头。2021 年，赣州市粮食产量 52.36 亿斤，比 2012 年增产 2 亿斤，单位面积产量由 2012 年的 341 公斤 / 亩提高至 2021 年的 347 公斤 / 亩。

2. 优势特色产业发展壮大

赣州市现代农业蓬勃发展。2021 年脐橙种植面积达 174.85 万亩，脐橙产量 150.42 万吨，均居世界第 1 位，实现总产值 166 亿元；蔬菜产量 414.89 万吨，蔬菜产值 112.84 亿元，详见表 2-6。

表 2-6　赣州市脐橙和蔬菜产业发展情况

年份	脐橙面积（万亩）	脐橙产量（万吨）	蔬菜产量（万吨）	蔬菜产值（亿元）
2011	173.9	133.4	241.8	46.2
2012	178.1	125.1	249.2	51.8
2013	173.9	150.1	260.7	57.6
2014	168.4	122.3	273.5	60.7
2015	156.8	127.5	285.3	66.2
2016	154.9	107.9	299.6	75.8
2017	154.3	123.6	328.9	86.1
2018	156.3	116.7	347.1	96.5
2019	163.1	125.1	368.3	92.6
2020	170.1	137.8	391.0	106.3
2021	174.9	150.4	414.9	112.8

资料来源：根据赣州市乡村振兴局提供数据整理而得。

于都县梓山富硒蔬菜产业园

十年来，赣南脐橙累计带动 11.7 万户贫困户增收，入选全国首批三大产业扶贫典型范例之一，成为名副其实的农业"当家树"、农村"致富树"和农民"摇钱树"；建成规模蔬菜基地 25.9 万亩、油茶林 288 万亩，分别带动 7.98 万户、5.89 万户贫困户增收；90% 以上的规模蔬菜基地成为扶贫基地，实现群众脱贫致富与农业产业发展的双赢。多措并举促进就业扶贫，通过外出转移就业、建设扶贫车间、开发扶贫专岗等综合措施，帮扶 15.53 万贫困劳动力就业增收；共有扶贫车间 946 个，开发乡村公路养护、农村保洁、山林防护、农家书屋管理等扶贫专岗 4 万余个，让有劳动能力的贫困群众实现就业有门路。

3. 农业产业链不断延伸发展

赣州市规模以上农业龙头企业由 2011 年的 411 家增加到 2021 年的 682 家，其中农业产业化国家级龙头企业 8 家、省级 113 家；畜禽屠宰加工取得突破，建成投产现代化畜禽屠宰项目 12 个，在中心城区等 6 地开展生猪、家禽屠宰冷链配送试点，推动"运禽、运猪"向"运肉"转变；休闲农业快速发展，培育休闲农业企业 2 650 家，创建国家级休闲农业示范县 4 个、省级示范县 5 个；创建国家现代农业示范区 2 个、国家现代农业产业园 1 个、省级现代农业产业园 6 个，推动产业集聚、经营集约、要素集中。

（四）美丽宜居乡村建设卓有成效

1. 美丽宜居乡村建设卓有成效

2011—2021 年，赣州市建设新农村建设点 34 132 个（见表 2-7）；整治农村危旧"空心房" 8 795 万平方米；完成改路 2.6 万公里、改水 76 万户、改厕 65 万户；建成农村污水处理设施 658 处；农村卫生厕所覆盖率达 97.94%；创建 6 个江西省美丽宜居示范县、31 个全域美丽乡镇、361 个美丽村庄和 5.6 万个美丽庭院；基本实现 25 户以上自然村庄整治全覆盖。上犹县、崇义县评为"全国村庄清洁行动先进县"。

石城县琴江镇大畲村入选第二批全国乡村旅游重点村

表 2-7　2011—2021 年赣州市新农村建设村点数量情况　　单位：个

年份	数量	年份	数量
2011	1 739	2017	5 797
2012	1 703	2018	5 516
2013	1 847	2019	4 886
2014	1 744	2020	4 855
2015	1 630	2021	2 659
2016	1 756		

资料来源：根据赣州市乡村振兴局提供数据整理而得。

2. 农村基础设施提档升级

赣州市坚持把基础设施建设作为提升脱贫攻坚支撑力的关键，不断改善贫困地区生产生活条件。2015—2019 年，农村公路通车总里程由 25 710.61 公里增长至的 38 919.98 公里，增长 51.4%，农村公路硬化（水泥路、柏油路）比率由 76.7% 提高至 93.7%，四级及以上等级公路比例由 79.7% 提高至 94.4%，危桥发生率由 21% 降低至 6%；农村公路中，县道三级及以上公路占比由 18% 提高至 44.3%，乡道四级公路比例由 50.2% 提高至 88.4%，在江西率先实现 25 户以上自然村通水泥（柏油）路，符合通客车条件行政村的客车通达率达 99.68%，“四好农村路”建设走在全国前列，农村群众出行不再是“出门数步羊肠道，百里千斤靠肩挑”。截至 2020 年，解决 546.76 万农村人口安全饮水问题；完成加固病险水库 787 座，小型水库基本除险摘帽，小型农田水利重点县建设实现全覆盖；完成低电压治理 58.5 万户，赣南苏区人民结束点煤油灯照明、电饭煲煮不熟饭的历史；贫困村实现 4G（第四代移动通信技术）网络和宽带网络全覆盖，成为全国首个电商进农村全覆盖的设区市。

解决 546.76 万农村人口安全饮水问题，村村通了自来水，图为赣州市赣县区韩坊镇村民喝上了干净水

25 户以上自然村全部通水泥（柏油）路，老百姓走上了“平坦路”，图为安远县农村公路改造前后面貌

3. 农村公共服务水平提高

赣州市持续推进基本公共卫生服务均等化水平，人均基本公共卫生服务经费补助标准从 2012 年的 25 元提高到 2022 年的 84 元，通过扩大基本公共卫生服务覆盖面，优化服务内涵，提高服务质量，城乡居民健康不平等显著缩小；截至 2021 年，赣州市家庭医生签约人数 299 万余人，签约率 34.41%，居民规范化电子健康档案覆盖率 79.75%，高血压患者规范管理服务率 73%，2 型糖尿病患者规范管理服务率 70.09%，严重精神障碍患者规范管理率 93.99%，肺结核患者管理率 99.82%，均高于江西省平均水平。

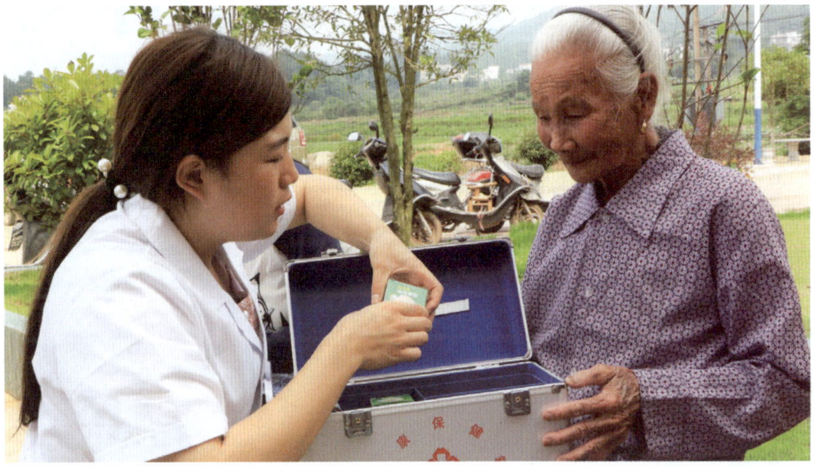

赣州市南康区为全区每户贫困家庭发放一个装有保健必备药品和医用品的家庭保健箱

（五）农业农村发展活力持续释放

1. 乡村人才培育力度不断加大

赣州市坚持把乡村人才工作放在突出位置，鼓励和引导各类人才向基层一线流动。2021 年，赣州市累计定向培养 6 870 名农村中小学教师，推进乡村医生“乡聘村用”，2 603 名乡村医生完成竞争上岗，建立县与乡卫生人才双向交流长效机制；大力实施“一村一名大学生工程”，培养超过 1.2 万名高素质农民大学生，招募“三支一扶”大学生支农涉农人员 1 841 人。2015 年以来，赣州市累计开展免费电商培训 3 100 余场 18.1 万余人次，县域电商形成良性生态循环，孵化出一批创业典型。

2. 乡村生态环境质量明显提升

赣州市加快乡村绿化美化，深入实施林长制。截至 2021 年，改造低质低效林 117.66 万亩，创建省级森林乡村 103 个、省级乡村森林公园 10 处；实施水土流失综合治理工程，水土流失治理面积 513.58 平方公里；开展农业面源污染防治，受污染耕地安全利用率达 90% 以上，畜禽粪污综合利用率达 97.67%，连续多年化肥、农药使用量“负增长”；建立健全农业投入品废弃物回收处置体系。

二、主要做法

“三农”问题具有政治性、基础性、全局性、战略性意义，始终是关系党和国家事业兴衰成败的根本性问题。我们党一以贯之高度重视解决“三农”问题，农村是全面小康的主战场，“三农”为实现第一个百年奋斗目标提供了重要支撑。党的十八大以来，赣州市上下坚持用习近平总书记关于“三农”工作的重要论述武装头脑、指导实践、推动工作，赣州市广大乡村实现了生活水平的质变、基础

兴国县枫林村荣获首批“中国乡村旅游模范村”、第一批“国家森林乡村”等称号

设施的巨变、人居环境的嬗变、富民产业的蝶变、发展动能的转变、精神状态的蜕变，正驶入全面推进乡村振兴、加快农业农村现代化的“快车道”。

（一）坚持党对“三农”工作的领导

赣州市大力加强基层党组织建设，在江西省率先配齐党小组长、村民小组长、妇女小组长“三个小组长”，选优配强基层党组织干部，培养村级后备干部队伍，基层党组织的组织力得到提升，基层社会治理更加有力有效。

1. 干部队伍得到锻炼

赣州市坚持把脱贫攻坚作为培养锻炼干部的主战场，将最熟悉基层工作、最能吃苦耐劳、最能打硬仗的干部派下去，精准选派驻村工作队、第一书记，确保把得力的干部用在抓脱贫攻坚上。驻村工作队实行单位结对帮扶贫困村全覆盖。市本级每个单位至少帮扶 1 个贫困村，其余贫困村由所在县（市、区）包干托底。选派到贫困村、党组织软弱涣散村和集体经济薄弱村的驻村工作队，一般不少于 3 人。驻村工作队队长及队员，明确由单位领导带队，选派思想政治素质高、工作能力强、熟悉农村工作的中层干部担任队长，1 ~ 3 名精干力量为工作队队员。实行干部结对帮扶贫困户全覆盖，市直（驻市）单位干部采取“532”的方式结对帮扶贫困户，市厅级领导干部结对帮扶 5 户，县处级领导干部结对帮扶 3 户，科级及以下干部结对帮扶 2 户，其余贫困户由所在县（市、区）干部包干托底。帮扶干部变动后，新进干部自然接替。赣州市 3 468 个行政村均选派了第一书记和驻村工作队，安排

2 776 个市、县机关和企事业单位的 3 468 个工作队挂点帮扶，安排 66 651 名干部结对帮扶贫困户，实现 932 个贫困村、167 个深度贫困村均有单位驻村帮扶，28.74 万户贫困户均有干部结对帮扶“两个全覆盖”。

赣州市赣县区南塘镇澄籍村第一书记帮助村民干农活

2. 农村基层组织建设全面加强

赣州市坚持把脱贫攻坚与基层组织建设有机结合起来，抓好以村党组织为核心的村级组织配套建设，着力把基层党组织建设成为带领群众脱贫致富的坚强领导核心。坚持强化人、财、物等基础保障，切实把基层党组织聚焦到抓党建促脱贫攻坚上来。大力实施基层党建质量提升行动，扎实开展村（社区）“两委”换届，把能否适应脱贫攻坚工作需要作为村（社区）干部提名人选的重要资格条件，注重把优秀年轻党员纳入后备干部管理，集中整顿软弱涣散村的党组织，对不合格、不胜任的村（社区）干部及时予以调整，选优配强村（社区）“两委”班子，并在全国率先配备村妇女小组长，用好党小组长、村民小组长，筑牢村（社区）党组织战斗堡垒。实施村（社区）干部履职动力、能力、绩效“三提升”工程，健全完善村（社区）干部激励保障机制，2016—2020 年，连续 4 年（时间）提高村（社区）干部报酬待遇，激发村（社区）干部参与脱贫攻坚的积极性、主动性、创造性。

（二）严格落实“四个不摘”要求

赣州市全面落实 5 年过渡期和“四个不摘”要求，加强致贫返贫预警监测和帮扶措施落实；加强对驻村第一书记、工作队员管理，开展驻村工作明察暗访，确保驻村帮扶实效。一是按照时序工作部署要求，不定期下发《加强驻村帮扶工作的提示》，开展暗访调研，督促各地驻村工作队和第一书记严格落实“四个不摘”要求，持续保持攻坚态势。开展“两不愁三保障”问题整改“回头看”以及产业就业、基础设施和公共服务提升等工作，加大防止返贫致贫动态监测帮扶工作力度等，着力巩固拓展脱贫攻坚成果，扎实推进补短板强弱项，为乡村全面振兴奠定基础。二是结合调研排查，重点督导乡村两级和驻村工作队工作和生活情况，特别是《关于相对贫困监测帮扶工作实施方案》《关于全面加强防止致贫返贫动态监测帮扶工作的通知》等落实落细情况，推动各地全覆盖监测摸排、全方位监测帮扶。对监测对象通过产业、就业、医疗、教育、兜底保障和防贫保险等有效措施，切实消除致贫返贫风险。三是认真谋划下一步驻村帮扶工作，根据中央、江西省出台的驻村管理办法，结合赣州市实际和乡村振兴工作要求，会同赣州市委组织部印发了《赣州市市派单位定点帮扶工作方案》，确定了市派单位驻村帮扶、对口帮扶等任务。

（三）着力抓好产业帮扶

产业是脱贫之基、致富之源，是实现脱贫的根本之策和根本出路。就业是摆脱贫困的重要途径，不仅能够巩固脱贫成果，也有利于激发贫困人口的脱贫内生动力。赣州市坚持把产业就业扶贫作为脱贫攻坚的战略重点和主攻方向，引导和支持有劳动能力的贫困群众积极发展生产，不断提升“造血”能力。把消费扶贫作为推动产业扶贫、增加贫困群众收入的重要举措，办好中国（赣州）家具产业博览会、中国赣州国际脐橙节（赣南脐橙网络博览会）等活动，组织贫困县与新华社开展消费扶贫战略合作，鼓励动员各级单位采购扶贫产品或服务，用市场化手段促进扶贫产业发展。加大产业帮扶力度，持续推动脱贫产业可持续发展，为乡村全面振兴提供坚实的产业基础。2021 年赣州市 26.49 万户脱贫户获得产业发展扶持，产业帮扶覆盖面达 91.46%。脱贫户通过产业帮扶，户均年增收 3 437 元。其中种植业累计带动脱贫户 14.99 万户增收，养殖业累计带动 14.77 万户增收。

案例

崇义县创新“弱劳动力 + 公益性岗位”托底就业扶贫模式

崇义县创新就业扶贫新举措，坚持“四个聚焦”抓好公益性岗位管理，实行包干责任制和集中统一调度制相结合的网格化管理模式，扶起弱劳动力。

一是聚焦岗位——因事设岗、因岗选人。科学设定岗位和选聘人员。针对年龄偏大、无技能、弱劳力、无资本、有负担无法外出就业的贫困人口就业问题，结合美丽乡村建设、人居环境整治等需求，整合行业部门资源，采取因事设岗、因岗选人的办法，开发了轻便体力、门槛较低、长期需求、就地就近的公益性岗位。通过村民代表会议拟定公益性岗位选聘对象，经村公示、乡镇审核、县人力资源和社会保障局备案等程序，由乡镇与选聘对象签订协议。

二是聚焦管理——乡镇统筹、村级管理。由乡镇统筹岗位和人员安排，建立以行政村为单位的就业扶贫公益性岗位人员考核体系。比如，各村对农村保洁公益性岗位实行网格化管理，每个村民小组为一个网格，由一名公益性岗位人员承包，负责网格区域内的环境卫生。各村“两委”干部和第一书记共同负责日常调度与考核，村干部分片负责日常监督管理，统计上报专岗人员出勤和绩效考核情况。

三是聚焦补贴——补贴提标、工作提效。针对原就业扶贫专岗存在的“不好管、管不好”问题，崇义县将岗位补贴由原来的每人每月 300 元提高到 860 元，其中基础工资 360 元、考核绩效工资 500 元。制定专门的考核管理办法，加强日常管理监督，规范完善就业扶贫公益性岗位台账，做到岗位协议与考勤考核相衔接、考勤考核与补贴发放相衔接、补贴发放与监督监管相衔接，确保补贴发放的真实性、准确性。如此，既调动了一部分有劳动力、无负担的空闲专岗人员参与集中调度制的积极性，又兼顾了另一部分需要照顾老、小、病、残等有负担的专岗人员投入到包干责任制的积极性。

四是聚焦监管——内部指导、外部监督。建立指导员包干机制，加强内部指导。成立专业指导队伍，由县人力资源和社会保障局负责人带队，抽调8名业务骨干为指导员，每名指导员负责包干2个乡镇，协助乡镇做好乡、村两级的就业扶贫公益性岗位管理，每季度开展2次以上的入户现场督导，发现问题及时反馈、限时整改。强化外部监督，建立不定期督导机制。将就业扶贫公益性岗位管理纳入全县精准扶贫督导重要内容，与脱贫攻坚工作一并部署、一并督导、一并落实，重点督导就业扶贫公益性岗位人员管理、补贴发放、工作成效等方面的情况，做到多角度监管。

（四）积极衔接乡村振兴战略

在打赢脱贫攻坚战过程中，赣州市面对城乡发展不协调，乡村发展不充分，农村经济、政治、文化、社会和生态文明建设不平衡等问题，高度重视脱贫攻坚与实施乡村振兴战略的体制机制衔接，积极破解农业农村发展中的矛盾，用乡村振兴成效巩固脱贫攻坚成果，推动群众生产生活持续改善，加快形成城乡融合发展新格局。

1. 衔接脱贫攻坚责任制

乡村振兴继续按照中央统筹、省负总责、市县抓落实的工作机制，压实市、县、乡、村四级党组织书记抓乡村振兴战略工作责任。坚持农业农村优先发展，在干部配备上优先考虑，在要素配置上优先满足，在资金投入上优先保障，在公共服务上优先安排，推进乡村振兴战略任务贯彻落实。建立实施乡村振兴战略实绩考核制度，将考核结果作为选拔任用干部的重要依据。完善实施乡村振兴战略工作推进机制和报告制度，各县（市、区）党委、政府每年向赣州市委、市政府报告乡村振兴战略实施情况，市、县实施乡村振兴战略工作领导小组成员单位按年度向本级实施乡村振兴战略工作领导小组报告乡村振兴战略推进情况。

2. 加大工作衔接力度

延续并加强驻村帮扶和结对帮扶，继续落实单位帮扶联系村、工作队驻村帮扶、干部结对帮扶，以及市领导联系县（市、区）、县（市、区）领导挂点乡镇、乡镇领导包村工作责任制。在稳定实现“两不愁三保障”基础上，把各级帮扶力量的主要精力逐步转到乡村振兴上来，实行基层脱贫攻坚和乡村振兴工作力量有效衔接，推动帮扶干部从扶贫尖兵转变为振兴先锋。

3. 强化行业部门统筹协调

各级行业部门分别制定行业支持乡村振兴实施方案，细化工作目标，强化推进措施。市、县两级建立行业支持乡村振兴联席会议制度，及时掌握工作推进情况，协调落实各项工作。各级行业部门每季度向本级实施乡村振兴战略工作领导小组报告本行业支持乡村振兴进展情况。

三、展望

2019年5月20日，习近平总书记在赣州视察时指出，现在是新的长征，我们要重新再出发。对广大农村而言，脱贫攻坚已取得决定性胜利，下一步要把工作重心逐步转移到乡村振兴上来，奋力走好新时代乡村振兴的长征路。赣州市坚决贯彻落实习近平总书记关于“接续推进全面脱贫与乡村振兴有效衔接”的重要指示精神，提前谋划、主动作为，积极探索推进脱贫攻坚与乡村振兴相衔接，进一步巩固提升脱贫成果，扎实推进农业农村现代化，全力做好乡村振兴这篇大文章，确保赣州市脱贫攻坚成果全面巩固、乡村振兴走在前列，确保赣州市乡村全面实现振兴，与全国同步基本实现社会主义现代化。赣州市将锚定争做“全省巩固拓展脱贫攻坚成果同乡村振兴有效衔接排头兵”、建设“全国革命老区乡村振兴示范区”目标，坚持“守底线、抓发展、促振兴”，响鼓重槌、狠抓提升，坚决守住不发生规模性返贫的底线，力促巩固拓展脱贫成果上水平、全面推进乡村振兴开新局。

1. 强化责任担当

借鉴脱贫攻坚时期的经验做法，制定巩固拓展脱贫攻坚成果各责任主体主要职责清单，明确县（市、区）委书记、县（市、区）长、分管领导、行业分管领导、行业部门负责同志，乡镇书记（乡镇长）、分管领导，以及村党组织书记（村主任）、第一书记（工作队长）、驻村工作队员等十类主要责任主体的巩固拓展脱贫攻坚成果职责，让大家更清楚自身该做什么事、该履什么责，同时进一步传导压力，构建更加明晰、严密的责任体系。

2. 聚焦主要和关键任务

紧扣巩固成果重点任务，结合工作特点规律，开展“2+4”巩固提升行动，即将防止返贫监测帮扶、项目资金绩效管理作为贯穿全年的工作主线，分季度对产业、就业、创业“三业”提升、住房安全保障、饮水安全保障和收入提升、政策享受和环境整治等重点工作开展针对性督导调度。具体来说，防止返贫监测帮扶主要是抓牢监测、帮扶、退出三个环节，确保早发现、早干预、早帮扶；项目资金绩效管理主要是保持资金投入稳定，通过包括引进第三方等各种有效手段，加强项目资金的全过程监管，提升衔接资金绩效；将“三业”提升纳入第一、二季度的督导重点，积极引导有劳动力的脱贫户、“三类人员”家庭至少有一项产业或有一人就业创业，促进持续稳定增收；将住房安全保障纳入第二、三季度的督导重点，确保无农户住危房，农户均住上安全房、干净房、舒适房；将安全饮水保障和收入提升作为督导重点，稳固饮水安全“百日攻坚”行动成果，让群众喝上干净水、放心水，同时推动脱贫户和监测对象稳定增收措施落实；将政策享受和环境整治作为第四季度督导重点，在一年收官之季对巩固脱贫成果到户帮扶政策落实情况进行全面排查，确保政策应享尽享，同时开展户内、户外环境大整治，确保村庄环境干净整洁。

3. 建立健全推进机制

建立健全以挂牌督办为关键抓手的统筹协调、常态调度、督促指导等一整套巩固成果推进机制。聚焦“2+4”重点工作内容，对因领导不重视、责任不压实、政策不落实、工作不到位等导致巩固拓展脱贫攻坚成果工作严重滞后，住房、饮水、监测帮扶、资金项目等方面存在突出问题的乡镇（街道）实行挂牌督办。挂牌期间，被挂牌督办的乡镇（街道）领导班子成员不得提拔或进一步使用，班子及成员年内不得评先评优，同时视情形对所在县（市、区）党委政府主要领导、分管领导进行约谈，被挂牌乡镇达到一定数量的，对县（市、区）高质量发展综合绩效考评实行一票否决。

4. 加大涉农领域投入力度

建立与乡村振兴战略相匹配的财政投入机制，在各级设立乡村振兴专项资金，集中用于乡村振兴重点领域、重点环节。土地出让收益主要用于乡村振兴和解决相对贫困问题。调整优化涉农资金投入，重点用于推动农业产业发展、农村基础设施建设、基本公共服务提升、农民就业创业等。减少财政专项转移支付，增加一般转移支付，赋予县级更多的财政自主权。创新金融支持农业中小微企业政策，给予更多信贷资金支持，纾解农业中小微企业发展困难。加大对村集体经济发展的扶持力度，探索建立农村撂荒耕地经营权回收制度，对事实撂荒两年以上的农村耕地，允许将经营权回收至村集体，由村集体统一组织流转或经营，并从流转费用或经营收益中提取一定比例充实村集体经济，同时返还一定比例给承包农户。

5. 统筹农村基础设施建设

优化调整基础设施投入政策，转变村庄整治工作重点，由注重建设向建管并重转变，确保乡村基础设施和公共服务建得起、用得上、管得好。农村公路建设在保持现有支持政策的基础上，进一步重视与乡村产业振兴有关的道路建设，积极推进以双车道以上公路为主的旅游路、资源路、产业路建设，支持连通现代农业示范（产业）园、乡村旅游点、特色小镇、森林小镇等道路建设，为旅游、特色加工、商贸物流等产业落地、发展创造条件。在全面解决农村饮水安全问题的基础上，进一步推进城乡供水一体化建设，建立以规模化集中供水为主、小型集中供水或分散供水为辅、与城市供水同质同服务的农村供水服务体系，提高供水系统之间的集群调度、多源调解能力，促进城乡优质供水资源向农村延伸。

03 赣南苏区基础设施建设报告

摘要：自《国务院关于支持赣南等原中央苏区振兴发展的若干意见》实施以来，赣州市聚焦交通、能源、水利、新基建（信息通信）等重点领域，按照突破瓶颈、补齐短板、适度超前原则，以抓项目、扩投资为重点，全力构建功能完善、安全高效的现代化交通、能源、水利、信息通信等基础设施体系，推动赣州市高质量发展迈上新台阶，取得了明显成效。

关键词：赣南苏区　基础设施　建设成效

十年来，赣州市坚持把基础设施建设作为赣南苏区振兴发展先导工程，坚持以交通、能源、水利、信息网络等为重点，统筹推进基础设施建设，城乡品质不断提档升级。昌赣、赣深、向莆、浩吉等铁路通车运营，瑞梅铁路可研报告正式批获，昌宁、广吉等一批高速公路建成通车。赣州黄金机场、瑞金机场有序建设，赣江具备三级通航条件，一个横连东西、纵贯南北、外联内畅、覆盖城乡、高效便捷的立体交通运输网已然形成。赣南苏区人民“出门通路、抬脚上车、日行千里”的梦想成为现实，交通闭塞的局面一去不复返。

一、主要成效

赣深高铁

赣州在江西省率先实现25户以上自然村通水泥路，脱贫村实现4G网络和宽带网络全覆盖，户用卫生厕所普及率达94.55%，生活垃圾定点存放清运率达100%，教育、医疗、文化、养老等服务更加便捷，立体交通网络加快构建，高速公路通车里程占全省1/4，国省干线基本实现县县双通。赣州即将进入“双机场”时代，能源保障能力全面提升，水利基础设施加快完善，赣粤运河启动研究论证工作，赣州港五云千吨级货运码头加快建设，千吨级船舶将直抵赣州。

（一）综合立体交通网络基本形成

2011—2021 年，赣州市交通基础设施建设初步形成现代化、立体式、多层次的综合交通运输网络。民航事业发展进入快车道，黄金机场 T2 航站楼 2019 年 9 月建成运营，航空口岸实现同步临时开放，并开通首条通往东南亚的国际航线；铁路建设取得新突破，新增铁路运营里程 545 公里，总里程达 923 公里，赣州已成为国家“八纵八横”① 高速铁路网的节点枢纽之一；新增高速公路通车里程 916 公里，总里程达 1 559 公里，约占江西省 1/4，“四纵四横九联”② 高速公路网加快形成，普通国道、省道二级及以上公路比例分别提高至 94%、57%；新建改造农村公路 2.8 万公里，“五纵五横” ③ 普通国省干线公路网更加完善。

1.“两纵三横两放射” ④ 铁路网布局加快形成

赣州市铁路运营总里程由 2011 年的 378 公里增加到 2021 年的 923 公里。铁路网密度、人均铁路运营里程不断攀升，铁路网密度由 2011 年的 96 公里 / 万平方公里增加到 2021 年的 234 公里 / 万平方公里；人均铁路运营里程由 2011 年的 0.45 公里 / 万人增加到 2021 年的 1.03 公里 / 万人，详见表 3-1。

表 3-1　2011—2021 年赣州市建成铁路变化情况

年份	铁路运营总里程（公里）	人均铁路运营里程（公里 / 万人）	铁路网密度（公里 / 万平方公里）
2011	378	0.45	96
2012	378	0.44	96
2013	378	0.44	96
2014	442	0.51	112
2015	555	0.64	141
2016	555	0.64	141
2017	555	0.63	141
2018	555	0.63	141
2019	663	0.74	168
2020	663	0.74	168
2021	923	1.03	234

资料来源：根据 2011—2021 年赣州市交通运输年鉴整理而得。

---

① “八纵”是指沿海通道、京沪通道、京港（台）通道、京哈—京港澳通道、呼南通道、京昆通道、包（银）海通道、兰（西）广通道。“八横”是指绥满通道、京兰通道、青银通道、陆桥通道、沿江通道、沪昆通道、厦渝通道、广昆通道。

② “四纵”是指济广高速、宁定高速、大广高速及复线、遂大高速。“四横”是指广吉高速、泉南高速、厦蓉高速、寻全高速及西延。“九联”是指龙河联络线及复线、寻乌至龙川高速、定南联络线、南韶高速、兴国至桂东高速、兴国至樟树高速、信丰至南雄高速、赣州至安远高速、会昌联络线。

③ “五纵”是指 G206、G236、G238、G105、G220。“五横”是指 G356、G319、G323、G357、G358+G535。

④ “两纵”是指京九通道（京九铁路、昌赣高铁、赣深高铁）、鹰梅通道（景鹰瑞铁路、瑞梅铁路），“三横”是指兴泉通道（兴泉铁路）、厦渝通道（长赣高铁、赣龙厦高铁）、昆厦通道（赣郴永兴铁路、赣瑞龙铁路、赣龙铁路），“两放射”是指赣韶通道（赣韶铁路、赣韶铁路扩能工程）、赣广通道（赣广高铁）。

赣州市所有县（市、区）通高速，图为寻乌至全南（安远至全南段）高速公路建成通车

2.“四纵四横九联”的高速公路网基本形成

截至 2020 年 12 月，赣州市已建成高速公路 12 条（含南康南、信丰北互通连接线），密度为 3.96 公里 / 百平方公里（江西省为 3.68 公里 / 百平方公里）；2022 年，在建高速公路项目共 5 个，新建里程 316 公里，届时赣州市高速公路通车里程将达到 1 876 公里，密度为 4.76 公里 / 百平方公里，详见表 3-2。

表 3-2 赣州市已建成及在建高速公路通车时间、里程情况

名称	通车时间	里程（公里）	名称	通车时间	里程（公里）
大广高速泰和至赣州段	2004 年 1 月	60.2	兴赣北延	2020 年 12 月	63.8
大广高速赣州至龙南段	2004 年 1 月	100.0	赣州绕城高速公路	2010 年 9 月	43.6
大广高速龙南至定南联络线	2004 年 6 月	26.9	泉南高速石城至吉安段	2010 年 9 月	132.0
大广高速龙南里仁至杨村段	2012 年 12 月	61.0	寻乌至全南高速公路	2015 年 10 月	112.0
厦蓉高速赣州城西线	2004 年 8 月	12.0	南昌至宁都高速公路	2016 年 1 月	56.0
厦蓉高速瑞金至赣州段	2009 年 4 月	117.0	兴国至赣县高速公路	2017 年 1 月	72.0
厦蓉高速隘岭至瑞金段	2011 年 10 月	31.9	南康南互通连接线	2016 年 12 月	3.0
厦蓉高速赣州至崇义段	2012 年 12 月	88.0	信丰北互通连接线	2018 年 1 月	1.0
南康至大余高速公路	2007 年 12 月	56.7	大广高速南康至龙南段扩容	2022 年 9 月	143.0
济广高速鹰潭至瑞金段	2010 年 9 月	96.0	寻乌至龙川高速公路（江西境内段）	2022 年 12 月	26.8
济广高速瑞金至寻乌段	2011 年 12 月	124.0	信丰至南雄（赣粤界）高速公路	2023 年 12 月	13.9

续表 3-2

名称	通车时间	里程（公里）	名称	通车时间	里程（公里）
宁都至定南高速（含定南联络线）	2017 年 1 月	254.0	大广高速吉安至南康段改（扩）建工程	2024 年 12 月	33.8
广昌至吉安（宁都）	2019 年 1 月	49.0	遂川至大余高速公路（赣州段）	2025 年 12 月	98.4

资料来源：根据 2011—2021 年赣州交通运输年鉴整理而得。

3.“五纵五横”普通国省干线公路网更加完善

2011—2021 年，赣州市实施普通国省道改（扩）建近 1 800 公里，建成二级及以上公路 850 公里，“五纵五横”干线公路主骨架基本建成，乡镇通达率达到 84%，通行条件彻底改善，安全基础不断夯实。截至 2021 年底，赣州市普通国省道总里程 3 605 公里，占江西省的 19.35%，其中国道 11 条，总里程 1 973 公里，占全省 25.63%，二级及以上公路比例为 93.9%，密度为 5.01 公里 / 百平方公里（江西省 4.61 公里 / 百平方公里）；省道 22 条（含纳入省道网的高速公路连接线），总里程 1 632 公里，占江西省的 14.93%，二级及以上比例为 57.6%，密度为 4.14 公里 / 百平方公里（全省 6.55 公里 / 百平方公里），详见表 3-3。

表 3-3　2011—2021 年赣州市普通国、省道情况

年份	普通国道里程（公里）	普通国道二级及以上公路		普通省道里程（公里）	普通省道二级及以上公路		普通国省道总里程（公里）	普通国省道二级及以上公路		农村公路增加数值（公里）
		里程（公里）	比例（%）		里程（公里）	比例（%）		里程（公里）	比例（%）	
2011	931	931	100	1 481	914	61.7	2 412	1 845	76.5	1 329
2012	931	931	100	1 481	914	61.7	2 412	1 845	76.5	1 465
2013	932	932	100	1 481	927	62.6	2 413	1 859	77.0	2 563
2014	1 990	1 560	100	1 676	485	28.9	3 666	2 045	55.8	4 780
2015	1 990	1 560	78.4	1 690	499	29.5	3 680	2 059	56.0	4 907
2016	1 977	1 584	80.1	1 636	522	31.9	3 613	2 106	58.3	6 551
2017	1 975	1 627	82.4	1 639	564	34.4	3 614	2 191	60.6	991
2018	1 973	1 657	84.0	1 646	597	36.3	3 619	2 254	62.3	1 208
2019	1 971	1 736	88.1	1 636	689	42.1	3 607	2 425	67.2	2 023
2020	1 974	1 841	93.2	1 631	846	51.9	3 605	2 687	74.5	2 008
2021	1 973	1 852	93.9	1 632	940	57.6	3 605	2 792	77.4	561

资料来源：根据 2011—2021 年公路养护统计年报整理而得。

注：《国家公路网规划（2013—2030 年）》《江西省省道网规划（2013—2030 年）》于 2014 年印发，赣州市 1 000 余公里普通省道调整为普通国道，1 200 公里农村公路调整为普通省道，故 2014 年普通省道二级及以上公路里程及占比下降。

4. 农村公路通行能力明显提升

赣州市 2018 年率先在江西省实现 25 户以上自然村通水泥路，2019 年实现组组通目标，农村公路总里程达 4 万余公里，位居全省第一；“四好农村路”建设成效显著，安远县、寻乌县被评为全国“四

会昌县庄口镇大排村

好农村路”示范县；石城县、信丰县、会昌县、章贡区、全南县被评为全省“四好农村路”示范县，赣州市列入交通强国革命老区交通运输高质量发展试点、全国深化农村公路管理养护体制改革“路长制”试点。

5. 民航事业发展进入快车道

随着赣州市经济社会的发展，赣州机场航空业务发展迅速，2012 年旅客吞吐量突破 60 万人次，远超《赣州黄金机场总体规划》（2005 版）预测远期规划目标值（2035 年，55 万人次）。2019 年，赣州黄金机场实现旅客吞吐量 208.87 万人次，比 2011 年增长 4.17 倍，总量和年均增速位居江西省支线机场第一，黄金机场正式迈入全国中型机场行列（旅客吞吐量情况见表 3-4）。2021 年受新冠肺炎疫情持续影响，赣州黄金机场仅开通 32 条航线，34 个航点。2021 年 12 月，黄金机场三期改（扩）建工程列入江西省“十四五”规划。

表 3-4　2011—2021 年赣州市黄金机场旅客吞吐量情况

年份	旅客吞吐量（万人）	年份	旅客吞吐量（万人）
2011	51.5	2017	127.9
2012	60.2	2018	162.5
2013	62.7	2019	208.8
2014	78.7	2020	146.0
2015	92.5	2021	180.8
2016	108.3		

资料来源：2011—2021 年赣州市交通运输年鉴。

注：受疫情影响，2020 年、2021 年旅客吞吐量有所下降。

6. 水路运输事业蓄势待发

赣州市水运事业振兴发展迈出新的步伐，航道通航里程为 797.4 公里，其中仅赣江（小湖洲尾—小良口段）为三级航道，里程为 26.5 公里，六级航道通航里程 31 公里，七级航道通航里程 276 公里，八级航道通航里程为 463.9 公里；赣州至九江航道实现三级通航，赣粤运河项目列入《国家综合立体交通网规划纲要（2021—2035 年）》《内河航运发展纲要》《水运“十四五”发展规划》，研究论证正加快推进；赣州港赣县港区五云综合枢纽码头一期项目主体单位工程已完成交工验收。

7. 城市路网设施更加完善

2011—2021 年，赣州市城市道路长度由 1 782.47 公里增加至 4 881 公里，道路面积由 3 380.85 万平方米增加至 9 148 万平方米，城市道路长度和面积分别提高 174% 和 171%；中心城区五区加快实现互联互通，五区规划“四横六纵”快速路网 254 公里，其中新建快速路约 169 公里，远期绕城公路改造为城市快速路约 85 公里，已建成使用迎宾大道快速路及连接线等 6 条 50.3 公里快速路，已初步构建了“一环三连”[①] 快速路系统，在江西省率先进入“高架时代”，详见表 3-5。

表 3-5　2011—2021 年赣州市城市道路长度和面积变化情况

年份	城市道路长度（公里）	城市道路面积（万平方米）	年份	城市道路长度（公里）	城市道路面积（万平方米）
2011	1 782.47	3 380.85	2017	3 799.11	6 384.80
2012	2 040.41	3 912.24	2018	4 191.54	7 237.81
2013	2 193.51	4 336.98	2019	4 466.56	8 103.95
2014	2 337.56	4 657.87	2020	4 791.65	8 785.44
2015	2 541.16	5 155.60	2021	4 881.00	9 148.00
2016	2 743.27	5 802.90			

资料来源：根据 2011—2021 年城市建设统计年鉴整理而得。

（二）能源保障能力全面提升

1. 能源供应能力大幅提升

赣州市推进能源基础设施建设，能源供应设施得到进一步完善，能源供应保障能力不断加强。电源点建设有力推进。赣州市电力装机总容量达 783.51 万千瓦，较 2011 年增长 311%，人均装机容量 0.79 千瓦，较 2011 年增长 339%，详见表 3-6。2021 年 9 月，支撑性电源项目取得重大突破，华能秦煤瑞金电厂二期实现投产，建成江西省装机规模最大、煤耗最低的清洁煤电项目。2021 年底，赣浙国华信丰电厂首台机组顺利并网。

华能秦煤瑞金电厂

表 3-6　2011—2021 年赣州市电力装机情况　　单位：万千瓦

年份	清洁煤电	水电	新能源发电				其他类型	合计
			风电	光伏	生物质发电	小计		
2011	70	114.75	—	—	—	—	5.85	190.60

① “一环”是指迎宾高架路（东江源大道以东段）、文明大道快速路、东江源大道快速路、赣南大道快速路一标和二标形成的内环。“三连”是指迎宾快速路东江源大道以西段、客家大道西延快速路、创业路快速路。

续表 3-6

年份	清洁煤电	水电	新能源发电				其他类型	合计
			风电	光伏	生物质发电	小计		
2012	70	114.75	—	—	3.00	3.00	7.65	195.40
2013	70	121.95	—	0.30	3.00	3.30	10.25	205.50
2014	70	121.95	—	1.00	3.00	4.00	12.75	208.70
2015	70	121.95	20.15	5.50	3.30	28.95	12.75	233.65
2016	70	121.95	44.95	20.80	3.30	69.05	12.75	273.75
2017	70	121.95	59.00	68.00	3.30	130.30	12.75	335.00
2018	70	121.95	73.80	86.86	5.00	165.66	12.75	370.36
2019	70	121.95	98.79	96.55	7.25	202.59	12.75	407.29
2020	70	116.90	211.25	107.09	11.77	330.11	12.75	529.76
2021	270	116.90	225.44	142.95	15.47	383.86	12.75	783.51

资料来源：根据 2011—2021 年电网统计报表整理而得。

电网结构大幅优化。赣州市电网最大供电能力达 480 万千瓦，较 2011 年增长 154%；累计建成公用变电站 343 座，占江西省 1/5；形成“两纵一横一环网”[①] 的 500 千伏网架结构，实现 220 千伏变电站县县覆盖、县城区 110 千伏双电源供电；2021 年全社会用电量 257 亿千瓦时，较 2011 年增长超过 2 倍，年均增速 9.69%，历史统调最大负荷 451 万千瓦（出现在 2021 年 12 月 28 日），详见表 3-7。

表 3-7　2011—2021 年赣州市供电情况

年份	电网最大供电能力（万千瓦）	全社会用电量（亿千瓦时）	最大负荷（万千瓦）
2011	189	103	183
2012	220	112	191
2013	238	124	207
2014	238	139	228
2015	280	145	222
2016	350	156	240
2017	350	166	303
2018	370	186	361
2019	410	209	358
2020	430	224	437
2021	480	257	451

资料来源：根据 2011—2021 年电网统计报表整理而得。

油气储运体系初步形成。2015 年，赣州市建成投运“樟树—吉安—赣州”成品油管道，年最大输送能力 300 万吨，建成天然气长输管道总里程约 1 063 公里，约占全省 1/4，形成西气东输二线、三线“双气源”供气格局，详见表 3-8。

① 吉安—赣州、抚州—红都南北纵向 2 路通道，赣州—红都东西横向 1 路通道，赣州—虔州—雷公山—赣州区域内 1 个环网。

表 3-8　2011—2021 年赣州市建成油气长输管道情况　　单位：公里

年份	天然气长输管道			成品油管道	合计
	国家管道	省级管道	小计		
2011	110.00	8.00	118.00	—	118.00
2012	110.00	8.00	118.00	—	118.00
2013	110.00	8.00	118.00	—	118.00
2014	110.00	8.00	118.00	—	118.00
2015	110.00	39.18	149.18	35	184.18
2016	264.20	39.18	303.38	35	338.38
2017	264.20	69.18	333.38	35	368.38
2018	264.20	283.18	547.38	35	582.38
2019	264.20	553.18	817.38	35	852.38
2020	264.20	678.18	942.38	35	977.38
2021	264.20	799.08	1 063.28	35	1098.28

资料来源：根据 2011—2021 年相关企业统计报表整理而得。

2. 能源结构持续优化

赣州市风电、光伏发电、生物质发电等新能源开发利用实现了从无到有、从少到多的跨越式发展。截至 2021 年底，赣州市累计建成新能源发电装机容量 383.86 万千瓦、年发电量 68 亿度，发电装机容量、发电量均居江西省首位，新能源发电量占江西社会用电量比重达 25.97%，超过江西省 13.32 个百分点。赣州市“十三五”目标责任书任务为关闭煤矿 29 座、退出产能 140 万吨，实际累计关闭煤矿 34 座、退出产能 167 万吨，分别超过目标任务的 17.2%、19.3%。

3. 惠民力度显著增强

2016—2018 年，赣州市累计建成光伏扶贫电站 1.72 万个、装机容量 61.86 万千瓦，占江西省 1/3，惠及 1 021 个贫困村、13.58 万户贫困户，光伏扶贫已成为赣州市资产收益性扶贫的重要方式；

石城八卦脑风力发电

建成江西省最大充电设施覆盖网络，累计建成公用和专用充电桩 1.2 万根，占江西省 1/2，上线运行江西省首个电动汽车充电桩信息服务平台。2011—2021 年，赣州市积极推动农村电网改造工程，投资规模位列江西省首位，提前两年完成国家农村电网建设目标，实现村村通“动力电”，电网电压合格率、城乡供电可靠性、户均配变容量分别达到 99.70%、99.82% 和 3.24 千伏安，组织 1 500 余家企业参与电力市场化交易，2016—2021 年交易电量累计达 277 亿千瓦时。

（三）水利基础设施得到巩固

赣州市在全国率先启动并完成市级水网规划编制，梅江、平江大型灌区，营口大型水库，茅店、寒信、极富水利枢纽等 6 个重大水利项目列入国家《“十四五”水安全保障规划》《“十四五”革命老区基础设施建设实施方案》，打破赣州市近 30 年没有国家重大水利项目布局的局面。

1. 防洪安全保障有效提升

十年来，赣州市实施 787 座病险水库除险加固，保障群众防洪及生产、生活用水安全；新建了 40 个五河治理防洪工程及 111 个中小河流治理工程，已治理河段长度由 406.65 公里增加到 1 253.33 公里，已建堤防长度由 1 748.68 公里增加到 1 818.44 公里，详见表 3-9。

表 3-9　2011—2021 年赣州市水利基础设施建设有关情况

年份	实际耕地灌溉面积（万亩）	节水灌溉面积（万亩）	已建堤防长度（公里）	已治理河段长度（公里）	城乡供水受益人口（万人）	水土流失综合治理面积（平方公里）	水库水源工程库容（亿立方米）	农田灌溉水利用系数
2011	253.18	56.325	1 748.68	—	—	12 705.8	35.91	0.457
2012	—	71.685	1 940.07	—	—	14 815.9	35.86	0.464
2013	253.51	76.095	1 947.23	406.65	408.93	15 702.9	36.52	0.471
2014	379.64	85.950	2 091.62	490.00	671.94	16 543.8	36.91	0.480
2015	390.26	91.890	2 178.44	615.12	692.59	17 453.7	37.55	0.489
2016	393.17	103.365	2 257.32	727.20	736.05	18 092.0	37.56	0.494
2017	382.77	108.840	2 370.14	824.19	812.22	18 550.4	37.56	0.501
2018	380.39	142.560	2 416.47	872.65	847.15	19 260.7	38.34	0.509
2019	376.73	147.825	2 531.02	1 058.03	864.71	20 152.1	38.94	0.516
2020	377.91	158.790	1 818.44	1 103.56	876.72	20 809.7	38.96	0.516
2021	384.01	—	1 818.44	1 253.33	889.39	21 323.3	40.20	0.520

资料来源：根据 2011—2021 年水利统计年鉴及相关统计数据整理而得。

注：2020、2021 年的已建堤防长度为已注册堤防数据。因为实行注册统计，未注册的堤防未纳入统计数据。

2. 城乡供水保障持续强化

十年来，赣州市实施农饮工程 4 247 处，全面推进城乡供水一体化，114 万农村贫困人口提前一年全部达到国家饮水安全标准，占江西省贫困人口的 2/5，城乡供水工程受益人口由 2013 年的 408.93 万人增加至 2021 年的 889.39 万人；新建 10 座中小型水库水源工程，赣州市水库水源工程库容从 2011 年的 35.91 亿立方米增加到 2021 年的 40.20 亿立方米，建成寻乌太湖中型水库和 8 座小型水库，5 座中型水库开工建设，在江西省率先实现县县有应急水源或双水源，详见表 3-9。

寻乌太湖中型水库

3. 农田灌溉保障得到增强

十年来，赣州市完成 18 个小型农田水利重点县、17 个高效节水灌溉项目建设，实施章江等 17 个大中型灌区续建配套与节水改造工程；实际耕地灌溉面积由 253.18 万亩增加到 384.01 万亩，节水灌溉面积由 56.325 万亩增加到 2020 年的 158.79 万亩，农业灌溉水利用系数由 0.457 提高到 0.52，为粮食生产和现代农业发展提供有力保障，详见表 3–9。

4. 水土保持走在全国前列

十年来，赣州市水土流失综合治理面积由 12 705.8 平方公里增加到 21 323.3 平方公里，详见表 3–9，获评国家级水土保持示范县（园区、工程）9 个，居全国设区市第一。

（四）通信网络基础设施加快完善

赣州市积极实施网络强国战略，充分发挥国家支援赣南苏区振兴发展政策效应，扎实推进网络光纤、4G/5G、NB-IoT 窄带物联网、大数据、工业互联网等信息基础设施建设，通信网络能力、信息通信技术等方面取得明显成效。

1. 5G 和云计算加速建设

2019—2021 年，赣州市、县城区 100% 具备千兆能力，千兆宽带用户数已达 495 049 户；4G 行政村数据上网平均下载速率为 16.5M/s，平均上传速率为 7.1M/s；5G 实现城区、县城、乡镇、工业园区 5G 信号的连续覆盖，3A 级以上旅游景区、热点农村区域有效覆盖，累计开通 5G 基站 12 103 个，详见表 3–10；已建成天翼华为云、移动浪潮云、赣南数据湖三期政务云平台，为赣州市 67 个单位 191 个信息系统提供高可靠的云计算服务。

江西省首家 5G 科技产业园——信丰 5G 产业园

表 3-10　2019—2021 年赣州市千兆宽带用户数（500M 及以上）及基站数情况

年份	电信公司		移动公司		联通公司		合计	
	千兆宽带用户数（户）	开通 5G 基站数（个）	千兆宽带用户数（户）	开通 5G 基站数（个）	千兆宽带用户数（户）	开通 5G 基站数（个）	千兆宽带用户数（户）	开通 5G 基站数（个）
2019	0	32	13	140	40	14	53	186
2020	42 500	1 961	41 998	2 477	4 992	1 735	89 490	6 173
2021	348 049	3 619	145 161	4 865	1 839	3 619	495 049	12 103

资料来源：根据 2019—2021 年赣州市电信、移动、联通公司报表整理而得。

2. 物联网与工业互联网加快发展

截至 2021 年末，赣州市物联网用户突破 190 万户（见表 3-11），行业应用涉及各个领域，实现 88% 的行政村 NB-IoT 窄带物联网的同步覆盖；成立智能产业研究院、中国联通（江西）工业互联网研究院等创新平台，开发“众服联”服装行业、“智联网”家具行业等工业互联网平台；建设 3 个标识解析二级节点，接入企业 355 家，标识注册和解析量突破 4.6 亿次；取得国家级智能制造示范项目 4 个、国家级企业上云典型案例 3 个、国家工业互联网试点示范项目 2 个、国家级物联网示范项目 2 个、国家级机器人应用优秀场景 2 个。

表 3-11　2017—2021 年赣州市物联网用户发展数　　单位：户

年份	电信公司	移动公司	联通公司	合计
2017	2 410	350 289	15 000	367 699
2018	4 327	902 777	35 000	942 104
2019	11 650	809 031	73 000	893 681
2020	77 924	1 366 162	126 000	1 570 086
2021	123 843	1 661 563	135 000	1 920 406

资料来源：根据 2017—2021 年赣州市电信、移动、联通公司报表整理而得。

二、成功经验

（一）政策引领，红利释放

十年来，国家部委及省直单位在政策、资金、项目等方面，对赣州市给予全方位的关心与支持，力度前所未有。在部省的大力支持下，赣州市成功入选全国性综合交通枢纽建设城市、交通强国赣州革命老区交通运输高质量发展试点、全国首批商贸服务型物流枢纽建设城市、全国现代物流创新发展试点城市。水利部和江西省委、省政府关心支持赣州市水利发展，尤其在重大水利项目方面予以支持。国家能源局选派了一批优秀干部到赣州市挂职工作，推动能源基础设施大大改善，能源保障能力大幅提升，成为国家部委抓好对口支援工作的典范。

（二）规划先行，多方对接

十年来，赣州市委、市政府紧紧抓住国家支持苏区基础设施振兴发展的历史机遇，对基础设施发展进行科学规划，明确近期、中期、远期目标，指明发展方向，依托对口帮扶，争取重大项目列入国家规划，使规划项目及时有效落地。积极北上南下对接政策及合作，赣州市委、市政府领导及相关部门长期坚持赴国家部委、省直单位对接汇报，争取支持。同时积极对接广东、福建、湖南等相邻省市，签订框架合作协议，进行全方位的合作。

（三）高效推进，强抓落实

赣州市坚持“项目引领”理念，市发展改革委、市交通运输局、水利局等部门每月调度项目投资情况，及时发现项目推进上的问题，对问题进行有针对性的工作调度，全面推进项目建设进度。同时，组建项目前期工作专班，靠前指导项目前期工作，加快落实投资主体和建设模式，推动具备条件的项目适时开工建设，确保项目按时保质保量完成。

三、展望

坚持以习近平新时代中国特色社会主义思想为指导，坚决贯彻落实习近平总书记视察江西和赣州重要讲话精神，聚焦“作示范、勇争先”的目标定位和“五个推进”的重要要求，围绕“三大战略、八大行动”，大力推进以人为核心“交通强国”行动，牢固树立“交通先行”意识，不断加快基础设施建设，坚持科学规划、统筹谋划，全面提升赣州市基础设施建设发展速度和水平。

（一）交通领域

在铁路方面，与省会南昌以及周边省份的快速铁路网骨架基本形成。推进赣深客专、兴泉铁路建设，两条铁路于 2021 年建成通车；推进瑞梅铁路、长赣铁路前期工作。进一步扩大铁路网规模和覆盖面，优化和完善市域铁路网布局，争取赣州市铁路营业里程 1 500 公里左右。加强赣州至周边省份铁路运输通道规划建设，争取建设赣州至湖南（赣郴永兴铁路）、广东（赣韶铁路扩能工程）、福建（赣龙厦高铁）等周边省份铁路通道，进一步提升赣州市交通枢纽地位和作用。

在高速公路方面，建成高速公路里程 316 公里，力争开工高速公路里程 340 公里，形成“四纵四横九联”的高速公路网，基本实现高速公路出入口 30 分钟到达乡镇、主要景区、经济园区等主要节点；基本实现中心城区 2 小时到达县（市）政府所在地。建成大广高速南康至龙南段扩建工程、寻乌至龙川高速公路、大广高速吉安至南康段扩建工程、信丰至南雄高速公路、遂川至大余高速公路；力争开工建设寻全高速西延、龙河联络线扩容工程、兴国至樟树高速公路、兴国至桂东高速公路、赣州至安远至寻乌高速公路、会昌联络线等项目。重点推进赣州绕城高速外移、南丰至宁都高速（赣州段）、定南联络线西延（至全南）、信丰至南雄高速东延、康大高速扩容、厦蓉高速（城区段）复线、赣汕高速（河惠汕高速北延）的前期工作。研究兴国至瑞金高速、于都罗坳至仙下、石城联络线、遂大高速南延（至全南）、兴国至桂东高速东延等项目的必要性和可行性。形成“四纵五横一环十一联”① 高速公路网布局，构筑赣州市对外出行和县际出行主骨架。

在普通国、省道及农村公路方面，路网结构更加合理，养护管理和服务水平大幅提升，公路应急保障和救援能力显著提高，信息化、科技化水平进一步普及，普通国省干线公路保障更为有力，基本建成结构合理、覆盖广泛、服务优良、保障有力的普通国省干线公路体系。实现县道三级及以上公路比例达 70% 以上；实现乡道双车道四级及以上公路比例达 50% 以上；基本实现赣州市各乡镇通三级以上公路，建制村通双车道比例达 60%。赣州市普通国省干线公路结构更加合理，服务更加全面，保障更加有力，基本建成布局完善、便捷顺畅、绿色集约、安全可靠、服务优质、人民满意度明显提升的普通国省干线公路网络，公路治理体系和治理能力基本实现现代化。实现县道 100% 改造成三级及以上公路，乡道 100% 改造成双车道四级及以上公路，农村公路 100% 改造成等级公路，安全隐患路段全部实施安全防护工程。

在民航方面，构建“一干一支七通用”② 的航空布局。完善航空基础建设，逐步增加航空货运比重，提升黄金机场的客货运能力。争取赣州市民航吞吐量突破300万人次。实施黄金机场三期改（扩）建工程、T1 航站楼改造二期工程，瑞金机场续建工程。加快定南、石城、宁都、安远、龙南、大余、全南通用机场建设。优化赣州黄金机场航线网络规划。力争形成“一干一支十通用”③ 的航空布局，确立赣州市全国航空枢纽地位，加快航空物流业发展，提升航空产业和航空装备水平，推高航空运输的竞争力。

在水路运输方面，着力提升赣江等内河高等级航道通航能力，初步建成5个千吨级内河货运码头。全面实现赣州至南昌的三级航道通航，奠定通江达海的基础。提升水路、铁路货运量比例至 15% 以上。实施赣江赣县五云—万安枢纽库尾三级航道整治工程，建设赣州水运港赣县港区五云作业区综合枢纽码头一期，加快推进赣粤运河规划研究，启动赣粤运河先导性工程建设。打通赣粤运河，大力发展绿色航运、智慧航运，优化运输结构，降低货运成本，提高水运竞争力。

（二）能源领域

在电源方面，大力发展生态友好型新能源，新能源装机达到 700 万千瓦以上。大力推进光伏发电开发建设，适度有序推进风电开发建设，因地制宜推进生物质能多元化发展。高效发展清洁煤电，打造省级清洁煤电基地，着力推进信丰电厂清洁煤电项目建设，确保按时建成投产，研究推进信丰电厂二期清洁煤电项目，为赣州市后续电力供应提供强有力保障。有序推进抽水蓄能电站布局和建设，打造江西南部抽水蓄能基地。重点推进赣县、寻乌、信丰大型抽水蓄能电站以及全南中小型抽水蓄能电站项目前期工作，跟踪国家抽水蓄能专项规划滚动调整工作动态，争取更多的项目纳入国家抽水蓄能

① “四纵”是指井全高速、大广高速（大广高速复线）、宁定高速、济广高速。“五横”是指广吉高速、泉南高速、厦蓉高速、信雄高速及东延、寻全高速及西延。“一环”是指绕城高速外移—厦蓉高速复线—大广高速复线城区段。“十一联”是指龙河联络线（龙河联络线复线）、寻乌至龙川高速、定南联络线（定南联络线西延）、会昌联络线、南韶高速（南丰至宁都高速）、兴国至桂东高速及东延、兴国至樟树高速（兴国至瑞金高速）、赣州至安远至寻乌高速、赣汕高速（河惠汕高速北延）、于都罗坳至仙下高速、石城联络线。

② “一干”是指赣州黄金机场。“一支”是指瑞金机场。“七通用”是指定南、石城、宁都、安远、龙南、大余、全南通用机场。

③ “一干”是指赣州黄金机场。“一支”是指瑞金机场。“十通用”是指定南、石城、龙南、全南、大余、崇义、宁都、会昌、安远、信丰通用机场。

电站专项规划滚动调整，并力争开工建设 1 ~ 2 个项目。

在电网方面，高标准建设结构清晰、布局合理、坚强可靠、经济高效的现代电网，构建东（红都变）南（雷公山变）西（虔州变）北（赣州东变）中（赣州变）500 千伏供电格局，形成“500 千伏多路通道、220 千伏双向电源、110 千伏双向链式、重要地区 10 千伏双环网配置”网架结构。加大与周边省份的电力合作力度，开展 500 千伏及以上跨区域互联工程研究，化解赣州市电力供需压力。加快推进与福建省电力设施互联互通，争取“闽赣异步联网工程”纳入国家有关规划并落点赣州市，推动第二回入赣特高压直流工程布局赣州市。

在煤炭方面，依托浩吉铁路、兴泉铁路等煤运通道，规划建设瑞金电厂等大中型煤炭储备（中转）基地，发挥“蓄水池”作用，提高煤炭保障能力，满足电厂电煤需求。

在油气方面，依托国家管网、省级管网形成“两纵、两横、双环网”输气网架，构建多节点、多环型双向输气模式。实现县县通管道天然气和多气源供气。进一步完善城镇燃气管网建设，加快天然气储气设施建设。优化城镇加油站布局，增加高速、国道与城区加油站布点，确保乡镇加油站全覆盖。

在充电设施方面，赣州市累计建成各类充电站 180 座、各类充电桩 2.3 万根，建成“车桩相随、布局合理、智能高效、保障有力”的电动汽车充电基础设施体系。高水平建成安全高效供应、清洁低碳消费、智慧创新驱动、开放共享服务、协调有序治理的现代能源体系。清洁能源成为能源供应主体，化石能源基本实现清洁高效利用；能源生产消费模式得到根本性转变，达峰后碳排放稳中有降，能源与生态环境实现和谐发展；能源科技水平和现代治理水平显著提升，现代能源市场体制更加成熟完善。

（三）水利领域

全力建设革命老区水利高质量发展示范区、全国水土保持高质量发展先行区，全面提升水安全保障能力，努力将赣州市打造成为赣州、东江、北江三江源头“优质水塔”、沟通长江珠江水系重要节点和名副其实的不涝之城，为赣州市建设革命老区高质量发展示范区提供坚实的水利支撑。

进一步加强防洪减灾能力，通过开展新建水库、病险水库除险加固、防洪提升和中小河流治理等工程，使赣州市防洪能力明显提升，中小河流防洪薄弱环节基本得到有效治理，重点中小河流防洪能力得到进一步提升，城市防洪标准达标率不低于 90%。

进一步加强供水保障能力，逐步增强水资源调配能力和高效利用水平，赣州市新增年供水能力 2 亿 ~ 5 亿立方米，城市供水保证率和应急供水能力进一步提高。推进城乡供水一体化建设，自来水普及率达到 90% 以上。实施大、中型灌区续建配套与节水改造任务，建成一批现代化灌区，农田灌溉水有效利用系数提高到 0.54 以上。

进一步加强水生态治理。加强水土保持综合治理，水土保持率不低于 85%，河湖水生态环境进一步改善提升，基本实现“河畅水清、岸绿景美、人水和谐”。

（四）信息通信领域

各通信运营企业开放资源共享，助推产业链协同，减轻转型负担，解决“不能转”的难题。企业上下游、产业链间协同不够，一家企业难以带动上下游企业联动，无法形成协同倍增效应和集群效应，是中小微企业“不敢转”的主要原因。研究院通过免费开放工业互联网标识解析综合二级节点平台供企业接入，提供标识解析应用优惠政策，鼓励并带动产业链上下游共同接入，打开企业与上下游、产业链之间的通路，更好地发掘发挥企业间的协同放大效益，打造传统产业数字化转型的新生态。优化提升网络基础设施。推动 5G 网络实现乡（镇）全面覆盖、行政村基本覆盖、开发区等重点应用场景深度覆盖。建成 5G 基站超 2 万个，打造 50 个 5G 优秀应用案例。实施千兆宽带部署工程，提升 IPv6（第 6 版互联网协议）网络、用户及流量规模，优化 IPv6 网络性能和服务能力，争取建设国家千兆城市。

04 赣南苏区产业发展报告

摘要：十年来，赣州市始终把经济发展的着力点放在产业发展上，从产业规模小、集中度低、龙头企业少，到实现千亿产业、千亿园区、百亿企业“三个零的突破”；从初级加工、资源简单利用，到精深加工、资源综合开发利用，从单一产品到成套装备。一场产业升级的加速跑在赣州市持续发力，有力促进了赣南苏区振兴发展。

关键词：赣南苏区　产业发展　振兴发展

十年振兴发展，赣州市打造了一批在全省乃至全国有影响的特色产业，产业结构单一、竞争力不强的问题有效改善，高质量发展的内生动力澎湃强劲。“1+5+N”产业集群齐头并进，4 个千亿元级产业集群蓬勃发展；赣南脐橙种植面积和产量世界第一，品牌价值稳居水果类区域品牌全国榜首，粤港澳大湾区“菜篮子”生产基地 48 家；国家 4A 级旅游景区实现县县全覆盖，2021 年旅游总收入突破 1 500 亿元，赣州市跻身全国 12 大重点红色旅游区。

一、主要成效

现代化城市建设必须依托产业的发展，赣南苏区振兴发展的这十年始终坚持市场导向，把加快产业发展摆在突出位置，立足本土特色，积极培育产业集群，着力打造特色鲜明、结构合理、集约高效、环境友好的现代产业体系，形成了产业发展推动城市建设，城市建设助力产业升级的良性循环。“南康家具”从“草根经济”成为家喻户晓的响亮名片，“赣南脐橙”“赣南茶油”等特色农业品牌脱颖而出，中国科学院赣江创新研究院、中国稀土集团等高精尖科研院所和企业相继落户，连续四年获评全省工业高质量发展先进设区市，成功跻身国家低碳试点城市、中国先进制造业百强市、全国数字百强城市，为奋力谱写全面建设社会主义现代化国家赣州篇章奠定了坚实基础。

（一）农业产业振兴发展

赣州市农业经济总量稳步壮大，农林牧渔业总产值从 2012 年的 405.36 亿元增加到 2021 年的 696.58 亿元，按可比价格计算，年均增长 4.7%。全市上下励精图治、开拓进取，农业农村实现全面脱贫，进入全面推进乡村振兴的新阶段。

1. 粮食生产稳定发展

赣州市坚决扛起粮食安全的政治责任，大力推进高标准农田建设，严格落实耕地保护制度，坚

赣南脐橙喜获丰收，赣县区吉埠镇农民将脐橙装车外运

决遏制耕地“非农化”、防止“非粮化”，粮食播种面积和产量稳定在750万亩、260万吨左右，2021年达到754.65万亩、261.82万吨，年均增长率分别为0.2%、0.38%，粮食单产从2012年的341公斤/亩提高至2021年的347公斤/亩，平均每年提高0.67公斤/亩。

2. 经济作物提质增效

一是经济作物比重提升。2021年，赣州市经济作物播种面积428.09万亩，比2012年增加37.38万亩，经济作物播种面积占农作物总播种面积的比重达36.19%，比2012年提高1.7个百分点；经济作物产值占农林牧渔业总产值的比重达86.68%，比2012年提高2.49个百分点。

二是蔬菜产业发展势头迅猛。赣州市坚持把蔬菜产业作为农业调结构的主方向，创新多元投融资渠道，加快设施蔬菜基地建设，培育职业菜农等主体，打响富硒蔬菜品牌，推动蔬菜产业持续发展壮大。截至2021年底，集中连片50亩以上的设施蔬菜基地1 202个，累计建成大棚设施蔬菜基地面积28.48万亩；蔬菜播种面积219.46万亩，年均增长3.41%；蔬菜及食用菌产量414.89万吨，年均增长5.83%。

三是脐橙产业主导地位稳固。2021年末，赣州市脐橙园面积174.85万亩，由于2014年开始爆发柑橘黄龙病，脐橙园面积一度减少，经过数年的恢复，2021年面积基本恢复至2012年时的规模水平；2021年脐橙产量150.42万吨，比2012年增加25.33万吨，年均增长2.07%。“赣南脐橙”以品牌价值681.85亿元位居区域品牌（地理标志产品）第6位、水果类第1位，实现品牌价值七连冠。

赣南脐橙的优异品质得到外宾们称赞

四是油茶产业成为新富民产业。各地大力推进低产油茶林改造提升示范基地建设，实

南康区横寨乡油茶基地

施新造油茶林、改造提升低产油茶林行动，着力提升油茶产业质量和效益。2021 年末赣州市油茶林面积达 306 万亩，年均增长 4.22%；2021 年油茶籽产量 18.53 万吨，年均增长 9.88%。

3. 畜牧业实现转型发展

一是生猪产能恢复稳定。截至 2021 年底，赣州市累计完成新建、改（扩）建生猪养殖场 603 个，新增产能 140 万头。生猪存栏、出栏分别从 2012 年的 349.3 万头、588.17 万头增加到 2021 的 372.49 万头、692.36 万头；猪肉产量从 2012 年的 47.44 万吨增加到 2021 年的 57.11 万吨。

二是家禽生产保持较快发展。赣州市立足县域构建产业链，加快家禽产业硬件建设，补齐产业短板弱项，推动家禽生产保持较快发展。2021 年，家禽存笼 5 423.71 万羽，比 2012 年末增加 1 233.27 万羽，年均增长 2.91%；家禽出笼 16 708.07 万羽，比 2012 年增加 6 454.24 万羽，年均增长 5.57%；禽肉产量 24.74 万吨，比 2012 年增加 10.84 万吨，年均增长 6.62%；禽蛋产量 6.6 万吨，比 2012 年增加 0.54 万吨，年均增长 0.95%。

三是草食牲畜实现快速发展。加快养殖结构调整，实施草地畜牧业发展工程，肉牛规模保持稳中有增，肉羊生产实现较快发展。2021 年，赣州市年末牛存栏 60.36 万头，与 2012 年存栏规模总体保持稳定；牛出栏 34.03 万头，比 2012 年增加 3.1 万头，年均增长 1.07%；牛肉产量 3.77 万吨，比 2012 年增加 0.41 万吨，年均增长 1.3%。2021 年，赣州市年末羊存栏 10.47 万头，比 2012 年末增加 4.35 万头，年均增长 6.15%；羊出栏 13.96 万头，比 2012 年增加 6.24 万头，年均增长 6.80%；羊肉产量 2 136 吨，比 2012 年增加 916 吨，年均增长 6.42%。

4. 渔业生产总体平稳

渔业结构不断优化，捕捞比重逐步下降，养殖比重从 2012 年的 94.6% 提高到 2021 年的 98.9%，累计提高 4.7 个百分点。2021 年，赣州市水产品产量 31.2 万吨，比 2012 年增加 3.7 万吨，年均增长 1.41%。养殖产品中，鱼、甲壳、贝类产量分别为 28.36 万吨、9 908 吨、5 121 吨，年均增长率分别为 1.84%、9.36%、-0.73%。

（二）工业振兴发展

十年来，赣州全市上下把握赣南苏区振兴发展的黄金“窗口期”，坚定不移推进工业倍增升级行动，先后实施了两次“主攻工业、三年翻番”行动，赣州市第六次党代会又将工业倍增升级列为“八大行动”之首，予以强力推进。几番攻坚，一路耕耘，赣州市工业之树茁壮生长、枝繁叶茂。

1. 工业综合实力明显增强

规模以上企业由 2011 年的 781 家增加到 2021 年的 2 478 家，规模以上企业总数在全省的比重由

2011 年的 12.5% 提升到 2021 年的 16.4%，净增 1 697 家（见表 4-1），净增数占全省的 19.1%，总数和净增数均位居全省第 1；规模以上工业增加值年均增长 9.8%；工业税收达 182.7 亿元，比 2011 年增加 113.4 亿元，年均增长 10%。2021 年，营业收入、利润总额年均增速分别达 13.2%、20.5%；实现千亿产业、千亿园区、百亿企业“三个零的突破”。

表 4-1　2011—2021 年赣州市工业发展情况

年份	规模以上企业数量（个）	规模以上企业总数占全省比重（%）	第二产业增加值（亿元）	工业投资增速（%）
2011	781	12.5	700	—
2012	889	13.1	783	—
2013	1 018	13.4	892	24.9
2014	1 095	13.2	984	14.5
2015	1 188	12.9	1 013	-6.0
2016	1 337	13.2	1 069	38.4
2017	1 721	14.7	1 176	29.0
2018	1 890	16.3	1 258	19.8
2019	2 168	17.0	1 355	13.4
2020	2 250	16.4	1 389	7.7
2021	2 478	16.4	1 652	13.7

资料来源：根据 2011—2021 年赣州市统计年鉴整理而得。

2. 产业集群集聚效应显现

十年来，赣州市坚持集群化发展“1+5+N”产业，各县（市、区）确立并优先发展首位产业，全市产业布局得到优化，以现代家居、有色金属和新材料、电子信息、纺织服装、新能源及新能源汽车、食品医药等为主导的产业体系初步形成。

在现代家居产业方面，围绕产业链建设设计、喷涂、检测等九大公共平台，依托赣州港实现“木材买全球、家具卖全球”，加快由做产品向做品牌升级，规模以上家具企业突破 500 户，实施一批个性化定制、网络化生产和智能化服务项目，推出“南康家具”区域品牌。2021 年，赣州市通过做大规模、做强品牌、做活营销，现代家居产业集群完成产值从 100 亿元到超 2 000 亿元的跨越，成为江西省“五星级产业集群”。

在有色金属和新材料产业方面，中国稀土集团总部落户赣州，成为江西首家央企，建设中国科学院赣江创新研究院、国家稀土功能材料创新中心等一批国字号科研创新平台，培育金力永磁、开源科技、江钨新材等一批龙头企业，稀土钨新型功能材料产业集群获批“全国首批战略性新兴产业集群”，赣南稀土矿山改造升级正式复产。2021 年，赣州市规模以上工业有色金属和新材料产业营业收入达到 1 377 亿元。

在电子信息产业方面，大力引进行业巨头，培育同兴达、深联、骏亚、联茂、志浩、一诺新材等一批龙头企业。2021 年，赣州市规模以上工业电子信息产业营业收入达到 1 327 亿元。

在纺织服装产业方面，积极承接海西经济区、粤港澳大湾区、长三角地区产业升级转移，不断建链、补链、强链、延链，推动产业倍增升级，形成于都女装、宁都童装、石城鞋服、兴国牛仔服等一批区域特色生产基地，引进赢家、宝姿等知名品牌服装企业。2021 年，纺织服装产业集群营业收入突破 1 000 亿元。

在新能源及新能源汽车产业方面，利用资源优势及动力电池、永磁电机和电控等产业基础，着力打造从新能源汽车零部件到整车的完整产业链。国机智骏、凯马新能源汽车整车下线并量产，实现了赣南苏区人民的造车梦。孚能科技软包电池产量居国内前列。2021 年，赣州市规模以上工业新能源及新能源汽车产业营业收入达到 311 亿元。

在食品医药产业方面，“赣南脐橙”“赣南茶油”等品牌价值持续提升，积极构建富硒食品产业体系，依托中国医药工业百强企业青峰药业集团、威高集团，加快建设“药品 + 医疗器械”产业集群；青峰药业百亿元级生产基地竣工投产，承载创新药、仿制药落地生产能力大幅增强。2021 年，规模以上工业食品医药产业营业收入达到 307 亿元。

赣州市南康区美克数创数字化车间

3. 企业竞争力不断攀升

十年来，赣州市大力培育龙头企业，营业收入超 100 亿元的工业企业达到 5 家；年均新增规模以上企业 170 家，优质中小企业队伍不断壮大，已培育省级专精特新中小企业 462 家，居全省第 1 位；拥有国家制造业单项冠军企业 1 家、国家专精特新“小巨人”企业 12 家、省专业化“小巨人”企业 16 家、省制造业“单项冠军”企业 5 家，省级企业技术中心 55 家。赣州市形成大企业顶天立地、中小企业铺天盖地的生动局面，独角兽企业，瞪羚企业，专精特新“小巨人”企业，制造业“单项冠军”“隐形冠军”企业竞相涌现。

孚能科技（赣州）股份有限公司工业 4.0 智能化产线

4. 融合创新持续发力

抢抓数字经济“一号发展工程”历史机遇，以制造业为主的赣州工业加快数字化、网络化、智能化转型，通过“链群配 + 数字大脑 + 实体工厂”，打造一批数字技术示范项目和应用场景。2021 年，赣州市规模以上工业战略性新兴产业增加值占全市比重，由 2014 年的 12.6% 提高到 2021 年的 32.2%，高于全省 9 个百分点，装备制造业占比达到 30.06%。赣州市国家高新技术企业数量由 2011

江西志浩电子科技有限公司生产车间

年的26家增加至2021年的1 067家，总数列全省第2位；两化融合度位居江西省前列，获批建设智能制造、绿色制造、服务型制造国家级试点示范平台及项目26个，新增国家“两化”融合管理体系贯标试点企业14家，国家“两化”融合管理体系贯标达标企业24家；省级“两化”深度融合示范企业39家；省级智能制造项目33个，省级智能制造基地2个；上云企业突破1万家，总数位居全省第2，龙南骏亚、富尔特股份和于都南方万年青水泥入选工业和信息化部企业上云典型案例，数量居全省第1位；实施智能化改造企业100余家，志浩电子5G应用高精密线路板项目入围工业和信息化部工业互联网试点示范项目；深联电路等10家企业被评为全省“5G+工业互联网”示范企业，为全省最多；龙南骏亚精密电路有限公司基于“物联网+大数据”的电路板智能工厂、朝阳聚声泰科技有限公司智能声纹传感器研发与产业化入选工业和信息化部物联网示范项目公示名单；国家工业信息安全发展研究中心江西分中心落户赣州，工业设计等生产性服务业“从无到有”，建成赣州国际企业中心、南康家居特色小镇两个省级工业设计基地；获批章源钨业等11个省级工业设计中心，总数位居全省第1；引进美克家居等国家级工业设计企业落户赣州，江西省赣璞设计有限公司成功获评国家级工业设计中心。

5. 绿色发展成效显著

十年来，赣州市积极践行绿水青山就是金山银山理念，以绿色产业为导向，以建设“资源节约型、环境友好型和低碳经济型的生态工业示范园区”为目标，全力推进绿色低碳发展，赣南苏区工业由“大老粗”迈向“小清新”“高精尖”，产业基础高级化、产业链现代化水平稳步提升，形成低投入、低消耗、低排放和高效率的经济发展模式，为践行“双碳”战略贡献着力量。2021年赣州市规模以上工业企业单位工业增加值能耗较2011年同比下降54.3%。赣州经济技术开发区、龙南经济技术开发区、瑞金经济技术开发区、章贡高新区获批国家级绿色园区，11家企业获批国家级绿色工厂，4个产品获批国家绿色设计产品。此外，还获批7个省级绿色园区、17家省级绿色工厂。赣州市获批“国家工业资源综合利用基地”。

（三）服务业振兴发展

党的十八大以来，在《国务院关于支持赣南等原中央苏区振兴发展的若干意见》等一系列政策的支持下，全市上下牢记嘱托、感恩奋进，聚焦“作示范、勇争先”的目标定位和“五个推进”的重要要求，全力打好现代服务业攻坚战，赣州市服务业增加值增速持续高于全省平均水平，稳居全省第一方阵。

1. 服务业引擎作用不断显现

经济总量迈上新台阶，第三产业（服务业）占比持续提高。十年来，赣州市始终坚持以人民为中心的发展思想，在稳就业保民生促消费系列举措下，服务业持续较快增长，实现服务业增加值“翻番”目标。2012 年，服务业增加值 664.1 亿元，2016 年突破 1 000 亿元，2021 年迈上 2 000 亿元台阶，达 2 089.5 亿元，是 2012 年的 3.1 倍。同时，服务业增加值占比也在不断提升。2012 年占比为 39.0%，比第二产业增加值低 7.1 个百分点，2016 年首次超过第二产业增加值占比；2019 年突破 50%，占据国民经济的半壁江山；2021 年达 50.1%，高于第二产业增加值 10.5 个百分点，比 2012 年提高 11.1 个百分点，成为赣州市国民经济第一大产业。具体数值如表 4–2 所示。

表 4–2　2011—2021 年赣州市三次产业情况

年份	地区生产总值（亿元）	第一产业增加值（亿元）	第二产业增加值（亿元）	第三产业增加值（亿元）	三次产业结构	第三产业增加值不变价增速（%）
2011	1 519.5	234.6	701.1	583.8	15.4 : 46.2 : 38.4	12.2
2012	1 700.9	253.4	783.4	664.1	14.9 : 46.1 : 39.0	12.9
2013	1 917.0	272.3	892.0	752.7	14.2 : 46.5 : 39.3	9.5
2014	2 123.4	287.7	983.8	851.9	13.6 : 46.3 : 40.1	9.0
2015	2 310.4	300.7	1 013.3	996.4	13.0 : 43.9 : 43.1	11.3
2016	2 541.2	317.3	1 069.3	1 154.6	12.5 : 42.1 : 45.4	12.1
2017	2 806.0	333.3	1 176.3	1 296.4	11.9 : 41.9 : 46.2	12.1
2018	3 170.3	340.3	1 257.9	1 572.1	10.7 : 39.7 : 49.6	11.3
2019	3 466.0	376.3	1 354.6	1 735.1	10.9 : 39.1 : 50.0	10.5
2020	3 657.3	415.0	1 389.1	1 853.2	11.3 : 38.0 : 50.7	4.6
2021	4 169.3	427.5	1 652.3	2 089.5	10.3 : 39.6 : 50.1	9.8

资料来源：根据 2011—2021 年赣州市统计年鉴整理而得。

增速领跑三次产业，综合实力显著增强。十年来，赣州市服务业增加值保持较快增长，年均增速达 10.3%，高于赣州市 GDP 年均增速 1.1 个百分点，高于第一产业、第二产业增加值年均增速 5.8 个、0.8 个百分点；2021 年规模以上服务业企业资产 985.9 亿元，是 2012 年 1.5 倍，实现营业收入 334.1 亿元，是 2012 年的 3.2 倍。

市场主体日益活跃，企业数量大幅增加。十年来，赣州市服务业法人单位数大幅增长。截至 2021 年底，赣州市服务业法人单位达到 11.17 万户，占全部法人单位的 68.6%，比 2012 年末增加 8.75 万户，年均增长 18.6%，快于全部法人单位增速 0.2 个百分点；规模以上企业加速发展，规模以上服务业单位 587 户，比 2012 年底净增 401 户，年均增长 13.6%。

2. 发展贡献持续增强

服务业成为吸纳就业的主要渠道。2021 年底，服务业吸纳社会就业人员 216.3 万人，比 2012 年底增加 64.2 万人，年均增长 4.0%，比全社会就业人数年均增速快 3.8 个百分点；服务业占全社会就业人数的 47.4%，比第一产业和第二产业分别高 29.6 个和 13.5 个百分点，比 2012 年提高 16.7 个百分点，是吸纳就业人数最多的产业；规模以上服务业单位期末从业人员 7.4 万人，比 2012 年底增加 6.2 万人。服务业成为税收的主要来源。十年来，服务业税收占全部税收收入的比重一直保持在 40% 以上；服务业税收由 95.5 亿元提升至 230.3 亿元，比 2012 年增加 134.8 亿元，年均增长 10.3%。

3. 新动能行业活力十足

现代交通物流体系不断升级。十年来，赣州市新增铁路运营里程 545 公里，总里程达 923 公里，

厦蓉高速于都禾丰交通枢纽

已成为国家“八纵八横”高速铁路网的节点枢纽之一。2015年赣瑞龙铁路、2019年昌赣高铁的开通分别结束赣州市没有动车和高铁的历史；新增高速公路通车里程756公里，总里程达1 559公里，约占全省1/4，“四纵四横九联”高速公路网加快形成；累计实施普通国省道改（扩）建1 800余公里，新建改造农村公路2.7万公里；在全国首创“跨省、跨关区、跨陆海港”通关新模式，成为内陆江西对外开放的“出海口”。2021年赣州市交通运输、仓储及邮政业增加值169.79亿元，比2012年增加74.45亿元，年均增长6.6%；邮政业务总量达30.08亿元，年均增长24%。

金融创新开放推进有力。十年来，赣州市着力提升金融服务效能，为苏区振兴发展提供有力金融支撑。赣州市金融系统资金供给总量从2 500亿元达到8 100亿元，年均增长12.5%，全力保障赣南苏区振兴发展的资金需求。2021年末赣州市政府性重大项目信贷余额约2 310亿元，占全部贷款余额约34%，较十年前增加近10倍。金融业增加值实现从76.67亿元到295.64亿元飞跃式发展，年均增长约14.5%，金融业增加值、金融机构总数、存贷款余额、直接融资规模、上市公司数量等主要金融指标均列全省第2位，赣州市上市企业从2012年初的3家增长到16家，增长了3.3倍；累计新增新三板挂牌企业34家。引进、新设各类金融机构与组织63家，总量达190家。

江西金力永磁科技股份有限公司首次公开发行A股上市仪式在深圳证券交易所举行

信息技术加速与产业深度融合。十年来，赣州市互联网服务、软件信息技术服务等新产业、新动能蓬勃兴起，互联网、虚拟现实等新兴技术加速孕育。赣州移动公司加快双千兆网络建设，促进数字经济与实体经济深度融合。2021年在赣州市累计建成5G基站近6 000个，实现5G网络覆盖从县县通到乡乡通，依托“移动云”，建设了赣州区块链服务网络节点，完成赣州市能源云平台建设，接入企业100余家。

新兴消费市场日益活跃。十年来，赣州市消费品市场日益扩大，消费结构不断优化。2012 年赣州市社会消费品零售总额达 720.76 亿元，2015 年突破 1 000 亿元，2021 年赣州市社会消费品零售总额达到 1 987.68 亿元，是 2012 年的 2.76 倍，年均增长 11.93%；建成 13 个商业综合体、10 条特色商业特色街区，华东城和南康家具大市场被商务部列为全国重点联系商品交易市场；网络零售额突破 600 亿元，占全省的 1/3。

4. 旅游市场做大做强

赣州市围绕“红色故都、江南宋城、客家摇篮、阳明圣地”文化名片，把扶持政策逐步落地落实，建成“一核三区三红一网”全域旅游发展格局，“初心路”“客家情”“阳明游”三条赣州精品线路成形，一批重大旅游项目建成投营。2012 年以来，赣州市旅游接待总人数和旅游总收入增速连续多年超过 25%；2021 年赣州市接待旅游人数 14 051.9 万人次，实现旅游收入 1 528.8 亿元，分别是十年前的 6.5 倍、9.2 倍，详见图 4-1。

全南县雅溪古村

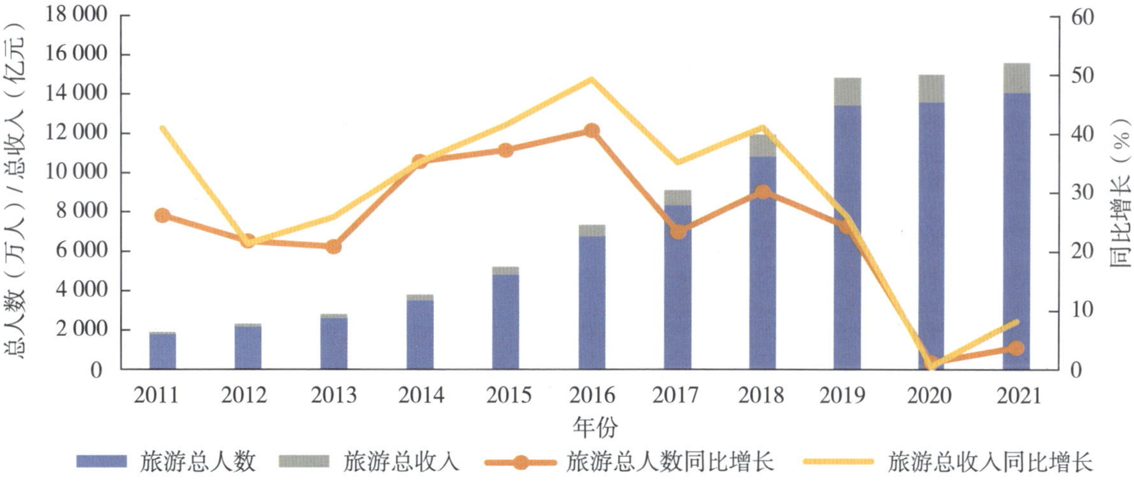

图 4-1　2011—2021 年赣州市旅游业发展情况

资料来源：根据 2011—2021 年赣州市统计年鉴整理而得。

二、主要做法

回望十年的推动产业发展的实践，赣州市积累了一些发展经验。主要体现在以下五个方面。

（一）育龙头——做大做强重点企业，把龙头昂起来

以“头雁展翅”带动“群雁齐飞”。坚持招大引强和扶大扶强“两条腿走路”，千方百计培育龙头企业。一是“引龙头”。紧紧抓住习近平总书记视察江西和赣州的重大历史机遇，主动对接国家部委，瞄准龙头企业、大型央企，招引一批单体规模大、科技含量高、带动能力强的重大项目。二是“育龙头”。从现有企业筛选出重点培育企业进行重点培育，在政策、资金、人才、服务上重点倾斜。三是“强龙头”。大力实施企业上市“映山红行动”，赣州市上市企业达 16 家。

（二）补链条——紧紧围绕首位产业，把链条补起来

坚持链式发展思路，围绕赣州市首位产业，着力构建门类齐全、功能完善、布局合理和具有较高技术水平的产业链条。电子信息产业瞄准“区块链 +AI”弱项补链。“缺芯少屏”是国内电子信息产业最大的短板。针对这一短板，敢闯敢试、顺势而为，按照“半导体材料 + 芯片设计 + 芯片制造 + 芯片封装测试 + 智能终端显示模组 + 智能终端整机 + 区块链”全产业链发展思路，重点在半导体材料、芯片制造和显示屏模组等优势领域发力，全力推进重大项目投产达产，致力于建设全省一流的芯片制造基地和国内知名的显示屏模组制造集散地。传统产业主动融链，将钨和稀土传统产业融为新能源汽车、电子信息产业链上的重要一环，不断加大技术改造力度，推动设备、工艺、产品升级，在精深加工、永磁电机电控和汽车用稀土轻量化材料等终端上发力。

（三）建平台——全力做强园区载体，把平台建起来

把平台建设摆在突出位置，为首位产业发展提供了强大的平台支撑。目前，赣州市拥有国家级开发区 4 个、省级重点开发区 1 个、其他省级开发区 14 个，实际开发面积 97.86 平方公里，累计建成标准厂房 3 900 万平方米，基础设施投入总量列全省第 1 位，成为江西乃至全国拥有国家级平台最多的设区市之一。一是建好产业承接平台。规划建设新能源汽车科技城、稀金谷等多个大平台。新能源汽车科技城累计投入财政资金近百亿元，基础设施建设及配套项目加快推进。电子信息产业园投入资金 45 亿元，完成征地 2.4 万亩，“两横三纵”循环路网正在加速成型。二是建好企业落地平台。大力实施工业标准厂房建设“梧桐树”计划，实现“大项目供地、小项目供厂房”目标。三是建好创新创业平台。争取一批“国字号”创新平台。赣州市获批建设国家稀土功能材料创新中心、国家脐橙工程技术研究中心等国家级创新平台载体近 20 个，“国字号”平台实现从无到有、从有到多的重大突破，引领效应不断显现。建设一批新型研发平台。瞄准产业关键共性技术，引导和支持大型骨干企业与高等院校、科研院所共建院士工作站、博士后工作站、“海智计划”工作站等“智力”工作站，实现“借船出海”。获批建设国家级创新载体 20 个、省级创新载体 144 个，加快推进赣南创新与转化医学研究院、赣南苏区食品创新研究院落户并挂牌运行；组建市级重点实验室和技术创新中心 169 个。赣州国际企业中心孵化器、市小微企业创业孵化基地入选国家级科技企业孵化器。搭建一批创新服务平台。搭建运行“赣州科创吧”“科协进园区——科技创新一站式 O2O（线上到线下）服务平台”“企服城”等“互联网 +”服务平台，并引入 30 余家法律援助、创业咨询培训、知识产权服务、创投机构等第三方服务机构进驻。

（四）撑保障——着力破解三个要素，把保障撑起来

把破解资金、人才、土地等要素瓶颈作为推进高质量发展的必答之题，激发发展活力。一是“政府＋市场”齐步走，拓宽资金来源。在实施大规模减税降费的基础上，推动银行落实普惠式信贷及续贷政策，有效缓解企业融资难问题。以国企市场化转型为突破口，通过组建基金、发行绿色债、市场化债转股、争取地方政府债券额度等方式，多渠道开展市场化融资，不断拓宽资金来源。二是“市内＋市外”两手抓，汇聚四海人才。鼓励园区企业与本地高校共建大学生就业实习基地，引导更多本地高校毕业生留在赣州经济技术开发区就业，鼓励引导更多赣州籍外出学子返乡创业就业。充分发挥赣州高层次人才产业园、赣州人力资源服务产业园、孚能科技“海智计划”工作站等平台的作用。三是“开源＋节流”两不误，缓解用地难题。坚持“征地拆迁＋消化批而未用土地＋争取用地指标”三措并举，进一步增加土地供应。深入推进“亩均论英雄”和“标准地＋承诺制”改革，成功出让全省首宗“标准地＋承诺制”地块，引导全区土地利用模式向科学化、差异化、精细化迈进。

（五）强集群——狠狠抓住三个关键，把集群强起来

在推动产业集群上，不仅注重规模集聚，更注重质量提升，努力打造有影响力的产业集群。一是坚持创新为引领。赣州市引导企业发挥创新主体作用，对开展科技创新的企业在政策支持、经费奖补、人才培训、项目融资等方面予以扶持，争取培育更多独角兽企业、瞪羚企业和一批细分领域的科技“小巨人”企业。二是唱响品牌“最强音”。赣州市打造“赣南脐橙”“南康家具”等一批响亮的区域公共品牌。三是建强配套“优生态”。赣州市紧盯生产性服务和生活性服务两大体系，不断提升产业配套服务水平。规划建设占地 2 100 亩的综合物流基地，已落户传化、顺丰、安能等 100 余家行业知名物流企业。

三、展望

赣州市已全面建成小康社会，正处于乘势而上开启全面建设社会主义现代化新征程的关键时期和推进高质量跨越式发展的战略机遇期。脱贫攻坚全面胜利后，“三农”工作重心转入全面推进乡村振兴的新阶段，要坚持农业农村优先发展，统筹推进产业、人才、文化、生态、组织“五个振兴”，推进城乡融合发展，努力探索具有赣南特色的乡村振兴路径，坚定不移实施工业倍增升级行动，构建具有赣州市特色的现代产业体系，加快建设工业强市。

（一）农业产业振兴发展展望

1. 林业

一是加快推进油茶高质量发展。培育扶植一批科学化、标准化、规范化的高产稳产油茶示范基地，新造 30 万亩高产油茶林，建设高效示范基地 100 个。二是进一步推进林下经济发展。以龙头企业、种养大户、专业合作社等为主体，以产业基地建设为载体，大力拓展草珊瑚、龙脑樟、猴耳环、山苍子、无患子、金银花、黄精、茯苓、灵芝等林下森林药材基地，新增加种植面积 20 万亩。三是

推进竹产业高质量发展。建设40个、单个面积200亩以上的材用毛竹林高质量培育示范基地，新增低产毛竹林改造基地30万亩，新增毛竹笋竹两用林5万亩。四是推进森林康养产业发展。依托丰富的山水人文资源，深厚的古道遗迹、森林文化、阳明文化、堪舆文化、红色文化等文化底蕴，建设特色突出、功能完善、服务优良的森林康养基地，打造区域森林康养产业发展样板，推进森林康养产业发展。建成省级以上森林康养基地20处以上，县（市）省级森林康养基地全覆盖；年森林康养服务人数达到400万人次；年森林康养业年均产值达到30亿元。

2. 果业

以品种和苗木保障体系、人才和技术支撑体系、全产业链社会化服务体系、品质和品牌提升体系“四根柱子”为支撑，完善赣南脐橙产业链链长制，打造赣南脐橙优质产品供应链，统筹推进赣南脐橙产业高质量发展，打造世界级优质脐橙产业基地。以脐橙为主的柑橘种植面积260万亩，其中脐橙200万亩；柑橘黄龙病平均病株率控制在2%以下，标准化果园覆盖率85%以上，高品质栽培取得明显成效，优质果品率稳步提高。市级以上农业产业化（果业）龙头企业达到100家以上，脐橙产业链更加完善，赣南脐橙品牌价值位居全国地理标志产品价值榜前列，科技创新能力、市场竞争力和品牌影响力显著提升。

（二）工业振兴发展展望

1. 加快调优产业结构

一是推动产业高端化，产品终端化。大力发展壮大优质赛道产业，扭转赣州市产业结构不优，产业层次不高的局面，积极抢抓当前国内智能网联电动汽车、光伏新能源、半导体国产替代等优质赛道高速发展机遇，以中国稀土集团开始运营、稀土矿山复产、吉利动力电池和佳纳新能源等重大项目投产、腾远钴业等企业上市为契机，日益壮大稀土功能材料、锂电新能源等优势产业链，培育发展汽车类消费电子、芯片封装测试、模拟和功率芯片等新兴产业。二是大力实施数字经济“发展一号工程”。聚焦数字产业基础材料、基础零部件元器件，做强做优电子信息基础产业，大力发展5G+工业互联网、人工智能、区块链等前沿产业。三是全力推动传统产业转型升级。强化产业政策引导，加快淘汰一批资源消耗大、产出效率低的传统产业企业，为赣州市工业高质量发展腾出空间；推动建材、化工、有色、电子、服装、家具等传统产业大中型企业，向低碳、节能、绿色、品牌、研发、设计等价值链中高端环节转型。深入实施智能制造升级工程，通过“数字大脑＋实体工厂”，推动赣州市“1+5+N”产业基础高级化和产业链现代化。

2. 大力培育优质企业

一是实施“领航企业”培育计划。打造具有生态主导力、较强市场竞争力的领航企业，集中培育一批优质的营收超100亿元、超50亿元企业。支持领航企业强强联合、跨地区兼并重组、并购和投资合作，提高产业链供应链整合能力。二是开展企业梯次培育。促进微型企业上数量、小型企业上规模、中型企业上层次。大力培育独角兽企业、瞪羚企业、专精特新“小巨人”企业和创新型领军企业。

3. 强化工业要素保障

一是加大政策协同作用。促进政策向重点发展的优势产业倾斜，引导土地、资金、人才、技术等生产要素向产业关键环节、薄弱环节、高端环节集聚。二是提高园区亩产投资效益。实行重点企业用地指标需求与增长效率挂钩，统筹赣州市土地利用年度计划部分指标专项用于解决项目新增用地需求。三是强化人才支撑。大力引进和培育高端产业人才，积极兑现人才政策。四是加大金融支持。加强政府、银行、企业融资对接，积极引导各金融机构加大对“1+5+N”产业集群和各地首位产业项目的支持力度。引进风险投资基金，支持战略性新兴产业及创新型企业发展。

（三）服务业振兴发展展望

以文化旅游高质量融合发展为主线，以加快提升赣州市文化和旅游产业核心竞争力为突破口，围绕“三大目标、四张名片”发展定位，全面提升赣州市文化旅游产业的产品供给力、要素聚集力和品牌影响力，推进文旅产业提质增效，建设更具影响力的文化强市、旅游强市。

1. 培育壮大市场主体

实施“龙头企业培育”计划，采取“一企一策”等方式，培育做强文化和旅游领军企业、骨干企业、品牌企业。瞄准新阶段文化和旅游发展趋势，引进一批国内外文化产业领军企业、知名企业，推动与本土企业开展合作，培育一批文化产业上下游企业，不断壮大文化产业规模。

2. 健全文旅产业发展体系

文化产业方面，支持创意设计、新兴媒体、动漫游戏、印刷发行、广播影视、演艺娱乐等重点文化产业发展。加快新业态发展，推动文化产品数字化生产、网络化体验、信息化服务，鼓励和引导基于5G的VR（虚拟现实）、AR（增强现实）等新技术在文化领域开展试点应用，开发指尖博物馆、线上研学、线上体验等数字文化产品。旅游产业方面，加快长征国家文化公园赣州段、江南宋城等一批标志性项目建成落地，新增一批富有赣南苏区特色的高品质国家级旅游景区和度假区等品牌，进一步做强红色旅游、做优乡村旅游、做旺城市旅游、做好康养旅游、做热研学旅游、做活工业旅游，不断丰富新型文化和旅游消费业态。

3. 打造文化旅游品牌

大力弘扬以“红色、客家、宋城、阳明”四大文化名片为代表的赣南优秀传统文化，将独具特色的文化内容、文化符号、文化故事赋能文化和旅游项目建设，加快推进赣州市精品旅游线路建设，构建市县品牌、景区品牌、产品品牌等互为支持的“红色故都，客家摇篮”品牌体系，合力打响赣南苏区文化旅游品牌。围绕粤港澳大湾区重点客源城市，实施“引客入赣”升级版项目，积极融入大湾区旅游合作联盟，深化交流合作，将赣州市打造成为粤港澳大湾区生态康养旅游后花园。

4. 推进金融改革创新

纵深推进金融改革创新，努力优化金融生态环境，全力服务实体经济，为赣州建设革命老区高质量发展示范区凝心聚力，汇聚起磅礴的金融力量。形成机构体系壮大、金融创新活跃、金融风险防控有力、营商环境优越、产业—科技—金融融合发展的金融业高质量发展新格局，推进“国家普惠金融改革试验区、区域性金融中心和全省金融次中心”建设，打造成为吸引度高、创新能力强、辐射范围广的金融强市。

05 赣南苏区改革开放报告

摘要： 在推进赣南苏区振兴发展实践中，赣州市坚持把改革开放作为“关键一招”，突出改革谋划和实践创新，聚焦重点领域和关键环节，勇于试、大胆干、坚决改，全面深化改革开放取得明显成效，赣州市连续六年荣获江西省全面深化改革工作先进单位。通过全面深化改革开放，啃下了一块块“硬骨头”，化解了一个个“老大难”问题，为赣州市深入实施“三大战略、八大行动”、建设革命老区高质量发展示范区增添了强劲动力。

关键词： 改革开放　振兴发展　赣南苏区

赣州是一块充满改革基因的红土地。二十世纪二三十年代，作为原中央苏区主体和核心区域，赣南成为中国共产党治国理政的重要试验田，共产党人的文韬武略都在这里试验过、预演过。二十世纪八十年代，江西省委、省政府决定把赣州地区设为经济体制改革试验区，通过改革开路，使赣州这个曾经贫困、封闭的地区，走上了加速新旧体制转换、实现区域经济快速发展的道路。

党的十八大以来，赣南苏区又成了新时代改革创新的试验田。国家先后出台《国务院关于支持赣南等原中央苏区振兴发展的若干意见》《国务院关于新时代支持革命老区振兴发展的意见》《国务院关于同意建设赣州、闽西革命老区高质量发展示范区的批复》等一批“国字号”文件，建立中央国家机关及有关单位对口支援、部际联席会议、执行西部大开发税收政策等帮扶机制。赣州市先后获批开展200余项省级以上试点示范，成为获批国家级试点平台最多的设区市之一。

发展出题目，改革做文章。在推进赣南苏区振兴发展实践中，赣州市委把深化改革开放作为“关键一招”。赣州市第六次党代会旗帜鲜明地把“解放思想、改革攻坚、开放创新、担当实干”作为市委工作思路，把“深化改革开放行动”列为“八大行动”之一，作为全面深化改革开放的主抓手；赣州市委主要领导亲自担任深化改革开放行动领导小组组长，以前所未有的力度扛起改革重任，亲力亲为推动改革攻坚。自2012年以来，赣州市共召开41次市委深改委（组）会议，出台717个改革文件，谋划实施1438项改革举措，束缚发展的体制机制障碍不断被破除，全面深化改革成效不断凸显。

一、主要成效

（一）深入实施营商环境优化升级

1. 纵深推进相对集中行政许可权改革

十年来，赣州市持续深化“一窗式”改革，实现“进一扇门办所有事”。在江西省率先组建市县

对标粤港澳大湾区，赣州市实施优化营商环境“一号改革工程”，打响“干就赣好”营商环境品牌

赣州市深入推进营商环境优化升级“一号改革工程”，实现惠企奖励政策“免申即享、即申即享”

两级行政审批局，实行“一个标准对外”，实现市县两级“一枚印章管审批”，市本级审批人员减少75%以上，审批时限压减50%，企业开办实现“0.5天、零成本”。探索开展“市县同权”改革，统筹推进基层审批服务、综合行政执法、“多网合一”改革，让企业群众办事“不出园、不出县”。

2. 创新实施重点领域集成审批改革

2021年，赣州市营商环境评价排名前进4位，进入江西省“第一方阵”，在政务大厅设立“一链办”专区；在江西省率先开展工程建设项目“一站式”集成审批改革，建成工程建设项目“审批工厂”，重构审批流程，优化审批阶段，政府、企业投资项目审批时间分别从106个、60个工作日压缩至75个、45个工作日，分别比深圳少10个、15个工作日；探索招投标监管和异地招投标机制，2020年12月，赣州市率先在江西省建成“赣州串通投标犯罪预警模型”，上榜国家发展改革委“招投标领域30项创新成果”并在全国推广，探索实施市外投资项目异地招投标方式，最大限度满足企业项目建设需求。

3. 扎实推进政务数字化改革

赣州市大力实施“一网通办”数字化改革，市县两级政务服务数据管理局完成挂牌运行，推动政务服务和数据管理深度整合，有效打破“数据壁垒”和“信息孤岛”。截至2022年8月底，赣州市集中打通了城乡居民养老保险、社会保障卡、不动产登记等13个省、市业务系统，企业开办、二手房水电气网过户等568个事项实现“一件事一次办”，

赣州市行政审批局与广州市政务服务数据管理局签署政务服务“跨省通办”合作协议，赣州城投集团与广州无线电集团签署战略合作框架协议

333个政务服务事项全程网办，汇聚45个部门8.7亿条数据，提供数据（接口）服务2 331个，数据调用4.38亿余次。在江西省首创惠企政策兑现“线上一网、线下一窗”改革；截至2022年7月31日，上线惠企政策941项，直接兑付惠企资金9.1亿元。截至2022年7月底，赣州市已与深圳等14个地市开通151项“跨省通办”高频事项，实现“异地办事不当异客”。

（二）深入推进供给侧结构性改革

赣州市推进开发区改革创新，深化“亩均论英雄”改革，深入实施重点产业链“链长制”，扎实推进数字经济“一号发展工程”，实行“一企一策”精准服务，助推“1+5+N”主导产业集群做大做强，现代家居产业集群获评江西省五星级产业集群。有色金属、电子信息规模以上工业营收均首次突破千亿元，净增营收超百亿元企业4家。中国稀土集团挂牌成立，结束江西无央企总部落户历史；中国科学院赣江创新研究院挂牌运行，填补江西无大院大所直属机构的空白；建成国家稀土功能材料创新中心、钨与稀土产业计量测试中心等一批国字号创新平台，赛宝实验室龙南检验检测认证服务中心挂牌成立，中国（赣州）知识产权保护中心、国家市场监管重点实验室获批建设；江西省现代家具、科技产业创新联合体揭牌成立。2020年获批推进国家普惠金融改革试验区建设，创新推出“信用易贷”“致富大棚贷”等20余种信贷产品，银行贷款余额等金融主要指标创历史新高，存贷比首次突破100%；引进平安银行、广发银行等金融机构，金融机构由73家增至191家，成为赣粤闽湘四省九市金融机构集聚度领先、门类最齐全的城市。上犹县普惠金融改革“党建＋信用体系＋支付体系”模式在江西省推广，于都县入选中央财政支持普惠金融发展示范区，崇义县获批江西省唯一绿色金融改革试点县。2018年6月，启动市属国企改革，将原市属14家国有企业整合重组为七大集团，出台加强国资监管19项制度，推动市属国企在完善公司治理中加强党的领导，对市属国企集团经理层实行契约化管理，进一步理顺国资监管体制。

赣州市普惠金融中心

（三）持续健全开放合作机制

1. 开放平台不断完善

赣州市统筹抓好商贸服务型国家物流枢纽、革命老区交通运输高质量发展先行示范区、全国跨境电商综合试验区、供应链创新与应用试点城市等试点示范事项和重大功能平台建设；国际陆港建成全国内陆第 8 个永久对外开放铁路口岸，获批进口木材、肉类、汽车整车指定口岸和平行进口汽车试点，获得国际贸易和运输地点代码，常态化开行 19 条中欧（亚）班列线路、3 条铁海联运班列线路和 26 条内贸班列线路，覆盖国内重要物流节点城市和大部分中亚、欧洲国家，真正实现通江达海、“买全球、卖全球”；创新开通运营赣深组合港、赣（州）深（圳）城际高速货运班列“融湾号”，在全国首创“跨省、跨关区、跨陆海港”通关新模式，实现“同港同价、同等效率”，为企业节约物流时间成本 40%、物流资金成本 30%，助推赣州成为“一带一路”重要节点城市，为江西内陆开放型经济试验区提供重要支撑。

赣州市被列为跨境电子商务综合试验区

2. 外贸体制改革持续深化

赣州市创新打造“中欧班列＋跨境电商”贸易模式，实现跨境电商全业态开通，江西省首单跨境电商 1210 业务、进境粮食保税加工业务、保税维修业务在赣州综合保税区开通，跨境电商出口货物量累计突破 3 000 万票（件）。龙南保税物流中心在江西省率先实现跨境电商“9610”陆路出口转关首单业务，2021 年实现一线进出口额 21 671 万元，同比增长 203%。2011 年至 2021 年，赣州市进出口总额累计 562.1 亿美元，年平均增长 14.6%；其中出口总额累计 464.8 亿美元，年平均增长 13.5%（见表 5−1），成为江西省开放型经济的引爆点。

赣州综合保税区于 2014 年 1 月 22 日经国务院正式批复设立，是全国第 35 个、江西省第 1 个综合保税区

表 5−1　2011—2021 年赣州市外贸进出口情况

年份	进出口总额（万美元）	进出口总额增幅（%）	出口额（万美元）	出口额增幅（%）	进口额（万美元）	进口额增幅（%）
合计	5 620 117	—	4 648 129	—	971 985	—
2021	1 142 382	57.80	892 998	47.63	249 384	109.45
2020	723 953	25.18	604 889	23.08	119 064	37.04
2019	578 344	8.45	491 459	12.77	86 885	−10.85
2018	533 283	12.62	435 820	9.89	97 463	26.71
2017	473 524	15.15	396 608	16.97	76 916	6.59

续表 5-1

年份	进出口总额（万美元）	进出口总额增幅（%）	出口额（万美元）	出口额增幅（%）	进口额（万美元）	进口额增幅（%）
2016	411 239	-1.04	339 080	-0.04	72 159	-5.46
2015	415 548	6.46	339 225	5.92	76 323	8.92
2014	390 335	18.20	320 265	9.84	70 070	81.19
2013	330 245	0.39	291 573	2.69	38 672	-14.07
2012	328 949	12.53	283 945	12.56	45 004	12.38
2011	292 312	79.31	252 267	92.51	40 045	25.22

资料来源：赣州市商务局。

3. 招大引强机制更加健全

赣州市瞄准行业龙头企业及上下游配套企业，着力引龙头、补链条、育集群，成功举办第三届世界赣商大会，常态化开展“粤企入赣”投资合作推介会、“三请三回”和“三企入赣”等活动。据统计，2011—2021 年，赣州市引进省外资金项目总计 2 802 个，签约资金 8 800.29 亿元，年均增幅 14.07%，实际进资 7 538.68 亿元（见表 5-2）。积极争取深圳—赣州对口合作上升为国家战略，总投资超 300 亿元的深赣港产城特别合作区落地实施，开创“特区＋老区”合作共赢范例。

赣州市打造对接融入粤港澳大湾区桥头堡“粤企入赣”投资合作推介会

表 5-2　2011—2021 年赣州市利用省外资金情况

年份	引进项目		合同资金		实际进资	
	数量（个）	增幅（%）	总额（亿元）	增幅（%）	总额（亿元）	增幅（%）
合计	2 802	—	8 800.29	—	7 538.68	—
2021	414	5.34	1 116.57	5.11	1 093.58	9.53
2020	393	31.44	1 062.24	2.73	998.41	9.10
2019	299	6.79	1 033.99	-9.07	915.11	9.32
2018	280	2.19	1 137.12	29.66	837.12	10.90
2017	274	8.73	876.99	38.61	754.86	11.54
2016	252	39.23	632.69	-3.28	676.75	12.74
2015	181	-11.71	654.14	-2.33	600.28	14.52
2014	205	12.64	669.75	-18.84	524.16	15.42
2013	182	10.30	825.18	67.68	454.15	20.37
2012	165	5.10	492.13	64.32	377.30	22.92
2011	157	10.56	299.49	17.36	306.96	30.52

资料来源：赣州市商务局。

（四）深入推进农业农村改革

1. 扎实推进全国革命老区扶贫攻坚示范区建设

2016 年赣州市在全国率先推出健康扶贫“四道保障线”，实施产业扶贫“五个一”机制，创新推行“农业产业振兴信贷通”“城镇贫困群众脱贫解困 14 条”等精准帮扶措施。创新推出“防贫保”，变被动“治已贫”为主动“治未贫”，着力构建防止返贫长效机制，相关做法在江西省推广，得到中央领导批示并呈送中央政治局常委参阅，入选“中国改革 2021 年度地方全面深化改革典型案例”，中央政策研究室《简报》《综合研究》以及《新华每日电讯》《半月谈》等国家级刊物先后作了推介。打通消费扶贫节点持续巩固脱贫攻坚成果经验做法入选全国消费扶贫优秀典型案例。石城县创业致富带头人培育经验做法得到中央领导批示肯定。

2. 开展农业农村综合改革

赣州市创新乡镇管理体制，出台《关于加快推进乡镇经济发展的实施意见》，开展乡镇“一级财政”试点，发展活力不断激发。集成化推进农村集体产权制度、土地制度、经营制度“三改合一”改革，农业农村活力有效激发。房地一体宅基地和集体建设用地使用权登记经验在全国推广；大余县“智慧宅改”经验得到中央和省级层面肯定，江西省农村宅基地制度改革试点工作流动现场会在大余县召开。2021 年在江西省率先开展职业农民中级职称评审，首批 1 633 位职业农民获颁职称证书，着力培育高素质新型职业农民队伍。供销合作社综合改革成效明显，“互联网 + 第四方物流”等改革经验在全国推广。

3. 建立健全农村人居环境管护长效机制

赣州市启动实施乡镇建设三年行动、农村人居环境整治提升五年行动，统筹推进交通强国建设等全国试点，农村生活污水处理设施建成数及覆盖村庄数、省级森林乡村创建数均居江西省第 1 位，城乡环境综合整治获设区市综合考评第 1 名。安远县、寻乌县获评“四好农村路”全国示范县，上犹县、崇义县获评全国村庄整洁行动先进县，安远获批全国第二批城乡交通一体化示范创建县，定南“N2N”农业生态循环发展新模式在全国推广。深化“请客不收礼、节俭办宴席”移风易俗改革，积极培育文明乡风，相关经验做法获民政部肯定并在中央改革办《改革情况交流》刊发。赣南城乡，不仅增了“颜值”，而且提了“气质”。

（五）深入推进生态文明体制改革

1. 创新生态治理齐抓共管机制

赣州市建立领导干部生态环境损害终身追责机制，制订实施饮用水水源保护、水土保持等地方性法规。探索废弃矿山“三化”治理和山水林田湖草生命共同体建设，成功争取江西省唯一中央财政支持国土绿化试点示范项目，水土保持生态治理“赣州模式”在全国推广。空气质量稳定达到国家二级标准、重要水功能区水质达标率 100%。先后荣获国家森林城市、中国最具生态竞争力城市、全国首批创建生态文明典范城市等荣誉，良好生态成为老区人民“幸福不动产”“绿色提款机”。

2. 构建生态保护长效机制

赣州市率先在江西省建立环资审判、“检察蓝护卫生态绿”、生态综合执法等绿色制度，高标准建

2017 年，财政部、国土资源部、环境保护部印发通知批复赣州市纳入国家山水林田湖草生态保护修复试点，图为会昌县又见白鹭舞田间

成运行赣州市“生态云 + 双碳”大数据平台，全过程监管体系更加完善。在江西省率先将生态文明建设纳入市直绩效和县（市、区）综合考评“双重考核”，构建导向鲜明的绿色政绩考评体系。推进市内流域上下游横向生态保护补偿，全流域上下统一、齐抓共管水生态环境保护和修复的制度体系基本建立。

3. 持续打通“两山”转换通道

赣州市在江西省率先出台建立健全生态产品价值实现机制行动方案，多渠道探索生态产品价值实现路径。建立健全优质生态产品供给、生态产品价值核算评估、生态产业化和产业生态化、生态资源权益交易、绿色金融改革创新等机制；崇义县、全南县完成 2020 年生态产品总值（GEP）核算，2020 年分别为 644.65 亿元、387.23 亿元（按当年价格计算），分别约为当年 GDP 的 7.23、4.45 倍；江西省首笔碳排放权配额

崇义县挂牌成立全省首家湿地资源运营中心

质押融资业务落地赣州，上犹县、石城县、寻乌县入选首批省级生态价值实现机制示范基地，崇义县“三产”融合、完善民营林场培育做法分别入选全国“两山”实践模式与典型案例、全国林业改革发展典型案例；开创性建设“湿地银行”。截至2021年底，赣州市林权抵押贷款544.51万亩、贷款金额85.5亿元，发行绿色债券30亿元、绿色信贷余额突破200亿元。

（六）深入推进社会民生领域改革

1. 加快推进教育领域综合改革

赣州市加快建设部省共建赣州教育改革发展试验区，截至2021年底，赣州市累计新增学位27.1万个，义务教育超大班额全面消除，“双减”工作入选江西省“我为群众办实事”三十佳典型案例，校外学科类培训机构压减率江西省第一，义务教育学校课后服务实现全覆盖。赣州市第一所市属本科高校——赣南科技学院和全国唯一建在农村的大学——和君职业学院开办招生，填补其没有市属本科和民办高校空白。探索劳动育人改革，相关经验做法在中央政研室《综合研究》刊登推介。积极争创国家足球改革试验区，定南县获评全国青少年校园足球试点县，入围首批全国县域足球典型名单，被评为首批“全国县域足球典型”，“四个落实、三不脱离”足球发展模式获中央领导批示肯定。

定南县大力发展青少年校园足球，推动学校精神面貌和学生体质健康水平提升

2. 深入推进医疗卫生体制改革

赣州市在江西省率先全面推行“先诊疗、后付费”，上线全民健康信息平台和“看医生”掌上医疗平台，实现赣州市医疗卫生机构数据资源共享、检验检查结果互认。在江西省率先开展“驾照式”用药管理，彻底终结“以药养医”。赣州医改工作获国务院通报表彰，相关做法入选2020年中国改革年度典型案例。创新“全托管+一体化”模式，推动与南方医科大学南方医院、广东省人民医院共建国家区域医疗中心，老区人民在家门口就能享受到大城市的优质医疗服务，相关做法获国家卫生健康委肯定并在中央政策研究室内刊刊发。在江西省率先探索推进医保垂直管理体制改革，建立覆盖全民、城乡统筹、权责清晰、持续运行的多层次医疗保障体系，相关经验做法在中央政策研究室《综合研究》《改革内参》刊发并在全国推广。深入推进医保支付改革，DIP[①] 改革成效显著，被国家医疗保障局评为全国DIP改革12个示范城市之一。赣州医改工作得到国务院表彰激励。

① DIP即区域点数法总额预算和按病种分值付费。

3. 持续深化社会保障体制改革

赣州市实施更加积极的就业政策，招工激励、就业补贴、阶段性减免社保费等援企稳岗帮扶力度持续加大，南康支持农民工等人员返乡创业经验在全国推广，赣州市小微企业创业孵化基地获评“2021 中国创新创业成果交易会成果转化基地”。获批全国社会保障卡智慧城市“一卡通”应用示范城市，社保“一卡通”跨领域功能运用全面推行。深入推进居家和社区养老服务改革，农村互助养老服务设施覆盖 73% 的建制村，兴国县公办养老机构改革经验入选民政部、国家发展改革委“公办养老机构改革优秀案例”。探索推广“双向选择”“直通车”等军转安置新机制，赣州市蝉联全国双拥模范城殊荣，实现“四连冠”。

4. 扎实推进城市管理体制改革

赣州市促进章贡区、南康区、赣县区、赣州经济技术开发区、蓉江新区“五区一体化”加快发展，省域金融次中心和区域性商贸物流中心、文化旅游中心、教育中心、医疗养老中心、科研创新中心“六个区域性中心”加快建设，省域副中心城市建设进程加快。创新推行“路长制”，《赣州市文明行为促进条例》颁布施行，成功创建并蝉联全国文明城市，获评国家卫生城市，上榜中国十大“心仪之城”“中国地级市百强品牌城市”。

5. 稳步推进社会治理体制改革

赣州市扎实开展市域社会治理现代化试点，创新革命老区“红色文化 + 社会治理”新模式，深入实施“法律明白人”培养工程。“雪亮工程 + 社会心理服务”做法被《法制日报》评为全国十大创新案例，农村“并组设区”“负能量群体转化”等改革经验在中央政策研究室内刊推介，寻乌县“联村共治、法润乡风”经验写入最高人民法院工作报告，行政复议工作获司法部表彰。网上信访工作扎实开展，相关经验做法被列为全国先进典型，并在全国网上信访工作会议上做典型经验发言。连续七届获评“平安中国建设示范市”，连续五届夺得全国综治最高奖“长安杯”。

（七）纵深推进党的建设领域改革

赣州市在江西省率先探索形成意识形态“五个纳入[①]”考核体系，建立“每月学习日”制度，推行“3+X”学习模式，推动意识形态工作责任制落细落实，探索建立党委（党组）理论学习中心组巡听指导制度，党委中心组学习规范化、制度化、科学化做法获全国推广，寻乌县获评全国基层理论宣讲先进集体。在江西省率先整体完成县级社区管理体制改革，城市基层党建工作领导机制成为江西省示范，南芳律师事务所探索“党建促所建”做法得到中央改革办充分肯定。出台实施“人才新政 30 条”和 18 条补充措施，帮助企业更好引进人才、用好人才、留住人才。截至 2022 年 6 月底，柔性引进院士 66 人，引进培养国家重大人才工程入选者 91 人、其他高层次人才 2 279 人，创建国家级人才平台 49 个、省级人才平台 270 个。扎实推进市级巡察机构在上下联动中更好发挥作用全国试点，相关经验得到中央巡视办、省委主要领导肯定，建立县委书记履行巡察职责报告制度，探索授权县（市、区）党委对市属垂管单位党组织开展巡察，推动革命老区巡察高质量发展经验做法入选中央巡视办《工作经验汇编》。

① “五个纳入”制度即纳入党建工作责任制，纳入领导班子、领导干部目标管理，纳入高质量发展综合考评，纳入市直（驻市）单位绩效考核评价体系，纳入巡视监督检查范围。

二、经验启示

上述改革成效的取得，得益于赣州市委坚定不移以习近平总书记关于改革开放的系列重要论述为指导、坚决贯彻党中央全面深化改革工作部署，得益于国家有关部委的鼎力支持，以及江西省委、省政府的坚强领导，得益于赣州市上下同心协力、改革攻坚。2012 年 12 月 31 日，习近平总书记在主持十八届中央政治局第二次集体学习时指出，改革开放是前无古人的崭新事业，必须坚持正确的方法论，在不断实践探索中推进。十年振兴发展，赣州市弘扬敢为人先的改革精神，大力实施深化改革开放攻坚行动，赣南成为“老区中的特区”，一些制约发展的瓶颈问题得以加快解决，一批长期想改的重点事项取得突破，创新创业的环境大踏步接轨先进地区，得到越来越多客商的青睐，正加速成为开放高地、创业之州。累计获批国家级以上试点示范事项 124 个，成为国家部委改革创新的“试验田”，创造一批可复制推广的“赣州经验”；以“大湾区能做的，我们也要能做到”为目标，实施营商环境优化升级“一号改革工程”，“干就赣好”品牌更加响亮；赣州国际陆港“无中生有”、爆发式发展，实现国际贸易“起运港”“目的港”功能，与深圳盐田港首创“跨省、跨关区、跨陆海港”通关新模式，中欧（亚）班列开行量进入全国内陆港“第一方阵”，入选国家多式联运示范工程。经过近十年的探索实践，赣州市对深化改革开放的规律性认识不断深化，为赣州持续深化改革、扩大开放提供了工作指引。概括起来，主要有以下几点经验启示。

（一）用好国家赋予的先行先试权，着力打造新时代改革创新试验田

赣州市先后争取开展国家紧密型县域医共体建设、交通运输高质量发展等 140 余项国家级示范试点。中国科学院赣江创新研究院挂牌运行、中国稀土集团总部落户，“互联网 + 第四方物流”、公立医院综合改革试点等一批试点创新走在全国前列，赣州市正成为“老区中的特区”。

案例 1

赣州市大力推进“互联网 + 第四方物流”供销集配体系建设

为加快县域商贸体系建设，更好满足农村生产生活和消费升级需求，赣州市大力推进“互联网 + 第四方物流”供销集配体系建设，牵头建立第四方集配中心，整合区域内农特产品、日用消费品、农资、物流快递等企业仓储配送资源，按照供销集配体系“六统一”[①] 抱团发展模式，推进第四方物流产业规范发展，形成赣州市统一有序的第四方物流布局，实现了物流运营成本下降、快递价格下调、快递送达时效缩短，有效解决了区域内物流企业各自为战、重复投入大、运营成本高、服务质量差的问题和农村物流“最后一公里”配送难、配送慢、配送贵的问题，为广大农民群众提供了高效便捷、舒心暖心的物流服务。

① “六统一”即“统一形象、统一经营、统一核算、统一仓储、统一分拣、统一配送”。

（二）大力实施营商环境优化升级“一号改革工程”，着力建设对接融入粤港澳大湾区桥头堡

赣州市在全省率先组建市县两级行政审批局，推行“市县同权”、“全产业一链办”、惠企政策“免申即享、即申即享”等改革；争取到与深圳对口合作，“无中生有”建设赣州国际陆港、赣深组合港，着力打造比肩大湾区的营商环境，格力、吉利、富士康等知名企业接连落户，上市公司从 3 家增至 16 家，形成 4 个千亿元级产业集群、5 家营收过百亿元企业。

案例 2

赣州市推进“市县同权”改革

2017 年，为深入实施营商环境优化升级“一号改革工程”，赣州市探索推进“市县同权”改革，按照“能放则放、权责一致、重心下移、减少层级”的原则，在江西省率先将 118 个市级审批权限下沉至县（市、区），推动赣州市一体化集成审批，推进“市县同权”“市县同办”；建立市县联动审批机制，在各个县级政务大厅设立“市县同权”窗口；建成“市县同权”联动审批平台，实现项目审批全流程线上闭环管理，有效解决企业群众“市县往返跑”问题，降低制度性成本。对标大湾区逐个事项优化提升，进一步减材料、减环节、减时限，标准化编制赣州市统一的办事指南，明确行政审批和行业监管的职责边界，建立审批与监管“双推送”“双回路”机制，实现赣州市同一事项同一标准办理。

案例 3

赣州市“无中生有”打造赣州国际陆港

为改变赣州市不沿边、不靠海的内陆劣势，以破解木材“用料难、用料贵”为突破口，“无中生有”建成运营全国第 8 个内陆开放口岸——赣州国际陆港，推动赣南老区历史性步入“口岸时代”。“打开千山通世界”，常态化运行 20 多条中欧、中亚、铁海联运“三同”班列，覆盖中亚五国和欧洲 22 个国家 150 多个城市，开行班列突破 6 000 列。先后获批汽车整车、进口肉类、进境木材指定口岸，港口从最初木材进口、家具出口的单一通道，发展成为集外贸、物流、仓储、金融等多元口岸经济为一体的综合性开放口岸，逐步成为综合性物流港、枢纽港、贸易港，探索出了一条内陆地区发展开放型经济可复制、可推广的路子。

（三）构建更加有效的区域协调发展机制，着力增强省域副中心城市辐射力

扎实推进国家级普惠金融改革试验区、部省共建教育改革发展试验区、商贸服务型国家物流枢纽建设，与南方科技大学南方医院、广东省人民医院共建国家区域医疗中心，大力建设省域金融次中

心和区域性商贸物流、教育、医疗养老等“六个中心”。深化中心城区财税、城管等体制改革，加快“五区一体化”联动发展，全市城镇化率达 56.4%、十年提升 17 个百分点，获评全国文明城市、国家卫生城市。

案例 4

上犹县“数字 + 信用”普惠金融改革

上犹县以普惠金融改革试验区建设为契机，围绕金融信用体系建设开展探索，先后建立企业、个人信用信息数据库，有效破解信用信息分散、银企信息不对称两大症结难题。在国家级支付平台“云闪付”上开发打造“上犹智慧金融”综合信息服务平台，通过嵌入信息查询、融资对接、数据填报和信用评价等主要功能，搭建起了政府、银行、企业（个人）三方信息对接共享的“线上桥梁”，实现金融信贷业务线上无缝对接，初步形成一套可复制和推广的“党建 + 信用体系 + 支付体系”普惠金融发展模式。

（四）拓宽“两山”转化通道，着力打造美丽江西建设样板区

统筹抓好山水林田湖草生态保护修复、水土保持改革试验区、东江流域上下游横向生态补偿等试点，深化国家森林公园、重点景区管理体制改革，创新生态产品价值核算评估、生态资源权益交易等生态产品价值实现机制，集体林权综合改革走在全国前列，获评全国首批创建生态文明典范城市。

案例 5

崇义县开展绿色金融改革

2021 年崇义县在赣州市率先制定了县级绿色金融标准体系，印发《崇义县绿色企业认定方法》《崇义县绿色项目认定方法》，搭建绿色金融平台，设立“生态支行”，成立赣州市首家绿色专营支行，争取信贷额度 20 亿元。完善绿色金融产品，创新林权抵押担保贷款，设立“绿色产业融合信贷通”，分别设立 5 000 万元的林权收储保证金和风险保证金，该县绿色贷款余额 17.81 亿元。

（五）始终坚持以人民为中心的改革价值取向，着力提升赣南老区全面小康含金量

创新实施产业扶贫“五个一”机制、健康扶贫“四道保障线”、“精准防贫保险”，交出脱贫攻坚优异答卷。集成化推进农村“三改合一”，在全省率先开展职业农民评审改革，“请客不收礼、节俭办宴席”移风易俗改革经验在全省推广。不断健全就业、养老等社会保障体系，在全省率先实现医保部

门市以下垂直管理，扎实开展全国市域社会治理现代化试点，连续七届获评“平安中国建设示范市”，连续五届夺得“长安杯”。

案例 6

赣州市率先推出精准防贫保险构建防止返贫长效机制

2019 年，赣州市按照政府引导、市场化运作原则，在全国率先推出精准防贫保险，探索构建变被动“治已贫”为主动“治未贫”的长效机制。通过政府出资、市场运作，将商业保险机制引入政府防返贫致贫工作中，有效防范因病、因学、因灾、因赔偿责任、因生产资料损失等因素导致的致贫返贫风险，有效巩固脱贫攻坚成果，筑牢了防返贫“保护墙”。截至 2022 年 7 月底，精准防返贫责任保险已覆盖赣州市 18 个县（市、区），服务覆盖 109.15 万人次，有效防止 3 000 余户家庭返贫致贫。

三、展望

改革开放永远在路上。下一步，赣州市将坚决贯彻中央、省委全面深化改革工作部署，持续深入学习习近平总书记关于改革开放的重要论述，坚定落实习近平总书记视察江西和赣州重要讲话精神，聚焦“作示范、勇争先”的目标定位，对照江西省委对赣州市提出的“六个第一等”工作要求，结合实施“三大战略、八大行动”，坚持把改革开放作为决定赣州市未来的“关键一招”，将改革开放贯穿全过程，要坚持向改革要动力，向开放要活力，推进更高水平对外开放合作，构建内陆双向开放新高地，为加快建设赣州革命老区高质量发展示范区提供强大的改革动力。

（一）推进改革走深走实

紧紧扭住构建新发展格局目标任务，聚焦赣州市经济社会发展过程中面临的体制机制梗阻和痛点难点堵点，更加精准地出台改革方案、改革举措，多进行有利于增添经济发展动力、有利于促进社会公平正义、有利于增强人民群众获得感、有利于调动广大干部群众积极性的改革，推动改革向更深层次挺进，使改革更好对接发展所需、基层所盼、民心所向。

（二）坚定不移扩大开放

坚持以改革促开放，以开放促改革，抢抓深圳—赣州对口合作上升为国家战略的有利契机，按照党中央、国务院决策部署，认真落实革命老区重点城市对口合作重点任务，推动新时代赣南等原中央苏区振兴发展战略与粤港澳大湾区建设、深圳中国特色社会主义先行示范区建设等战略协同互促发展，坚持以改革创新为动力，以开放合作增活力，促进两市在经济社会方面开展全面战略合作，推动双方比较优势转化为经济优势和发展优势，着力打造“特区 + 老区”跨省区域合作的全国典范。

（三）持续开展改革创新试验田

用足用好《国务院关于新时代支持革命老区振兴发展的意见》《革命老区重点城市对口合作工作方案》等支持政策，创造性地落实好改革试点任务，发挥试点项目的示范引领作用，提升改革试点的综合效应，在政策和人财物等方面对重大试点示范项目予以集成支持，全力打造改革创新试验田、先行区。

（四）营造比肩大湾区的营商环境

按照“大湾区能做的，我们也要能做到”的要求，变“老区思维”为“湾区思维”，实施优化营商环境“一号工程”，打响“干就赣好”品牌，打造“四最”营商环境。深化“五型”政府建设，加大“放管服”改革力度，推进审批流程再造、“一网通办”数字化改革、“全产业一链办”改革，推动更多高频事项“跨省通办”“省内通办”。推进国际贸易“单一窗口”建设，强化与沿海地区口岸通关合作，提升口岸通关效率。规范涉企行政执法，完善营商环境监督机制，开展“小鬼难缠”“中梗阻”问题专项治理，构建亲清政商关系，做到无事不受扰、办事不求人。

（五）全面深化农业农村改革

围绕强化“钱、地、人”等要素的供给，深化农业农村“三改合一”试点，抓住关键环节，推动农业农村改革走深走实，激活农村资源要素、激发乡村发展新动能。统筹整合“股改”“土改”和农业“新主体”改革，深入推进农业农村“三改合一”改革，探索推动农业农村高质量改革发展的有效办法，重点破解农业农村改革发展瓶颈难题，激发农业农村发展活力。审慎推进深化农村宅基地制度改革试点，积极探索落实宅基地集体所有权、保障宅基地农户资格权和农民房屋财产权、适度放活宅基地和农民房屋使用权的具体路径和办法。允许通过自营、出租、入股、合作等多种方式，盘活利用农村闲置宅基地和闲置住宅发展乡村产业。全面摸清宅基地底数，做好房地一体的宅基地确权登记颁证，提升宅基地管理水平。健全村党组织领导、法人治理、经营运行、收益分配、监督管理等工作机制，畅通整合资金、统筹利用好现有扶持政策，盘活农村集体经济组织各类资源，多途径发展壮大集体经济，探索村级集体经济发展新模式，支持农村集体经济组织发展服务经济。

（六）深化生态文明体制改革

全面实施国土空间监测预警和绩效考核机制，严格执行“三线一单”生态环境分区管控要求。强化领导干部自然资源资产离任审计、生态环境损害赔偿、生态环保执纪问责，打造河长制、湖长制、林长制升级版。压实企业环境治理责任，建立企业排污黑名单制度，推进固定污染源排污许可全覆盖。深化生态环境保护综合执法改革，落实环保督察制度，健全完善环保领域法规政策，保持打击环境违法的高压态势，坚决让破坏生态环境者付出沉重代价。

（七）深化人才和科技体制改革

出台更有吸引力、竞争力的人才政策，实施“苏区之光”“赣才回归”等人才计划，探索“周末工程师”等柔性引才机制，以及高校、科研院所人才引培共享机制，创设特色产业“博士后工作站”，建设青年和人才友好型城市。优化高等教育和职业教育专业学科设置，开展职业技能培训，积极培养本土人才和“赣州工匠”。坚持事业留人、感情留人、环境留人，完善人才管理、评价、流动、激励机制，营造崇尚创新、宽容失败的良好氛围，让各类人才创新有平台、发展有机遇、梦想能成真。

06 赣南苏区生态文明建设报告

摘要： 十年振兴发展，赣州市牢记习近平总书记的殷殷嘱托，坚持在保护中发展、在发展中保护，增强可持续发展能力，协同推进经济高质量发展和生态环境高水平保护，绿色发展之路越走越宽，创造了山水林田湖草生命共同体建设“赣州经验”，交出了“典型模式多、生态环境优、绿色动力强、惠民红利实”的靓丽成绩单。展望未来，赣州市将深入践行习近平生态文明思想，牢固树立绿水青山就是金山银山理念，以建设国家生态文明试验区为指引，纵深推进生态文明建设，着力打造美丽中国“赣州样板”，建设生态文明建设典范区和革命老区美丽中国示范区。

关键词： 赣南苏区　生态文明建设　振兴发展

赣南是我国南方地区重要的生态屏障，是长江水系赣江，珠江水系东江、北江的源头区，生态地位十分重要。《国务院关于支持赣南等原中央苏区振兴发展的若干意见》出台实施十周年以来，赣州市牢固树立和践行绿水青山就是金山银山的理念，以建设国家生态文明试验区为指引，着力提升森林质量，全力守护蓝天碧水净土，注重生态环境修复，获评“全国首批生态文明典范城市”“中国绿色发展优秀城市”“中国最具生态竞争力城市”，我国南方地区重要生态屏障日益巩固，为赣州市建设革命老区高质量发展示范区贡献绿色生态力量。

一、主要成效

赣州市全面推进“美丽赣州”建设，坚决打好污染防治攻坚战，加快形成绿色生产方式和生活方式，着力解决突出生态环境问题，推动生态环境质量稳中向好，赣南大地山更绿了、水更清了、空气更清新了，赣南人民群众源自生态环境的获得感、幸福感、安全感不断增强。

（一）环境质量全面改善

“良好生态环境是最普惠的民生福祉。”赣州市持续深入推进蓝天、碧水、净土保卫战，2021 年市中心城区 $PM_{2.5}$ 平均浓度为 23 微克 / 立方米，相比 2016 年（45 微克 / 立方米）下降 48.9%；优良天数比例 99.5%（全国地级及以上城市为 87%），相比 2016 年上升 11.5 个百分点，具体情况如表 6–1 所示。

自 2016 年以来，赣州市 13 个地表水国家考核断面水质优良率稳定保持在 100%（全国平均值为 83.4%）；22 个地表水省级考核断面水质优良率为 100%，相比 2016 年上升 4.55 个百分点；国控、省

表 6-1　2016—2021 年赣州市中心城区环境空气质量主要指标情况

年份	$PM_{2.5}$（微克 / 立方米）	PM_{10}（微克 / 立方米）	空气质量优良天数比例（%）
2016	45	68	88.0
2017	44	67	88.8
2018	36	58	92.1
2019	29	51	91.2
2020	26	43	96.7
2021	23	45	99.5

资料来源：根据赣州市生态环境局统计整理得到。

注：表中 PM_{10} 为可吸入颗粒物。

控、市控、县界断面已消灭Ⅴ类及劣Ⅴ类水；受污染耕地安全利用率达 97.93% 以上，污染地块安全利用率达 100%。赣江干流赣州段 4 个断面全部达到Ⅱ类，赣州市 26 个地表水国家考核断面水质优良率为 96.2%，达到国家考核目标（96.2%）；73 个地表水省级考核断面水质优良率为 98.6%，优于省级考核目标（95.89%）2.71 个百分点，如表 6-2 所示。

表 6-2　2011—2021 年赣州市河流国考、省考断面水质优良率情况

单位：%

年份	国考断面水质优良率	省考断面水质优良率
2011	100.00	100.00
2012	100.00	95.60
2013	100.00	95.60
2014	100.00	95.60
2015	100.00	100.00
2016	100.00	93.60
2017	100.00	93.60
2018	100.00	95.20
2019	100.00	96.80
2020	100.00	96.80
2021	96.20	98.60

资料来源：根据赣州市生态环境局统计整理得到。

（二）生态创建全面提速

赣州市扎实开展生态创建工作，特别是推动创建国家生态文明建设示范区和国家“绿水青山就是金山银山”实践创新基地，积极构建人与自然和谐发展现代化建设新格局。2018 年以来赣州市生态创建全

全南县天龙山

赣州阳明湖国家森林公园

面提速，创建国家级生态文明建设示范县 3 个、国家“绿水青山就是金山银山”实践创新基地 1 个、省级“绿水青山就是金山银山”实践创新基地 3 个，省级生态县 6 个。截至 2022 年 8 月底，累计创建国家级生态乡镇 11 个、国家级生态村 1 个、省级生态乡镇 115 个、省级生态村 161 个，市级生态村 1 554 个，生态创建数量、比例均位居江西省前列。

自然保护地体系建设稳步推进，现有省级以上自然保护区 11 处、湿地公园 21 处、森林公园 31 处、风景名胜区 9 处、地质公园 4 处，兴国潋江列入国家重要湿地，为江西省两个国家重要湿地之一，如表 1-14 所示。

定南县九曲河湿地公园

（三）能力建设不断完善

赣州市以提升生态环境质量为核心，以解决人民群众反映的突出环境问题为重点，加快补齐生态环保基础设施短板。截至 2021 年 12 月底，统筹资金 141 亿元，实施两轮生态环保基础设施建设三年行动计划。赣州市推进污水管网和污泥处置建设，赣州市 21 座城镇生活污水处理厂完成一级 A 提标改造，19 个开发区建成污水处理厂，“十三五”时期累计新建改造污水管网 1 619 公里，中心城区及安远等 12 个县（市）完成城市生活污泥无害化处理和资源化利用工程，污水处理厂生活污泥实现全收集、全处理。赣州市餐厨废弃物资源化利用和无害化处理项目建成并通过国家试点城市验收；完成信丰工业固体废物处置中心项目和会昌红狮环保科技有限公司危险废物协同处置项目，固废收运和管理水平稳步提升；建成危险废物处置中心、医疗废弃物处置中心，赣州市危险废物处置能力达到 15 万吨 / 年以上；1 479 个行政村建有污水处理设施或进行纳管处理，列全省第一；市本级及县级环境质量监测体系不断完善并向乡镇基层延伸，赣州市已建成水质自动监测站 69 个，对河流断面中的氨氮、高锰酸盐指数、总氮、总磷、五参数（水温、pH、溶解氧、电导率和浊度），以及湖库断面中叶绿素a和藻密度指标进行实时监测；建成环境空气自动监测站53个。对环境空气中二氧化硫、二氧化氮、PM_{10}、$PM_{2.5}$、一氧化碳、臭氧等指标进行实时监测，如表6-3所示；各级自动监测站点监测数据与相应级别管理平台联网，数据实时传输，充分发挥监测数据预警作用。

表6-3　2016—2020年赣州市中心城区环境空气六项主要污染物变化情况

年份	PM_{10}（微克/立方米）	$PM_{2.5}$（微克/立方米）	二氧化硫（微克/立方米）	二氧化氮（微克/立方米）	臭氧（微克/立方米）	一氧化碳（毫克/立方米）	环境空气质量评价	优良率（%）
2016	68	45	26	24	128	1.8	超二级	85.8
2017	72	46	25	26	148	1.8	超二级	88.0
2018	58	36	16	23	140	1.8	超二级	92.1
2019	51	29	12	22	156	1.8	二级	91.2
2020	43	26	11	17	144	1.3	二级	96.7
2021	45	23	9	19	123	1.2	二级	99.5

资料来源：由赣州市生态环境局统计整理得到。

注：1. 表中数据执行《环境空气质量标准》（GB 3095—2012）和空气质量指数技术规定，监测项目为二氧化硫、二氧化氮、一氧化碳、臭氧、PM_{10}、$PM_{2.5}$六项；
2. 2016年、2017年优良率为转换后的实况数据重新计算，与当年度官方发布数据略有差异。

（四）生态屏障持续筑牢

东江流域上下游横向生态补偿、全国首批山水林田湖草生态保护和修复、农村环境综合整治、东江流域国土江河综合整治、重金属污染综合防治、陡水湖良好湖泊生态保护、国家“无废城市”建设、全国首批国土绿化试点示范项目和赣江源区生态综合治理项目等一大批先行先试重点项目在赣州

安远县三百山东江源

市落地见效，充分发挥了环境保护优化经济发展的综合作用，为经济社会高质量发展提供有力支撑。生态环境部、财政部、国家发展改革委支持赣州市优势产业发展，推进赣州市建设区域性固体废物处置中心，推动钨冶炼固体废物的妥善处理处置和豁免管理。十年间，赣州市累计财政投入生态环境保护资金 409.87 亿元，累计向上争取生态环境保护资金 310.80 亿元（见表 6–4），尤其是在生态环境部、财政部的直接推动下，江西、广东两省签订了两轮东江流域上下游横向生态补偿协议。

表 6–4　2011—2021 年赣州市生态环保投入及争取上级资金情况　　单位：亿元

年份	争取上级资金	生态环保投入
2011	11.38	12.60
2012	18.71	17.95
2013	19.16	20.45
2014	23.03	23.79
2015	13.73	31.58
2016	28.90	36.10
2017	52.51	57.38
2018	39.76	46.84
2019	38.76	54.04
2020	38.85	60.04
2021	37.39	61.70
2012—2021	310.80	409.87

资料来源：由赣州市财政局统计整理得到。

赣州市成为全国首批 4 个山水林田湖草生态保护和修复试点地区之一，获得中央基础奖补资金 20 亿元，是赣州市有史以来获得单笔金额最大的生态治理项目，倾斜支持赣州市农村环境综合整治资金 17.3 亿元，有力推动了赣州市生态文明建设和生态环境保护工作。创新投融资模式，赣州市积极推进生态环保领域运用 PPP（政府与社会资本合作）模式，吸引民间资本积极参与该领域内项目建设、投资和运营，十年间共有 35 个生态环保类 PPP 项目纳入财政部 PPP 项目管理库，总投资 248.15 亿元。争取发行生态环保专项债用于城镇污水治理、垃圾处理项目 28 个，发行额 16.49 亿元。成功获批亚洲开发银行 2 亿美元优惠贷款实施乡村振兴环境综合治理项目，贷款期限 25 年，项目总投资 30.19 亿元人民币，重点支持赣州市环境管理机构能力建设、探索绿色发展机制试点、提升农村垃圾和环境卫生管理、完善水土保持措施等四大类 53 个子项目建设。

坚持山水林田湖草系统治理，守住自然生态安全边界，赣州市自然生态系统质量和稳定性持续提高，投入 130.9 亿元实施山水林田湖草生态保护修复试点项目 52 个，治理废弃稀土矿山 92.78 平方公里，近半个世纪的历史遗留问题得到有效解决。创新崩岗水土流失治理“赣南模式”，累计治理崩岗 4 774 座（处），治理水土流失面积 6 336 平方公里，赣州市获评国家级水土保持示范县（园区、工程）9 个，居全国设区市第 1。水土保持“赣南模式”在全国推广，并列为全国水土保持改革试验区；大力推进森林质量精准提升，切实加强森林资源保护，先后实施一批国家、省林业重点生态修复项目，赣州市活立木蓄积量由 1.19 亿立方米增长到 2.09 亿立方米，增长 75.6%。森林覆盖率稳定在 76.23% 以上（见表 6–5），保持全省第 1、全国设区市前 10，赣州市先后获评国家森林城市、国家卫生城市、

国家山水林田湖草生态保护修复“寻乌经验”：寻乌县文峰乡柯树塘矿山修复前后对比

表 6–5　2011—2021 年部分年份赣州市活立木、乔木林单位蓄积量及森林覆盖率情况

年份	活立木蓄积量（亿立方米）	乔木林单位蓄积量（立方米 / 亩）	森林覆盖率（%）
2011	1.19	2.93	76.20
2014	1.24	3.17	76.23
2016	1.35	3.47	76.23
2017	1.39	3.61	76.23
2019	2.01	5.25	76.23
2021	2.09	5.48	76.23

资料来源：由赣州市林业局统计整理得到。

中国最具生态竞争力城市、中国优秀旅游城市等一批“国字号”荣誉。

（五）农村环境不断改善

从“清脏”向“治乱”拓展，下大力气推进村庄清洁行动，对农村路面、水面、立面，房前屋后、家里村里开展全面系统整治。聚焦垃圾治理，建成乡镇垃圾中转站 229 个，在乡村地区按需配置垃圾收集桶、清运车，不断完善“户分类、村收集、乡转运、区域处理”城乡一体化生活垃圾转运处理体系，14 个县（区）实行城乡环卫一体化第三方治理，其他县（市、区）基本上也实行了以一个或数个乡镇为单位的第三方治理模式，所有自然村组实现保洁全覆盖，生活垃圾基本实现日产日清。聚焦污水治理，开展农村黑臭水体排查，采取控源截留、清淤疏浚等措施，全面清理污水沟、臭水塘。采用高负荷地下渗滤复合技术、人工湿地、氧化塘、无动力净化装置等处理技术，梯次建成 1 688 个农村污水处理设施，1 204 个村的生活污水得到处理，服务 42.1 万户、164.8 万人，建成的污水处理设施及覆盖村庄数量均居全省第 1 位，具体情况如表 6–6 所示。

表 6–6　赣州市农村生活污水处理设施情况

县（市、区）	设施覆盖行政村数量（个）	建有设施的行政村数量（个）	设施数量（座）	将污水接入城镇 / 其他污水处理设施的村庄数量（个）
瑞金市	222	207	254	15
全南县	69	48	133	21

续表 6-6

县（市、区）	设施覆盖行政村数量（个）	建有设施的行政村数量（个）	设施数量（座）	将污水接入城镇 / 其他污水处理设施的村庄数量（个）
章贡区	38	38	40	0
石城县	89	57	85	32
赣州经济技术开发区	26	4	4	22
崇义县	77	63	99	14
上犹县	91	91	189	0
蓉江新区	14	4	14	10
定南县	57	50	57	7
赣县区	115	97	131	18
龙南市	48	42	47	6
寻乌县	63	39	62	24
大余县	30	16	16	14
安远县	36	20	21	16
信丰县	143	123	143	20
会昌县	49	43	112	6
兴国县	107	89	98	18
于都县	103	103	109	0
南康区	26	5	6	21
宁都县	76	65	68	11
合计	1 479	1 204	1 688	275

资料来源：由赣州市生态环境局统计整理得到。

坚持改革创新，完善标准体系，强化管护机制，激发县（市、区）创造活力，形成了一批典型经验案例。一是形成了市场运作的“石城经验”。2020 年以来，采取政府与社会资本合作方式，投入 1.8 亿元资金对农村污水处理设施实行统一建设和运维，解决各自为战、进度不一问题，“石城经验”得到生态环境部充分肯定并在全国推广。二是破解了运维难题的“瑞金模式”。瑞金市在全省率先实现农村污水处理全覆盖，2021—2022 年投入 572 万元聘请专业运维公司统一运行，设施正常运行率高达 95%，实现了“连片治理”到“全域治理”的可喜转变。三是彰显了智慧环保的“定南特色”。定南县践行智慧环保理念，以光伏发电配合低能耗设备，并在污水处理设施上方建设集文体休闲、环保宣教于一体的环保主题公园，在实现低成本运行的同时创造了人与自然和谐共生的美好环境。聚焦“厕所革命”，结合脱贫攻坚大力普及水冲厕，对新建房或仍有农户居住的土坯房进行无害化卫生厕所建设或改造。同时，强化农业面源污染治理，农药、化肥使用量实现负增长，2020 年赣州市畜禽粪污综合利用率、农作物秸秆综合利用率分别达 97.67%、96.98%，具体情况如表 6-7 所示。

表 6-7　2015—2021 年赣州市农村环境改善情况

年份	畜禽粪污产生量（万吨）	畜禽粪污资源化利用量（万吨）	畜禽粪污综合利用率（%）	农作物秸秆综合利用率（%）	农药使用量（吨）	化肥使用量（万吨）
2015	—	—	—	—	15 444	24
2016	—	—	—	—	15 138	24

续表 6-7

年份	畜禽粪污产生量（万吨）	畜禽粪污资源化利用量（万吨）	畜禽粪污综合利用率（%）	农作物秸秆综合利用率（%）	农药使用量（吨）	化肥使用量（万吨）
2017	—	—	—	—	14 659	23
2018	1 585.05	1 408.3	88.85	92.89	10 065	18
2019	1 543.96	1 469.0	95.15	96.38	8 272	17
2020	1 250.62	1 221.5	97.67	96.98	7 599	15
2021	1 250.99	1 221.9	97.67	95.48	—	—

资料来源：由赣州市农业农村局统计整理得到。

（六）生态资源保护成效显著

截至 2021 年 12 月底，赣州市已有生态公益林 1 507.59 万亩、天保林（纳入停伐管护协议范围的天然林）940.39 万亩，公益林和天保林占赣州市林地面积的 53%。赣州市不断推进林业生态项目建设，加快培育森林资源，增强森林生态系统功能。2014 年在全省率先探索启动低质低效林改造试点工作。截至 2021 年末，赣州市累计完成低质低效林改造 531 万余亩。据统计测算，赣州市低质低效林改造项目产生的生态系统服务价值量达到 115.95 亿元。

对赣江、东江源头及饮用水源地，大力营造水源涵养林、水土保持林，筑牢生态廊道；对松材线虫病疫情发生区、高危区的马尾松林，通过补植乡土阔叶树，降低松林比例，减少疫情发生。赣州市坚持城乡造林绿化一体化，同步推进长江（珠江）防护林、退化林修复、退耕还林、木材储备林等一系列林业重点生态工程建设，截至 2021 年末，累计完成国家重点防护林项目建设面积 294.8 万亩。2018—2021 年新增国家森林乡村 88 个，省级森林乡村 313 个，省级乡村森林公园 40 个，详见表 6-8。

表 6-8　2018—2021 年省级森林乡村及公园创建情况

年份	省级森林乡村创建个数（个）	省级乡村森林公园创建个数（个）
2018	—	4
2019	88	11
2020	122	15
2021	103	10
合计	313	40

资料来源：由赣州市林业局统计整理得到。

安远县城南高速出口处低质低效林改造前后

全力做好生物多样性保护工作，规划实施生物多样性保护战略行动计划，落实长江流域重点水域十年禁捕。开展自然保护地强化监督工作，加大对自然保护地生态破坏问题监督的力度，坚决制止和惩处破坏生态环境行为，着力提高生态系统自我修复能力和生态承载力。开展生物多样性进校园、入户宣传等形式多样的生物多样性保护宣传教育活动，综合运用电视、网络等宣传媒体、广告牌等宣传阵地，结合“5.22”生物多样性日、世界环境日、“爱鸟周”、“野生动植物日”、“保护野生动物宣传月”等主题宣传日，多方面宣传生物多样性保护知识，广泛宣传《生物多样性公约》、自然生态保护等内容，切实提高广大市民保护生物多样性的意识，形成自觉保护生物多样性的良好氛围。截至 2021 年 12 月底，赣州市共有自然保护地 115 个，其中自然保护区 51 个、湿地公园 20 个、森林公园 31 个、地质公园 4 个、风景名胜区 9 个。

（七）污染减排任务全面完成

2016 年赣州市化解钢铁过剩产能 200 万吨，提前完成省下达“十三五”目标任务。全市 34 座煤矿 167 万吨煤炭产能全部退出，彻底退出煤炭生产领域，圆满完成“十三五”化解煤炭过剩产能目标任务。高耗能行业增速回落较明显。全市 10 蒸吨 / 小时及以下燃煤锅炉全部淘汰。完成工业炉窑治理项目 20 个，燃煤机组超低排放改造项目 2 个；共整治完成 500 家砖瓦窑企业、14 家独立水泥粉磨站、71 家预拌混凝土搅拌站；2017 年已全面完成黄标车淘汰任务，淘汰营运老旧车 186 203 台，备案登记非道路移动机械 15 619 台。化学需氧量（COD）、氨氮（NH_3–N）、二氧化硫、氮氧化物排放总量均控制在省下达目标任务内。截至 2020 年 12 月底，赣州市共推动赣州方泰锡业有限公司等 20 家企业实施了 22 个重金属减排项目，重金属削减量 4 066.8 千克，重金属综合减排率为 12.22%，完成了“十三五”重金属污染减排目标任务。“十三五”完成国家、省下达的水主要污染物（COD 和 NH_3–N）总量减排任务，即 COD 较 2015 年削减 4.3%，约 5 872.5 吨；NH_3–N 较 2015 年削减 3.8%，约 711.7 吨。2021 年作为“十四五”开局之年，超额完成省下达目标任务，COD 削减 2 484.66 吨（超任务数 466.66 吨）；NH_3–N 削减 363.55 吨（超任务数 232.55 吨）。

二、经验做法与特色

（一）坚持制度为基，打好体制改革“组合拳”

1. 建立“齐抓共管”推进体系

赣州市成立由党政主要领导任“双组长”的生态文明建设和推动长江经济带建设领导小组，每年度召开领导小组会议和推进会议，专题研究推进重大事项，连续 5 年由赣州市人大审议市政府关于生态文明试验区建设情况报告，形成了党委政府高位谋划、各地各部门具体落实、人大代表和政协委员共同监督的齐抓共管大格局。

2. 完善“过程严管”监督体系

赣州市出台饮用水水源保护、水土保持、城市管理、文明行为促进条例等地方性法规，推动生态文明建设步入法治轨道。率先在全省建立环资审判、“检察蓝”护卫“生态绿”、生态综合执法等制度，严格实施市县乡村组五级“林长制”和市县乡村四级“河湖长”、“三线一单”生态环境分区管控，高标准建设赣州市“生态云+双碳”大数据平台，全过程监管体系更加完善。

3. 健全“后果严惩”责任体系

赣州市深入实施生态环保工作责任制、责任清单和环保监督执法正面清单，常态化开展领导干部自然资源资产离任审计。在全省率先将生态文明建设纳入市直绩效和县（市、区）综合考评“双重考核”，构建导向鲜明的绿色政绩考评体系。建立了环境损害约谈问责、一票否决、终身追究“责任链条”，生态文明责任体系进一步压实。

（二）坚持保护为先，织密南方屏障“保护网”

1. 矿山修复创新“三治同步”

针对稀土开采造成的矿山环境破坏、水土流失以及水体污染等环境问题，实践探索废弃稀土矿山治理山上山下同治、地上地下同治、流域上下游同治的“三同治”模式，采取种树、植草，固土、定沙，洁水、净流等生态和工程措施，34.1 平方公里废弃矿区变为绿水青山。

2. 崩岗治理推行“三型共治”

针对不同区域、不同类型的崩岗水土流失问题，按照宜草则草、宜果则果、宜游则游的治理原则，因地制宜采用“生态修复型、生态开发型、生态旅游型”三种方式推进崩岗治理，实现“叫崩岗长青树、让沙丘变绿洲”，赣州市列入全国水土保持高质量发展示范先行区。

3. 流域治理开辟“三化模式”

针对溪流湖泊修复、农村生活污水处理、稀土尾水治理等难题，按照小流域分区治理思路，采取生态化“疏河理水”、多元化“治污洁水”、生物化“消劣净水”，做好“保水护水”文章。农村生活污水治理“石城经验”广泛推广，生物处理工艺、双级渗滤耦合技术攻克了稀土尾水治理难题。

（三）坚持发展为要，下好绿色转型“先手棋”

1. 产业低碳化转型

赣州市开展传统产业优化升级。截至 2021 年 12 月底，有序退出 6 家钢铁企业，陆续关停 128 家高耗能企业，节约能耗 16 万吨标煤以上；实施绿色低碳循环化改造，获批国家级绿色园区 4 个、绿色工厂 11 家、绿色设计产品 4 个，争取长江经济带绿色发展专项项目 8 个，获中央预算内资金 5.45 亿元，项目总数量、资金额度位居全省首位。“十三五”期间，赣州市单位 GDP 能耗累计下降 16.83%，超额完成下降 15% 的目标任务。2021 年单位 GDP 能耗下降 3.1%，顺利完成省下达年度目标任务。2010—2020 年赣州市单位 GDP 二氧化碳排放情况见表 6-9 所示。

表 6-9　2010—2020 年赣州市单位 GDP 二氧化碳排放情况

年份	地区生产总值（亿元）	二氧化碳排放量（万吨）	单位 GDP 二氧化碳排放量（吨 / 万元）	同比下降率（%）	累计下降率（%）
2010	1 247.03	1 244.20	0.998	—	20.74
2011	1 402.91	1 341.19	0.956	4.18	
2012	1 569.86	1 413.30	0.900	5.83	
2013	1 734.69	1 488.43	0.858	4.69	

续表 6–9

年份	地区生产总值（亿元）	二氧化碳排放量（万吨）	单位 GDP 二氧化碳排放量（吨 / 万元）	同比下降率（%）	累计下降率（%）
2014	1 908.16	1 586.70	0.832	3.09	20.74
2015	2 091.34	1 654.57	0.791	4.86	
2015	2 310.32	1 654.57	0.716	—	21.93
2016	2 529.80	1 764.58	0.698	2.60	
2017	2 770.13	1 830.27	0.661	5.28	
2018	3 027.76	1 892.72	0.625	5.39	
2019	3 282.17	1 921.61	0.585	6.34	
2020	3 420.91	1 910.73	0.559	4.60	

资料来源：由赣州市生态环境局统计整理得到。

注：单位 GDP 二氧化碳排放降低率按惯例以每五年进行比较，核算时每个五年周期按统一一年价格核算。

2. 资源循环化利用

推进工业固废、生活垃圾、畜禽粪污等资源化利用，加快建设国家工业资源综合利用基地，建成投运餐厨废物和无害化处理国家试点项目。截至 2021 年 12 月底，年处理餐厨废弃物 7.3 万吨，上网电量可达 1 013.5 万度。畜禽粪污综合利用率达 97.67%。普遍推行生活垃圾强制分类，扎实开展限塑行动。赣州市成为国家工业资源综合利用基地，赣州高新区获批国家大宗固废综合利用示范基地。

3. 能源绿色化发展

2019 年 12 月，赣州市全部淘汰了 10 蒸吨 / 小时规模以下的燃煤锅炉，煤炭消费量实现多连降。大力发展风电、光伏、生物质等新能源发电，累计建成可再生能源发电装机 479 万千瓦，占全口径发电装机的 62.84%，新能源（风电、光伏、生物质）装机 383.86 万千瓦，占全省新能源装机规模的 1/4，装机规模和发电量均保持江西省第 1 位。

（四）坚持惠民为本，奏响共建共享“交响乐”

1. 盘活生态“资产”

赣州市在江西省率先出台建立健全生态产品价值实现机制行动方案，多渠道探索生态产品价值实现路径。截至 2022 年 5 月底，赣州市林权抵押贷款涉及林地 544.51 万亩、贷款金额 85.5 亿元，发行绿色债券 30 亿元，绿色信贷余额突破 200 亿元。健全生态补偿机制，实施两轮跨省东江流域生态补偿，落实省内流域生态补偿机制。2022 年 2 月，石城县先行探索国家生态综合补偿机制，累计获得生态补偿资金近 100 亿元，出境断面水质达Ⅱ类及以上，实现“两江清水送南北”。

2. 打响生态“品牌”

全面启动全域绿色有机农产品基地创建，获批筹建江西省首个富硒产业标准化技术委员会。截至 2021 年 12 月底，建成富硒示范基地 110 个，有效期内“两品一标”591 个。大力推进“互联网 + 脐橙”发展模式，“赣南脐橙”品牌价值蝉联全国区域品牌水果类第 1 名。建成国家油茶产品质量检验检测中心（江西），成功注册“赣南高山茶”集体商标。江西崇义建立三产融合示范产业园、服务站、农企利益联结服务点、电商营销平台，建成刺葡萄、南酸枣等院士工作站，大力推广“龙头企业 + 基地 +

个体”合作模式，该做法 2020 年被列入国家生态文明试验区改革举措推广清单。

3. 释放生态“红利”

将生态文明建设与脱贫攻坚、乡村振兴紧密结合，鼓励和引导贫困户参与生态项目建设、发展生态产业、加入公益性岗位，江西大余通过“丫山旅游扶贫模式”直接带动 1 760 名、间接带动周边 7 个乡镇近万名贫困人口增收脱贫致富，占全县总贫困人口的 30% 以上。该模式上榜 2020 年世界旅游联盟旅游减贫案例名单和全国乡村旅游典型案例。

三、展望

赣州市坚持高标准建成美丽中国“赣州样板”，生态文明建设达到全国领先水平，绿色生产生活方式广泛形成，碳排放达峰后稳中有降，生态环境根本好转，节约资源和保护环境的空间格局、产业结构、生活方式、生产方式总体形成，绿色低碳发展和应对气候变化能力显著增强。生态环境质量全面达标并位居全国前列，环境风险得到全面管控，山水林田湖草生态系统服务功能稳定恢复，蓝天白云、绿水青山成为常态，基本满足人民对优美生态环境的需要。生态环境保护管理制度健全，生态环境治理体系和治理能力现代化基本实现。

（一）持续筑牢生态安全屏障

统筹山水林田湖草等各种生态要素协同治理，加强源头保护和江河综合治理，加快实施第二轮东江流域上下游横向生态补偿试点工作，积极推进“百里滨江绿廊”建设，常态化推进环保督察问题整改。大力开展国土绿化行动，实施重点区域生态综合治理项目、天然林保护和修复工程，巩固退耕还林成果，加强森林资源保护、森林防灭火能力建设和林业有害生物防控，推进低质低效林改造和重点区域森林“四化”建设。巩固独立工矿区治理成效，实施采煤沉陷区土地复垦治理，争创绿色矿业发展示范区。实施生物多样性保护行动，加强珍贵物种遗传资源保护和培育，严厉打击破坏野生动植物资源行为，提升自然保护区能力建设，加强外来物种管控，以更高标准建设美丽中国“赣州样板”，筑牢我国南方地区重要生态屏障。

（二）健全现代环境治理体系

突出精准、科学、依法治污，强化细颗粒物和臭氧污染协同管控，推进挥发性有机物和氮氧化物深度减排，统筹水资源利用、水生态保护和水环境治理，强化受污染耕地和建设用地管控修复，实施水土环境风险协同防控，以更高标准、更强举措深入打好蓝天、碧水、净土保卫战，确保空气质量继续保持全省前列，水环境质量和土壤安全利用水平持续提升。深入实施新一轮生态环保基础设施建设，积极推动城乡污水垃圾、工业废水处理、危废利用处置、清洁能源供应及园区监测监控等为重点的环保基础设施提档升级。积极推进环境污染损害制度，建立环境污染第三方治理、“环境修复 + 开发建设”、“污染者付费 + 第三方治理”等机制。深化生态综合执法改革，推动跨区域跨流域污染联防联控，健全完善环境公益诉讼和司法保护联动制度，打造河（湖）长制、林长制、路长制升级版。推进长江经济带“共抓大保护”攻坚行动，高标准打造“城市智慧水管家”。

（三）加快打通“两山”转化通道

扎实推进碳达峰、碳中和，深入推进农业、能源、工业、建筑、交通等领域节能增效。全力抓好能耗“双控”，严控新上高耗能项目，坚决遏制“两高”低水平项目盲目发展。实施能源、工业、城乡建设、交通物流四个领域碳达峰实施方案，积极开展生态产品价值实现机制试点，深化国家生态综合补偿试点建设，探索推进排污权、用能权、用水权、碳排放权市场化交易，开展碳汇交易、林地赎买等试点。全面推进“无废城市”建设，积极创建国家生态文明建设示范市（县）、“两山”实践创新基地、绿色制造基地。实施产业绿色化、园区循环化改造，推行规划设计、投资建设、生产流通、生活消费绿色化，壮大节能环保、清洁生产、生态环境、基础设施绿色升级、绿色服务等产业，加快建立健全低碳循环发展经济体系。

（四）着力推进生态文明改革

持续推进制度创新，全面落实生态文明试验区建设和生态文明专项改革小组各项制度改革任务，推进市场导向的绿色技术创新体系建设。加快推动改革落地，全面推动已出台制度和改革平台落地取得实效，加快推动国土空间开发保护、流域生态补偿、山水林田湖草综合治理、绿色金融改革、自然资源产权制度的落地落实。持续打造生态样板，强化各地、各部门统筹协调，深入推进会寻安生态经济区、山水林田湖草生命共同体、长江经济带绿色发展示范项目建设，高标准运行“生态云”平台，打造全国、全省生态文明建设示范样板。全面开展成果总结，加强与国家、省里的对口衔接和沟通汇报，争取将赣州市更多改革经验纳入国家、省推广清单，在全国、全省范围复制推广。

07 赣南苏区民生事业报告

摘要： 赣南等原中央苏区振兴发展政策实施十年来，赣州市把解决群众最关心、最直接、最现实的利益问题作为推进振兴发展的出发点和落脚点，采取一系列举措优先解决突出民生问题，大力发展民生社会事业，全市民生保障水平和民生品质显著提高。在未来的发展中，赣州市将继续把带领人民创造美好生活作为其始终不渝的奋斗目标，把人民放在心中最高位置，每年实施一批民生工程，办好一批民生实事，逐步实现全市人民共同富裕。

关键词： 赣南苏区　民生事业　振兴发展

十年来，赣州市紧紧围绕建设“全国革命老区扶贫攻坚示范区”等定位，把解决群众最关心、最直接、最现实的利益问题作为推进振兴发展的出发点和落脚点，采取一系列举措优先解决突出民生问题，加快补齐民生短板，长期困扰赣南人民的住房难、喝水难、用电难、行路难等问题基本得到解决，全市民生保障水平和民生品质显著提高。

一、主要成效

赣州市以加大农村危旧土坯房改造力度、加快农村供水工程改造、推动农村电网基础设施建设、兜牢特困群体保障底线为主要抓手，着力解决民生突出问题；加速补齐教育短板，加快医疗卫生和文化事业发展，健全就业、医疗和养老保障体系，不断提升民生品质。经过十年不懈奋斗，广大人民群众的民生福祉显著提高，展现出奔向美好生活的光明前景。

（一）突出民生问题全面解决

1. 加大农村危旧土坯房改造力度

2012 年 6 月 28 日，《国务院关于支持赣南等原中央苏区振兴发展的若干意见》正式出台后，赣州市根据全市民生问题状况和群众现实需要，把群众迫切期盼的农村危旧土坯房改造作为解决突出民生问题的突破口，十年累计改造农村危旧土坯房 69.52 万户，建设农村保障房 1.74 万套，近 300 万农民住上新房，完成城市棚户区改造 13.5 万户，新建城市保障性住房 7.95 万套，解决 71.4 万城镇居民的住房问题。

2. 加快农村供水工程改造

赣南苏区完善水利基础设施建设，全面实施农村饮水安全工程。截至 2020 年底，解决 546.76 万农村人口安全饮水问题，农村集中供水率、自来水普及率分别达 93%、91%，分别超出国家和省里下达赣州市“十三五”规划目标 13 个、16 个百分点；完成加固病险水库 787 座，小型水库基本除险摘帽，小型农田水利重点县建设实现全覆盖，水利基础设施不断完善，农业发展支撑进一步夯实。

3. 推进农村电网基础设施建设

十年来，赣南苏区农村电网改造实现全面升级，完成长期、连片低电压治理 58.5 万户，2020 年首次实现低电压“动态清零”，近 300 万山区群众用上了稳压电，结束了点煤油灯照明、电饭煲煮不熟饭的历史；实施普通国省道改建扩建 1 800 余公里，普通国道、省道二级及以上公路比例提高至 94%、57%；累计投入 320.8 亿元新建改造农村公路 2.7 万公里；在实现乡乡通、村村通水泥（柏油）路的基础上，率先在江西省实现 25 户以上自然村通水泥路、组组通水泥路目标，解决 600 多万农民群众的出行难题，打开了百姓致富门，为后续乡村全面振兴创造良好条件；贫困村实现 4G 网络和宽带网络全覆盖，成为全国首个电商进农村全覆盖的设区市。

4. 兜牢特困群体保障底线

十年来，赣州市城市低保标准从每人每月 300 元提高到 765 元（中心城区 785 元），农村低保标准由 130 元提高到 515 元，城镇特困人员供养标准从 350 元提高到 995 元（中心城区 1 023 元），农村特困人员供养标准由 130 元（集中供养 200 元）提高到 670 元，分别增长 155%、296.15%、184.29%、415.38%（见表 7–1）。2016 年赣州市建立残疾人两项补贴制度以来，标准从每人每月 50 元提高到 80 元，享受两项补贴的残疾人从 2016 年的 10.8 万人次增加到 2021 年的 19.8 万人次，补贴资金约 5.9 亿元；累计发放 80 周岁以上高龄老年人高龄津贴 14 亿元。

表 7–1　2011—2021 年赣州市特困人员社会救助标准　单位：元 /（人·月）

年份	农村低保			城市低保			农村特困人员		城市特困人员	
	保障标准	人均补差水平	每月不能低于标准	保障标准	人均补差水平	每月不能低于标准	集中	分散	集中	分散
2011	130	85	—	300	200	—	200	130	350	350
2012	170	105	50	350	220	100	220	180	400	400
2013	200	125	—	400	240	—	245	220	500	500
2014	220	145	70	430	270	120	275	260	600	600
2015	240	165	80	450	290	130	305	260	600	600
2016	270	195	100	480	320	160	365	290	600	600
2017	305	225	120	530	350	180	425	320	600	600
2018	340	255	140	580	380	200	455	350	—	—
2019	385	285	160	640	410	220	505	400	835	835
2020	470	325	180	705	450	240	615（全自理）或 915（失能、半失能）		915	915
2021	515	355	190	765	490	260	670（全自理）或 995（失能、半失能）		995	995

资料来源：由赣州市民政局提供数据整理而得。

（二）社会事业繁荣发展

1. 教育短板加速补齐

十年来，赣州市紧紧抓住历史机遇，感恩奋进、真抓实干，谋划教育振兴大计，教育发展取得明显成效。赣州是教育人口大市，赣州市各级各类学校数由2011年的6 540所增加到2021年的7 031所，在校生数由2011年的2 020 509人增加到2021年的2 173 783人，专任教师数由2011年的92 052人增加到2021年的135 438人，如表7-2所示。

表7-2　2011年和2021年赣州市学校、在校学生、专任教师情况

指标		2011年	2021年	指标		2011年	2021年	指标		2011年	2021年
学校数量（所）	总计	6 540	7 031	在校学生数量（人）	总计	2 020 509	2 173 783	专任教师数量（人）	总计	92 052	135 438
	小学	3 342	3 036		小学	930 372	820 748		小学	38 838	51 557
	初中	385	417		初中	413 139	462 523		初中	21 734	31 256
	高中	61	74		高中	135 992	240 817		高中	11 870	15 750
	特教	11	17		特教	670	2 615		特教	103	437
	工读	—	1		工读	—	314		工读	—	42
	幼儿园	2 667	3429		幼儿园	325 144	344 846		幼儿园	11 104	24 876
	中职	74	41		中职	102 450	118 661		中职	3 256	4 516
	进修学校	—	4		进修学校	—	—		进修学校	—	101
	高校	9	12		高校	112 742	183 259		高校	5 147	6 903

资料来源：根据2011年和2021年赣州市教育事业统计数据整理而得。

兴国县第一幼儿园

（1）教育发展水平进入江西省前列。2021年，赣州市学前教育毛入园率达91.40%，高出江西省0.98个百分点；九年义务教育巩固率达99.74%，高出江西省3.64个百分点；高中阶段教育毛入学率达93.27%，高出江西省0.77个百分点（见表7-3）。

表7-3　2011—2021年赣州市教育发展水平情况　　单位：%

年份	学前教育毛入园率	九年义务教育巩固率	高中阶段毛入学率
2011	61.76	94.48	70.61
2012	61.35	94.75	73.22
2013	65.59	94.84	76.97
2014	81.29	94.48	77.99
2015	80.16	94.64	87.10
2016	85.91	96.22	88.69
2017	87.89	99.14	90.67
2018	83.14	99.22	91.33

续表 7-3

年份	学前教育毛入园率	九年义务教育巩固率	高中阶段毛入学率
2019	84.03	99.28	91.76
2020	91.14	99.67	93.24
2021	91.40	99.74	93.27

资料来源：根据 2011—2021 年赣州市统计年鉴整理而得。

（2）各类教育发展取得显著实效。一是加快普及学前教育。2012 年，赣州市仅有公办幼儿园 21 所，占全部幼儿园比例不足 10%。十年来，赣州市大力发展公办幼儿园，新（改、扩）建城区公办幼儿园 295 所，增加学位 10.15 万个，建成乡镇公办中心幼儿园 284 所，在江西省率先实现每个乡镇有一所公办中心幼儿园；建成村级公办园 1 231 所，共有学位 5.06 万个，率先在江西省完成乡镇公办中心园和村级公办园建设任务，攻克住宅小区配套园治理和无证园治理难问题。二是义务教育均衡发展取得新突破。2018 年，赣州市全域义务教育基本均衡通过国家评估认定。三是中等职业教育快速发展。共打造省级中职达标学校 37 所，具有招生资格的中职达标学校占比 95%，高出江西省平均水平 15 个百分点，实现每个县均有一所起示范引领作用的中职学校（见表 7-4）。四是高等教育内涵发展迈上新台阶。赣南师范学院更名为赣南师范大学，赣南卫生健康职业学院、赣州职业技术学院、和君职业学院获批设立，江西理工大学应用科学学院转设为赣南科技学院，结束了赣州市无市属本科高校的历史。

会昌和君职业学院

表 7-4　2011—2021 年赣州市省级达标中职学校情况　　单位：所

年份	中职学校数量	年份	中职学校数量	年份	中职学校数量
2011	7	2015	17	2019	33
2012	7	2016	20	2020	35
2013	7	2017	25	2021	37
2014	12	2018	30		

资料来源：根据赣州市教育局提供数据整理而得。

（3）教育保障水平显著提升。2011 年以来，赣州市整合农村义务教育学校标准化建设、校舍安全保障、“全面改薄”、“能力提升”和教育现代化推进工程等各类资金近 148 亿元，新（改、扩）建学校 3 827 所，实施农村义务教育学校标准化建设工程项目 1 994 个，改造校舍危房 230.6 万平方米，校舍 D 级危房全面消除。2018 年赣州市启动实施《城乡学校建设三年行动计划》，投入资金 169 亿元，新（扩）建学校241所，新增学位36万余个。2021年校园面积达到4 092.6万平方米，较2011年新增1 045万平方米，2021年校舍面积达到1 658.7万平方米，较2011年新增720万平方米（见表7-5），实现“最好的房子在学校，最美的环境在校园”。

表7-5　2011—2021年赣州市中小学校园校舍情况　　单位：万平方米

年份	校园面积	校舍总面积	年份	校园面积	校舍总面积
2011	3 047.6	938.7	2017	3 319.3	1 278.5
2012	3 039.5	963.2	2018	3 515.5	1 367.9
2013	3 105.6	983.7	2019	3 811.1	1 492.6
2014	3 132.7	1 050.8	2020	3 889.2	1 587.4
2015	3 190.5	1 130.6	2021	4 092.6	1 658.7
2016	3 218.3	1 209.6	2021年较2011年对比值	1 045.0	720.0

资料来源：根据赣州市教育局提供数据整理而得。

2. 卫生事业快速发展

（1）医疗服务能力显著提升。2021年，赣州市床位数6.02万张、卫技人员5.7万人，分别比2011年增长162.9%、126.2%；每千常住人口床位数6.7张、执业（助理）医师数2.28人、注册护士数2.88人，分别比2011年增长147%、117%、159.5%。主要居民健康指标明显改善，孕产妇死亡率、婴儿死亡率分别从2011年的13.9/10万、7.06‰下降至2021年的4.02/10万、2.57‰，连续十年大幅优于全国平均水平。赣州市人民医院（93位）和赣医一附院（99位）双双进入全国设区市百强医院。

（2）靠大联强实力倍增。十年来，赣州市坚持靠大联强，建设南方医科大学南方医院赣州医院和广东省人民医院赣州医院2个国家区域医疗中心，成为江西省唯一建设2个国家区域医疗中心的设区市；共组建紧密型医联体37个，6个专科联盟，组建家庭医生团队3 000个，覆盖医疗机构593个；组建以赣州市人民医院、赣南医学院第一附属医院和赣州市立医院为牵头医院的城市医疗联合体，并实行统一的“一体化”管理；累计设立7个院士工作站，成为江西省院士工作站最多的设区市。公立医院综合改革四年内三次被国务院评为真抓实干、成效明显地方，入选2021年全国落实有关重大政策措施真抓实干、成效明显地方并被国务院通报表彰，实现江西省高质量发展医改考核“五连冠”。

3. 文化体育事业蓬勃发展

（1）文化服务体系加速构建。截至2021年底，赣州市共有公共图书馆19个、文化馆19个，乡镇综合文化站和村级综合性文化服务中心实现乡镇和行政村全覆盖，建有85个新型文化空间（含城市书房、文化驿站等）；公共图书馆总建筑面积104 999.95平方米，比2012年增长74.16%，年均增长6.36%；文化馆总建筑面积64 671.42平方米，比2012年增长27.88%，年均增长2.77%；公共图书馆总藏书529.30万册，比2012年增长84.21%，年均增长7.02%；公共图书馆获评一级馆6个、二级馆9个、三级馆4个，其中二级以上图书馆比2012年增长15.38%；文化馆获评一级馆12个、二级馆7个，二级以上文化馆比2012年增长26.67%。

（2）群众“健身去哪儿”问题得到基本解决。2012年赣州市仅赣州市体育中心1处。十年来，赣州市大力推动公共体育基础设施建设，城乡公共体育设施得到持续改善，县级均实现“两馆一场”，建成或正在建设的大中型体育场馆共 120 个[①]、村级农民体育健身工程 2 994 个，全民健身中心的体育场主体建筑已完成，人均体育场地面积 2.34 平方米，较“十二五”时期 1.0 平方米增长了 134%；城市社区“十五分钟健身圈”和行政村健身设施实现全覆盖。

中央专项彩票公益金支持建设的龙南市体育中心

（3）文化体育事业更加为民惠民。赣州市全力实施全民健身国家战略，全民健身与健康深度融合。2019—2021 年，赣州市举办（承办）高水平体育赛事活动达 500 余场，服务健身人群超千万人次，形成“周周有活动，月月有赛事，节庆有亮点”的全民健身新格局，而 2012 年赣州市赛事活动仅 300 余场，服务人群 150 余万人次。截至 2021 年底，赣州市各级体育社会组织达 480 个，其中市本级 75 个，较 2012 年的 31 个翻了一番，体育社会指导员达 1.9 万余人，成立体育志愿服务队 21 支；全民健身人数逐年增长，体育人口比例达 39%，城乡居民《国民体质测定标准》合格率达 93%，各项指标位居江西省前列。

江西省第十四届运动会在赣州举办

（三）民生保障体系日益完善

1. 就业规模和质量实现大提升

2011—2021 年，赣州市累计新增城镇就业 93.67 万人，新增转移农村劳动力 152.4 万人（见表 7-6）。建立市、县、乡、村四级公共就业服务网络，覆盖城乡的公共就业服务体系基本形成。

赣州市“春风送暖 就业圆梦”就业大会

① 均具备承接省级以上单项体育赛事的条件，建有篮球场 5 783 块、社会足球场 211 个、羽毛球场（馆）3 101 块、社区（行政村）体育设施 3 590 个，实现社区体育设施全覆盖。

表 7-6　2011—2021 年赣州市新增就业变化情况

单位：万人

年份	新增城镇就业人数	新增转移农村劳动力
2011	10.84	18.11
2012	9.77	17.90
2013	9.14	17.70
2014	8.74	13.98
2015	7.32	11.31
2016	7.32	12.77
2017	7.49	11.14
2018	7.88	12.76
2019	8.45	13.03
2020	8.45	11.84
2021	8.27	11.86
合计	93.67	152.40

资料来源：根据赣州市人力资源和社会保障局提供数据整理而得。

2. 社保事业实现大发展

十年来，赣州市实施全民参保计划，参保人数不断增加。2021 年，赣州市社会保险基金筹集总额达 239.57 亿元，参加城乡居民基本养老保险人数 438.11 万人，比 2011 年增加 100.15 万人，增长 29.6%；参加工伤保险人数 71.58 万人，增加 41.44 万人，增长 1.4 倍；参加失业保险人数 40.15 万人，增加 6 万人，增长 17.57%。赣州市有养老机构 368 家，养老机构总床位数从 2011 年的 2.44 万张增加到 2021 年的 5.7 万张，每千名老人床位增加 10 张，达到 46 张；大力推进社保卡发放及“一卡通”应用，累计制发社保卡 1 009.31 万张，基本实现户籍人口全覆盖；电子社保卡签发总量已达到 539.54 万张。

基本养老金连年上调，十年来，赣州市企业退休人员基本养老金从人均 1 197 元 / 月，提高到人均 2 187 元 / 月，增长 82.71%；城乡居民基本养老保险从每月 55 元，提高到 145 元，增长 163.64%；已累计投入超过 3.24 亿元，年均为 64.6 万名脱贫人口代缴城乡居民基本养老保险费。具体情况如表 7-7 所示。

表 7-7　2011—2021 年赣州市社保各险种参保人数和待遇变化情况

年份	参保和待遇情况	企业职工基本养老保险	机关事业单位养老保险	城乡居民基本养老保险	工伤保险	失业保险
2011	参保人数（万人）	65.44	—	337.96	29.96	34.15
	待遇水平（元 / 月）	1 197.00	—	55.00	—	—
2012	参保人数（万人）	71.89	—	365.58	31.16	34.52
	待遇水平（元 / 月）	1 295.00	—	55.00	—	—
2013	参保人数（万人）	78.95	—	393.46	36.62	35.05
	待遇水平（元 / 月）	1 429.00	—	55.00	—	—

续表 7-7

年份	参保和待遇情况	企业职工基本养老保险	机关事业单位养老保险	城乡居民基本养老保险	工伤保险	失业保险
2014	参保人数（万人）	83.92	—	400.68	42.07	35.08
	待遇水平（元/月）	1 649.00	—	70.00	—	—
2015	参保人数（万人）	88.89	—	407.83	47.79	36.21
	待遇水平（元/月）	1 836.00	—	80.00	—	—
2016	参保人数（万人）	91.49	23.20	408.90	52.38	36.99
	待遇水平（元/月）	1 896.00	3 805.00	80.00	—	—
2017	参保人数（万人）	95.25	23.87	411.06	54.05	37.00
	待遇水平（元/月）	1 936.00	3 684.00	80.00	—	—
2018	参保人数（万人）	99.91	25.55	412.00	60.20	37.51
	待遇水平（元/月）	1 965.00	3 829.00	98.00	—	—
2019	参保人数（万人）	110.94	26.74	414.09	62.66	37.64
	待遇水平（元/月）	2 026.00	4 071.00	105.00	—	—
2020	参保人数（万人）	117.68	27.32	420.09	68.80	38.00
	待遇水平（元/月）	2 102.00	4 244.00	110.00	—	—
2021	参保人数（万人）	137.56	28.08	438.11	71.58	40.15
	待遇水平（元/月）	2 187.00	4 422.00	145.00	—	—

资料来源：根据赣州市人力资源和社会保障局提供数据整理而得。

注：城乡居民基本养老保险待遇水平（元/月）是指城乡居民基本养老保险基础养老金标准。

3. 医疗保障更加坚实

十年来，赣州市医疗保障事业变化翻天覆地，实现近 100 亿元医保基金的统收统支和近 1 000 万人口医保待遇的规范统一。参保人数 913.0 万人相比 2012 年增长 3.5 倍，参保率达到 95%；基金收入 127.1 亿元相比 2012 年增长 8.3 倍；基金支出 116.6 亿元相比 2012 年增长 9.8 倍。具体情况如表 7-8 所示。

表 7-8　2012—2021 年赣州市医保基金参保情况

年份	收入（亿元）	支出（亿元）	参保人数（万人）
2012	13.7	10.8	203.4
2013	18.9	13.8	202.4
2014	20.5	17.0	205.1
2015	25.3	19.4	207.9
2016	67.9	60.0	210.0
2017	80.7	69.2	930.8
2018	90.6	80.2	942.3
2019	103.3	89.6	943.0
2020	110.6	98.2	948.8
2021	127.1	116.6	913.0

资料来源：根据赣州市医疗保障局提供数据整理而得。

注：2016 年底，城镇居民医保和新型农村合作医疗合并为城乡居民医保，2016 年前未统计新型农村合作医疗相关数据。

4. 退役军人保障水平全面提升

一是抚恤补助全面落实。赣州市为残疾人、“三属”、在乡老复员军人等重点优抚对象发放抚恤和生活补助金，并建立逐年增长机制，每年按照 10% 的幅度提高。自 2019 年起，在江西省率先为红军失散人员遗孀按照在乡老复员军人的标准发放生活补助，共为 47 名遗属补助资金 324 万元。二是优待内容深化拓展。赣州市将残疾人、“三属”、在乡老复员军人等重点优抚对象纳入医疗保障范围，确保 1 至 6 级残疾军人的住院医药费报销比例在医保目录范围内的达到 100%，医保目录范围外的达到 90%，其他优抚对象住院费在医保目录范围内的报销比例达到 80% 以上；对符合条件的残疾军人及“三属”按廉租住房对象租金标准享受优惠。自 2021 年以来，共为 3 326 名优抚对象落实了租住公租房享受廉租房价格的优待政策；自 2019 年以来，共解决 370 名现役军人子女入学难题。

赣州市组织退役军人代表开展“壮丽七十年，见证新变化”活动

二、主要做法

十年来，赣州市用情用力保障改善民生，老区人民生活“芝麻开花节节高”。坚持把解决突出民生问题作为振兴发展的首要任务，将财政支出的近七成、新增财力的近八成用于改善民生，长期困扰赣南人民的住房难、喝水难、用电难、出行难、上学难、看病难等问题得到有效破解。赣南苏区农村居民人均可支配收入增幅连续九年领跑全省，城乡居民收入提前三年实现比 2010 年翻一番，如期实现全面建成小康社会目标。赣南苏区这十年在民生事业方面振兴发展取得了重大发展成就，也积累了丰富经验。

（一）改善工作机制，不断提高服务能力

1. 劳动关系协调机制不断优化

赣州市坚持数字创新发展理念，大力推广“赣裁通”“智慧仲裁”，推进数字化仲裁建设，提升仲裁调处效能，推进基层劳资纠纷调解平台建设，建立县（市、区）、乡镇（园区）、企业“三位一体”的劳动争议调解网络，打造全方位劳动关系调节体系。“十三五”期间，赣州市调解仲裁受理案件 11 586 件，调解仲裁结案 11 481 件，仲裁结案率达 98.12%。

2. 用工指导服务机制不断完善

赣州市加强劳动关系形势的动态监测和分析研判，建立劳动争议监测预警和应急处置机制，大力鼓励和推广电子劳动合同，推动人社服务数字化，推进劳动关系治理体系和治理能力现代化。广泛开

展和谐劳动关系创建活动，在全面保障职工各项权益、完善协商协调机制、推动企业与职工共建共享等方面取得积极成效，涌现出一批和谐劳动关系创建先进典型。共有 1 家企业获评全国模范劳动关系和谐企业，6 家企业、2 个工业园区、4 个乡镇（街道）获评“江西省模范劳动关系和谐单位”，31 家企业获评“江西省模范劳动关系和谐企业”。

3. 医疗保障工作机制不断强化

十年来，赣南苏区医疗保障事业建立了医疗救助制度、实现城乡居民医疗保险和职工医保及城乡居民医保正式合并运行、成立医疗保障局正式、统筹城乡居民基本医疗保险门诊、全面推进医疗保险基金市级统筹、实施市县医疗保障一体化垂直管理等一系列工作机制。

（二）完善顶层设计，不断健全多层次保障体系

1. 织密守护人民健康民生网

十年来，赣州市印发出台医疗卫生、科技、文化、教育等方面的市与县区财政事权和支出责任划分改革方案，明确了市、县（区）在民生领域的事权与支出责任，同时，相继研究出台《赣州市居家和社区养老服务市级补助资金管理办法》《城乡困难群众救助补助资金管理办法》等文件，不断夯实民生领域的制度建设；出台《赣州市社会救助对象认定办法（暂行）》，确立以基本生活救助为基础、专项社会救助为拓展、急难社会救助为辅助、社会力量参与为补充的制度体系，2016 年和 2018 年分别实施老年人意外伤害保险制度和养老服务护理补贴制度，投入资金用于购买老年人人身意外伤害保险共计 2 442 万元，为经济困难的高龄失能老年人发放养老服务补贴和护理补贴共计 1.1 亿元；在医保事业方面，赣州市先后制定《赣州市城镇职工基本医疗保险市级统筹实施方案》《赣州市统一规范职工基本医疗保险和大病保险政策的实施细则》《关于加强乡村卫生健康服务能力建设的实施方案》，建立覆盖“六个统一”① 和实行基金风险调剂金制度的城镇职工基本医疗保险市级统筹制度，统一缴费标准、统一基本医疗保险缴费年限、统一基本医疗保险费用补缴政策、统一个人账户、统一住院医疗待遇、统一大病保险待遇、统一个人先行自付比例；比较系统地提升基层卫生健康服务能力的综合性保障政策，具有创新性和示范作用；在乡镇卫生院人员经费、债务化解等方面提出了 15 项突破性政策举措，是江西省第一个比较系统地提升基层卫生健康服务能力的综合性保障政策，具有创新性和示范作用。

2. 健全根治欠薪制度体系

赣州市不断完善社会保障体系，促进社会保障事业高质量发展，先后出台《赣州市保障农民工工资支付工作考核办法》《赣州市保障农民工工资支付常态化监管实施意见》《防范和治理欠薪问题若干措施》，建立健全考核督查、联动配合、常态监管等机制，全面推行农民工实名制信息化管理，根治欠薪力度持续加大。“十三五”期间，赣州市共处理劳资纠纷案件 932 起，帮助 1.25 万人追回拖欠工资等待遇 1.37 亿元，违法欠薪案件数、涉案金额及涉及人数不断下降。

3. 加强退役军人服务保障

赣州市推动建立健全退役军人权益保障机制，形成援助帮扶合力，提高援助精准性，根据《军人

① “六个统一”即覆盖范围统一、筹资标准统一、待遇水平统一、基金管理统一、经办流程统一、信息系统统一。

抚恤优待条例》《江西省优抚对象抚恤补助资金使用管理办法》《关于进一步做好退役军人住房保障工作的通知》《军人子女教育优待实施细则》《关于建立退役军人法律援助工作站的通知》等规定，为残疾人、“三属”、在乡老复员军人等重点优抚对象发放抚恤和生活补助金提供保障，成立退役军人法律援助服务站，定期安排律师等为广大退役军人提供法律咨询、法律援助、法律宣传、代拟法律文书等服务，拓宽退役军人法律服务网络，扩大退役军人法律援助覆盖面，引导退役军人依法理性维权。

（三）加大资金投入，不断提升民生保障水平

赣州市围绕民生大事难事，精准发力、补齐短板。2011 年，赣州市一般公共预算收入为 110.05 亿元，2021 年一般公共预算收入 294.07 亿元，是 2011 年的 2.67 倍。2011 年，一般公共预算支出为 311.68 亿元，2021 年一般公共预算支出 961.09 亿元，是 2011 年的 3.08 倍；2011 年，赣州市民生支出 169.64 亿元，占一般公共预算支出比重 54.4%，2021 年民生支出 804.76 亿元，占一般公共预算支出比重 83.7% 民生支出，具体数据如表 7-9 所示。

表 7-9　2011—2021 年赣州市民生事业发展投入情况

年份	民生支出（亿元）	占一般公共预算支出比重（%）	一般公共预算		一般公共预算	
			收入（亿元）	比上年增长（%）	支出（亿元）	比上年增长（%）
2011	169.64	54.4	110.05	39.3	311.68	30.0
2012	227.34	56.3	141.30	28.4	403.78	29.6
2013	271.60	56.5	184.37	30.5	480.42	19.0
2014	303.10	56.6	225.31	22.2	535.29	11.4
2015	350.00	56.9	245.51	9.0	614.97	14.9
2016	552.54	81.6	243.18	-0.9	676.83	10.1
2017	648.19	83.5	245.36	0.9	776.44	14.7
2018	725.13	84.6	265.21	8.1	857.58	10.5
2019	863.14	85.7	280.37	5.7	1 007.59	17.5
2020	814.32	83.4	285.82	1.9	976.89	-3.0
2021	804.76	83.7	294.07	2.9	961.09	-1.6

资料来源：2011—2021 年《赣州市政府工作报告》、赣州市统计年鉴。

（四）创新服务手段，不断提高群众的满意度

1. 公共服务越来越优

赣州市借助“互联网 +”、大数据、人工智能等手段，推动公共服务不断优化升级，通过“人社一体化”信息系统、网上服务大厅等平台，让群众、企业办事实现“最多跑一次”，甚至“一次都不用跑”。大力开展“减证便民”，最大限度精简材料、优化流程，推进“一网通办”“一窗通办”，群众办事更加简洁、高效、便利。推行全年无休延时服务、老年人预约上门服务等措施，服务规范化、信息化、专业化水平不断提高，群众满意度不断提升。十年来，赣州市公共文化服务体系建设取得了阶段性成果。赣州成为全国首批、全省首个国家级公共文化服务体系示范区；在全国率先开展贫困地

区农村综合文化服务中心“六个一”建设试点，获中宣部充分肯定并总结为“七个一”标准在全国贫困地区推广；在全国率先开展“文化（农家书屋）+电商”工作，得到中央、省、市领导高度称赞；年均开展送戏下乡演出超 1 100 场，开展送电影进村达 5.5 万场，组织乡镇自办文体活动超 1 300 场，实现文化惠民全覆盖，文化进入发展最快、城乡面貌变化最大、百姓享受实惠最多的时期，群众的文化获得感、幸福感明显增强。

2. 实施资金绩效管理

赣州坚持“花钱必问效、无效要问责、低效多压减、有效多安排”的原则，加快推进全面实施预算绩效管理。目前已基本建成全方位、全过程、全覆盖的预算绩效管理体系，不断提高民生领域资金使用效益。将就业、养老、医疗等民生资金纳入直达资金动态监管平台，做好直达资金常态化监管，实现从资金分配到资金支付的全流程监控，确保民生资金快速到位、高效规范使用。

3. 救助平台全面搭建

赣州将市精神卫生社会福利院打造成区域性集中照料中心，通过购买服务的方式引入专业社会组织，为流浪乞讨人员和长期滞留受助人员提供专业服务、心理辅导。推进国家康复辅助器具产业综合创新试点和康复辅助器具社区租赁服务试点，打造以智能助残和智慧养老为主题、智能设备制造全产业配套的中国（定南）智能助残科技城，逐步建立供应主体多元、经营服务规范的康复辅具社区租赁服务体系。

4. 养老服务日趋完善

十年来，赣州构建“一县一中心、一乡一阵地、一村（社区）N 场所”的“1+1+N”养老服务网络；累计新（改、扩）建农村敬老院、福利院 359 家，新增有效养老床位 1.74 万张，特困失能人员县级集中供养照护率实现 100%；推进 15 分钟“养老服务圈”建设；建成城市居家和社区养老服务站点 431 个，覆盖 92.1% 的城市社区；建成具备助餐等功能的农村互助养老服务设施 2 833 个，覆盖 81.7% 的行政村；充分发挥社区养老服务机构短期照料、日间托养、居家照护、“喘息服务”等功能，建成社区嵌入式养老院 29 个；开展家庭养老床位试点，为 2 759 户特殊困难老年人实施居家适老化改造；建设市、县养老服务信息平台，投入资金 3 548 万元购买居家养老上门服务，提供服务 90.8 万人次，惠及 19.6 万失能半失能老年人。

安远县综合福利院

三、展望

赣州市将与全国、全省同步开启全面建设社会主义现代化新征程，处于大有可为但充满挑战的重要战略机遇期，推进赣州民生事业高质量发展面临新的机遇和挑战。一是，经济进入新时代，我国经济已由高速增长阶段转向高质量发展阶段，社会主要矛盾已经转化为人民日益增长的美好生活需要和不平衡不充分的发展之间的矛盾，人民群众对美好生活的向往和对个性化、特色化的高质量公共服务产品需求更加迫切。二是，发展带来新机遇，国务院出台了《关于新时代支持革命老区振兴发展的意见》，省委、市委提出纵深推进赣南苏区振兴发展，把赣州建设成为新时代革命老区高质量发展示范区、省域副中心城市、对接融入粤港澳大湾区桥头堡，建设区域性教育中心、文化旅游中心、医疗养老中心。三是，人口形成新结构，“十三五”末，赣州市 60 岁以上老年人数 140.32 万，占总人口 15.64%，已经进入老龄化社会，而随着人口生育率、出生率、死亡率下降以及预期寿命提高，未来一个阶段赣州市老龄化进程将进一步加快，要求更加丰富的民生供给内容、更加多元的社会公共服务渠道保障。

（一）稳步推进教育事业高质量发展

建成以公办幼儿园为主体、覆盖城乡、普惠优质的学前教育公共服务体系，义务教育由基本均衡向优质均衡迈进，普通高中优质特色、多样化发展，高等教育内涵特色发展。推进职业教育综合改革提质创优，组建赣州职业教育集团，整合职教资源建设赣州职教园区，推动职普融通、产教融合，打造职业教育“赣州高地”。基本建成赣州智慧教育公共服务体系，切实减轻义务教育阶段学生作业负担和校外培训负担，推动社会关注的教育热点难点问题有效缓解，可选择的优质教育资源更加丰富，教育改革发展成果更多、更公平地惠及全体人民，教育服务经济社会发展的能力显著提高。

（二）持续提升城乡医疗保障水平

坚持把保障人民健康放在优先发展的战略位置，基本建立与革命老区高质量发展要求相适应的基本医疗卫生制度，公共卫生保障和服务能力显著提升，优质高效整合型医疗卫生服务体系建设持续推进，医疗服务高地、高峰建设取得突出进展，基层医疗服务能力显著提升，健康城市与健康村镇建设深入开展，中医药独特优势和作用进一步发挥，健康科技创新能力明显增强，人民群众健康水平进一步提升，实现“促健康、筑安全、提质量、调结构、优布局、增动能、强治理”目标，力争打造与省域副中心城市和国家区域中心城市相匹配的具有较强竞争力、吸引力和辐射力的国家区域医疗中心，基本建成革命老区卫生健康事业高质量发展示范区。

（三）全面提升公共文化服务水平

加强公共文化设施的资源整合、互联互通，形成场馆服务、流动服务、网络服务等相互结合的公共文化服务新格局。持续开展文化惠民活动，形成政府主导、社会力量广泛参与的公共文化服务资源配置机制。重点推进县级公共文化场馆设施空白或不达标的建设与提升，实现县级图书馆、文化馆全部达到国家二级以上评估标准。着力构建高水平全民健身公共服务体系，赣州市人均体育场地面积达 2.6 平方米以上，每万人拥有足球场地数量达到 1 块以上，每千人配备不少于 2.6 名社会体育指导员，打造 3 ～ 5 个具有国内影响的特色品牌赛事，新建或提升、改造 8 ～ 10 个体育特色小镇，成功创建全国足球改革试验区和全国全民运动健身模范市。

（四）持续提升民生事业保障水平

坚持就业优先战略，加大重点群体就业帮扶力度。健全完善多层次社会保障体系，推动社会保险待遇水平稳步提高。稳步提高各类困难群众保障标准，落实提标提补工作，建立健全动态调整机制，及时将符合条件的困难家庭或个人纳入保障范围。建成社区养老服务骨干网络，社区日间照料机构覆盖 100% 以上的城市社区，社区 15 分钟“养老服务圈”基本建成。医养康养相结合的体制机制进一步畅通，打造全国康养高地的“赣南模式”。医疗保障政策规范化、管理精细化、服务便捷化、改革协调化程度上明显提升，为加快革命老区高质量跨越式发展提供医保新样板。推动优抚事业单位项目建设工作，完成第五批省级烈士纪念设施和第七批国家级烈士纪念设施申报评定工作，打造具有特色的退役军人就业创业平台。

08 赣南苏区红色基因传承发展报告

摘要：党的十八大以来，习近平总书记对用好红色资源、赓续红色血脉多次作出重要指示批示，他在视察江西和赣州时强调，“推进红色基因传承”“不要忘了革命先烈，不要忘了党的初心和使命，不要忘了我们的革命理想、革命宗旨，不要忘了我们中央苏区、革命老区的父老乡亲们”。《国务院关于支持赣南等原中央苏区振兴发展的若干意见》出台实施后，赣州市委、市政府深入贯彻落实习近平总书记重要讲话和重要指示批示精神，把推进红色基因传承摆在重要位置，坚持顶层设计、系统谋划、抓好落实，在红色资源保护利用、红色文化研究阐释、红色血脉赓续传承、红色基因育人铸魂上进行持续探索实践，迈出创建红色基因传承示范区的坚实步伐。

关键词：赣南苏区　红色资源　红色基因

赣州是全国著名的革命老区，是原中央苏区的主体和核心区域，是人民共和国的摇篮、毛泽东思想重要发祥地和苏区精神主要发源地、中央红军二万五千里长征出发地，艰苦卓绝的南方三年游击战争

瑞金沙洲坝革命旧址群

在此浴血坚持。赣南苏区历史作为中共党史的重要组成部分，留下了许多特色鲜明、价值珍贵的革命文物、革命精神、红色故事、红色歌谣等红色资源。在中央的关心关怀和江西省委、省政府的正确领导下，赣州市把红色资源保护和利用作为重大责任，着力推进红色资源保护和利用，传承弘扬红色基因。

一、深入推进红色基因传承的主要做法

弘扬红色文化，传承红色基因，使苏区精神、长征精神绽放出新的时代光芒，是赣州市活化红色文化资源的使命所在。但是，随着经济全球化、社会信息化、文化多样化的深化发展，人民群众接收信息的渠道和方式都发生了翻天覆地的变化。如何适应世情、国情、民情变化，如何让党的故事、革命的故事、英雄的故事让人民群众听得进、记得住、传得开，让红色文化入脑入心，让红色基因内化于心、外化于行，需要有贴近实际、贴近生活、贴近群众的有效举措。

（一）注重顶层设计，红色基因传承弘扬保障有力

十年来，赣州市委、市政府深入贯彻落实习近平总书记重要讲话精神，把推进红色基因传承摆在重要位置，强化顶层设计，健全完善红色革命遗址保护开发。利用相关法律法规，推动红色基因传承的制度化，出台系列政策措施，进一步挖掘红色资源，促进资源创新转化，教育引导赣州市广大干部群众从红色基因中汲取强大的信仰力量，把赣州打造成最讲党性、最讲政治、最讲忠诚的红色圣地，加快建设革命老区高质量发展示范区。

一是健全组织架构。赣州市委、市政府坚持每年专题调度部署红色基因传承、红色资源保护发展工作，不断加强对红色资源保护发展工作的组织领导。2020 年专门成立由市委副书记任组长的红色资源管理开发工作领导小组，负责统筹推进红色资源保护开发、红色教育培训、红色研学、红色旅游发展。2021 年在江西省率先组建市级红色资源保护发展中心，作为协调指导赣州市红色资源的收集、整理、保护、传承、开发、利用等工作的专门力量。

二是强化规划统筹。赣州先后编制《赣南等原中央苏区革命遗址保护规划》《赣州市发展全域旅游总体规划》《红色旅游区专项规划》等规划，从基础分析、总体要求、战略布局、主要任务、保障措施等方面进行系统谋划，着力构建以瑞金为龙头，兴国、于都为重点，宁都、会昌、寻乌、石城、大余、信丰为支撑的“1+2+N”红色旅游协同发展格局，打响“红色故都”“红军长征出发地”等品牌。

三是出台制度规范。赣州大力推进革命遗址保护法治化，先后出台《赣州市革命遗址保护条例》《赣州市烈士纪念设施抢救保护工作管理办法》《赣州市英雄烈士纪念设施保护管理办法》等地方性法规，其中《赣州市革命遗址保护条例》是其获得设区市地方立法权后立的第二部历史文化保护方面的地方性法规，是全省最早颁布的革命文物保护条例，对涉及赣州革命遗址的保护、利用、维修、资金来源、法律责任等方面作了相关规定，使革命遗址的保护利用工作有法可依；推动红色资源保护利用制度化，先后出台《关于进一步加快红色旅游发展的实施意见》《关于支持红色教育培训事业发展的若干措施》等制度文件，对加强红色资源保护利用、依托红色资源发展红色旅游、打响“红色文化”旅游品牌、推进红色教育培训等提出了指导意见。具体政策法规情况如表 8-1 所示。

表 8-1　赣州部分红色基因传承弘扬保障的政策法规情况

序号	文件名称	出台部门	出台时间
1	赣州市发展全域旅游总体规划	赣州市人民政府	2021 年
2	红色旅游区专项规划	赣州市人民政府	2021 年
3	赣州市革命遗址保护条例	赣州市人大常务委员会	2019 年
4	赣州市烈士纪念设施抢救保护工作管理办法	赣州市人民政府	2016 年
5	赣州市英雄烈士纪念设施保护管理办法	赣州市人民政府	2021 年
6	关于进一步加快红色旅游发展的实施意见	赣州市委办公室	2018 年
7	关于加快文化强市建设的实施意见	赣州市委、市政府	2019 年
8	关于支持红色教育培训事业发展的若干措施	赣州市委办公室、市政府办公室	2020 年

资料来源：根据赣州市历年政府工作报告整理而得。

四是推动区域合作。整合资源，共推精品线路，赣州深化与红色文化资源富集地区的区域合作。2017 年起连续与遵义、延安、桂林等市举办多届“红军长征论坛”，通过论坛凝聚起更加广泛的思想共识、积聚更加深厚的革命情谊、汇聚更加磅礴的前行力量，丰富合作内容，拓展合作领域。2019 年赣州、遵义、延安三市党委政府联合举办赣州、遵义、延安长征文化旅游（北京）推介暨新闻发布会，并签订《文化旅游合作框架协议》，共同弘扬长征精神，打造长征文化品牌，推动红色文化与旅游融合发展。由江西省人民政府、湖南省人民政府共同主办的“2019 红色旅游博览会暨中国红色旅游推广联盟年会”在江西瑞金举行，为推动湖南和江西两省红色旅游的融合以及高质量发展提供强大的精神力量。此外，2019 年“长征沿线红色旅游城市联盟第二届年会”在江西于都举行，长征沿线 14 省（自治区、直辖市）35 个县市分管领导和文化旅游、党史部门负责人等参加会议，有力促进赣州红色旅游品牌的打造，提升红色旅游城市品位。

红色旅游专列进瑞金

（二）注重研究阐释，红色文化研究传播走深走实

十年来，赣州立足新时代，切实把握赣南红色历史脉络，着力研究发掘和阐释赣南红色文化的重大意义、思想内涵以及时代价值，促进红色文化研究传播不断提质升级。

一是深入开展系统研究。赣州依托丰厚的红色资源，借助全国的学术资源和研究力量，发挥市县党史部门、社会研究机构作用，加强红色文化的基础理论阐释。赣州坚持把红色文化纳入社科课题进行研究阐释，先后立项历史上第一个中宣部马克思主义理论研究和建设工程重大委托课题“从瑞金溯源：为人民打天下，为人民治国家——中国共产党苏维埃红色政权道路的探索实践与现实启示”，“中央苏区时期党的政治建设研究”等 13 项国家社科基金项目，“赣州市红色文化挖掘、保护和利用的现

首届瑞金论坛——学习中国共产党的历史学术研讨会

状与思考研究”“习近平新时代中国特色社会主义思想在赣州的实践研究”“苏区精神的传承与弘扬研究”等6项赣州市经济社会发展重大研究课题（江西省社科规划地区基金项目）。市委主要领导在《求是》《人民日报》刊发理论研究成果文章，进一步巩固苏区精神在中国革命精神链条中的重要地位。加强对苏区精神、长征精神等的研究概括和内涵提炼，先后举办长征精神、“革命先辈后代苏区行与当代中国学术研讨会”、“阐释苏区精神 传承红色基因助推振兴发展——学习习近平总书记视察江西、赣州重要讲话精神座谈会”、“人民共和国从这里走来——庆祝中华人民共和国成立70周年”、“纪念中央革命根据地创建暨中华苏维埃共和国成立九十周年座谈会”、“践行习近平调查研究重要论述 推动革命老区高质量发展专题座谈会”、“毛泽东寻乌调查90周年理论研讨会”、苏区精神和苏区干部好作风等系列理论研讨会，编辑出版《永恒的初心——赣南苏区红色故事》《中国苏区简史》《中央苏区简史》等一系列理论研究成果，推动红色文化在新时代绽放光芒。具体研究著作情况如表8-2所示。

表8-2　赣南苏区振兴出版红色文化研究著作情况

著作	出版时间	作者	出版社
《赣南苏区史——通俗读本》	2013.12	张孝忠	中共党史出版社
《浩然正气 风范永存——苏区干部好作风故事集》	2014.03	中共赣州市委党史工作办公室	内部资料
《红色画典:〈红色中华〉漫画通览》	2015.07	阳振乐	中共党史出版社
《红色基因代代传》	2016.04	中共赣州市委党史工作办公室及赣州军分区政治部	内部资料
《中国共产党赣州历史大事记》	2017.12	中共赣州市委党史工作办公室	中共党史出版社
《永恒的初心——赣南苏区红色故事》	2018.06	中共赣州市委党史工作办公室及市委宣传部	中共党史出版社
《赣州城外响春雷——大埠农民武装暴动90周年纪念文集》	2018.10	中共赣州市委党史工作办公室及赣县区委合编	中共党史出版社
《赣州改革开放40周年大事（1978.12—2018.12）》	2019.08	中共赣州市委党史工作办公室	中共党史出版社
《中央苏区简史》	2019.01	胡日旺	中共党史出版社
《中国苏区简史》	2019.01	陈安	中共党史出版社
《人民共和国从这里走来——中央苏区在赣南》	2020.06	中共赣州市直属机关工作委员会及市委党史工作办公室	内部资料
《从中央苏区走出的开国将帅》	2020.11	中共赣州市委党史工作办公室	内部资料

资料来源：根据赣州市委党史研究室提供的资料整理。

二是加大宣传阐释力度。赣州注重守正创新，精心策划主题，加强整体策划，统筹网上网下、内宣外宣、传统媒体和新媒体，生动传播红色文化。围绕习近平总书记视察赣州讲话精神、新中国成立70周年、建党100周年、长征胜利80周年等重要时间节点，举办“重走长征路”“永远的长征”等国家级大型主题活动。充分利用报纸杂志、广播电视、新闻网站等主流媒体，开设专题专栏专页，组织主题采访活动，制作《苏区史话》等一批精品节目，加大红色基因宣传力度。利用互联网平台传播红色文化，每年邀请人民网等中央权威新闻网站走进赣州开展网络媒体大型主题宣传活动，通过“赣州发布”官方微博、“客家新闻网”微信公众号等新媒体平台开展“我帮红色家乡上头条”有奖随手拍、纪念“三个 90 周年”微博红色故事接龙等活动。

（三）注重宣传教育，红色基因铸魂育人功能不断提升

十年来，赣州市充分发挥红色文化的精神引领、思想启迪和发展赋能作用，用好红色资源，教育引导广大干部群众赓续红色血脉。

一是筑牢党员干部理想信念。赣州全面深化干部党性教育，积极推动红色教育进机关，用本地红色文化资源加强干部党性教育，市委建立“每月学习日”制度，深化“3+X”学习模式，将弘扬红色文化、传承红色基因与学习宣传贯彻习近平新时代中国特色社会主义思想相结合并作为党委（党组）中心组和基层党组织学习日的标配内容。赣州市委党校充分发挥干部教育培训主渠道和党员领导干部党性锻炼熔炉作用。

二是厚植青少年爱党爱国爱社会主义情怀。赣州坚持从娃娃抓起，深入实施“红色基因代代传”工程，把红色基因传承有机融入教育教学、学生评价、社会实践全过程。结合地方红色文化资源，积极开发校本教材，如章贡区天竺山小学的《红色记忆》、兴国县的《红色基因代代传》、于都长征源小学的《长征》等，同时注重学科渗透，落实学科核心素养。课堂是立德树人的主阵地，赣州坚持将本地红色文化资源融入各学科教学中，学校领导带头进思政课堂、历史课堂，讲好红色小故事、音乐课教唱红色歌曲、美术课用剪纸和绘画呈现红色人物和红色情境、阅读课，开展红色书籍读书分享交流会等，让每一名中小学生感受红色文化的熏陶，传承红色基因，如南康区东山小学积极探索“音乐思政课”“情景微党课”等多种党史学习方式，教育引导学生一起探寻歌曲背后的革命故事，将红色资源融入思政课堂、育人实践，切实提高“四史”学习效果。

三是引导广大群众听党话感党恩跟党走。赣州坚持红色基因传承热在基层、热在群众，在推动凝聚党和人民群众精诚团结、共同奋斗的强大伟力。持续深化党史、新中国史、改革开放史、社会主义发展史宣传教育，引导人们知史爱党、知史爱国。宣传部门、共青团、妇联、文联等政府职能部门和事业单位发挥各自职能优势，广泛开展读红色书籍、听红色故事、唱红色歌曲、观红色影剧等群众性活动，唱响红色主旋律。例如，赣州市妇联组建“赣鄱红色娘子军”宣讲团、“赣南新妇女”运动宣讲团等多支巾帼志愿队伍，创新理论宣讲、传承红色基因。各级各类高校还借助传统节日、重大纪念日开展红色主题教育活动，如结合三月雷锋月、四月清明祭扫、六一红色游园和喜迎建党 100 周年、国庆节等，将红色资源融入“红领巾心向党 红色家书永传承”“传承红色基因 争做时代新人”“我与团旗合个影”“全民比心”等主题活动中，深化学生对社会主义核心价值观和红色文化的认识，全面激活红色基因。

二、深入推进红色基因传承的主要成效

十年来，赣州市坚持整体推进红色基因传承工程，着力做好红色资源保护、抢救、开发工作，创

新红色基因传承方式，加强红色文化产品、红色旅游产品研发推广，打造各级各类的红色基因传承平台和项目，在夯实红色基因传承条件的基础上，已经实现了创新突破，取得了超预期的成效。

（一）坚持整体推进，红色资源保护有力有效

一是着力推进革命遗址保护修缮。截至2021年底，赣州市共有革命遗址688处775个点，通过深入实施《赣南等原中央苏区革命遗址保护规划》（2014—2016年），2014—2017年赣州争取上级文保资金3.54亿元，353处革命遗址修缮工程顺利推进。在烈士纪念设施方面，2011年以来，赣州市委、市政府共投入6亿余元专项资金，对赣州市5.3万余座零散烈士纪念设施进行全面的抢救保护。2017年，宁都县小布镇革命遗址保护利用与特色小镇建设相结合的模式，荣获中国文物保护基金会文物活化利用十大优秀项目奖。赣州积极开展革命文物保护利用示范县创建，2022年，于都、瑞金两地被评为省级革命文物保护利用示范县创建单位。2012年以来，赣州市共完成两批不可移动革命文物名录核定申报工作，共公布618处不可移动革命文物名录，革命遗址整体保护利用成为全国革命文物保护利用的样板。

二是着力推进苏区文化史料抢救性保护。赣州组织专家学者对苏区历史典籍、档案、文献、故事、歌谣、戏剧、标语、漫画以及各类影像资料进行抢救性搜集、整理与保护，使珍贵的赣南红色文化遗产成为爱国主义教育的重要内容。2017年赣州启动“最后的红军”口述史项目，前往全国各地采访近百位健在的老红军、红军失散人员和老苏区干部，做好红色档案、红色歌谣、红色标语等的挖掘、整理、修复等工作，如加强对红色标语的全面普查，完成3 351条红色标语的普查和评级工作，“于都县红军标语保护与利用”入选2019年全国革命文物保护利用优秀案例。

三是着力推进长征国家文化公园赣州段建设。长征国家文化公园赣州段建设启动后，赣州坚持“精心规划、精致建设、精细管理、精美呈现”，按照“穿点成线，连线成面”的思路，在全省率先编制《长征国家文化公园赣州段建设保护规划》，规划确定长征国家文化公园赣州段以于都、瑞金等县（市、区）为主体范围，建设一批重点展示园、集中展示带和多个特色展示点，打造管控保护、主题展示、文旅融合、传统利用等4类功能区，推进保护传承、研究发掘、环境配套、文旅融合、数字再现、教育培训等重点工作，努力打造红色基因代代传的精品工程。为加强对长征国家文化公园重点建设项目的规划把关，长征国家文化公园赣州段建设工作领导小组办公室还报请江西省长征国家文化公园建设工作领导小组办公室组织省市旅游、党史、建筑设计、自然资源、生态环境等领域的专家，先后对信丰百石长征第一仗体验园、寻乌罗塘谈判红色体验园、瑞金中央红军长征决策和出发重点展示园等重点项目规划设计方案进行评审。同时坚持边规划、边建设、边见效的理念，让能动的项目先动起来，截至2022年7月底，赣州市有25个项目纳入国家、省级规划，纳入省级调度的重点项目23个，全面启动的项目22个，开工率达96%，已完成投资额27亿元。

（二）创新多元融合，红色资源利用形态不断丰富

一是红色经济发展有创新。赣州市依托丰富的革命文物资源，制定推动红色名村建设相关政策，统筹整合各部门政策、资金、项目、人才资源。截至2021年底，赣州市高标准打造120个市级以上红色名村，把红色名村建设成为乡村振兴示范村，红色名村共发展致富产业371个，推出乡村红色旅

大余南方红军三年游击战争纪念馆

游线路 122 条，创建省 3A 级以上乡村旅游点 12 个，培育党员创业致富带头人 756 名，红色名村建设带动 3.2 万余名群众就业、致富，平均村集体经营性收入达 58.44 万元。

二是红色文化与旅游融合有品牌。赣南依托革命旧址文物，创新打造了“童心永向党”“重走长征路”“红色小导游”等红色研学社教品牌，开发打造了“十七棵松”“一生守望”“红井思源”等红色研学品牌课程，依托赣粤省委旧址群打造了会昌“风景独好小镇”、依托官田兵工厂旧址群打造了兴国“军工小镇”、依托红军长征步道打造了于都祁禄山红军小镇、依托近现代革命历史打造了“方特东方欲晓乐园”等红色旅游产品。“红色摇篮·革命赣南”精品线路入选国家“建党百年红色旅游百条精品线路”，“红色故都”“中央红军长征出发地”等品牌叫响全国，引导广大党员干部、青少年感悟初心使命和信仰的力量，让红色文化深入人心。

三是红色旅游发展有成绩。十年来，赣州全力做好红色文化与旅游融合发展这篇文章，特别是 2019 年 5 月 20 日，习近平总书记亲临赣州视察并参观于都中央红军长征出发纪念馆，红色旅游迎来“井喷式”发展。截至 2021 年底，赣州市共有星级饭店 83 家、客房数 10 549 间、16 856 张床位，入住率达 55.17%，红色旅游逐渐成为赣州经济高质量发展的新增长点和赣南苏区振兴发展的有力支撑。十年来，红色旅游人数从 2011 年的 718.6 万人次增加到 2021 年的 6 348.7 万人次，较 2020 年同比增长 56.37%；红色旅游总收入从 2011 年的 50.7 亿元增加到 2021 年的 613.52 亿元，较 2020 年同比增长 70.42%，详见表 8–3。赣州市红色旅游 A 级景区由 2011 年的 1 处（3A 级景区[①]）增加到 2021 年的 9 处，

① 于都县中央红军长征出发地纪念园。

在于都中央红军长征出发地纪念园开展庆祝建党百年活动

其中5A级景区[①]1处，4A级景区[②]5处，3A级景区[③]3处，纳入全国红色旅游经典景区2处。

表8-3　2011—2021年赣南苏区红色旅游人次和收入情况

年份	红色旅游人数（万人次）	红色旅游人数同比增长（%）	红色旅游收入（亿元）	红色旅游收入同比增长(%)
2011	718.60	35.08	50.70	38.90
2012	814.00	13.28	57.96	14.32
2013	977.04	20.03	70.20	21.12
2014	1 224.23	25.30	91.66	30.57
2015	1 521.02	24.24	133.75	45.92
2016	1 826.91	20.11	169.74	26.91
2017	2 668.69	46.08	250.85	47.78
2018	3 865.06	44.83	347.68	38.60
2019	5 940.30	53.69	564.80	62.45
2020	4 060.00	-31.65	360.00	-36.26
2021	6 348.70	56.37	613.52	70.42

资料来源：根据赣州市文化广电新闻出版旅游局提供数据整理而得。

① 瑞金共和国摇篮景区。

② 宁都翠微峰景区、兴国县苏区干部好作风纪念园、宁都小布镇景区、于都县中央红军长征出发地纪念园、“浴血瑞金”景区。

③ 中共中央政治局、中央军委旧址，兴国黄隆顺客栈四星望月文化景区，石城县阻击战纪念园景区。

案例 1

全国首座红色文化高科技主题公园——赣州方特东方欲晓主题公园

赣州方特东方欲晓主题公园由华强方特集团与赣州市人民政府共同打造，是江西省内第一座方特主题公园，也是华强方特旗下首座以红色文化为主题的大型高科技主题公园。园区占地近 40 万平方米，总投资 30 多亿元，以百余年来中华民族的奋斗征程为背景，综合运用 AR、VR、全息投影、高清巨幕、球幕、旋转平台、动感轨道船等技术手段，重点打造六大历史主题区域和众多大型红色文化主题项目。为全景式展现中国近现代时期独具特色的社会风貌和人文风情，赣州方特东方欲晓主题公园设计建造“王朝印记”“都会记忆”“峥嵘岁月”“激情岁月”“天高云淡”“欢乐港湾”等六大分属不同时代的主题区域。从刷着“十万工农下吉安”红军宣传标语的瑞金街，到设有“东商洋货”和“宝丽唱片行”的“十里洋场”上海街、京味十足的北平街、港风浓郁的香港街，逼真的时空穿越感让游客身临其境、流连忘返。颠覆传统的爱国主义展览形式，全景式演绎中华民族寻求国家独立和民族复兴的近现代历史，展现了中国近现代时期独具特色的社会风貌和人文风情，展示了中华民族砥砺奋进的历程，为广大游客带来红色旅游新体验。

四是红色题材创作有精品。赣州市实施红色文艺精品创作工程，大力扶持重大现实题材、革命题材、历史题材的文艺创作，以文化人、以文育人，引导人们学习党史、缅怀先烈、传承信仰。赣州市

《八子参军》

先后编辑出版《永恒的初心——赣南苏区红色故事》《中央苏区简史》等一批理论研究成果，推动红色文化在新时代绽放出更加璀璨的光芒。赣南采茶歌舞剧《山歌情》《八子参军》《永远的歌谣》获中宣部“五个一工程奖”，被誉为“红色三部曲”。《展翅之初——人民共和国从这里走来》等8集专题节目在央视《国宝档案》栏目连续推出。26集红色文化启蒙教育动画系列片《红游记》被国家新闻出版广电总局评为2017年国产优秀动画片。大型革命历史题材采茶戏《杜鹃哩咯红》参加2018年全国基层院团戏曲会演。根据赣南《八子参军》真人真事改编并拍摄的电影《八子》，被列为“庆祝新中国成立70周年献礼影片”，获“2019国防军事电影盛典优秀扶持影片”奖。赣南采茶戏《一个人的长征》入选中宣部、文化和旅游部、中国文联庆祝中国共产党成立100周年优秀舞台艺术作品展演剧目，入围参评中宣部“五个一工程”奖、文化和旅游部“文华”奖。具体获奖情况如表8-4所示。

《一个人的长征》

《永远的歌谣》

表8-4 赣州市部分红色精品剧目获奖情况

剧目名称	剧目创作年份	剧目获奖明细
《八子参军》	2011	中宣部第十二届精神文明建设“五个一工程”奖（2012）、2010—2011年度国家舞台艺术精品工程年度资助剧目（2012）、文化部第十四届“文华优秀剧目奖”（2013）、2011—2012年度国家舞台艺术精品工程重点资助剧目（2014）、第四届全国地方戏（南方片）优秀剧目奖（2014）、国家艺术基金传播交流推广资助剧目（2014）、文化和旅游部“庆祝中国共产党成立100周年舞台艺术精品创作工程”（2020）
《永远的歌谣》	2014	国家艺术基金舞台艺术创作资助项目（2015）、主演杨俊荣获第二十七届中国戏剧“梅花奖”（2015）、中宣部第十四届精神文明建设“五个一工程”奖（2017）、第十届江西“玉茗花”戏剧节“玉茗花”大奖（2017）
《一个人的长征》	2021	文化和旅游部“庆祝中国共产党成立100周年舞台艺术精品创作工程”（2020）、文化和旅游部剧本扶持工程项目（2020）、江西省委宣传部“江西省文艺精品创作资助项目”（2020）、江西文化艺术基金重点扶持剧目（2020）、入选中宣部、文化和旅游部、中国文联庆祝中国共产党成立100周年优秀舞台艺术作品展演剧目（2021）、国家艺术基金“庆祝中国共产党成立100周年大型舞台剧和作品主题创作资助项目”（2021）、江西文化艺术基金传播交流推广资助项目（2021）

资料来源：根据赣州市文化广电新闻出版旅游局提供数据整理而得。

（三）突出成果运用，红色基因传承实践载体更加丰富

传承红色基因，重在实践。十年来，赣州市以建设红色基因传承示范区和打造全国著名的红色旅游目的地为目标，着力打造实践载体，努力把红色文化资源优势转化为推动高质量发展的经济资源和发展资源。

一是教育基地建设有亮点。十年来，赣州市推出中央红军长征出发地纪念园、毛泽东寻乌调查纪念馆、宁都县中央苏区反“围剿”战争纪念馆、大余南方红军三年游击战争纪念馆、会昌“风景独好园”等“红色地标”。建设一批“党性教育基地”“廉政教育基地”“红色研学基地”，相继建成运营瑞金红源记忆教育培训基地、兴国国防教育基地、兴国红领巾少年军校、于都初心纪等一批红色教育培训、研学基地。截至 2021 年底，赣州市有国有博物馆（纪念馆）20 家，非国有博物馆 5 家；赣南建成 87 个市级以上爱国主义教育基地，其中国家级爱国主义教育基地 6 个、位居全国设区市前列；建有县级以上青少年社会实践基地、党员干部培训教育基地或现场教学点 88 个，其中国家部委、井冈山干部学院等全国 100 多个部门单位（院校）在瑞金建立现场教学点、成立爱国主义和革命传统教育基地；瑞金已有红色教育培训机构 62 家；兴国投资 7 000 余万元建成了可容纳 400 余名学员的国防教育基地；于都成立“雩都长征学院”，基本形成层次分明、内容丰富的爱国主义教育基地网络。

二是红色教育培训有突破。赣州市红色教育培训注重挖掘革命文物中蕴含的文化内涵，利用革命遗址大力开展红色文化研学培训，开启红色资源转化利用的新篇章，推动发展面向党员干部及企事业单位群体的党性教育、面向学生群体的红色研学实践、面向游客群体的红色旅游、面向大众群体的红色文化教育。2021 年党史学习教育开展以来，赣南大力弘扬苏区精神、长征精神，广泛开展“永远热爱党，永远跟党走”等主题教育，走进瑞金叶坪革命旧址群、红井景区等党史学习大课堂、传统教育主阵地，有超过 10 万人次党员干部来到赣南各地红色景点瞻仰缅怀英烈，接受革命传统教育，在沉浸式体验中汲取红色养分，每年接受红色教育的中小学生达 127 万余人次。其中，于都组织 9 万余名中小学生参与了“线上 + 线下”“追寻红色足迹”研学活动；瑞金将红色教育培训纳入旅游产业奖励扶持范围，研发《一生守望》《红都精神代代传》等一批特色课程和教材；中小学生开展以“五个一”（阅读一本红色经典书籍、演唱一首红色金曲、游览一回红色圣地、认护一件红色文物、争当一次红色小导游）为主的“红色文化育新人”活动，全方位、立体式增强思想政治教育实践；先后有百所学校 3 000 多名学生经过筛选和培训成为“红色小导游”。赣县区城关小学创建的“6+1”育人模式，被推广至赣县区各级各类学校，其经验做法获新华社报道，阅读点击量达 100 余万次。

小学生在于都长征渡口接受革命传统教育

案例 2

赣县区红色文化教育“6+1”育人模式

在 2021 年的党史学习教育中，赣县区城关小学创立红色文化教育“6+1”育人模式。红色文化教育“6+1”模式以“传承红色文化 厚植家国情怀”为主题，包含“知”和“行”两部分。“知”部分采用“读、写、演、唱、绘、寻”六种形式开展红色文化教育，即“诵读红色经典、书写红色作品、演绎红色故事、唱响红色歌曲、描绘红色画卷、追寻红色足迹”；“行”即“践行红色精神”，主要是通过组织实践活动引导师生在“知行合一”中厚植家国情怀，为培养德、智、体、美、劳全面发展的社会主义建设者和接班人奠定坚实基础。践行红色精神活动开展以来，赣县区 300 多所学校、幼儿园组织开展“党史宣讲进社区”“我为小区做值日”“保文创卫在行动”“我为群众办实事”等实践活动 900 多次，参与学生 5 万多人次，掀起人人争做红孩子、人人愿做好少年的热潮。

三是红色宣传活化有影响。十年来，赣州市一共举办主题培训班 371 期，培训各级各类干部 33 222 人次，为推进赣州市加快转型发展培养一支高素质的干部队伍；开展新时代文明实践巾帼志愿服务活动共计 2 000 余场，文联借助“万名文艺家下基层”——江西省文联系统“名家讲堂”“文艺轻骑兵”活动，组织文艺志愿者深入赣州市各县（市、区）新时代文明实践中心（所、站），开展慰问演出、文艺讲座等 63 场文艺志愿服务活动，让老区群众深切感受红色文化的巨大力量和祖国发展带来的繁荣景象。在党史学习教育中，中宣部总结赣州市“3+X”理论学习规范化制度化科学化经验做法，依托《宣传工作》《每日要情》两大内刊向全国推介；以学习贯彻习近平总书记视察江西和赣州重要讲话精神、中宣部组织开展“壮丽 70 年·奋斗新时代——记者再走长征路”大型主题采访活动为契机，在中央主要新闻媒体刊发稿件 1 062 条（篇），创下历史新高，在全国掀起宣传赣州市的高潮。红色旅游宣传广告在央视 1 套、4 套、9 套、13 套全面播出，实现线上线下全媒体宣传，打造处处有赣州旅游的好形象、好声音。

赣州市连续六年举办文化惠民周活动，让市民享受精彩文化盛宴

三、展望

党的十八大以来，习近平总书记就革命精神传承弘扬、革命文物保护利用发表一系列重要讲话，

作出一系列重要指示批示，特别是 2021 年 6 月 25 日，习近平总书记在中央政治局第三十一次集体学习时强调，要用心用情用力保护好、管理好、运用好红色资源，教育引导广大党员、干部赓续红色血脉，做到学史明理、学史增信、学史崇德、学史力行，把革命先烈流血牺牲打下的红色江山守护好、建设好。党的十九届六中全会通过的《中共中央关于党的百年奋斗重大成就和历史经验的决议》要求，“赓续党的红色血脉，弘扬党的优良传统”。习近平总书记高度重视用好党的红色资源，为我们做好红色基因传承提供了发展遵循。

习近平总书记在江西视察时，深情讲述红土地上的红色记忆和革命先烈的故事，并对江西省作出“推进红色基因传承”的重要指示。为深入贯彻落实习近平总书记关于“推进红色基因传承”的重要指示精神，江西省第十五次党代会明确提出，要充分发挥红色资源优势，赓续红色血脉，擦亮红色品牌，建设全国红色基因传承示范区。2021 年底，江西省印发《中共江西省委关于深入推进红色基因传承的意见》，围绕建设全国红色基因传承示范区提出发展目标。

（一）进一步科学保护利用，确保红色资源代代相传

在赣州市开展红色资源普查登记工作，启动编制《赣州市红色资源保护与开发利用总体规划》，建立红色资源名录。开展系统征集整理，加强革命历史类博物馆、纪念馆、党史馆、烈士陵园等场所可移动革命文物的收藏、定级、保管和数字化展示。开展红色资源大数据体系建设，打造红色基因“云平台”，打造全国爱国主义教育示范基地、推动全国重点文物保护单位申报和红色旅游高质量发展，进一步发挥和革命文物的培根铸魂功能，提升文物活化利用水平，增强红色旅游的互动体验。重点抓好革命文物保护维修工作，注重挖掘革命文物的深厚文化底蕴，用文物讲述红色故事，对瑞金中央苏区旧址等革命历史类纪念设施、遗址和英雄烈士纪念设施、革命文物繁荣保护修复修缮。

（二）进一步深化研究阐释，做好党政决策咨询服务

赣州市要弘扬传承红色文化，把红色资源作为坚定理想信念、加强党性修养的生动教材，持续深化苏区精神研究，积极争取全国红色基因传承研究中心的支持，探索成立中央苏区红色文化研究院，统筹研究力量，强化研究规划，定期举办高端论坛，立足新时代对红色基因传承进行系统、全面和深入的研究。在政策保障、组织管理、经费投入等方面给予大力支持，通过项目合作、驻所研究、联合调研等形式深化合作。支持办好红色主题学术研究刊物。在哲学社会科学研究规划中设立红色基因传承专项研究课题，推出在全国有影响的理论成果，为各级党政决策提供资政建议和智力支持，巩固好苏区精神在中国共产党人的精神谱系中的重要地位。

（三）进一步弘扬革命传统，促进红色基因铸魂育人

充分用好红色资源，教育引导广大党员干部赓续红色血脉，筑牢党员干部理想信念。推动红色文化与廉政文化相融合，推动政治生态持续向善向好。厚植青少年爱党爱国爱社会主义情怀。创新教育理念、方式和载体，使红色基因传承从娃娃抓起，引导广大青少年从小树立共产主义远大理想。引导广大群众听党话、感党恩、跟党走。持续深化党史、新中国史、改革开放史、社会主义发展史宣传教育，引导人们知史爱党、知史爱国。

（四）进一步扩大宣传攻势，提升红色文化品牌价值

赣州是原中央苏区所在地、共和国摇篮和中央红军长征出发地，红色资源丰富、价值高、影响力大，是全国革命文物保护利用的样板示范区。紧紧围绕重大节日、重要节点，精心策划庆祝或纪念活动，引导人们在主题教育实践中汲取红色养分。加强公益宣传平台建设，制作刊播一批公益广告、主题海报，在城市地标策划推出红色主题灯光秀，营造浓厚红色氛围，助力建设区域文化名城。用好大报大台大刊、传统媒体和新媒体，进行赣南红色文化宣传推广。加强区域交流合作，深入主要红色教育培训、红色文化旅游客源地进行宣传推介，积极参与中国（江西）红色旅游博览会，唱响红色文化品牌。

（五）进一步加强融合创新，赋能革命老区振兴发展

充分挖掘红色资源富矿，努力把红色文化资源转化为推动高质量发展的经济资源和发展资源。建设红色旅游融合发展示范区，实施红色旅游提升工程，促进红色旅游与乡村旅游、生态旅游等业态融合，推进红色教育培训事业高质量发展，打造全程沉浸式的红色文化体验，推动赣南苏区特色文化旅游品牌提档升级。打造一批“文化＋文创”“文化＋数字”“文化＋影视”等高附加值的红色文创产品、旅游直播项目和精品宣传片，推动红色文化产业创造更多的经济收益，造福老区人民。国家长征文化公园是以长征文化资源为支撑，以传承红军革命传统、弘扬长征精神为主题的国家级公园，要充分依托赣州市革命文物和文化资源集中的独特优势，积极推动长征革命文物保护体制机制创新，构建文物安全的保障，让长征文物“活起来”，打造革命文物保护利用传承的样板区，为推动实现中华民族伟大复兴的中国梦凝聚精神力量。

09 赣南苏区党建工作报告

摘要：自《国务院关于支持赣南等原中央苏区振兴发展的若干意见》出台实施以来，赣州市各级党组织和党员干部坚持以习近平新时代中国特色社会主义思想为指导，捍卫“两个确立”、践行“两个维护”，思想自觉、政治自觉更加坚定，政治建设坚强有力，党建质量整体提升，干部队伍素质能力有效增强，党建责任链条拧紧压实，党建与中心大局融合互促，政治生态风清气正。与此同时，认真总结抓党建的工作启示，提出未来工作展望，持续推动全面从严治党向纵深发展，坚持以高质量党建引领保障革命老区高质量发展示范区建设。

关键词：党的建设　苏区振兴　赣南苏区

截至 2021 年底，赣州市辖 13 个县、3 个区、2 个县级市、3 个国家级经济技术开发区（赣州、龙南、瑞金经济技术开发区）、1 个国家级高新区（赣州高新区，位于赣县）、1 个城市新区（蓉江新区），284 个乡镇、9 个街道，3 462 个行政村、561 个社区（农村社区 240 个、城市社区 321 个）；基层党组织 15 495 个，党员 328 091 名。赣南等原中央苏区振兴发展政策实施以来，赣州市各级党组织坚持以习近平新时代中国特色社会主义思想为指导，全面落实党的十八大、十九大以及历次中央全会精神，深入贯彻习近平总书记视察江西和赣州重要讲话精神，认真落实新时代党的建设总要求和新时代党的组织路线，将党的政治建设摆在首位，全面推进思想建设、组织建设、纪律建设、作风建设、制度建设，深入推进反腐败斗争，着力提高党的建设质量，为建设革命老区高质量发展示范区提供坚强保证。

一、主要成效

新时代，党要统揽伟大斗争、伟大工程、伟大事业、伟大梦想，其中起决定性作用的是党的建设新的伟大工程。党和国家各项事业发展如此，地方各项事业发展也是如此。党的建设成效，对赣州市各项事业发展成效起决定性作用。因此，赣州市委深入贯彻全面从严治党战略方针，按照新时代党的建设总要求，压实各级党组织管党治党政治责任，不断提高党的建设质量，为实现高质量发展提供引领和保障。

（一）党建质量整体提升

赣州市委始终坚持夯实基层基础，分领域、成体系推进基层组织建设，强化基本要素保障，切实把每个层级、每个领域、每个环节的党建工作抓具体、抓深入。在 2018 年、2020 年举办的江西省党务技能大赛中，赣州市获奖数量和获奖质量均列设区市第1名；赣州市基层党建述职评议考核结果连续数年位居全省前列。

被评为全国“人民满意的公务员集体”的赣南苏区振兴发展工作办公室领导干部深入实地，推进重大平台、项目建设

1. 坚持大抓基层基础

截至2021年底，赣州市基层党组织数由2016的13 632个增加到15 495个，增长13.67%，党员总数由2016年的299 781人增加至328 091，增长9.44%，其中，大专及以上学历党员占比由2016年的31.19%增加到2021年的41.48%，如表9-1所示。

表9-1　2016年和2021年赣州市党组织和党员数据及增长情况

指标	2016年	2021年	增幅
基层党组织数	13 632个	15 495个	13.67%
党员总数	299 781人	328 091人	9.44%
女党员数	51 105人	62 528人	22.35%
大专及以上学历党员数	93 516人	130 687人	39.75%

资料来源：由党内统计数据整理得到。

党员队伍结构持续优化，年龄分布更加均衡。截至2021年底，30岁及以下党员占比17.90%，31岁至50岁党员占比33.79%，49.19%的党员职业是农牧渔民。党员具体情况如图9-1、图9-2所示。

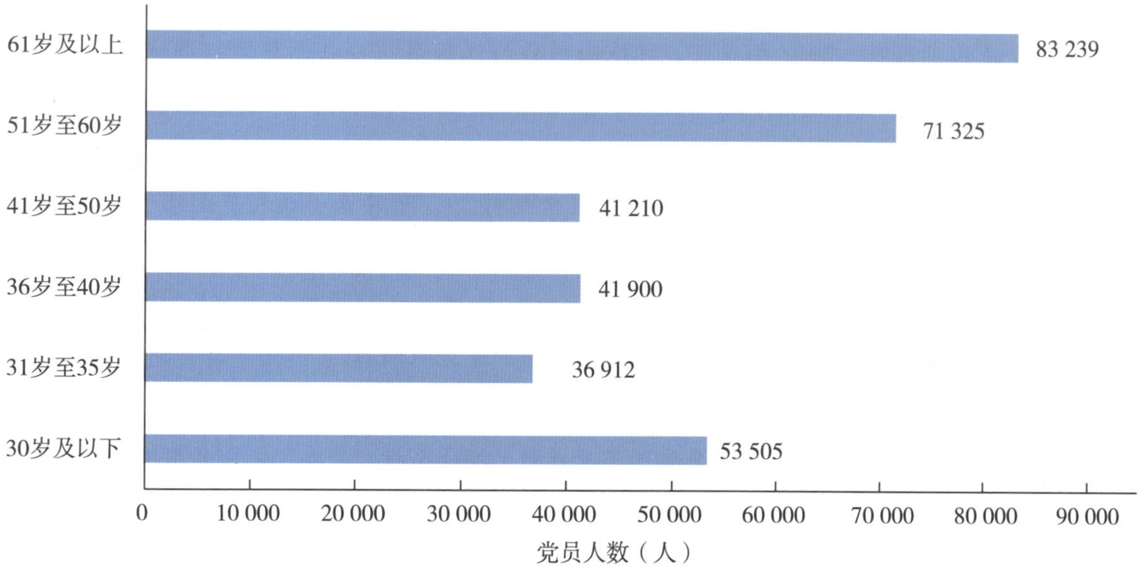

图9-1　2021年赣州市党员年龄区间分布情况

资料来源：由党内统计数据整理得到。

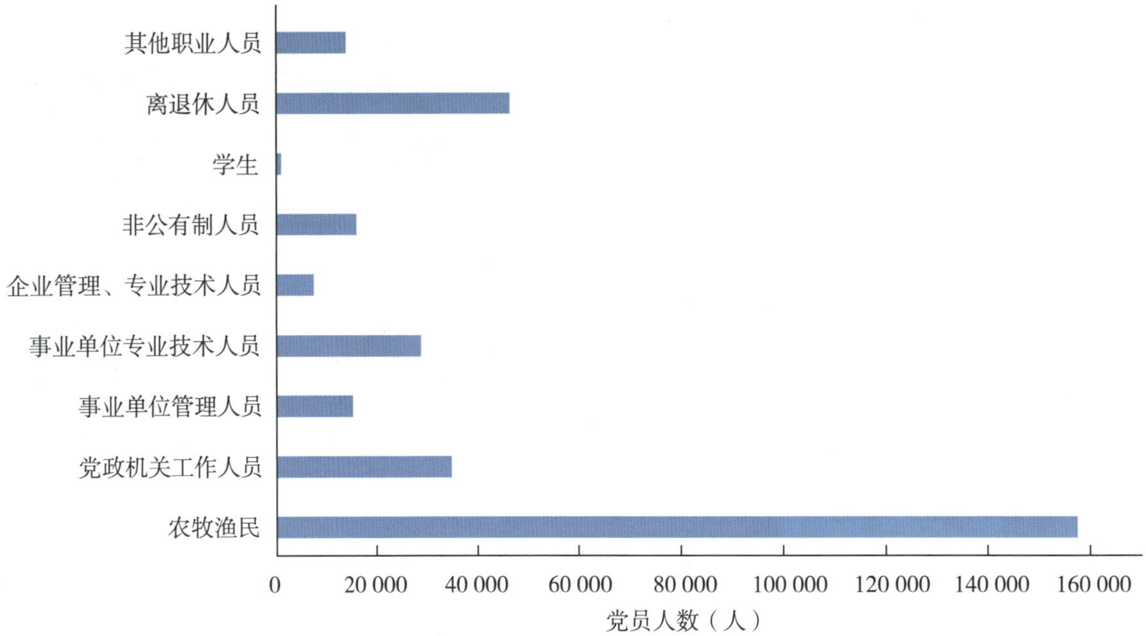

图 9-2　赣州市党员职业结构分布情况

资料来源：由党内统计数据整理得到。

案例 1

信丰县新田镇坪地山村抓党建促村集体经济提质增效

信丰县新田镇坪地山村四面环山，俗称“盆地山”。这里依山傍水，生态环境优美，2016 年有 239 户 1 080 人。然而，丰富的山水资源之前并没有给当地村民带来财富，村民仍然以传统农业种植、外出务工为生。产业发展落后，村民行路难、挣钱难是这个小村庄昔日的真实写照。2017 年以来，坪地山村作为江西省扶持壮大集体经济试点村，在各级党委、政府的大力扶持下，“脱胎换骨”，发展迅速，成为“一个全民参与、共享成果的‘富裕村’，一个环境优美、生态宜居的‘美丽村’，一个独具魅力、留住乡愁的‘文化村’，一个党群齐心、乡风文明的‘幸福村’”。近年来，该村获国家 3A 级旅游景区（2018）、江西省 4A 级乡村旅游点（2019）、“江西样板十大美丽乡村”、“江西省五十佳最具乡愁村庄”、“江西省书香村镇”、“江西省级乡村旅游重点村”、“江西省生态村”、“江西省民主法治示范村（社区）”、“赣州市文明村镇”、“信丰县先进基层党组织”等多项殊荣。

2016 年，作为全省发展壮大村集体经济试点村，坪地山村“两委”充分利用 100 万元扶持资金，撬动 126 户村民以土地使用权作价或现金方式共计 420 万元资金入股，村集体持股 20%，村民持股 80%，组建“信丰美丽山村生态旅游有限公司”，成立“坪地山村新农村建设理事会”，因地制宜发展乡村旅游产业，开发丛林漂流、水上乐园、欢乐谷等体验型和趣味性较强的旅游项目。旅游公司自 2018 年 5 月开业至 2021 年底，总收入超 600 万元，吸引游客超 120 万人次，每年村集体经济收入超 20 万元。2020 年，花历村、铜锣丘村出资入股旅游公司，抱团发展村集体经济。2021 年 10 月，坪地山村和江西可得文旅发展有限公司成功签订承包经营合同，五年内将投资超 2 千万元实施坪地山旅游景区升级改造，全力打造国家 4A 级景区。2022 年 1 月 24 日，该村召开信丰美丽山村生态旅游有限公司 2021 股东分红大会，拿出 120 多万元用于股东分红。

2. 坚持给足基本保障

赣州市委投入资金，对基层组织建设进行优先保障，大力发展壮大农村集体经济，督促 11 个市直单位出台支持措施，在江西省率先出台村集体经营性收入增长与村干部收入挂钩激励机制，积极探索形成 5 大类 30 种具体发展模式，大力实行“1+N+1”强村带弱村机制，全面推行联村发展、部门帮村、村企合作等发展模式。2016 年，赣州市农村集体经济“空壳村”占比为 48.28%。截至 2021 年底，所有村经营性收入均超过 10 万元，村均 34.57 万元，68.82% 的村超 20 万元，30.43% 的村超过 30 万元。赣州市村集体经济收入由 2016 年的 1.48 亿元增加到 2021 年的 15.68 亿元，5 年实现近 10 倍的增幅（见图 9-3）。

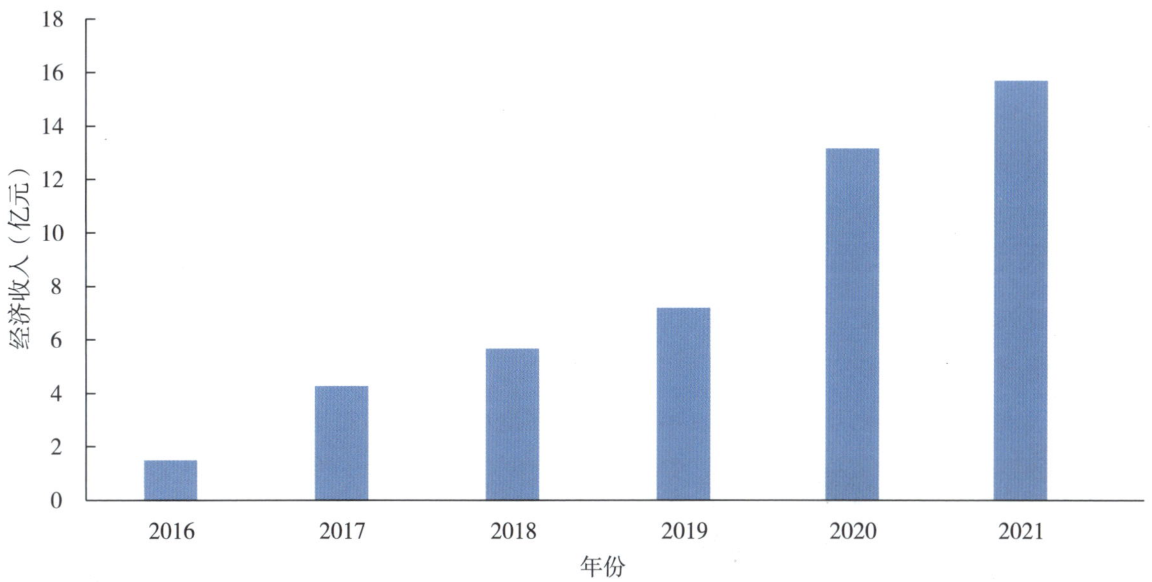

图 9-3　2016—2021 年赣州市村集体经济收入情况

资料来源：由党内统计数据整理得到。

赣州市持续实施村干部动力、能力、绩效“三提升”工程，2015 年至 2021 年，村（社区）书记、主任和一般干部的报酬待遇逐年增加，其中，村（社区）书记、主任报酬待遇由 2015 年的 1 300 元 / 月提高至 2021 年的 3 489 元 / 月，基本达到新任职公务员工资水平。2022 年，村（社区）书记、主任报酬待遇将达到 3 782 元 / 月，一般干部报酬待遇将达到 3 013 元 / 月（见图 9-4）。实行村书记分类管理，持续从“五方面人员”中选拔乡镇事业编人员、乡镇领导班子成员。2019—2021 年，从村（社区）干部中选拔乡镇班子成员 53 人、选聘乡镇事业编制干部 222 人。

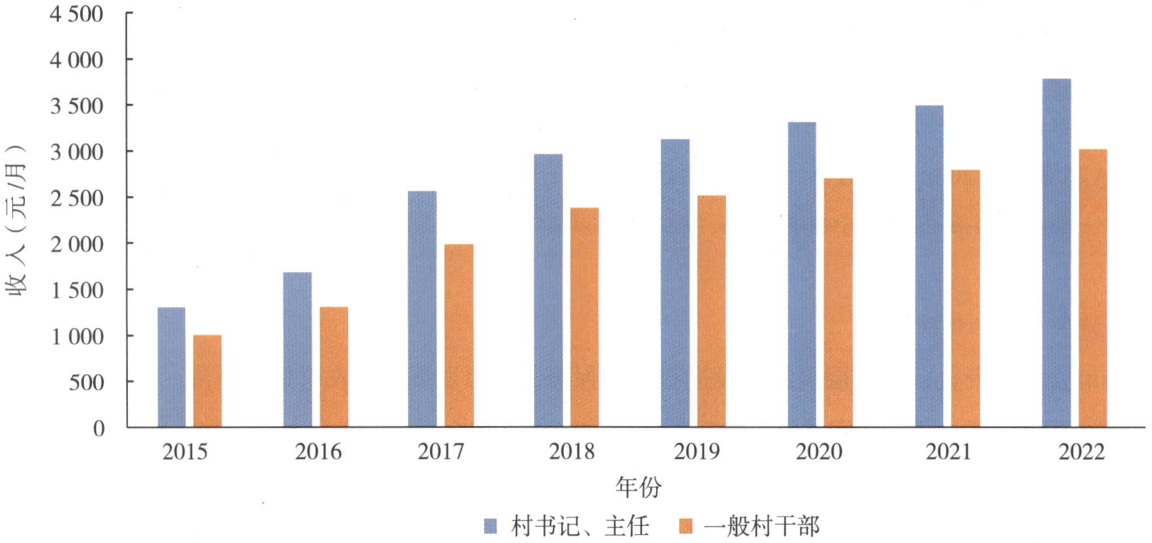

图 9-4　村干部收入待遇逐步增长

资料来源：由党内统计数据整理得到，2022 年为预计值。

（二）干部队伍素质能力有效增强

赣州市严格落实新时代好干部标准，认真做好干部培育、选拔、管理、使用工作，着力建设一支忠诚干净担当的高素质干部队伍。截至 2022 年 7 月底，赣州市共有市管干部 1 733 人，其中领导干部 1 234 人，职级或保留待遇干部 499 人。领导干部中，正处级 227 名，副处 1 007 名；县（市、区）582 名，市直单位 589 名，市属国企 63 名；42 岁及以下年轻干部有 176 人，43 ~ 45 岁的有 154 人，46 ~ 50 岁的有 379 人，51 ~ 55 岁的有 437 人，56 岁以上的有 88 人。全日制大学以上学历 431 人，大专学历 268 人，中专、高中及以下学历 535 人；女干部 201 人（其中市直单位党政正职 14 人、县长 3 人）；党外干部 123 人（其中市直单位正职 6 人）。

1. 大力培养高素质干部队伍

十年来，赣州市常态化开展正科级领导干部政治理论水平考试，打造 200 多个红色教育基地（教学点），与遵义、延安、龙岩、桂林建立“干部党性教育培训联盟”，与中国井冈山干部学院合作，提升干部党性教育培训质量。2018 年以来，赣州市本级共举办各类专题班 41 期，培训各级领导干部 4 200 余人次；选派干部参加上级专题培训班 82 期 900 余人次，有效提升领导干部专业化能力水平；建立双向跟班学习锻炼机制，共选派 7 批次 18 名干部到中

中华全国供销合作总社派驻寻乌县晨光镇高布村第一书记和村里的孩子们一起庆祝儿童节

央国家机关和央企挂职，10 批次 97 名优秀年轻干部到北京、上海、深圳、招商局集团等沿海发达地区及省级金融机构挂职，推动干部解放思想、开阔视野、提升能力。赣州市实施新时代干部教育培训课程“百年百课十佳”两年建设和基层干部教育培训“双百微课程”评选活动，推动新研发 332 门课程和 168 门微课程，其中 17 门课程入选全省好课程，处全省前列，初步构建起基层满意、门类齐全，富有赣州特色的干部教育培训课程体系；强化“江西干部网络学院”学用，8.5 万余名干部职工参与网络学习，实现学习对象全覆盖。

2. 坚持严管与厚爱相结合

赣州市先后出台“一个意见、两个办法”①，激励广大干部担当作为，加强正向激励，充分释放职务职级制度红利。2017 年以来，对 137 人、9 个单位予以“容错减责免责”，为受到错告、诬告的 526 人、70 个单位澄清正名，对影响期满、表现好的干部，符合有关条件的，该使用的及时使用，该重用的大胆重用，营造干事创业良好氛围；加强反向约束，明确“为官不为”情形、问责程序、不担当不作为负面清单等，加大不担当不作为干部“下”的力度；全面开展乡镇干部绩效考核工作，着力破解乡镇干部干与不干、干多干少、干好干坏一个样的问题，进一步稳定乡镇干部队伍。赣州市围绕解决乡镇干部留人难问题，率先实施乡镇干部夫妻跨县分居“团圆机制”，引导和激励干部人才向基层一线流动。

3. 细化量化书记履职考评

赣州市委每年开展基层党建工作述职评议考核，建立“平时考核 + 述职评议 + 专项考核”评价体系，将党建工作“项目化”“数字化”，每年对重点项目落实情况量化成数字指标，形成工作排名，供测评人员参考；将书记履职评价分为“过程评价和效果评价”两大块，实行常规工作与阶段性专项工作考核相结合，每一项都形成评分细则，全部量化成分值，做到“每一分都有凭有据”；明确考核综合考评等次为“好”的比例不超过 50%，未评到“好”等次的，其个人年度考核不能评为“优秀”，倒逼各级党委（党组）书记抓好主责主业，把功夫下在平时。

（三）政治生态持续向上向好

习近平总书记深刻指出：“政治生态好，人心就顺、正气就足；政治生态不好，就会人心涣散、弊病丛生。”推动赣南苏区振兴发展，关键在党，关键在人，事在人为。如果不能建设风清气正的政治生态，就会消磨广大党员干部的工作干劲和意志，甚至滋生歪风邪气。政治生态治理，是党风政风的源头治理、系统治理，是党的建设的重要内容。赣州市着重通过反腐败斗争，推动纪检监察体制改革，压缩消极腐败现象生存空间和滋生土壤，通过体制机制改革和制度创新促进政治生态不断改善。

1. 反腐败斗争取得压倒性胜利并全面巩固

赣州市严肃查处党员干部参与非法开采稀土、市属公职人员参与中心城区征地拆迁骗补等违纪违法行为，推动政法队伍教育整顿扎实开展，深入推进粮食购销领域腐败问题专项整治。坚持有逃必追，实现外逃公职人员“清零”目标，连续三次受到省追逃办通报表扬。在江西省率先出台统筹做好

---

① “一个意见、两个办法”即《关于改进工作作风提高工作效率的意见》《赣州市推进干事创业实行容错减责免责的办法》《赣州市领导干部“为官不为”问责办法》。

查办案件前后半篇文章的实施意见，分领域逐个推进治理，国企、金融、涉粮、工程建设等领域以案促改工作取得明显成效。加强廉洁文化建设，连续11年开展“廉政（洁）文化月”活动，“图说纪法”漫画巡展等参观人次过百万。

赣州市直单位党员干部接受党风廉政教育

2. 纪检监察体制改革成效明显

赣州市县两级监委挂牌成立，全面推行县级监委向乡镇派出监察机构，实现对所有行使公权力的公职人员监察全覆盖。持续深化派驻机构改革，市县两级纪委监委首次实现向同级党和国家机关派驻纪检监察机构全覆盖；市属企业、市属金融企业、市管院校稳妥完成纪检监察体制改革；以“六有”标准推进乡镇纪委标准化规范化建设，经验做法在全省推广，入选全省基层改革10佳典型案例、党的十八届三中全会以来全省40佳改革典型案例。建立健全纪委监委机关、派驻（出）机构、巡察机构协调沟通机制，推进“四项监督”统筹衔接。

（四）党建与中心大局融合互促

党的建设与经济建设、政治建设、文化建设、社会建设、生态文明建设是有机统一的。党的建设，引领和保障各项建设事业蓬勃发展、行稳致远。新时代，党要统揽“四个伟大”，其中起决定性作用的是党的建设新的伟大工程，但是，推进党的建设新的伟大工程的落脚点是实现中华民族伟大复兴的中国梦，也就是说党的建设要围绕和服务中华民族伟大复兴战略全局。同样的逻辑，赣州市的党建工作，必须围绕和服务赣州市的中心工作和发展大局。

1. 坚持抓党建促脱贫攻坚、乡村振兴

赣州市委坚持以党建凝聚起脱贫攻坚磅礴力量，2016—2020年，赣州市1.5万余名驻村第一书记、驻村工作队员在扶贫一线尽锐出战、倾情奉献，114.33万贫困人口全部脱贫、1 023个贫困村（含167个深度贫困村）全部出列、11个贫困县全部摘帽，历史性实现区域性整体脱贫。瑞金市叶

“党建＋产业”铺就群众致富路，图为党员志愿者在宁都县黄石镇大岭蔬菜基地帮助菜农采摘辣椒

坪乡人民政府荣获“全国脱贫攻坚楷模”荣誉称号；12 个集体被中共中央、国务院授予“全国脱贫攻坚先进集体”荣誉称号，18 人被中共中央、国务院授予“全国脱贫攻坚先进个人”荣誉称号。在全面推进乡村振兴新阶段，市委继续坚持尽锐出战，向 1 853 个村选派 5 504 名优秀干部担任驻村第一书记和工作队员。2021 年县乡班子换届后，近 90% 干部有两年以上乡镇工作经历，近 50% 乡镇领导班子成员长期在基层工作、善做群众工作；党组织书记“两升一降”明显，中专以上学历占比 53.83%，比换届前高 18.14 个百分点；致富能手占比 84.37%，比换届前提高 20.62 个百分点；赣州市村（社区）“两委”干部平均年龄 45.14 岁，比换届前降低 3.3 岁，100% 村（社区）实行党组织书记、主任“一肩挑”。持续发挥农村党组织战斗堡垒作用，出台政策鼓励退出领导岗位干部担任乡村振兴指导员，选树 120 个乡村振兴模范党组织，全覆盖开展基层重点干部乡村振兴能力培训。大力开展红色名村建设，120 个“基因红、支部强、服务好、乡村美、民风淳”的红色名村在推进乡村振兴中发挥示范引领作用。

2. 坚持抓党建引领基层治理

2019 年，赣州市被中组部确定为全国 103 个省辖市城市基层党建示范市之一，在全省率先整体完成县级城区社区管理体制改革，将城区社区管理职能从城关镇剥离出来，实行专职管理，构建起“县（市、区）委—社区党工委—社区党组织”的党建引领基层治理体系。市委大力推进“党建＋社会治理”工程，打造“党群服务＋社会治理＋文明实践”平安建设综合体，提供“一站式”服务。以村（居）民小组或住宅小区、楼院为单元划分社会治理网格，健全“镇街吹哨、部门报到”“十分钟为民服务圈”等机制，推动各类网格整合为“一张网”，每个网格配备专兼职网格员。截至 2022 年 6 月底，成立网格党支部（党小组）2 653 个，健全机关企事业单位在职党员到居住社区报到、参与社区治理常态化机制，推动党员干部联系服务群众 100% 全覆盖；市 139 个市级机关企事业单位与 74 个城市社区结对共建，1 304 个驻区单位、177 个辖区学校、111 个辖区国企、50 个公立医院与 310 个社区签订共建协议，10.3 万余名党员到社区报到参与基层治理，协调解决问题 6.7 万多个，开展志愿服务 63.4 万余人次。在疫情防控斗争中，赣州市共有 12 489 个基层党组织、228 187 名党员干部奋战一线，成立临时党组织 2 702 个，组建党员突击队 13 086 支，设立党员责任区、示范岗 31 600 余个，党员为民志愿服务 887 500 余人次。2020 年，章贡区钓鱼台社区获评全国抗击新冠肺炎疫情先进集体、全国先进基层党组织称号。

赣南医学院第一附属医院第六批支援武汉医疗队出征仪式

积极引导“两新”组织履行社会责任，组织机关企事业单位党组织与“两新”组织的党组织结对共建，坚持把党支部建在项目上，建在产业链上；引导“两新”组织履行社会责任，推动各类市场主

2020 年 5 月，赣州援鄂医疗队凯旋

体健康有序发展。紧扣重大项目建设同步跟进设置党组织，划分党员责任区，在推动“格力小镇”建设中，创新建立“格力项目党建联盟”，打造“党建＋项目建设”共同体，让党员走在前、干在前，开展“同心共建、大干项目”“党旗领航、项目提速”等系列活动，仅用 6 个月建成投产；在中国科学院赣江创新研究院建设中，设立临时党组织，建立党员先锋示范岗，推动中国科学院赣江创新研究院 7 个月建成落地，创造“赣州速度”。

案例 2

南康区家具产业链党建的创新实践

南康区将“党建链”嵌入产业链，以“双链融合”之力助推产业高质量发展。

一是组织固链，把堡垒筑牢在链上。南康坚持产业发展到哪里，党组织就覆盖到哪里，出台《产业链党建试点方案》，成立现代家具产业链综合党委，在原料、设计、配套、制造、销售五大环节分别设立党组织，实现由“单打独斗”到“串点成链”的改变；采取“上下游联建、大中小带建、产学研共建”的方式，将 67 个职能部门党组织与 74 个产业链党组织结对共建，以组织共建凝聚发展合力。

二是先锋强链，把党员人才凝聚在链上。南康坚持人才聚集在哪里，组织就扎根到哪里，启动产业链党员人才“双培”工程，打造中国家具学院、小镇茶馆、人才沙龙等党员人才双向交流平台，把人才培养成党员，把党员培养成人才。2020—2021 年，共推动 75 名产业人才发展成为党员，35 名党员被培养成为业务骨干并进入管理层。

三是服务助链，把作用发挥在链上。南康坚持产业需求在哪里，服务保障就到哪里，从产业链职能部门的在职党员中，择优遴选出 89 名“鲁班红管家”，依托 15 处家具园区党群服务中心，开展“帮忙问需求、帮忙找组织、帮忙解难题”的“三帮”行动，建立需求、服务、政策、项目“四张清单”，构建出产业链“15 分钟党群服务圈”。

四是合力兴链，把问题解决在链上。南康坚持产业难题在哪里，合力攻坚就到哪里。建立产业链党组织书记联席会议机制，每季度至少举行 1 次圆桌会议，及时研究解决产业发展问题。在联席会议推动下，南康成立家具产业知识产权联盟，支持原创、打击盗版，向市场上侵犯知识产权的现象宣战；面对疫情对销售渠道的冲击，联席会议发起“网上丝绸之路”

号召，推动 4 000 多家企业“触电上网”。在 2022 年度县市电商竞争力排行中，南康位列全国第 15 位，全省第 1 位，生动诠释产业链党建破解产业发展难题的“红色答案”。

如今，“南康家具”由“散”到“聚”，成为全国首个以地名命名的县级工业集体商标；从“多”到“精”，年设计原创产品近万件，品牌专利授权数量居全省第 1 位；由“大”到“强”，引进格力、美克家居落户，汇森集团上市，开启“家具 + 家电 + 家装”的三核时代。

二、经验启示

赣州市在加强党的建设方面具有得天独厚的红色文化资源优势，有老一辈无产阶级革命家留下的好传统，有苏区干部留下的好作风，发挥资源优势，传承优良传统作风，把赣州各级党组织建设得更加坚强有力，不断提升赣州市三十多万名党员的先进性、纯洁性，为各项事业发展提供政治保证和能力保证，这是推动赣南苏区振兴发展的一条基本经验。从这条经验中，可以得出以下几方面启示。

（一）必须强化政治统领

党是领导一切的，必须在坚持和加强党的领导这个根本原则上保持高度思想自觉、政治自觉、行动自觉，增强“四个意识”、坚定“四个自信”、做到“两个维护”，听党话、感党恩、跟党走，以铁的纪律保障党的集中统一领导，督促党员干部在党的旗帜下团结成“一块坚硬的钢铁”，步调一致向前进。赣州市委坚持把坚决捍卫“两个确立”、做到“两个维护”贯通党的建设全过程各方面，把讲政治体现在坚决贯彻党中央决策部署的行动上，体现在履职尽责、做好本职工作的实效上，体现在日常言行上，以政治统领工作，确保干事创业向正确方向前进，不断提升党员干部的政治判断力、政治领悟力、政治执行力。

1. 严守政治纪律和政治规矩

赣州市委坚持把深刻领悟“两个确立”、践行“两个维护”作为最根本的政治纪律和政治规矩，经常开展思想扫描、政治体检和党性锤炼，出台实施坚决维护党中央集中统一领导、加强党的政治建设、规范党内请示报告、与“一把手”开展政治谈话等制度，常态化开展领导班子和领导干部政治建设考察、巡察全覆盖等工作。定期了解习近平总书记重要讲话和重要批示精神、中央和省委重大决策部署贯彻落实情况，每半年至少组织开展一次综合督查。在选人用人时严把政治素质关，列出政治素质负面清单，开展政治素质考察反向测评、家访考察、征求社区意见，全方位扫描干部的政治品质，坚决把政治上的“两面人”挡在门外。

2. 牢固树立正确的用人导向

赣州市坚持新时代好干部的二十字标准，强化政治素质考核，注重在脱贫攻坚、项目一线等急难险重任务中考察识别干部，大力选拔忠诚干净担当的好干部。赣州市上下形成了“凭能力用干部、以实绩论英雄”的鲜明导向，各级干部心无旁骛谋发展、一心一意干事业，干部关系简单纯洁，用人风气清爽明朗，干事创业氛围浓厚，政治生态风清气正。2016 年至 2021 年，赣州市干部选拔任用“一报告三评议”满意度一直处于全省设区市均列，2021 年赣州市县乡换届未发现任何违反换届纪律现象。

（二）必须加强思想引领

理论上的成熟是政治上成熟的基础，政治上的坚定源于理论上的清醒。赣州市炼就“金刚不坏之身”，必须用科学理论武装头脑，坚持不懈学习贯彻习近平新时代中国特色社会主义思想，自觉运用贯穿其中的世界观、方法论分析解决实际问题，把理论学习转化为坚定理想信念、砥砺党性心性、忠诚履职尽责的思想自觉和行动自觉。要有勇立潮头、争当时代弄潮儿的志向和气魄，从苏区精神、长征精神中汲取智慧和力量，拓宽视野、博采众长，打开格局并立足实际为赣州谋发展。

1. 强化理论武装

赣州市委始终把习近平新时代中国特色社会主义思想、习近平总书记视察江西和赣州重要讲话精神列为党委（党组）常委会（党组会）会议学习的第一议题，作为日常学习、集中培训的首要内容，建立并带头落实“每月学习日”制度，固定在每月第一周星期五开展政治理论学习，每次学习实行“3+X”模式，把自己摆进去，学深悟透党的创新理论。中宣部总结赣州市理论学习规范化制度化科学化经验做法，依托《宣传工作》《每日要情》两大内刊向全国推介，并作为第二批“不忘初心、牢记使命”主题教育典型。市委深入开展党的群众路线教育实践活动、“三严三实”专题教育、“两学一做”学习教育、“不忘初心、牢记使命”主题教育、党史学习教育，并严格落实常态化制度化要求，党员思想认识大大增强，党性修养的自觉性大大提高。扎实用好革命遗址遗迹、红色名村等红色资源，组织各级党组织常态化开展“五红”活动，通过读红色家书、讲红色故事、唱红色歌曲、观红色影视、看红色展馆，引导党员干部传承红色基因，践行苏区干部好作风。

章贡区“五老”宣讲团成员、老党员江鉎良同志向学生们讲述党的历史故事

2. 唱响时代主旋律

赣州市委坚持引导各级党组织利用新时代文明实践中心（所、站），结合“屋场会”“街乡巷子会”“乡村夜话”等开展政策理论宣讲，让党的创新理论在社区村落、田间地头、车间班组、校园课堂落地生根、“飞入寻常百姓家”，凝聚思想共识，激发奋进力量。截至 2022 年 5 月底，赣州市县、乡、村三级新时代文明实践中心（所、站）建设实现全覆盖，建成 20 个中心实体、310 个乡镇（街道）实践所、3 999 个村（社区）实践站，建成延伸领域——新时代文明实践中心（点）459 个，打造了一大批“不设墙”的新时代文明实践广场、公园、基地等。出台实施意识形态“五个纳入”制度，构建“专项检查发现问题—专项督查督促整改—年度考核跟踪问效”的工作机制闭环，推动党委（党组）意识形态工作责任制落到实处，建立敏感舆情预管控指导工作体系，强化党政机关新媒体运维管

理和舆情应对。赣州市建立健全爱国主义教育、革命传统教育基地网络，建成100个市级以上爱国主义教育基地，其中国家级6个，省级18个，基地数量居全国前列。

（三）必须抓实基层基础

"永远热爱党 永远跟党走"百姓宣讲团深入基层面对面宣讲

必须牢固树立大抓基层、大抓支部的鲜明导向。党的基层组织是党的全部工作和战斗力的基础，是党员"细胞活力"的关键所在，要找准发力重点，把强基固本作为工作的重中之重，更好地发挥基层党组织战斗堡垒作用和党员的先锋模范作用，推动基层基础工作提质增效。

1. 打基础固根本

赣州市委紧扣农村、城市社区、"两新"组织、机关、学校、国企、公立医院等七大领域，把握各领域各行业特点，每个领域都出台政策措施，拿出硬招实招破解各领域存在的深层性矛盾和问题。全领域开展基层党建标准化、规范化、信息化建设，从组织设置、领导班子建设、经费保障、活动场所等方面明确具体标准，在党员队伍建设、组织活动、运行机制、服务群众、工作任务、党建责任等方面列出具体规范要求，每一个方面都列出具体的"参数指标"，分领域开展大排查，督促基层党组织逐一对照落实；建设一张整体连接基层党组织的智慧化信息网络，动态感知规定动作落实情况。

2. 坚持系统整体推进

赣州市委在抓实基础工作的同时，突出整体提升。从2019年开始，连续实施"基层党建质量提升（过硬）行动"，每年列出重点任务，每一项都明确"要实现什么目标、要达到什么效果、落实的责任主体"。在市第六次党代会上，提出实施"党建质量过硬行动"，实行党的政治建设、思想建设、组织建设等党的各项建设一体推进，与"工业倍增升级""科技创新赋能"等其他行动同部署、同调度、同推进，做到每月统计工作进展、每季度召开常委会听取汇报，促进党建工作质量持续提升。

（四）必须坚持服务大局

抓党建的工作成效最终要体现在推动经济社会发展上。赣州市要增强"放眼全局谋一域"的意识，坚持在大局下行动，主动为大局服务，做到中心工作推进到哪里，党的建设就跟进保障到哪里，推动党的组织优势、组织功能、组织力量充分发挥。要勤于调研、狠抓落实，对部署的各项任务紧盯不放、一抓到底，真出业绩、出真业绩。

1. 党风政风持续向上

保持惩治腐败高压态势，持续纠治"四风"，认真开展民生领域突出问题专项治理。持之以恒纠"四风"树新风，开展违规收送"红包"、领导干部违规插手干预工程项目、领导干部利用名贵特产特殊资源谋取私利、违规吃喝送礼、党员干部公职人员酒驾醉驾等专项治理，从严查处违反中央八项规定精神问题。持续为基层减负，大力整治形式主义、官僚主义问题。深入开展扶贫领域腐败和作风问题专项治理，精准查处群众反映强烈的“肉霸”“气霸”“矿霸”等涉黑涉恶腐败、“保护伞”及失职失责等“五类问题”。赣州市试点开展村（居）干部亲属涉权事项公开、医疗卫生系统腐败和不正之风整治、领导干部违规借贷问题治理等，得到省委、省纪委肯定。审慎稳妥为526人和70个单位澄清正名，容错纠错137人和9个单位，查处诬告陷害7人。2021年中央纪委调研组在赣州市蹲点调研时，评价“切身感受到山乡巨变背后的风气之变”，老百姓反映“苏区干部好作风又回来了”。

2. 坚持抓党建引领重大工作任务落实

赣州市委始终坚持中心任务推进到哪里，党组织就跟进覆盖到哪里，让鲜红的党旗在重大工作任务一线领航飘扬。围绕“五型”政府建设，组织机关党员开展“我是党员我先上”“我是党员我带头”“我是党员我争先”等活动，广大机关党员身先士卒作表率，勇挑重担践初心。把党的领导融入国企公司治理全过程、把党的建设内嵌公司治理各环节，大力开展“党员揭榜挂帅”等活动，党组织和党员干部在推进重大工程、重点项目、科研攻关、转型脱困中主动作为，为实施国资国企改革创新“三年行动”（2020—2022年）、打造国企改革“赣州样板”扛起使命担当。

（五）必须勇于自我革命

习近平总书记深刻指出：“勇于自我革命，从严管党治党，是我们党最鲜明的品格。”党要永葆先进性、纯洁性，需要人民监督、舆论监督等外部监督，但是起决定性作用的是党内监督，因此，党必须勇于自我革命，这是跳出“历史周期律”的第二个答案。

1. 加强党的反腐倡廉建设

治市必先治党，治党务必从严。加强党的建设，要求必须坚持从严治党，对不正之风和腐败保持“零容忍”，坚持以高压态势推进全面从严治党，使全党始终“不忘初心、牢记使命”。赣州市打破以往基层“就党建抓党建”的“闭环”现象，强化党建引领保障作用，大幅提升党建引领重大中心任务落实情况在班子年度考核中的权重，切实用抓发展的实际成效来检验党的组织能力。必须把主体责任、监督责任、协助职责统筹起来，持之以恒破解对“一把手”和领导班子监督难题，督促“关键少数”发挥“头雁”作用，推动各级党组织和党员领导干部把管党治党政治责任从严从实担起来。必须深刻把握一体推进“三不腐”的精髓要义，推动体制机制更加健全、方法举措更加科学、综合效能更加显现，让干部因制度而敬畏，因觉悟而不想、不碰。

2. 党内监督利剑作用充分彰显

赣州市全面贯彻中央巡视工作方针，在全省率先探索开展巡察工作、率先完成市县两级巡察机构设置和编制配备、率先授权县（市、区）党委对市属垂管单位党组织开展巡察，高质量完成五届市委巡察全覆盖。2021年，赣州市入选全国开展“市级巡察机构在上下联动中更好发挥作用”7个试点市之一，圆满完成试点任务，创造了特聘巡察专员、交叉巡察、分片区指导督导、整改“五方会审”等一批在全省走在前、全国有影响的经验做法。全省试点工作总结暨经验交流座谈会在赣州召开，赣州在全国试点工作总结会议上做典型发言，巡察工作考核评价办法等12项制度书面向全国推广。省委巡视办指定赣州为全省提升对村（社区）巡察质效试点设区市，“一办法两清单”经验做法在全省推广，赣州市破解基层“熟人社会”监督难题经验2次列入全国市县巡察办主任培训班课程。深化巡察整改落实和成果运用，建立向被巡察党组织分管市领导和相关行业主管部门通报反馈问题机制，形成齐抓共管责任体系。省委巡视工作领导小组将赣州列为全省唯一一个巡察工作比较规范、成效较好的设区市，在全省通报表扬。五届赣州市委共开展常规巡察 11 轮，专项巡察 3 轮，对 113 个市直单位党组织进行全面“扫描”，对 11 个单位党组织开展了巡察“回头看”，共发现问题 4 683 个，移交问题线索 341 个。

（六）必须压实党建责任

赣州市全面压实党建责任是不断提高党建质量的前提。赣州市委坚持以目标倒逼责任、以考核倒逼落实，采取明晰责任、量化考评、严督实导等措施，把抓党建作为考核的一项硬指标和硬任务，纳入书记党建述职的重要内容，作为基层党组织班子成员评先评优、提拔任用的重要依据，推动抓党建工作的责任落实到位，推动责任压力层层传导、层层落实、层层问效。

1. 全面明晰责任主体责任

赣州市委分领域制定责任清单，对党委（党组），以及党委（党组）书记、分管领导、基层党组织书记等不同责任主体职责任务进行细化、量化、具体化，让党组织书记等各类责任主体都清楚“抓什么、怎么抓”，推动党建责任上肩上手、任务落地见效。坚持问题导向，每年对基层党建重点任务进行分解，制定任务清单、问题清单，建立台账、挂图作战、销号管理，确保责任和压力传导到位。落实《中国共产党支部工作条例（试行）》，赣州市各级党委（党组）班子成员带头建立支部联系点，协调解决问题，带动基层党组织领导书记和党员干部种好党建“责任田”。

2. 抓实日常跟踪督促

赣州市委建立常态长效的督导考评机制，市委常委会坚持每季度研究党建工作、每季度听取工作进展情况汇报，市委全会每半年听取一次工作情况汇报，协调解决工作难题。市本级原则上每季度开展一次下沉调研或不打招呼暗访，将调研情况录制成视频供党委（党组）负责同志观看警醒，并把发现的问题以书面形式进行反馈，要求抓好整改。连续开展基层党建巡察调研，综合运用“评、查、谈、帮、议”等方式，随机抽查，一竿子插到党支部，覆盖到基层党建各个层级、各个领域。

三、展望

推动赣州高质量跨越式发展，关键在党，关键在干部。要坚持和加强党的全面领导，大力弘扬伟大建党精神，以党的政治建设为统领，全面落实新时代党的建设总要求，不断提高党的建设质量和科学化水平。

（一）始终抓牢政治建设

赣州市旗帜鲜明讲政治，胸怀“两个大局”，心系“国之大者”，更加深刻领悟“两个确立”、做到“两个维护”，不断提高政治判断力、政治领悟力、政治执行力。巩固拓展党史学习教育和“四史”宣传教育成果，引领干部群众听党话、感党恩、跟党走。严明政治纪律和政治规矩，严格执行民主集中制等各项法规制度，不折不扣落实党中央、省委决策部署，确保政令畅通、令行禁止。全面落实党委（党组）主体责任，发挥领导干部头雁效应，以上率下、引领带动党的建设水平整体提升，推进全面从严治党向纵深发展，努力把赣州市打造成为最讲党性、最讲政治、最讲忠诚、最讲担当的地方。

（二）不断强化思想引领

赣州市坚持“每月学习日”和“第一议题”等制度，用好“学习强国”等平台，推动理论学习科学化、常态化、制度化，真学真懂真信真用习近平新时代中国特色社会主义思想。充分发挥新时代文明实践中心作用，让党的创新理论“飞入寻常百姓家”。弘扬苏区精神、长征精神，持续开展红色名村创建和“五红”活动，做强红色研学培训，传承红色基因，赓续红色血脉。践行社会主义核心价值观，广泛开展群众性精神文明创建活动，选树宣传道德模范、最美人物、身边好人等先进典型。扎实推进媒体融合发展，打造有影响力的新型主流媒体，讲好赣州故事，传播赣州声音。全面落实意识形态工作责任制，加强网络、农村、学校等重点领域管理，走好网上群众路线，确保意识形态领域绝对安全。

（三）大力夯实基层基础

赣州市牢固树立大抓基层的鲜明导向，高质量抓好农村、社区、机关、国企、学校、医院、“两新”组织等各领域党建，常态化整顿软弱涣散基层党组织，推动基层党建“三化”建设提质增效。加强各级党校建设，抓实全国基层干部教育培训试点，突出履职能力和新知识培训，开展新时代基层干部“凝心·强基·赋能”主题大培训。加大党建工作考核权重，推动党建与业务融合共进，探索“党建+”特色品牌。推进抓党建促乡村振兴，充实乡镇工作力量，加强村党组织带头人队伍建设，推动村党组织书记在乡村振兴擂台“比武”。创新发展资源经济、服务经济、物业经济，培育一批产业强村、经济强村，把发展村集体经济与组织村民生产经营结合起来，确保集体增收、群众致富。

（四）建设堪当重任队伍

坚持新时代好干部标准，着力培育选拔优秀年轻干部，合理使用各年龄段优秀干部，配优建强各级领导班子。注重在经济发展主战场、“八大行动”一线做好干部育选管用工作，打造一支可堪大用、能担重任的高素质干部队伍，造就一批敢于冲锋陷阵的“猛将”“闯将”“干将”。优化干部知识结构，继续选派干部到国家部委、沿海发达地区跟班学习，提升干部队伍专业化能力。改进高质量发展政绩考核，强化重实干、重实绩的鲜明导向，让有为者有位、能干者能上、优秀者优先。坚持严管与厚爱结合、激励与约束并重，落实“三个区分开来”，健全完善澄清正名、容错纠错等机制，严肃查处诬告陷害行为，保护广大干部干事创业的积极性。

（五）深化党风廉政建设

落实“两个责任”，以永远在路上的政治自觉纵深推进全面从严治党。强化政治监督，开展政治谈话，加强对“一把手”和领导班子监督。持之以恒纠“四风”树新风，锲而不舍落实中央八项规定精神，深入纠治形式、官僚主义，深化为基层减负工作，持续整治群众身边腐败和不正之风，让新风正气不断充盈。扎实开展市级巡察机构在上下联动中更好发挥作用试点工作，高质量推进巡察全覆盖。深化纪检监察体制改革，健全完善监督体系。坚持全面从严治党战略方针，坚定不移将党风廉政建设和反腐败斗争进行到底，持续深化不敢腐、不能腐、不想腐一体推进，惩治震慑、制度约束、提高觉悟一体发力，努力取得更多制度性成果和更大治理成效。深化标本兼治，创新开展警示教育，精准运用监督执纪“四种形态”，抓早抓小、防微杜渐，围绕“三大战略、八大行动”，更好发挥监督保障执行、促进完善发展作用，全面建设勤廉赣州，构建更加风清气正、健康向上的政治生态。

10 赣南苏区社会治理工作报告

摘要：2012年6月28日，《国务院关于支持赣南等原中央苏区振兴发展的若干意见》正式出台，作为革命老区的赣南从此开启了高质量跨越式发展的历史新征程。十年来，赣州市坚持以习近平新时代中国特色社会主义思想为指导，全面贯彻落实中央、省关于市域社会治理现代化决策部署，深化平安赣州建设，在构建推进体系、凝聚治理合力、筑牢基层基础、提升工作质效、打造特色亮点等方面开展大量卓有成效的工作，形成了"红色治理""寻乌经验""客家调解""心理服务""群团助推""智治赋能"等一批在全省、全国有影响力的典型工作经验，连续七届获评"平安中国建设示范市"，连续五届获得全国综治最高奖"长安杯"，公众安全感连续三年位居全省第一，平安建设考核连续三年全省第一。

关键词：赣南苏区　社会治理　报告

我们党领导人民创造了世所罕见的经济快速发展和社会长期稳定两大奇迹，这是我们坚定道路自信、理论自信、制度自信、文化自信的底气所在。经济发展和社会稳定是辩证统一的，没有经济发展就没有社会稳定，没有社会稳定就没有经济发展。通过发展经济来解决社会问题才能维护社会稳定，通过维护社会稳定来优化经济环境才能实现经济发展，经济发展和社会稳定二者的良性互动，是国家和地方推进经济社会长期健康发展的重要方法。因此，赣州市始终站在经济社会发展全局上，高度重视社会治理工作，不断完善体制机制，加强人力物力财力保障，推进法治、做实德治、促进自治、着力整治，不断提高社会治理社会化、法治化、智能化、专业化水平，奋力打造党委领导、政府负责、社会协同、公众参与、法治保障共建共治共享的社会治理格局。

一、主要成效

（一）统筹推进更加有力

1. 部署推动有力

赣州市委、市政府高度重视社会治理工作，成立了由市委主要领导任组长、市政府主要领导任第一副组长、市委政法委书记任常务副组长的平安赣州建设领导小组，下设"一办九组"，充分发挥平安建设协调机制作用，形成横向联动、纵向贯通的指挥体系。2011—2021年，市委、市政府主要领导对社会治理作出指示批示53次，市委常委会研究涉社会治理议题27次，市政府常务会18次专题研究相关工作。

2. 体制机制完善

《国务院关于支持赣南等原中央苏区振兴发展的若干意见》出台实施后，赣州市将社会治理纳入赣南等原中央苏区振兴发展的重要组成部分，列入“十二五”“十三五”“十四五”规划，制定出台《关于市综治责任单位挂点帮扶乡镇（街道）平安创建工作方案》等 8 个机制文件（见表 10-1）。2017 年，赣州市在全省率先出台《赣州市综治中心运行管理暂行办法》《赣州市综治网格化服务管理暂行办法》，被江西省综治办转发至全省推广，《法制日报》头版头条刊登了赣州市做法。

表 10-1　2013—2020 年赣州市出台的社会治理制度文件情况

序号	颁布时间	制度文件
1	2013	《关于市综治责任单位挂点帮扶乡镇（街道）平安创建工作方案》
2	2014	《关于集中建设一批社会治理创新项目提升社会治理创新水平的实施意见》
3	2015	《关于进一步加强人民陪审员工作的若干意见》
4	2016	《关于加强赣州市社会治安防控体系建设的实施意见》《关于进一步加强综治“三项建设”工作的意见》《赣州市综治中心规范化建设实施细则》《关于完善矛盾纠纷多元化解机制的实施意见》《赣州市涉诉纠纷委派调解工作实施意见》《关于加强婚姻家庭邻里纠纷排查化解预防“民转刑”案件的实施意见》
5	2017	《赣州市综治中心运行管理暂行办法》《赣州市综治网格化服务管理暂行办法》
6	2018	《关于创新社会矛盾预防化解机制的实施意见》《关于大力提升公众安全感政法满意度的实施意见》《市委政法委关于开展平安志愿者行动的实施方案》《赣州市社会治安综合治理综治责任制实施细则》《赣州市本级综治中心日常运行管理暂行规定》
7	2019	《关于深入推进基层综治中心实体化建设的若干措施》
8	2020	《赣州市开展全国市域社会治理现代化试点工作实施方案》

3. 工作保障到位

2019 年，赣州市率先在全省成立综治中心实体机构，市级综治中心配备 11 个事业编制，安远县、于都县、会昌县编制数分别为 20、16、14 个（见表 10-2）。赣州市在全省率先配齐乡镇（街道）政法委员，乡镇（街道）综治中心配备 3 名专职工作人员，3 963 个村（社区）均配备 1 名辅警，实现 100% 全覆盖。全部乡镇（街道）配齐副科级司法所长，司法所不少于 3 名工作人员；2017 年以来，投入“雪亮工程”建设经费 25 亿元，投入扫黑除恶专项斗争经费 1.1 亿元，投入社会心理服务体系建设 1.3 亿元。

表 10-2　2021 年赣州市综治中心编制配数情况

序号	县（市、区）	编制（个）	级别
1	章贡区	10	副科级
2	赣县区	13	副科级
3	经济技术开发区	7	正科级
4	蓉江新区	5	正科级
5	南康区	8	副科级
6	信丰县	8	副科级
7	瑞金市	12	副科级
8	石城县	6	正股级
9	兴国县	10	副科级

续表 10-2

序号	县（市、区）	编制（个）	级别
10	宁都县	8	副科级
11	于都县	16	副科级
12	上犹县	5	副科级
13	大余县	6	副科级
14	崇义县	9	副科级
15	寻乌县	6	副科级
16	安远县	20	副科级
17	全南县	8	副科级
18	定南县	4	副科级
19	龙南市	10	副科级
20	会昌县	14	副科级

资料来源：各县（市、区）上报数据。

（二）法治保障更加健全

1. 加强科学立法

赣州市认真学习贯彻习近平法治思想，切实加强立法能力建设，坚持科学立法、民主立法、依法立法。2016 年被赋予地方立法权后，赣州市先后颁布实施《赣州市城市道路车辆通行管理规定》等 9 部地方性法规（表 10-3），确保全面依法治市各项工作有力有序高质量推进。

表 10-3　2016—2021 年赣州市颁布的地方性法规情况

序号	颁布时间	地方性法规
1	2016 年	《赣州市立法条例》
2	2017 年	《赣州市城市管理条例》
3	2018 年	《赣州市城市道路车辆通行管理规定》《赣南客家围屋保护条例》
4	2019 年	《赣州市革命遗址保护条例》《赣州市饮用水水源保护条例》
5	2020 年	《赣州市水土保持条例》《赣州市文明行为促进条例》
6	2021 年	《赣州市燃气管理条例》

资料来源：根据赣州市人大常委会办公室统计结果得出。

2. 严格公正执法

2013 年，赣州市在全国率先出台《关于对违反法定程序干预执法办案问题实行登记备案报告和通报的通知》。2011—2021 年，赣州市出台涉及规范执法司法行为、解决突出执法司法问题、推进涉法涉诉信访问题化解和服务保障经济发展等各方面文件 20 余份。赣州市支持司法机关依法独立公正行使职权的做法得到中央政法委和省委政法委肯定，中央司法体制改革办公室专门听取赣州市工作汇报，相关做法于 2015 年被中央政法委防止干预司法“三个规定”所吸收。

3. 推进全民普法

赣州市扎实推进公共法律服务实体平台标准化规范化建设。截至 2021 年底，赣州市共有公共法律服务中心 21 个、专业法律援助工作站 227 个，累计为群众提供法律服务 260 969 人次，满意率 99.9%，法律服务总量连年位居全省前列。持续推进“法治教育基地全民学法计划”，19 个村（社区）获评“全国民主法治示范村（社区）”，118 个村（社区）获评“全省民主法治示范村（社区）”。推行“千人千村计划”，遴选数千名干部定点帮扶培养农村“法律明白人”，培养“法律明白人”162 万余人，其中骨干 21 万余人，近 80% 的农户家庭有一名“法律明白人”。2019 年荣获全国“七五”普法中期先进城市。

（三）德治教化更加浓厚

1. 推进乡风文明建设

赣州市弘扬客家人“崇文、重礼、宽容、谦让”传统，积极开展和谐家庭、“好媳妇”“好女儿”“好公婆”等创评活动。截至 2021 年底，赣州市共有 18 户家庭荣获全国五好家庭、最美家庭。2017 年，赣州市有 1 人作为江西省唯一代表入选第六届全国道德模范，18 人入选中国好人。同时，建立妇女禁毒会、“宋城晚枫”“菊心姐姐”工作室等民间组织，开展“赣南新妇女”运动，引导群众自觉遵守道德规范和文明公约。深化乡风文明建设，持续推进婚丧领域移风易俗改革，石城县“请客不收礼、节俭办宴席”的做法得到中央、省委改革办肯定，石城县就深化移风易俗改革在省委深改委会议上做经验交流。

全国道德模范提名奖获得者廖竹生

2. 弘扬见义勇为精神

赣州市大力弘扬中华民族传统美德，传承见义勇为精神，涌现了石城县陈龙等一批见义勇为英雄。坚持每年年底走访慰问见义勇为先进个人或其家属，不断改进见义勇为英雄模范评先表彰工作。截至 2021 年底，赣州市共有 6 名见义勇为先进个人获全国表彰，7 名见义勇为先进个人获全省表彰，123 人见义勇为先进个人获市、县表彰（详见表 10-4）。2021 年 6 月，赣州市成立见义勇为基金会，明确规范见义勇为日常管理，加大基金募集力度，形成崇尚英雄、弘扬正气的良好社会风尚。

表 10-4　2011—2021 年赣州市见义勇为获表彰情况

获奖级别	数量（人）
全国表彰	6
全省表彰	7
市级表彰	5
县级表彰	118

3. 全面开展诚信建设

赣州市大力推进社会信用体系建设，积极开展诚信宣传教育活动、建立红黑榜机制，营造践约守信氛围。2011—2021 年，每年公布 4 期“诚信红黑榜”，推动诚信建设制度化。2016 年，制定《赣州市社会信用体系建设实施方案（2016—2020 年）》，大力开展联合惩奖及重点领域失信问题专项治理。2020 年，赣州市成立律师诚信体系建设领导小组，指派专人负责建立执业律师诚信档案。截至 2021 年底，赣州市已完成对 1 293 名律师及 92 家律师事务所建诚信档案。在“2019 年中国城市信用建设高峰论坛”开幕式上，赣州市被列为全国城市信用监测排名进步前十名城市。

（四）基层自治更加完善

1. 村规民约接地气

赣州市充分发挥自治章程、村规民约、族规家训的重要作用，引导村民自我约束自我管理，形成民事民议、民事民办、民事民管的自治格局。2016 年，赣州市在开展村规民约征集宣传活动，2018 年下发《关于进一步指导完善村规民约的通知》。截至 2021 年底，赣州市共发动成立基层群众自治类组织 8 600 余个，成员 9.3 万余名，共排查矛盾纠纷 12.5 万件，调处成功 11.76 万件。2020 年在全省率先制定《赣州市村规民约制定和修订指导性规程》，指导各地依法开展村规民约修订完善工作。截至 2021 年底，赣州市 3 462 个村（居）全部修订了村规民约，2 个村的村规民约获评江西省优秀村规民约。

安远县孔田镇高屋村利用闲置围屋打造新时代文明实践站，成为全国乡村治理示范村

2. 议事协商解难题

赣州市在全省率先制定《赣州市村级议事协商规程》，指导村（社区）积极调动群众参与议事协商活动。截至 2021 年底，100% 的村（社区）建立村（居）民会议、村民代表会议、村（居）民议事会、理事会等议事协商载体。落实“四议两公开”制度，推选村（居）民理事会 3 981 个，引导村级社会力量参与社会治理。赣州市定南县天九镇东山村、全南县陂头镇太和村、瑞金市象湖镇金星村 3 个村成功申报全国村级议事协商创新实验试点单位。赣州市章贡区东外街道东外社区推行的“YES 空间”基层议事协商机制和南康区《搭建议事协商连心桥》分别在《中国社区》《当代江西》《乡镇论坛》和学习强国介绍经验特色做法。

3. 志愿服务有活力

赣州市创建“一组三会”“廊桥理事会”“帮忙团”等实践平台，组建“赣州市平安志愿者协会”“新长征志愿服务队”等志愿服务组织，出台“定时补贴”“以奖代补”“积分兑换”等制度，通过政府购买服务等方式，引导更多社会组织参与志愿服务活动，社会组织数量呈现稳定上升趋势。截至

2021年底，发展平安志愿者60万余人，开展志愿者服务活动13万余次。“章贡大妈”志愿服务队荣获2020年抗击新冠肺炎疫情江西省三八红旗集体荣誉称号，并入选省市域社会治理现代化试点优秀案例评选“优秀试点成果奖”。

（五）治安防范更加严密

1. 打击突出违法犯罪

赣州市始终保持严打整治高压态势，立足防范，强化打击。2012年以来，共查处治安案件262 141起，行政处罚102 982人。社会面可防性警情明显下降，2021年街面“两抢”发案比2015年下降72.7%。2018年，根据中央统一部署，开展为期三年的扫黑除恶专项斗争，共打掉涉黑涉恶团伙226个，破获刑事案件2 462起，查封、扣押、冻结涉案资产26.6亿余元，主要战果连续三年稳居全省第1位。

2. 开展专项整治工作

深入打击电信网络诈骗犯罪。2016年10月，赣州市在全省率先成立反电信网络诈骗中心。2021年5月，赣州市反诈中心被公安部、全国总工会评为“全国公安机关成绩突出集体”，同年，江西省系统整治电信网络诈骗违法犯罪工作现场推进会在赣州市召开，推广赣州市经验做法。自2016年反诈中心成立以来，赣州市共破获电诈案件14 285起，抓获嫌疑人17 870名，挽回经济损失2.358亿元。2021年开展整治养老诈骗专项行动开展以来，打掉犯罪团伙7个，破获涉养老诈骗案件119起，抓获嫌疑人123人。

3. 营造清朗网络环境

紧盯网络违法犯罪，强化全链条打击整治，切实维护网络空间的安全稳定。截至2021年底，赣州市累计侦办侵犯公民个人信息、黑客攻击破坏等案件20余起，抓获犯罪嫌疑人40余名，公安部挂牌督办重大案件1起。紧盯网赌等突出网络犯罪，瞄准资金、技术、推广等关键环节，强化打击整治力度、斩断利益链条，截至2021年底，累计侦办网赌、帮助信息网络犯罪活动等案件300余起，抓获犯罪嫌疑人380余名，挽回损失近亿元。2012年等级保护备案只有24家、备案网络信息系统43个；2021年共有等级保护备案单位341家、备案网络信息系统512个，网络安全管理工作提升显著。

（六）公共安全更加稳固

1. 校园安全有保障

赣州市不断深化平安校园创建，持续提升校园安全管理能力水平，推行校园安全管理网格化、清单化和信息化建设，学生安全事故下降了87%，平安校园建设工作在全省居第一方阵。截至2021年底，赣州市完成683辆校车安全智能化监管平台升级、改装工作，杜

赣州市文清路小学获评第一届全国文明校园

绝校车危险驾驶行为，确保校车安全。对 3 769 所学校食堂推行“明厨亮灶”建设，在学校建立校园长陪餐制，实行未办证学校食堂清零行动，对 158 所农村食堂进行升级改造。搬迁横穿校园高压线 25 条，对 506 所电线老化学校进行了改造。开展护校安园、新型警力护校园，全力推进“四个一”工程建设，4 550 所学校完成封闭化管理、专职保安配备、一键式报警和视频监管、护学岗配备等“四个百分百”建设。

2. 道路交通更顺畅

赣州市始终坚持以人民为中心的发展思想，不断提升道路交通管理工作智能化、专业化水平。2011—2021 年，赣州市总计投入约 5 600 万元建设智能交通指挥系统，建成赣州交警智能指挥中心，智能交通综合管控平台和信号控制、视频监控、违法抓拍、图像分析、流量采集、室外诱导、交通仿真、网络安全、综合运维等 10 个子系统，基本实现了中心城区范围内道路交通电子显示和监控设备全覆盖。智能交通指挥系统自 2017 年投入运行以来，在交通秩序管控、事故预防、恶劣天气应对等实战应用中，有效提高了管控效能，交通拥堵指数由 1.43 降低至 1.25，降低了 12.6%。

3. 消防重消更重防

赣州市公共消防安全基础有力夯实，消防安全治理能力持续提升。持续精简行政审批流程，公众聚集场所使用、营业前消防安全检查的办理时限由法定 13 个工作日对标缩减到 5 个工作日；推出“首违不罚”“消防专区”“送证上门”“帮代办”“技术指导服务”等便民利企措施，累计收到消防政务服务“好差评”近 2 万条，好评率达 99.9%。大力推广首创的专职队员“三员一队”，累计培养“见火不慌、抬手就打”的“一警六员”近 50 万人，消防安全形势持续平稳，群众安全感、满意度大幅提升。截至 2021 年底，赣州市累计建成消防站点 365 个，与十年前仅有的 23 个站点相比，队站数量增长了近 15 倍。新增政府专职消防员 2 004 人，与十年前仅有的 81 人相比，执勤实力增加了近 24 倍（见表 10-5）。2011—2021 年，赣州市消防救援队伍共有 85 个集体和 36 名个人获得省部级以上表彰，被中宣部、司法部、全国普法办表彰为全国“七五”普法先进单位，两次被赣州市政府荣记集体二等功。

表 10-5　2011—2021 年赣州市消防安全工作情况

年份	消防站点（个）	专职消防员（人）
2011	23	81
2012	26	95
2013	30	110
2014	35	145
2015	38	180
2016	41	265
2017	47	385
2018	127	450
2019	187	1 685
2020	320	1 890
2021	365	2 085

资料来源：根据赣州市消防救援支队统计结果得出。

二、经验启示

赣州市委、市政府始终坚持以习近平新时代中国特色社会主义思想为指导，认真贯彻党中央、国务院和江西省委、省政府关于社会治理决策部署，众志成城、久久为功，社会治理工作取得了显著成效。回顾过去十年，赣州市社会治理工作有以下五个方面的经验和启示。

（一）始终坚持党的领导

社会治理是国家治理的重要方面，事关社会和谐与人民幸福，事关党的执政基础巩固，必须坚持和加强党的领导。赣州市各级党政高度重视社会治理工作，将其放到经济社会发展大局中谋划推进，纳入赣南等原中央苏区振兴发展的重要组成部分，制定《市域社会治理专项规划》。赣州市的实践证明，只有始终坚持党的领导，牢牢把握党对社会治理的领导权，党政主要领导自觉履行第一责任，把社会治理置于大局之中来研究谋划，社会治理才有坚实可靠的政治基础和政治保障，才能有序有力有效地深入推进。

1. 红色治理蕴底色

赣州市大力传承弘扬苏区精神、长征精神和苏区干部好作风，将红色基因融入革命老区社会治理，积极探索红色治理新模式。出台《关于创新红色治理进一步打牢社会治理基层基础的实施意见》，开展“十红”创建活动。2011—2021年，由革命烈士后代组成的“长征源”合唱团全国巡演达520余场次。创新推出党员干部“十带头”、“中间人”调解、“模范志愿者服务团”等红色治理品牌。2021年，赣州市在第三次全国市域社会治理现代化试点工作交流会上做题为《强化政治引领 赓续红色血脉 积极探索红色治理新模式》的典型发言。

兴国县开展党员干部“十带头”活动，图为兴国县委组织部派驻塘石村第一书记组织党员志愿服务队在清理河道障碍物

2. 党群共建聚合力

赣州市坚持以党建为核心，拓展群团服务“深度”，凝聚强大合力。推进“党建+基层治理”，创新“1+3”治理模式，发挥党员、离退休党员在基层治理中的作用。将党支部或党小组建在网格上。截至2021年底，组建网格党支部或党小组14 324个，组建率达99.6%。章贡区钓鱼台社区党委充分发挥社会治理职能，获评全国抗击新冠肺炎疫情先进集体、先进基层党组织；赣州市南芳律师事务所被评为“全国创先争优先进基层党组织”。2021年，在全省率先出台《赣州市群团组织社会治理职责任务清单》，进一步明确群团组织职责任务。推行“工会+N”多元劳动争议化解新模式，在全省率先成立商事调解委员会，聘任48名调解员。此外，打造“三师一室”维权服务平台，开展进园区服务活动，截至2021

年底，有 10 余万名园区职工群众受益。

3. 队伍建设铸忠诚

赣州市坚决贯彻《中国共产党政法工作条例》和省委实施细则，强化党对政法工作的绝对领导。2018 年，在全国全省率先开展政法队伍政治督察、政治轮训、纪律作风督查巡查，完成对 1.1 万余名政法干警全覆盖政治轮训；对 6 个县级政法系统和赣州市中级人民法院、司法局开展了督察巡查，工作得到中央政法委充分肯定。结合党建“三化”工作加强政法机关党的建设，推动政法基层党组织全面进步、全面过硬。2020 年，完善《党委政法委员会工作规则》，建立政法委员会委员述职制度，有力强化党委政法委在领导政法工作中的权威，其经验做法在全省政法工作会上作经验交流。

（二）始终站稳人民立场

社会治理要以人为本，把人民放在心中最高位置。赣州市始终把维护群众合法权益作为社会治理的出发点和落脚点，把人民群众的安全感和满意度作为社会治理的检验标准。在推进社会治理过程中，赣州市坚持问题导向，针对人民群众反映强烈的突出问题，立足当前、着眼长远，多措并举、综合施策。正是由于把群众呼声作为第一信号，把群众平安作为第一考虑，把群众满意作为第一标准，不断增强群众的获得感幸福感，赣州市才能取得公众安全感和政法满意度连续多年位居全省前列的佳绩。

1. 创新重点青少年管理

2013 年，赣州市创办了江西省首所青少年教育矫治公办专门学校——赣州市第十一中学。截至 2021 年底，共教育矫治 2 236 名学生，成功转化 1 956 人。2017 年 9 月 18 日，赣州市第十一中学被评为全国综治工作先进集体，办学经验在全省推广。2020 年，出台《赣州市刑事案件未成年被害人“一站式”救助体系暂行办法》，架构起赣州市未成年被害人“一站式”救助工作的框架。该项目被确立为最高人民检察院创新实践基地项目，被省委政法委纳入江西省政法领域改革亮点项目。

2. 强化社会心理服务

2011 年以来，赣州市先后对七类重点人群进行心理风险筛查，为 4 万名有心理风险的人员建立心理档案。2016 年，赣州市委政法牵头开展“心防”工程建设，全民心理健康意识明显增强，心理服务工作迈入快车道。2019 年，赣州市组建心理疏导服务队伍，由医院资深心理治疗师、国家二级咨询师接线咨询答疑解困，每月接听 300 余次咨询来电，有效帮助化解来电者的心理问题。2018 年 12 月 17 日，赣州市在全国首期政法工作创新交流会上发言介绍“心防”工作经验。2019 年 6 月 5 日，国家卫生健康委、中共中央政法委等九部门联合下发文件将赣州市确定为全国社会心理服务体系建设试点地区，成为全省唯一的试点城市，2020 年顺利通过试点验收。

3. 做实精神障碍患者救助

早在 2013 年，赣州市创新肇事肇祸精神障碍患者有奖监护机制，被原中央综治办等六部委联合发文推广，中央电视台《坚持发展“枫桥经验”——中国基层社会治理现代化之路》系列专题片予以专题报道；开展贫困家庭重性精神疾病患者免费救治工作的同时，积极收治肇事肇祸精神障碍患者，2012—2021 年共计收治 7 196 人，重性精神障碍患者贫困家庭看病就医负担大大减轻，精神障碍患者肇事肇祸发生率明显降低，社会更加稳定。

（三）始终强化多元共治

社会治理不仅是为了人民，而且要依靠人民。推进社会治理同样离不开广大人民群众的广泛参与和积极支持。赣州市注重发挥人民群众、社会组织、民间力量的主动性和积极性，汇聚各方力量参与社会治理。例如，发挥“老师傅”“打铁佬”“和事佬”等本土特色调解组织和廖建强、邱联钧等个人调解室作用，有效参与矛盾纠纷化解，擦亮“客家矛盾客家调”品牌。又如，在全省率先组建“赣州市平安志愿者协会”“章贡大妈志愿服务队”“茵子姐姐”等社会组织，助推基层社会治理。推进社会治理必须充分相信和依靠群众，注重发挥人民群众在社会治理中的主体作用，才能真正形成共建共治共享社会治理的新格局。

1. 织密调解组织网络

2012 年，赣州市抓住村（居）民委员会换届选举的有利契机，在各村（居）民委员会依法设立了人民调解委员会，成为《中华人民共和国人民调解法》颁布后，全国首个依法完成人民调解组织建设的地级市，为人民调解工作的依法有效开展奠定了坚实基础。截至 2021 年底，共设立人民调解组织 4 338 个，实现乡镇（街道）和村（社区）两级人民调解组织全覆盖。充分发挥人民调解维护社会和谐稳定“第一道防线”作用，推动矛盾纠纷就地化解，每年人民调解组织调解案件 6 万件左右，成功率达 95% 以上。

2. 打造客家调解品牌

赣州市继承和发扬新时代“枫桥经验”，探索形成“联村共治 法润乡风”寻乌经验，做实做强“客家矛盾客家调”，推动矛盾纠纷就地化解。出台一系列关于开展矛盾纠纷调处的文件，深入开展矛盾纠纷大排查大化解专项行动。注重发挥典型示范的辐射带动作用，打造具有本土特色的调解工作品牌。2011 年以来，培育章贡区“老师傅”等 8 个客家调解品牌，创建寻乌县文峰乡“廖建强调解工作室”等 5 个个人调解品牌（见表 10−6）。“寻乌经验”两次写入最高人民法院工作报告，纳入省、市乡村治理实施意见，先后得到最高人民法院院长和省、市领导肯定。

表 10−6　2011—2021 赣州市打造的调解品牌情况

县（市、区）	调解品牌名称
章贡区	老师傅
于都县	打铁佬
龙南市	和事佬
赣州经济技术开发区	和合
瑞金市	夕阳红服务团
全南县	老司法
石城县	实诚人
会昌县	老兵
寻乌县	廖建强调解工作室
崇义县	邱联钧调解工作室
赣县区	智尧释法调解坊
大余县	李福生调解工作室
南康区	其泉调解工作室

资料来源：根据赣州市下辖各县（市、区）统计结果得出。

3. 提升信访工作效能

赣州市认真贯彻《信访工作条例》，积极落实信访工作责任，采取领导包案、定期调度、专项督查、排名通报等方式，推动信访工作走深走实；2011 年以来，针对房地产、欠薪、非法集资等重点领域突出问题，建立交办、督办、回访、评价等闭环管理机制；2021 年信访事项及时受理率、按期办结率、群众满意率、一次性化解率均位于全省第一方阵。2020 年开始，开展为期三年集中治理重复信访、化解信访积案专项工作，中央信访工作联席会议办公室先后两批次交办赣州市的 1 378 件重复信访积案，截至 2021 年底，已化解 1 316 件，化解率达到 95.50%，化解进度位居全省前列。与 2012 年相比，2021 年赣州市信访工作呈现“四降”特点：信访总量下降 45%，进京敏感地区上访下降 90.41%，赴省访下降 58.37%，来市访下降 55.2%。

（四）始终坚持创新引领

社会治理创新，是人民安居乐业、社会安定有序、国家长治久安的重要保障。赣州市以市域社会治理现代化试点为契机，扎实开展政法调研“揭榜破题”活动，积极探索打造一批具有本地特色的基层治理经验。实践证明，只有树牢创新引领理念，加强和创新社会治理，才能提升社会治理效能。

1. 夯实智治基础

赣州市以“数治赣州”为核心定位，按照“1+6+N”[①] 总体架构，建设集城市大数据运营、城市规划、综合管理、应急协同指挥等功能于一体的“城市大脑”。社会治理大数据平台已全面上线运行，集基础数据收集、综治“9+X”、地理信息、通用办公、智能分析等功能，为社会治理科学决策提供依据。截至 2021 年底，赣州市依托政务大数据交换平台，梳理建立总量达到 32 亿条的社会治理数据库，挂载可订阅资源 1 000 余项，累计被调用 2 016 余万次。

2. 完善技防体系

赣州市先后开展社会治安视频监控“天网工程”“雪亮工程”建设，视频监控从 2012 年仅覆盖人口密集场所到 2021 年实现了城区、乡镇主干道、学校、医院、商超、公园、小区等重点区域全覆盖，建成一类监控点 80 652 个，二三类视频资源完成接入数 122 048 个，市直单位二三类视频资源完成接入数 23 612 个。截至 2021 年底，共建设智能安防小区 1 482 个，建成人脸抓拍智能化摄像头 31 033 个。在传统盗抢案件中，视频发挥关键作用的案件占立案总数的 68.69%，其中受案三天之内确定嫌疑人身份的占立案总数的 51.42%，在公安部组织的“云剑 –2020”命案攻坚专项行动中，利用视频侦查技术抓获 8 名命案逃犯。

3. 创新智能应用

赣州市公安局居民身份证制作所是 2004 年全国第二代身份证换发工作开展以来，公安部批复成立的唯一一家身份证制证单位。2020 年赣州制证所的建成让近千万老区群众在“家门口”就可以快速办证。赣州市公安局 DNA（脱氧核糖苷酸）实验室于 2020 年 2 月 18 日正式确定为公安部重点 DNA 检验鉴定实验室，实现了江西省公安机关创建公安部重点实验室零的突破。该 DNA 实验室先后荣获江西省、赣州市三八红旗集体荣誉称号。

① “1+6+N”即“1 套数字底座 +6 大智慧平台 +N 个应用场景”。

三、展望

回首过去十年，在赣州市委、市政府的坚强领导下，乘着赣南苏区振兴发展的东风，赣州市取得了平安建设全国先进“七连冠”的历史性成就，保持了社会大局长期稳定。今后将继续深入贯彻落实党中央、国务院和江西省委、省政府决策部署，扎实推进社会治理创新，努力建设更高水平平安赣州、法治赣州，为建设省域副中心城市，打造对接粤港澳大湾区桥头堡，建设革命老区高质量发展示范区创造安全和谐稳定的社会环境和发展环境。到 2025 年，在完成市域社会治理现代化试点工作任务的基础上，市域社会治理体制进一步完善、社会治理布局进一步优化、社会治理方式进一步创新、社会治理能力进一步增强，基本形成具有时代特征、赣州特色的市域社会治理新模式，政法满意度、公众安全感达到 96% 以上，各类公共服务和司法服务群众满意率达到 96% 以上，实现六个不发生目标，人民群众的获得感成色更足、幸福感更可持续、安全感更有保障；到 2035 年平安赣州建设达到更高水平。

未来，赣州市将继续坚持以习近平新时代中国特色社会主义思想为指导，全面贯彻党的十九大、二十大和历次全会精神，围绕推进国家治理体系和治理能力现代化总目标，把握共建共治共享总要求，加快推进市域社会治理现代化，完善治理体系，创新治理方式，凝聚治理力量，打造人人有责、人人尽责、人人享有的社会治理共同体。

一是全力保障社会大局稳定。坚决守住安全稳定底线，完善涉稳风险预警和防控机制建设，加强社会面管控，重点抓好涉军、涉众、房地产等重点领域风险防控，严格落实重点人员管控措施，确保社会大局持续稳定。

二是全力护航高质量发展。紧紧围绕经济高质量发展的决策部署，对标粤港澳大湾区，跟进完善法治服务保障，深化“放管服”改革，优化营商环境。紧紧围绕公平竞争、规范有序的市场体系，加强反垄断和反不正当竞争执法司法，依法打击非法集资等违法犯罪，让市场主体放心投资、安心经营。

三是全力提升社会治理效能。紧盯打造革命老区市域社会治理现代化“赣州样板”目标，积极推广“寻乌经验”“红色治理”“客家矛盾客家调”等社会治理品牌，大力推进“雪亮工程”和“智慧平安小区”建设，打造社会治安防控体系升级版。

四是全力推进政法队伍建设。坚持政治铸魂，大力弘扬伟大的建党精神、苏区精神和长征精神，巩固和拓展政法队伍教育整顿成果，努力打造一支党和人民信得过、靠得住、能放心的政法铁军。

11 中央国家机关及有关单位对口支援工作报告

摘要：中央国家机关及有关单位对口支援赣南等原中央苏区是全面深化落实《国务院关于支持赣南等原中央苏区振兴发展的若干意见》的又一重大政策，凝聚着党中央、国务院的特殊关爱和倾力支持。2013 年对口支援工作开展以来，中央国家机关及有关单位充分发挥职能优势，在政策、项目、资金、人才等各方面给予精准帮扶，挂职干部真情融入、真抓实干，赣州市这块浸润光荣与梦想的红土圣地，从城市到乡村、从政风到民风、从物质基础到精神风貌，都发生了深刻变化，呈现政策效应日益显现、干部群众同心协力、城乡面貌日新月异的良好局面。本书深入总结、认真梳理中央国家机关及有关单位对口支援赣南苏区的主要做法和成效，在此基础上提炼推进对口支援工作的成功经验，提出新时代赣南苏区振兴发展背景下对口支援工作的展望。

关键词：对口支援　挂职干部　苏区振兴

对口支援是我国制度优势的生动体现，是推动区域协调发展、协同发展、共同发展的大战略，是加强区域合作、优化产业布局、拓展对内对外开放新空间的大布局，是实现先富帮后富、最终实现共同富裕目标的大举措，这个“老传统”要长期坚持下去。2013 年 8 月 22 日，国务院办公厅印发了《中央国家机关及有关单位对口支援赣南等原中央苏区实施方案》（以下简称《实施方案》），明确由国家发展改革委、中组部牵头，中宣部等 39 个中央国家机关及有关单位（以下简称“对口支援单位”）对口支援赣州市 18 个县（市、区）、赣州经济技术开发区，对口支援工作期限初步确定为 2013 年至 2020 年。2018 年新增中国工程院、中国科学院、中国农业大学对口支援赣州特色优势产业发展。2021 年 4 月 21 日国务院办公厅又印发《新时代中央国家机关及有关单位对口支援赣南等原中央苏区工作方案》，明确新一轮对口支援工作延续到 2030 年。对口支援以来，中央对口支援单位始终带着对苏区人民的深厚感情，紧紧围绕《国务院关于支持赣南等原中央苏区振兴发展的若干意见》确定的目标任务，充分发挥职能、资源优势，把苏区放在心上，把责任扛在肩上，全力以赴开展对口支援工作，积极构建人才、产业、项目、创新等相结合的对口支援工作格局，将党和国家的关怀转化为赣南苏区人民看得见、摸得着的实惠，为苏区振兴发展注入强劲动力。全体挂职干部按照“对接、融入、奉献、成长”要求，迅速转换角色、倾注真情、融入基层、真抓实干，对口支援工作取得了阶段性显著成效，有力推动赣南苏区振兴发展。

一、主要做法

对口支援工作开展以来，对口支援单位以建立健全机制体制为保障措施，以深入受援地专题调研、发挥职能优势、结合实际出台支持文件为基础，以选派优秀干部挂职畅通对接渠道、扎实推动政策落实为重要途径，对口支援工作紧张有序高质高效开展。

（一）坚持上下联动，建立工作机制

建立国家、省、市三级联动体系，形成了推进对口支援工作的有效保障机制。一是在国家层面，国务院建立支持赣南等原中央苏区振兴发展部际联席会议制度，协调推进对口支援工作。《实施方案》明确对口支援结对安排和主要任务，选派挂职干部，建立完善的工作体系。二是在省级层面，为贯彻落实《实施方案》，江西省人民政府办公厅印发《关于组织省直机关及有关单位对口支援赣南等原中央苏区的通知》《关于深入推进对口支援赣南等原中央苏区的若干措施》，组织省直机关和有关单位对应开展对口支援工作，建立健全对口支援工作制度。三是在市级层面，赣州市建立健全对口支援联动、工作情况通报、目标责任考核等工作机制，明确分工、落实责任，将对口支援工作纳入各地各部门（单位）年度目标考核范围，列入领导班子和领导干部绩效考核内容。四是在县（市、区）层面，各县（市、区）建立行之有效的推进落实机制，出台相应的贯彻实施方案，进一步明确每项工作的目标任务和责任分工，确保对口支援事项扎实有序推进。

（二）发扬优良作风，深入基层调研

对口支援单位带着对赣南苏区人民的深厚感情，带着对赣南苏区振兴发展的崇高使命和历史责任，坚持把对口支援作为一项重要政治任务，高位谋划、倾力帮扶，充分发扬调查研究的优良作风，派出高规格调研组，深入对口支援县（市、区）开展专题调研。据统计，截至 2022 年 7 月底，中央对口支援单位共有 310 位副职以上领导到赣州调研指导，其中，72 位中央对口支援单位主要领导亲自带队。

（三）构建桥梁纽带，选派挂职干部

中组部、财政部、国务院扶贫办联合印发《关于聚焦脱贫攻坚 选派干部到西部地区、老工业基地和革命老区挂职锻炼的通知》，选派司局级干部到赣州市，县处级干部到赣州市 18 个县（市、区）、赣州经济技术开发区挂职锻炼，两年一轮，架起中央和苏区的“连心桥”，开启部委与苏区的“直通车”。挂职干部全部担任市、县（市、区）实职，明确具体工作分工，在推进对口支援工作中发挥了极其重要的作用。

中央国家机关对口支援赣州市挂职干部在福寿沟博物馆调研

（四）发挥职能优势，出台支持文件

对口支援单位有关领导和挂职干部通过走访干部群众、现场调研、召开座谈会等方式，全面深入细致了解受援地经济社会发展情况和迫切需要帮扶的问题，提出对策举措，为支持赣南苏区振兴发展“把脉开方”，抓住相关县（市、区）最突出的困难、最薄弱的环节，从政策、项目、资金、人才、体制机制等方面，全方位量身定制支持力度大、分量重、含金量高的扶持政策措施。在对口支援单位领导和挂职干部的全力推动下，累计出台 225 个对口支援工作方案或实施意见等支持文件。

（五）倾情支持帮扶，推动政策落实

对口支援单位和挂职干部结合受援地实际，着重围绕加大人才技术支援、加强业务指导支持、帮助解决发展难题、支持央企开展帮扶活动等主要任务，注重“输血”与“造血”相结合，以提升受援地自身发展能力为重点，狠抓落实，推动政策落地见效，构建人才、技术、资金、产业、项目相结合的对口支援工作格局，取得实实在在的成效。

二、主要成效

对口支援单位与受援地协力同心，狠抓政策落地转化见效，推动对口支援工作取得实效，为赣南苏区振兴发展注入了蓬勃生机和强劲动力。截至 2021 年底，中央对口支援单位累计支持赣南苏区政策 448 项，重要平台 223 个，重大项目 1 470 个。具体数据详见表 11-1。

表 11-1　2013—2021 年中央对口支援单位支援成效　　单位：个

县（市、区）	政策	重要平台	重大项目	县（市、区）	政策	重要平台	重大项目
章贡区	18	37	28	全南县	11	3	35
南康区	10	3	62	定南县	15	9	64
赣县区	94	6	118	兴国县	57	5	355
赣州经济技术开发区	4	0	126	宁都县	12	14	182
信丰县	21	20	74	于都县	6	11	72
大余县	14	7	45	瑞金市	7	5	38
上犹县	15	9	54	会昌县	41	14	25
崇义县	9	8	47	寻乌县	5	5	40
安远县	22	10	43	石城县	77	5	10
龙南市	10	52	52				

资料来源：赣州各县（市、区）年鉴和政府工作报告。

（一）推动政策落地，政策支持体系日益完善

政策加速落实到位。在国家发展改革委等部委支持下，《赣闽粤原中央苏区振兴发展规划》获国务院批复实施，《国务院关于支持赣南等原中央苏区振兴发展的若干意见》政策进一步细化、项目化。民政部支持南康撤市设区，赣州市中心城区面积扩大 5 倍。财政部、海关总署、国家税务总局下发《关于

赣州市执行西部大开发税收政策问题的通知》，财政部下发《江西省赣州市比照执行西部开发转移支付政策的通知》，185 项西部大开发政策基本执行到位。十年来，西部大开发税收政策惠及赣南苏区家具制造、商务服务等 43 个行业，累计为 3 108 户（次）企业减免所得税 65.64 亿元；税收优惠政策减负增利的效应正成为赣州招商引资的“核武器”。2020 年 4 月 23 日，西部大开发税收政策在赣州再延长 10 年。

重大平台加快推进。在国家发展改革委、财政部等部委推动下，中央、江西省批复赣州市一大批重大平台，包括赣州综合保税区，龙南、瑞金经济技术开发区瑞（金）兴（国）于（都）经济振兴试验区等国家级平台，以及全国革命老区扶贫攻坚示范区、赣州“三南”承接加工贸易转移示范地等省级平台。赣州市成为全省乃至全国拥有国家级平台最多的设区市之一，中国科学院赣江创新研究院、国家离子型稀土资源高效开发利用工程技术研究中心、国家脐橙工程技术研究中心等“国字号”技术创新平台陆续设立。此外，科技部大力支持赣州高新技术产业园区升级为国家高新技术产业开发区，促成赣州高新区与深圳高新区签订战略合作协议，承接深圳创新资源和产业转移；国家市场监督管理总局支持赣州市建设富硒产品国家质量监督检验中心（江西），批复同意赣州港成为全国内陆第 8 个永久对外开放口岸和中国内陆首个国检监管试验区，成立国家油茶产品质量检验检测中心（江西）、国家钨与稀土产业计量测试中心和中国（赣州）知识产权保护中心等一批重大平台；海关总署支持南昌海关驻龙南办事处升格为龙南海关，为龙南市及周边县域承接粤港澳大湾区、长江经济带产业转移提供重要支撑，联合有关部委共同批复龙南市设立保税物流中心（B 型），开通跨境电商“1210”“9610”“9710”业务和龙南到深圳的铁海联运。

（二）推动资金支持，资金瓶颈有效破解

民生投入方面。民政部对兴国县 25 个乡镇敬老院进行改（扩）建，增加床位 1 540 张，建成居家养老服务中心 225 个、示范性嵌入式养老院 2 个、智慧养老服务平台 1 个；国家卫生健康委员会支持于都建成新区人民医院、妇幼保健院和第二人民医院，改善 27 个乡镇卫生院及 316 个村卫生室基础设施，推动南方医科大学南方医院与赣州市人民医院、广东省人民医院与赣州市立医院共建国家区域医疗中心，将赣州市所有县（市、区）综合医院全部纳入“十四五”国内一流医院对口帮扶范围，苏区百姓在家门口就能享受到高质量医疗服务；人力资源和社会保障部积极支持宁都县建设创业孵化基地、基层就业和社会保障服务平台等 30 多个重点项目，支持宁都高级技工学校升格为宁都技师学院；教育部支持赣州市改善中小学办学条件，使小县城的孩子们能够享受到和大城市

国内一流医院对口帮扶赣州市重点医院。图为南方医科大学南方医院与赣州市人民医院合作共建国家区域医疗中心启动仪式

同龄人一样优质的教育教学资源；审计署在会昌成立“审爱助学金”用于帮助会昌贫困学生就读，促成华东师范大学及其附属学校与会昌结成帮教，南方医科大学南方医院、上海复旦大学华山医院与会昌结成帮扶；国家烟草专卖局高标准援助建设兴国红军子弟小学、第一幼儿园、平川中学图书馆、埠头金叶幼儿园和 20 所乡镇公办幼儿园等教育基础设施；国家开发银行通过省、市带县及“四台一会”等模式支持全南农村危旧土坯房改造、棚户区改造、城市污水处理、生源地助学贷款、农村教育事业等方面建设；国家体育总局支持崇义建成 124 个农民体育健身工程，崇义县 16 个乡镇 124 个行政村农民体育健身工程实现全覆盖。

产业扶持方面。国家发展改革委累计安排赣南等原中央苏区中央预算内资金支持项目 6 576 个（次），同意赣州市筹建设立赣南苏区振兴发展产业投资基金。财政部、自然资源部、工业和信息化部支持赣州市开展全国稀土开发利用综合试点。中华全国供销合作总社支持安远建成中国供销赣南脐橙交易中心，带动约 70% 的赣南脐橙在安远集散，成为全国最大的脐橙集散地。中国进出口银行支持南方稀土、赣州国际陆港、赣州综合保税区等重点产业领域和项目。中国证监会帮助南康不断完善金融组织体系，银行金融机构增加至 19 家，保险公司 24 家，鼓励并推动南康区企业规范改制，助推企业驶上挂牌上市快车道。中宣部支持“学习强国”用服中心落地寻乌，指导寻乌率先在全省探索新时代文明实践中心建设，综合文化服务中心示范工程实现全县全覆盖，促成深圳与寻乌建立帮扶合作关系，推动引进德青源金鸡、幸福小镇等重大产业项目。中国工程院发挥院士团队力量帮助引进高层次人才和科技前沿项目，张文海院士与赣州经济技术开发区签订总投资 1.5 亿元的稀白粉等新材料生产加工和技术服务项目，贺泓院士团队“国六排放标准的柴油车用稀土基 SCR 催化剂量产技术研发与示范”项目落地赣州，邓秀新院士团队与江西绿萌科技公司深入推进国家重点研发计划项目《常绿果树优质轻简高效栽培技术集成与示范》，并发挥院士力量指导推动赣州稀土、家居、新材料等特色产业。中国农业大学致力赣州市现代农业发展，让蔬菜产业实现规模化、设施化、产业化，形成宁都辣椒、信丰辣椒、于都丝瓜、会昌小南瓜等蔬菜优势产区。

（三）推动项目布局，造血功能显著增强

重大基础设施建设加快推进。在交通运输部、中国民航局等部委支持下，赣州区域性综合交通枢纽已经从交通“边三角”变成直通粤闽湘、港澳台的“金三角”。在国家发展改革委、国家能源局的支持下，赣州南 500 千伏输变电工程等投入运营，天然气管网、成品油管道工程加快实施，赣浙国华信丰电厂 1 号机组顺利建成投运，能源保障不断加强。国家广电总局协调争取赣州市十五个县（市、区）纳入“十四五”期

2022 年 3 月 24 日，赣浙国华信丰电厂 1 号机组通过 168 小时满负荷运行正式投入商业运营

间老少边及欠发达地区县级应急广播体系建设。中国民航局支持赣州黄金机场改（扩）建工程及各类小型安全项目建设、瑞金机场建设。水利部实施中小河流治理、五河治理防洪工程、河道整治项目32个，完成116座病险水库除险加固任务，恢复、新增、改善灌溉面积36.5万亩，推动建设江西首个山区大型灌区——梅江灌区，谋划赣州市6个重大水利项目纳入国家“十四五”水利专项规划。国家能源局支持信丰建成并网光伏扶贫项目48个，纳入国家首批分布式光伏试点县，推动赣州市向“风光水火储”一体化发展迈进。国家统计局协调解决寻乌太湖水库建设资金瓶颈问题，将抽水蓄能电站项目成功纳入国家《抽水蓄能中长期发展规划（2021—2035年）》，寻乌南桥至广东龙川高速公路开工。

首家落地江西的央企总部——中国稀土集团

重大产业项目密集落地。国务院国资委大力支持央企入赣工作，航天科工七〇六所江西信创总部、国家电投国特新能源等一大批重大项目落地，中国稀土集团有限公司在章贡区成立，成为江西省首家落户的央企总部。2021年9月15日，全国工商联在赣州市举办“全国工商联携手知名民营企业助推赣州革命老区振兴发展大会”，现场签约项目20个、签约金额299.8亿元。工业和信息化部推进章贡区生物医药和电子信息两大首位产业提速，积极指导赣州医药健康产业园规划及建设，助力赣州经济技术开发区山香药业、五环机器等项目列入国家产业振兴和技术改造计划，促成中国信息通信研究院、工业和信息化部电子第五研究所、赛迪研究院与龙南建立战略合作并指导编制规划，推动赣州、龙南及企业获评20余项国家级和省部级荣誉。国台办帮助定南先后与东莞台协、深圳台协、广东台协建立日常互动与联系，引进惠亚科技、九泓科技两家台资企业，合计投资达7 000万美元。

2021年9月15日，全国工商联携手知名民营企业助推赣州革命老区振兴发展大会集中签约仪式

农村生产生活条件不断改善。农业农村部帮助信丰建成全国两家之一的国家蔬菜质量标准中心（赣州）分中心和江西唯一的粤港澳大湾区“菜篮子”产品赣州配送中心，授予国家现代农业示范区、国家现代农业产业园、国家现代农业科技示范展示基地等“国字号”殊荣。中国科学院将赣江创新研究院研发的稀土转光农膜和稀土LED补光灯技术应用于大余蔬菜产业园，加快现代农业发展，促进农民致富增收。中国银保监会在定南大力实施政策性农业保险试点，协调中国人保为11.23万亩水稻、40万头生

猪、62.8 万亩公益林安上“保险锁”。国家烟草专卖局累计在兴国建设金叶新村项目 217 个，援建的洋池口水库建成后解决下游 6.65 万亩农田灌溉和沿线 6.85 万人饮水的问题。国家粮食和物资储备局全方位支持于都富硒大米、油茶和梾木果等产业发展、“危仓老库”维修改造，全面提升粮食储备和应急能力。中国农业大学帮助赣州市制定富硒农产品地方标准、开展富硒产业发展可行性研究，传统农业正在加快向现代农业转变。

（四）推动人才交流，智力支撑不断夯实

实施干部双向挂职。截至 2022 年底，中组部从对口支援单位累计选派 5 批 201 名干部到受援地挂职锻炼，累计选派 22 名博士服务团成员到赣州挂职，已安排赣州市选派 8 批 84 名干部到中央国家机关（央企）挂职锻炼。对口支援政策架起了对口支援单位与受援地的“连心桥”，畅通对口支援单位与受援地双向交流的“高速公路”。

开展专业人才培训。国家乡村振兴局先后带领石城干部到 10 多个省、市学习考察脱贫攻坚工作，培训基层干部与创业致富带头人 5 000 余人次。国家统计局全力支持寻乌统计业务发展，指导成立国家统计局寻乌调查队，每年组织安排寻乌统计业务骨干参加国家统计局举办的业务培训班。公安部持续支持江西（赣南）、广东两省公安机关开展区域协作、素质强警，组织开展送教送技上门，专门为赣州市举办警务专题培训班，将最新技术和研究成果推广到基层。

帮助引进人才技术。中组部支持赣州市设立海外高层人才创新创业基地。在教育部、科技部、工业和信息化部支持下，江西理工大学成为部省共建大学并实现博士人才培养零的突破，新增博士后科研工作站 2 个。中国工程院帮助组建成立赣南苏区高质量发展院士专家战略咨询委员会，33 名中国工程院院士受聘为咨询委员。司法部支持石城县法律援助中心办理涉及五类困难群体的法律援助案件，将石城县纳入国家司法考试放宽学历地区范围，实施降低录取分数线政策，法律人才紧缺问题得到有效缓解。

中国科学院院士、中国科学院上海应用物理研究所研究员沈文庆院士一行近 30 名院士，在赣州市举行“赣南苏区院士行”活动

（五）推动试点示范，改革活力持续迸发

在对口支援单位支持下，挂职干部推动本单位改革试点在受援地破题开篇、创造经验，着力打造改革创新的试验田、先行区，为受援地改革振兴注入了蓬勃生机和强劲动力。其中，国家发展改革委批准瑞金、上犹开展国家生态文明示范工程试点，支持东江源开展生态补偿机制试点；中宣部支持寻乌建设国家公共文化服务体系示范点；自然资源部支持赣州市列为全国唯一同时开展城乡建设用地增减挂钩、低丘缓坡荒滩等未利用地开发利用和工矿废弃地复垦利用“三项试点”的设区市；商务部大力扶持全南

县和赣州市加强对外开放合作，协调国家电子商务进农村综合示范等平台落地；应急管理部将大余县列为“全国综合减灾示范县”“全国非煤矿山重点监管县”等试点示范，扶持完成非煤矿山采空区和尾矿库“头顶库”隐患综合治理。西北农林科技大学发挥市校合作机制作用和高校资源优势提供高层次人才智力支持，帮助赣州市解决农业产业发展技术瓶颈问题，推进其成为全国首批、全省唯一的粤港澳大湾区“菜篮子”平台城际合作城市。

（六）推动宣传推介，继续讲好红色故事

中宣部充分发挥资源优势，协调中央主流媒体聚焦寻乌、宣传报道寻乌，组织开展集中采访调研和“走转改”活动 58 批次，中央各媒体及“学习强国”学习平台共刊发转载各类有关寻乌的报道和稿件 2 350 多篇。新华社推进浴血瑞京、荣誉国际酒店、幸福花海、共和国摇篮景区提升等重点项目，聚焦重大主题重大活动报道，与《新华每日电讯》、新华网、CNC（中国电视网环球新闻频道）等加强通联，对外播发 300 多篇宣传报道，瑞金知名度、美誉度再度提升。

三、主要经验

对口支援工作和援疆、援藏工作一脉相承，是党中央、国务院高瞻远瞩、英明决策，既有异曲同工之处，也有创新独特。对口支援工作的特色亮点主要有以下六点。

（一）以习近平同志为核心的党中央亲切关怀、把脉定向，是赣南苏区振兴发展的根本原因

在习近平总书记亲切关怀、亲自推动下，《国务院关于支持赣南等原中央苏区振兴发展的若干意见》出台，开启了赣南苏区振兴发展的新纪元。党的十八大以来，习近平总书记两次亲临赣州考察调研，亲自谋划推动赣南等原中央苏区振兴发展政策落实。2015 年 3 月，习近平总书记参加十二届全国人大三次会议江西代表团审议并发表重要讲话，指出“要着力推动老区特别是原中央苏区加快发展，决不能让老区群众在全面建成小康社会进程中掉队，立下愚公志、打好攻坚战，让老区人民同全国人民共享全面建成小康社会成果”，并强调“这是我们党的历史责任”。2016 年 2 月，习近平总书记来到江西深入赣南苏区考察调研，强调“全面建成小康社会一定要让为人民共和国诞生作出重要贡献的革命老区发展得更好”。2019 年 5 月，习近平总书记第二次来到赣州考察调研，在长征出发地于都县殷殷嘱托“现在国家发展了，人民生活好了，一定要饮水思源，不要忘了革命先烈，不要忘了中央苏区的老百姓”，要求“努力在加快革命老区高质量发展上作示范”。习近平总书记的亲切关怀，为赣南苏区振兴发展送来了强劲的东风。十年来，党和国家一条条特殊支持的帮扶措施、一个个实实在在的重大项目、一笔笔真金白银的援助资金，给予赣南苏区前所未有的支持。赣南苏区振兴发展的每一个关键节点，都透出习近平总书记把脉定向的战略远见；赣南苏区人民勠力同心交出的每一份亮眼答卷，都源于习近平治国理政思想的科学指引。

（二）建立从中央到地方上下联动、协调一致的工作机制，是赣南苏区振兴发展的可靠保障

国务院出台《实施方案》明确结对安排和工作要求，中央对口支援单位围绕受援地实际困难和发

展方向出台配套支持文件，下派挂职干部到受援地帮助工作，在资金、项目、平台、人才等方面给予倾斜支持；省级层面安排对应的省直机关开展对口支援，做好沟通对接，围绕中央对口支援单位支持事项出台省级支持文件，协助争取落实中央对口支援单位支持事项；市级层面安排对口的市直部门对接中央、省对口支援单位，针对支持事项制定贯彻实施方案，安排专人做好跟踪落实，确保对口支援工作顺利推进。

（三）对口支援单位领导重视支持、靠前指挥，是赣南苏区振兴发展的强大推力

对口支援单位领导坚决贯彻落实党中央、国务院的决策部署，高度重视赣南苏区振兴发展，倾情关心赣南苏区群众生产生活，把对口支援作为重要政治任务来谋划、落实和推进，迅速组建机构，强化组织领导，深入赣南苏区实地调研，密集出台扶持政策措施，推动对口支援工作有序开展。时任中共中央政治局委员、中组部部长赵乐际十分关心赣南苏区振兴发展，于 2013 年 3 月深入赣州兴国、瑞金等地考察，对赣南苏区振兴发展提出指导性、方向性意见。审计署刘家义审计长先后两次带队深入会昌县调研，召开对口支援工作座谈会，推动对口支援各项工作，并亲自协调原国家卫生和计划生育委员会、教育部、原农业部、水利部等部委帮助解决实际问题。交通运输部杨传堂部长不仅亲临受援地，而且先后安排 3 名部领导深入安远开展调研。国家统计局原局长马建堂亲自协调国家发展改革委、水利部、环保部和科技部等相关部门，将寻乌县太湖水库建设项目列入国家重大项目资金安排计划，就昌吉赣高速客运专线建设致信国务院领导，展现了部委领导对赣南苏区人民的浓情厚爱。

（四）挂职干部倾心帮扶、真抓实干，是赣南苏区振兴发展的关键所在

对口支援挂职干部带着对老区人民的深情厚谊，以高度的政治责任感和使命感，克服工作、家庭中的各种困难，不远千里来到赣南苏区挂职帮扶，迅速转换角色，真情融入当地，全力推动对口支援落地见效，为苏区振兴发展带来了新理念、新思维、新血液和新动力，扎扎实实推动对口支援工作取得实实在在的成效。一是在完善支援机制上下功夫。建立完善稳固的对接机制，促进支援单位与受援地双向互动，推动各项工作有效对接，促进政策落实和转化。二是在增强发展后劲上下功夫。引进一批有利于发挥赣州市比较优势的大项目，不断提升受援地自我发展能力；协助推动重大平台建设，把政策优势尽快转化为现实生产力。三是在推进政策落实上下功夫。充分发挥部委职能优势，找准对口支援与地方发展需求的契合点，加大资源整合、机制整合、政策整合、规划整合力度，推动“援县促市带省”取得明显成效。四是在改进工作作风上下功夫。挂职干部始终保持饱满的工作热情、谦虚的学习态度、忘我的奉献精神和严格的组织纪律，弘扬和展现了新时期苏区干部好作风。有的同志放弃清明、

2022 年 5 月 7 日，在南昌召开的中央单位挂职干部座谈会

端午等节假日与家人团聚的机会，坚守岗位；有的同志狠抓项目落实，不辞辛苦忙碌到深夜，以超强的工作狠劲和韧劲赢得项目评审专家的支持；有的同志为了抓好受援地乡村卫生工作，不辞辛苦一个乡镇一个乡镇检查落实，为协调处理企业违规问题，亲自上门与企业负责人做思想工作；有的同志充分发挥个人朋友资源优势，积极协调社会爱心团体和企业捐助；有的同志经常深入残疾人等弱势群体，并个人出资上万元用于资助贫困家庭；有的同志在防汛工作中冲在一线、靠前调度，带头整宿值班，展现了中央单位勤勉务实、真抓实干的优良工作作风。全体挂职干部与受援地干部群众紧密协作，推动工作有效对接，推进支援政策落地见效，为赣南苏区振兴发展注入了强劲活力。

（五）采取“援县促市带省”的方法扩大对口支援效应，是赣南苏区振兴发展的有效手段

《实施方案》中明确中央对口支援单位结对安排，中组部、国家发展改革委树立整体支援理念，中央对口支援单位支持赣南苏区振兴发展不局限于受援地，在支援受援地的基础上，立足全市的发展需求，集中对口支援单位资源力量，每年在全市层面推动一批补产业、强基础、惠民生的“援县促市”事项，以点带面，进一步扩大对口支援效应，如国家卫生健康委将赣州市所有县（市、区）综合医院全部纳入“十四五”国内一流医院对口帮扶范围，中国民航局安排资金支持赣州黄金机场改（扩）建和瑞金机场建设，等等。

（六）受援地主动作为、狠抓落实，是赣南苏区振兴发展的重要基础

受援地党委政府不等不靠、积极跟进、真抓实干，充分发挥振兴发展主体作用，紧密对接、有序承接、狠抓落实，促进对口支援政策、项目高效落地。江西省委主要领导亲自主持领导小组会议和对口支援工作座谈会，听取工作汇报，部署对口支援工作，江西省政府主要领导经常过问对口支援工作，并提出工作要求。江西省对口厅局和单位主动承接、对应开展对口支援工作。赣州市委、市政府及受援县（市、区）党委、政府高度重视，把对口支援当作最大的发展机遇之一，将深化“送政策、送温暖、送服务”工作、开展“永远热爱党、永远跟党走”主题教育实践活动和党史学习教育以及干部作风“治庸、治懒、治散”，与对口支援工作紧密结合，掀起了能力革命和作风革新，埋头苦干、务实担当蔚然成风，干部精气神持续提振，推动对口支援工作形成推进有序、良性互动、有效帮扶的良好格局。

四、做好新一轮对口支援工作的建议

赣州市将牢牢抓住新一轮对口支援政策重大历史机遇，凝心聚力，感恩奋进，坚定发展信心，保持发展定力，全力以赴推动对口支援各项工作深入开展，用足用好用活对口支援政策，加快将党中央、国务院的深切关怀转化为新发展阶段赣南苏区振兴发展的强大动力。

（一）围绕深化政策措施抓好对口支援工作

积极融入长江经济带、“一带一路”、粤港澳大湾区建设等重大战略的实施，持续深化政策措施，不断增强对口支援工作力度。一是争取国家层面支持衔接各级规划。争取国家层面支持赣南等原中央苏区振兴发展政策与国家“十四五”规划系统衔接，将中央对口支援单位支持的政策项目以及受援地事关

长远发展的重大项目纳入各级“十四五”规划。二是争取省级层面支持衔接落实。争取江西省对口支援单位指导受援地不断深化政策对接落实，科学审视自身的特色和优势，找准定位、精准发力，积极对接融入国家战略发展，对接落实国家层面给予受援地的计划规划。三是市、县层面要积极承接抓好落地。受援地要抓住国家重大战略机遇，主动对接，依托自身有利条件和发展定位，积极谋划符合发展前景的对口支援事项，争取将要做的、想做的事项纳入相关规划。四是挂职干部要做好上传下达。挂职干部是中央单位与赣南苏区的信息“桥梁”，要进一步发挥自身业务能力指导受援地做好对口支援具体工作，并将受援地需求转达到对口支援单位，将最新的政策信息传给受援地。

（二）围绕增强“造血”功能抓好对口支援工作

找准国家扶持政策和受援地实际的最佳切入点，加快支持事项落实、项目落地，努力形成政策“叠加效应、乘数效应”。一是推进已批复的项目、平台尽早见效。争取对口支援单位在规划指导、项目布局、人才培养、投融资等方面对已批复的重大项目、重大平台建设加强指导和帮扶；受援地着力解决好要素保障问题，夯实基础，狠抓落实，加快形成实物工作量，促进项目、平台早建成、早见效。二是对尚未获批立项和启动实施的事项，争取尽快取得突破进展。争取对口支援单位进一步细化实化对口支援工作方案，做到长期帮扶目标与短期推进举措有效结合，建立重大项目、重大平台绿色审批通道，推进支持政策尽早落地实施；受援地要加强对接汇报力度，进一步增强以建促争、边建边争意识，不断完善自身条件，强化工作落实，共同推进政策落地生根。

（三）围绕推进先行先试抓好对口支援工作

按照中央关于全面深化改革的要求，加快推进试点示范事项，积极争取对口支援单位更多改革试点、试验在赣州市布局，通过大胆探索，努力创造“赣州经验”。着力把赣南苏区打造成全省乃至全国改革创新、先行先试的试验田，坚持把深化改革作为加快转变经济发展方式的强大动力，用好用足先行先试的政策，大力实施创新驱动发展战略，推动体制机制创新、科技创新、业态创新，促进产业转型升级。加快形成可复制可推广的经验做法，打造“赣州样本”，在全市、全省乃至全国予以推广。

在习近平总书记和党中央、国务院的深情关怀下，在中央国家机关和有关单位的大力支持下，赣南苏区这片红土圣地正发生日新月异的巨大变化，赣南苏区蝶变铸就了恢宏的“赣州气象”。赣南苏区牢记习近平总书记的重要指示和深情嘱托，持续深入学习贯彻习近平总书记视察江西和赣州重要讲话精神，解放思想，改革攻坚，开放创新，担当实干，紧紧扭住振兴发展这一战略主线，发挥对口支援工作优势，纵深推进赣南苏区振兴发展，加快建设革命老区高质量示范区，在新的起点上书写赣南苏区振兴发展的时代荣光！

县域发展报告

12 章贡区十年苏区振兴发展报告

摘要：2012 年以来，赣南苏区振兴发展得到了国家政策支持，赣南苏区迎来了历史新机遇、翻开了发展新篇章。十年来，章贡区广大干部群众抢抓机遇、感恩奋进，坚持以习近平总书记视察江西省和赣州市重要讲话精神统领全局，全力以赴脱贫攻坚、改善民生，坚定不移主攻工业、壮大产业，着力统筹城乡发展、补齐短板，稳步推进深化改革、扩大开放，凝聚了磅礴的奋进力量，积累了丰富的宝贵经验，书写了振兴发展的章贡篇章。

关键词：振兴发展　苏区　章贡区

一、振兴发展开新局

2012—2021 年，章贡区连续九年荣获江西省、赣州市高质量发展（科学发展）综合考评先进，勇夺江西省“五连冠”；成功上榜全国投资潜力、科技创新、绿色发展和旅游综合实力“四个百强区”；成功创建全国文明城市、国家卫生城市、国家森林城市；全面小康指数完成率获全市第一等优异成绩，开创了章贡区经济社会高质量跨越式发展新局面。

（一）综合实力显著增强

2011 年以来章贡区经济总量连续增长，综合经济实力不断增强，地区生产总值由 2011 年的 187.88 亿元上升到 2021 年的 606.86 亿元，增长了 2.2 倍，年均增长 10.4%。一般公共预算收入大幅增加。章贡区 2021 年一般公共预算收入 22.70 亿元，是 2011 年的 3.0 倍，年均增长 13.0%。分阶段看，一般公共预算收入在 2012 年破 10 亿元、2015 年破 20 亿元（详见图 12-1）。

人民生活水平日益提高。2021 年，章贡区城镇、农村居民人均可支配收入分别是 48 663 元、20 936 元，为 2011 年的 3.0 倍、3.2 倍（详见图 12-2）。

（二）培育壮大优势产业

产业结构日趋合理，经济结构优化升级，产业结构实现由不均衡到相对均衡的不断调整优化（详见图 12-3）。2021 年三次产业增加值分别是 2011 年的 90%、3.0 倍和 3.5 倍。

1. 现代农业提质增效

农业产业化持续提升，现有省市级农业产业化龙头企业 14 家，其中省级龙头企业 5 家。2017 年、2018 年连续 2 年被评为江西省现代农业发展先进单位。组建昆明食用菌研究院章贡分院，建成火燃、龙村等食用菌生产基地 12 个，食用菌特色产业产值破亿元。打造“峰景沙石”“流金沙河”“醉美水

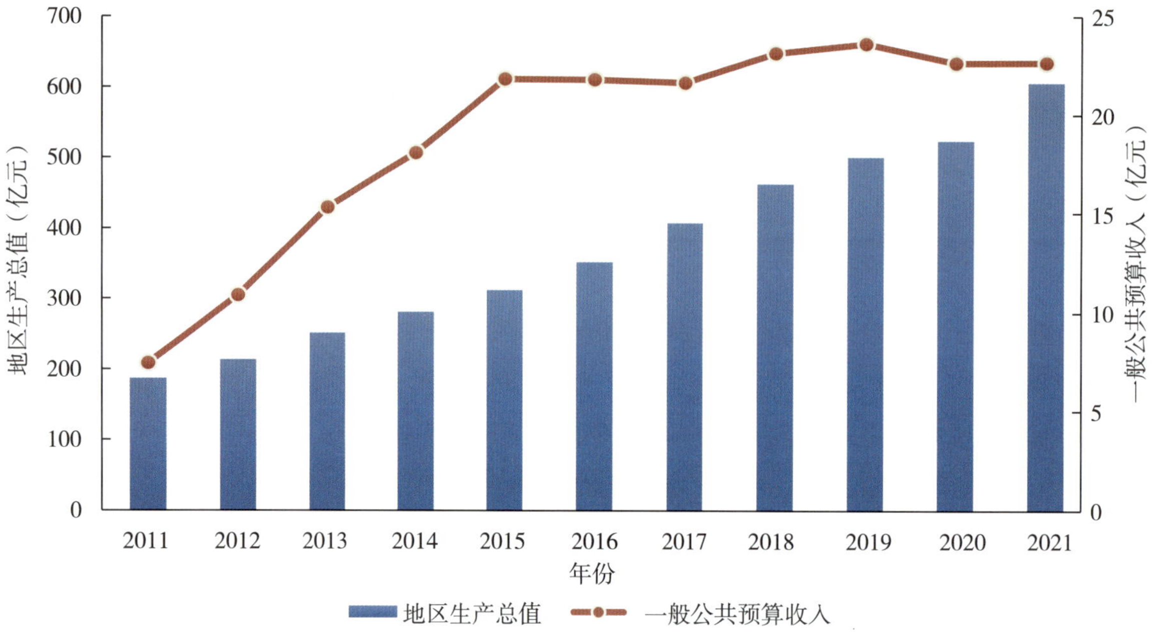

图 12-1　2011—2021 年章贡区地区生产总值、一般公共预算收入

资料来源：根据章贡区统计局数据整理得出。

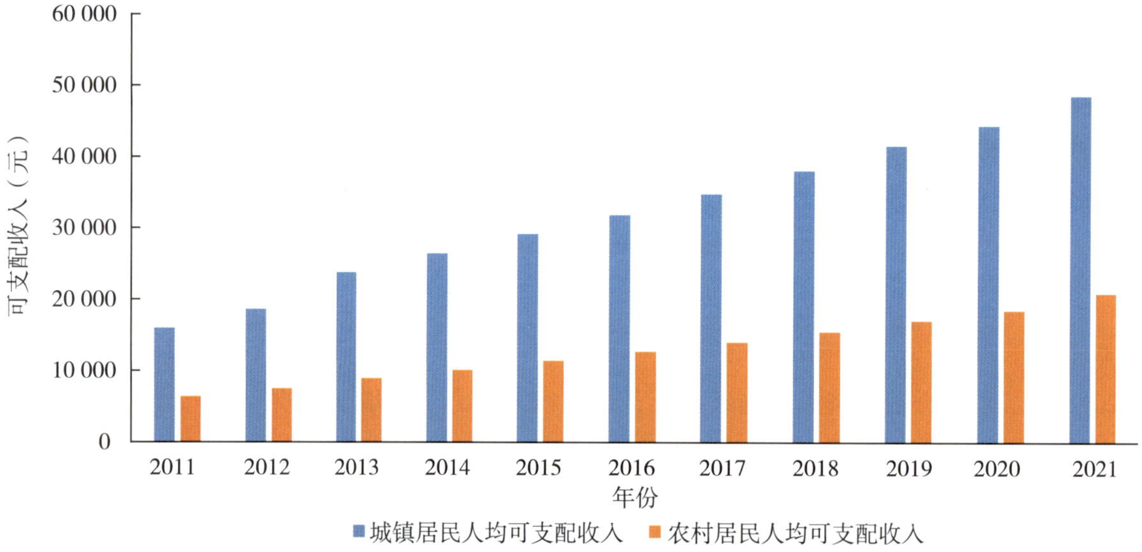

图 12-2　2011—2021 年章贡区城镇、农村居民人均可支配收入

资料来源：根据章贡区统计局数据整理得出。

西”三大版块，形成城郊半小时农业休闲圈，创建省级以上休闲农业品牌 12 个，培育休闲农业经营主体 63 个，营业收入超 2 亿元。

2. 工业集聚效应凸显

工业经济积厚成势，荣获江西省 2016—2018 年度工业崛起年度贡献奖，2018—2021 年连续四年获评江西省工业高质量发展一类先进县（市、区）。工业经济规模倍增，规模以上工业营业收入总量达 389 亿元；结构优化，双首位产业集聚度达到 61.36%；质效提升，营业收入过 10 亿元企业达 9 家，较 2011 年增加 6 家。同时，将生物医药、电子信息 2 个战略新兴产业作为首位产业培育，打造战略性新兴产业发展集群，产业发展支撑更加有力。

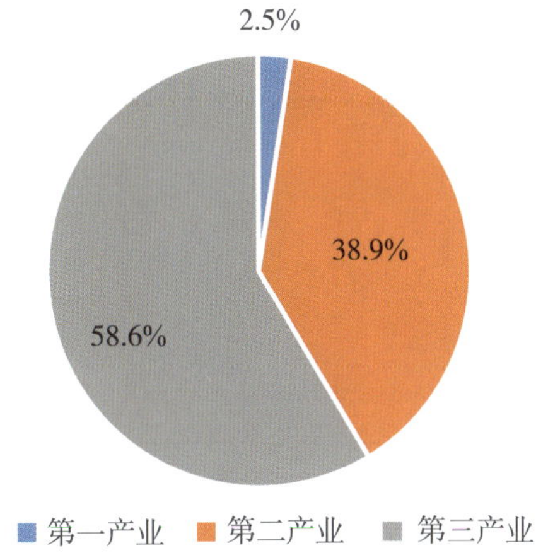

（a）2011年

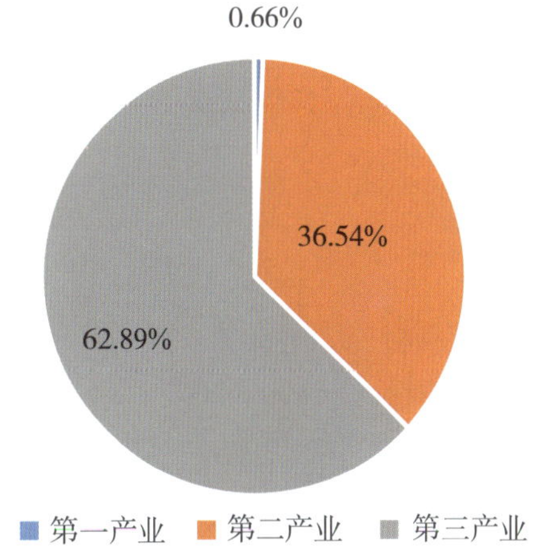

（b）2021年

图 12-3　2011 年和 2021 年章贡区三次产业结构对比

资料来源：根据章贡区统计局数据整理得出。

此外，数字经济产业迅速崛起，数字经济核心产业规模以上企业达 53 家。信创产业体系被国家工信部评价为“走在全国第一方阵”，获评全国信息技术应用创新优秀实践单位。创新组建江西省首个信创联盟，联盟已吸引行业企业 93 家。科技创新能力显著提升，全区高新技术企业总数从 2011 年的 4 家增加到 2021 年的 117 家，实现重大飞跃；科技创新平台建设成效显著，现拥有国家级创新平台和载体 5 个、省级 30 个、市级 30 个；2011—2021 年申请专利 20 061 项，获授权专利 6 542 项。

集药品研发、生产和销售于一体的创新型医药企业青峰药业，连续多年位列中国医药工业百强企业

3. 现代服务业活力迸发

2021 年服务业增加值达到 381.66 亿元，是 2011 年的 3.5 倍，年均增长 10.8%；规模以上服务业企业总数达到 142 家，占赣州市总数的 21.8%（详见图 12-4）；规模以上服务业企业营业收入由 2016 年的 87.26 亿元提高到 2021 年的 142.06 亿元，年均增长 8.8%；服务业增加值、规模以上服务业企业营业收入均为赣州市第一。

赣州数字经济创新中心是赣州数字经济产业园“一园五中心”的创新引擎

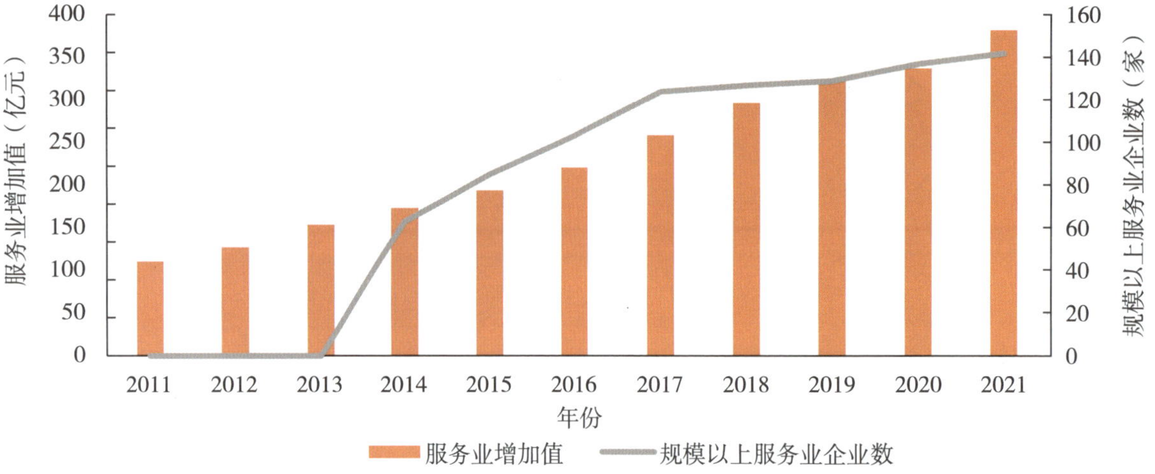

图 12-4　2011—2021 年章贡区服务业增加值及规模以上服务业企业数

资料来源：根据章贡区统计局数据整理得出。

旅游业持续发力。2021 年接待旅游人数 1 861.19 万人次、旅游总收入 246.46 亿元，较 2011 年分别增长约 5.1 倍、26 倍，连续 2 年获评江西省文化产业重点县（区），获评江西省旅游产业发展先进县（区）。建成运营赣州方特·东方欲晓、杉杉奥特莱斯、赣州极地海洋世界等重大项目，七鲤古镇项目建设稳步推进，成功举办四届章贡文化旅游节，江南宋城历史文化旅游区获评国家 4A 级景区。商贸消费不断升级，建成了万象城、步步高等大型商超，打造了渔湾里、郁孤台历史文化街区等特色商街。此外，设立全国首个并购基金园，入驻企业超 800 家，每平方米税收贡献近百万元。

（三）全面夺取脱贫攻坚胜利

1. 脱贫攻坚成效显著

章贡区 2 198 户 6 483 人建档立卡贫困户全部实现高质量脱贫，脱贫人口年人均收入由 2015 年的 4 128 元增至 2020 年的 17 510.93 元，年均增幅超过 30%。2016 年以来中央、省、市（区）累计拨付 1 590.25 万元，惠及贫困学生 19 387 人次；累计投入 5 608 万元建设城市自来水管网 230 余公里，实

赣州方特·东方欲晓主题公园

规模大、档次高、业态全的大型一站式购物中心赣州万象城是华润集团旗下第十座万象城

施农村集中供水工程累计 121 处，对建档立卡贫困户全覆盖开展水质动态监控检测。2012 年以来，章贡区党建引领乡村振兴迈出“新步伐”，在全区 54 个村推行“党建 + 社建”全覆盖，提升了农村基层党组织的带动力和服务力，建立了 5 个镇级基层社，14 个村级专业合作社，带动农民 850 户，发展各类特色产业种养 5 000 余亩，产生直接经济效益 2 800 余万元，村集体经济收入增加 200 余万元。

2. 美丽乡村品质提升

积极践行“绿水青山就是金山银山”的理念，深入学习“千万工程”经验，系统推进农村人居环境整治提升，全域实施“垃圾、污水、厕所革命”三大工程。从 2016 年下半年开始，在赣州市率先建立了城乡环卫一体化垃圾处理机制；建设农村生活污水处理设施 42 座，覆盖城市管网范围外全部行政村，服务人口 12 981 人，农村生活污水有效管控水平远超全省平均值；新（改、扩）建乡村公厕 120 座，卫生厕所普及率超一类县标准。不断完善农村公共服务。2021 年农村集中式供水率和农村自来水普及率分别为 99.07%、91.5%，农村饮水安全问题得到全面解决；实现公交、动力电、光纤网、路灯亮化村村覆盖，获评江西省“四好农村路”示范县（市、区）。此外，深入开展“赣南新妇女”运动等乡风文明行动，引导群众自觉抵制和破除高价彩礼、土葬等陈规陋习，全面完成绿色殡葬改革。

（四）激活增强发展动能

1. 改革攻坚取得突破

2017—2021 年，章贡区连续五年获评江西省全面深化改革工作先进县（市、区），完成改革任务近 500 项。创新推进医疗体制改革，赣州市立医院组建全省首个城市医疗集团，入选中国改革 2020 年度 50 个典型案例。探索劳动育人改革、无物业老旧小区治理经验做法，分别在中央政策研究室和国家发展改革委内刊刊载推广。荣获第四届中国“互联网 + 政务”提名奖，智慧章贡荣获中国 2020 年大数据产业发展试点示范项目，列为江西省政务数据共享应用试点。获评国家知识产权强县工程试点县（区）、全国科技进步考核先进区。

2. 营商环境日益优化

出台稳增长“10 条”、活商贸“9 条”、促消费“6 条”等惠企政策，2016—2021 年累计为企业减负 226.41 亿元，并于 2019 年成功获评江西省第三届营商环境优化县（市、区)。2021 年，“一窗式”改革经验被评为中国智慧城市优秀案例；扎实开展了集中大走访活动，实现了全区走访帮扶全覆盖，深入 8.7 万户市场主体，通过走访共解决问题 2 558 个；依申请类政务服务事项已全部实现掌上查询，“只跑一次”“一次不跑”事项分别达 714 个、783 个，集中办“应进必进”占比 100%；开展相对集中行政许可权改革，148 项行政权力事项划转到区行政审批局集中行使，基本实现“市里能办的，区里也能办”。

3. 开放对接成果丰硕

2018—2021 年，连续四年获评江西省开放型经济工作综合先进县（市、区)。招商引资持续发力，2011—2021 期间成功引进威高集团、赣南创新与转化医学研究院、中科云图等共计 396 个项目，总投资 2 613.12 亿元。推动中国稀土集团总部成功落户，填补了江西省无央企总部的空白。同时，加强对外学习交流，与深圳市南山区、大连市旅顺口区等地建立战略合作。

（五）持续建设美丽章贡

1. 城市花园持续打造

大力推进美丽赣州建设章贡行动，实施水资源保护、水环境治理、水生态修复等措施，水环境治理综合指数连续两年在江西省排名第一。大气环境质量不断提升，空气质量优良率达 98.9%，较 2016 年（88.8%）提升 10.1 个百分点；$PM_{2.5}$ 浓度均值为 24 微克 / 立方米，较 2016 年（44 微克 / 立方米）同比下降 45.5%，空气质量稳定达到国家二级标准。森林覆盖率稳定在 60% 以上，空气质量监测优良率达 98.9%，断面水质优良率稳定在 100%，2021 年单位 GDP 能耗下降至 0.265 4 吨标准煤。

2. 生态环境治理有效

牢固树立绿色发展思想，践行生态文明建设理念，积极开展辖区内矿山生态修复工作。2018—2019 年完成了辖区内 21 个废弃稀土矿山环境恢复治理点任务，实际治理面积为 411.28 亩；2020 年底完成沙石镇峰山村 2 个新增废弃稀土矿山环境恢复治理工作，治理面积为 49.5 亩；2020 年底全面完成长江江西段及赣江沿岸各 10 公里范围内废弃露天矿山生态修复任务，共计 2 个点，5 个图斑，面积为 53 亩；2021 年完成了江西省生态环境厅下发涉及章贡区的废弃露天矿山 9 个图斑治理任务，治理面积为 11.6 公顷。

（六）民生保障不断完善

1. 社会事业全面发展

公共医疗卫生服务水平明显提高。2021 年末全区共有卫生机构 624 个，比 2011 年增加 554 个；医疗机构在岗职工总人数 18 750 人，是 2011 年的 2.7 倍，年均增长 10.6%；住院床位 14 069 张，是 2011 年的 2.5 倍，年均增长 9.8%（详见表 12–1）。广东省人民医院赣州医院入选第三批国家区域医疗中心建设项目，为全省首批、赣南首家。此外，2011—2021 年，城乡基本医疗保险参保人数由 25.20 万人增加到 46.01 万人，实现了应保尽保。

学校扩容增量快速推进。2011—2021 年全区校建投入资金达 17.58 亿元，完成新（改、扩）建学校 66 所，新增教育用地 1 031.62 亩，新增校舍达 56.72 万平方米，新增学（席）位 5.34 万个；教育投入和支出分别为 68 亿元、56.21 亿元，年均增长 11.99%、12.11%（详见图 12–5）。

表 12–1　章贡区医疗机构服务能力情况表

年份	在岗职工人员（人）	住院床位（张）
2011	6 870	5 547
2012	8 190	5 657
2013	9 522	5 770
2014	10 842	6 748
2015	12 162	7 890
2016	13 362	8 900
2017	14 682	10 100
2018	15 980	11 020

续表 12-1

年份	在岗职工人员（人）	住院床位（张）
2019	16 850	12 320
2020	17 680	13 020
2021	18 750	14 069

资料来源：根据章贡区卫生健康委数据整理得出。

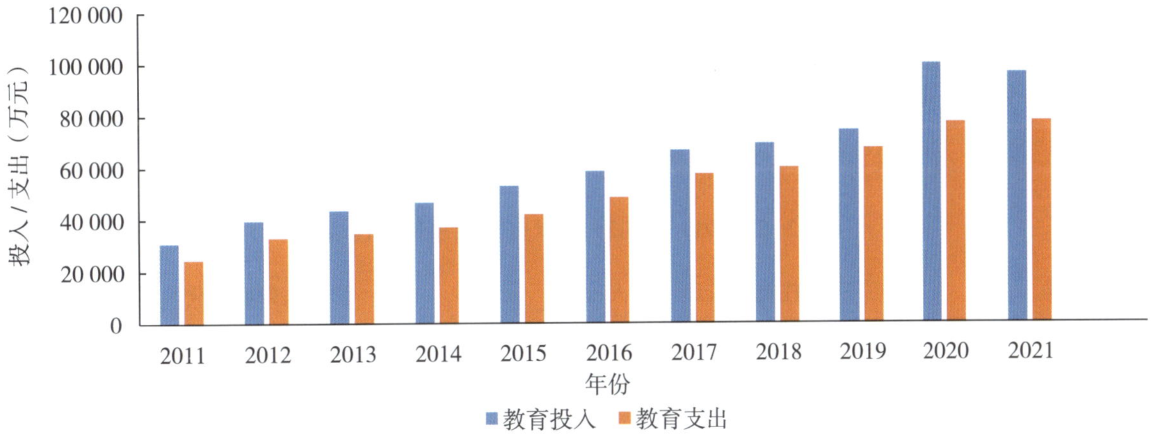

图 12-5　2011—2021 年章贡区教育投入、支出情况

资料来源：根据章贡区教育体育局数据整理得出。

文化服务设施不断完善。自 2011 年以来，共建成 1 个公共图书馆、1 个文化馆、10 个镇（街）综合文化站、144 个村（社区）综合文化服务中心、54 个农家书屋、38 个城市书屋；新建 375 个村（居）全民健身点，实现社区健身场地全覆盖；建成章江游泳馆、飞龙岛休闲体育公园等体育场地，人均体育场地面积达 2.4 平方米。同时，养老服务供给体系不断健全，引进天津天同集团投资 30 亿元建设官园里康养园等康养项目；建成居家和社区养老服务中心 94 个，农村“党建 + 农村互助养老”服务设施 54 个。

官园里康养园为老人提供专业化、个性化、便利化的养老服务

2. 社会治理和谐稳定

大力推进市域社会治理现代化，建设“吹哨报到”“一村（社区）一平安建设工作队”等工作制度和队伍，打造了“章贡大妈”“老师傅”“老班长”等社会治理品牌，形成志愿服务新模式，“章贡大妈”志愿服务队伍获评江西省 2020 年度抗击新冠肺炎疫情三八红旗集体。社会治安防控体系建设方案在江西省推广。成立赣州市首家心理咨询服务协会，列为全国社会心理服务疏导和危机干预工作

座谈会现场参观点。扎实推进“雪亮工程”建设，搭建社会治理共享云平台，智能安防小区建设走在江西省前列。公共法律服务体系持续完善，获评第四批“全国法治县（市、区）创建活动先进单位”、江西省“七五”普法中期先进区、赣州市公共法律服务体系建设先进区。

（七）城乡面貌焕然一新

1. 城镇化进程持续深化

农村人口向城镇转移的数量增大，有力推动了城镇化进程。2021 年全区城镇常住人口达到 63.46 万人，比 2011 年增长 27.67 万人。常住人口城镇化率由 2011 年的 66.15% 提高到 2021 年的 90.01%，提高了 23.86 个百分点（详见表 12-2）。相对于 2011 年，2021 年全区城镇新增就业 10.08 万人，新增农村劳动力转移就业 4.16 万人，城镇调查失业率控制在 4.5% 以内。

表 12-2　2011—2021 年章贡区城镇化情况表

年份	常住城镇人口（万人）	常住人口城镇化率（%）
2011	35.79	66.15
2012	38.58	69.02
2013	43.10	74.89
2014	45.34	76.46
2015	48.15	78.90
2016	51.01	81.09
2017	54.60	83.73
2018	56.79	85.31
2019	60.29	88.12
2020	62.88	89.75
2021	63.46	90.01

资料来源：根据章贡区统计局数据整理得出。

2. 基础设施不断完善

快速路网基本形成。自 2012 年以来，G105 赣州中心城区改线公路改建工程顺利通车，G323 章贡区梅林大桥至沙石段公路改建工程顺利开工建设，打通 13 条断头路，新（改）建市政道路 47 条；建设 295 条农村公路，其中新（改）建农村公路 41 条，县级乡级村道安防工程 133 条，通 25 户以上自然村硬化路 121 条；已建成停车位近 6 万个，新（改）建公厕 460 座，停车难、如厕难得到缓解；建成新能源汽车充电桩 2 133 根、5G 基站 1 903 个，新基建布局全省领先；完成南市街、灶儿巷等 70 余个地块 4.6 万多户棚改任务，改造老旧小区 510 个；建成县级物流枢纽站 4 个，镇级服务站 4 个，村级物流配送站 32 个，形成了县、乡、村三级物流网络体系，覆盖全区 54 个行政村；完成赣州市城市防洪七里堤建设，总长 2.68 公里。

（八）党建质量全面提高

2012—2021 年，章贡区上下坚持党建引领、强基固本，推动基层党建落地落实、提质增效。思想政治建设全面加强，党的群众路线、“三严三实”、“两学一做”、“不忘初心、牢记使命”等主题学习教育成果明显，党史学习教育得到中央指导组充分肯定；意识形态工作责任制有力落实，党的基层阵地资源整合和新时代文明实践中心建设获中宣部点赞，并在江西省会议上做典型发言。基层党建质量全面提升，基层党建“三化”建设在江西省率先试点；机关事业单位离退休干部职工党员分类管理工作列入中组部试点；深入实施网格治理“1233”工作机制，打造“章贡·邻里之家”，实施“章贡·邻里先锋”项目，推动 8 500 多名在职党员干部到居住地社区报到并开展志愿服务活动。廉洁章贡建设全面推进，驰而不息整治“四风”，高标准完成巡察全覆盖，始终保持惩治腐败高压态势，党风政风持续向好，干部清正、政府清廉、政治清明的政治生态进一步巩固。

二、十年创新绘“三区”

十年的振兴发展历程中，章贡区推动振兴发展量质双升，用发展的办法解决前进中的问题。坚持立足区情、包容开放、成果共享、加强和改进党的建设，将“争当赣州振兴发展先行区、示范区、核心区”作为奋斗目标，走符合区情特点的发展路子，凝聚合力把各项事业推向前进。

（一）打造赣州振兴发展先行区

坚持改革要先行。把握关键、突出重点，推进在赣州市乃至江西省有代表性、有影响力的重点改革事项，在全面深化改革上取得显著成效，努力成为全省发展动力最足、发展活力最强的县（市、区）。

案例 1

赣南创新与转化医学研究院的改革实践

探索“政府＋研究院＋产业＋资本”新模式改革，与赣南医学院联合引进武汉大学高水平研究团队，打造了赣南创新与转化医学研究院。该研究院与赣南医学院联合创建“生物医药产业学院”，首批 180 名专家和新员工等一批专业技术人才和专职科研人才已正式进驻。研究院项目 2021 年 9 月签约，次月入轨，当年见效，孵化产业项目 2 个，储备上市企业 1 家，实现营收 6 000 万余元，达到“引进一个团队，集聚一批人才，孵化一批企业，催生一大产业”的效果。

（二）打造赣州振兴发展示范区

坚持工作当示范。牢固树立敢争第一、勇创一流的理念，以更高的标准、更严的要求谋划推动工作，在推动发展、服务民生、改进作风上当表率、作示范，形成一批可复制、可推广的实践经验，发挥中心城区示范引领作用。

案例 2

章贡区创新“大社区”模式推动无物业老旧小区治理

针对老城区域无物业老旧小区治理难题，章贡区以系统集成改革思维，以解放街道尚书街社区和赣江街道钓鱼台社区为试点，创新“大社区”管理模式，有效提升了群众的获得感、幸福感、安全感。按照“化零为整、组团连片”思路，着力构建“大社区”，整合各类资源，推进连片式街区改造，针对老旧小区住户少、体量小，物业不愿入驻、居民自治难等问题，探索将位置相近、小而零散的老旧小区整合成互联互通的大社区，实行集中统一管理，并优先纳入老旧小区综合改造范围，实行一体规划设计，引导各方力量共同参与社区治理，着力建设人人有责、人人尽责、人人享有的社会治理共同体。

（三）打造赣州振兴发展核心区

坚持发展成核心。通过加快发展、转型升级，工业化和信息化进程加快，现代服务业高度集聚，产业结构明显优化，经济总量占赣州市比重大幅增加，文化、社会及生态文明建设全面加强，经济社会发展成为赣州市的核心龙头，在赣州市的辐射带动作用全面凸显。

案例 3

构建“全托管＋一体化”医改模式打造新型城市医疗集团

章贡区以推进医联体建设为抓手，创新“全托管＋一体化”模式，将区属三甲综合医院赣州市立医院整体委托广东省人民医院管理，挂牌广东省人民医院赣州医院，并以该院为龙头整合区属公立医疗卫生机构，组建江西省首个城市医疗集团，实行一体化管理，全区医疗卫生服务能力和水平得到显著提升。通过整合资源组建医疗集团，纵向联动下沉优质资源，2020 年集团总院共向各分院派送专家 421 人次，下派挂职 19 人，帮助开展适宜技术 18 项，填补技术空白 14 项。

三、砥砺前行谱新篇

下一步，全区上下要深入贯彻落实《赣州革命老区高质量发展示范区建设方案》等文件精神，充分考虑赣州革命老区高质量发展示范区建设面临的新阶段、新情况、新要求，按照“六个作示范”要求，擘画章贡区未来蓝图，奋力绘就新时代千年宋城、福寿章贡新画卷。

（一）在促进城乡协调发展上作示范

打造赣州省域副中心城市核心区，推进以人为核心的新型城镇化建设，全面提升城市功能品质，增强聚集辐射能力和综合承载力，实现“城乡一体、三产融合、全域统筹”。深入实施城市更新行动，有序推进棚户区改造和城镇老旧小区改造，高标准打造三江口片区，提升宜居宜业水平。推进智慧城市建设，适度超前布局新型基础设施。推动、巩固、拓展脱贫攻坚成果同乡村振兴有效衔接，在健全防止返贫监测和帮扶机制、发展壮大乡村特色产业、促进脱贫人口稳岗就业及安全风险防控等方面争取更大支持。加快创建数字乡村试点，推动数字农业平台建设。推进乡村建设行动，加快打造一批美丽乡村建设示范点，完善路网、电网、供水、物流、养老、卫生等配套设施，持续改善农村人居环境。深入推进农业全产业链发展，推动农业与文化、教育、旅游、康养等产业融合，加快构建富硒食品工业体系，促进乡村休闲旅游、康养业态升级。

（二）在革命老区创新发展上作示范

深入实施创新驱动发展战略，提升区域性科技创新中心影响力和竞争力，成为江西省创新型县（市、区）示范区和赣粤闽湘四省边际创新高地。建设赣州国家医药科创中心、赣南创新与转化医学研究院等科技创新平台和载体，培育发展科技型企业。充分发挥中国稀土集团有限公司等国内一流稀土科研机构技术力量引领作用，加快提升稀土新工艺、新技术、新材料的研发应用能力，培育战略科技力量。全面促进产业转型升级、创新发展，围绕“1+2 产业定位”和“2+1 工作目标”，推进医药健康 1 个首位产业和稀土及新材料、数字经济电子信息 2 个优势产业创新发展，早日实现 2 个千亿（千亿元级医药健康产业、千亿元级园区）、1 个 500 亿元级产业集群（数字经济）目标。强首位育龙头，加快青峰、威高产业基地达产达效，大力推进宠物产业基地、模式动物中心等项目建设，做大做强大健康产业集群。加快推动数字经济“一号工程”，高标准运营江西信息安全产业园。推动现代服务业扩容提质，高标准建设、运营一批重大标志性文旅项目，完善“吃、住、行、游、购、娱”全链条要素，打造粤港澳大湾区生态康养旅游后花园。积极争取政策，做大做强并购基金园，推动普惠金融改革试验区提档升级。

（三）在生态文明建设上作示范

坚持“绿水青山就是金山银山”的理念，打好“蓝天、碧水、净土”三大提升攻坚战，加快推进赣江河道美丽岸线建设，让广大市民“开窗见绿、推门见景”。大力推进绿色低碳发展，推动重点行业和企业开展节能降碳行动，发挥森林、湿地、土壤等固碳作用，提升生态系统碳汇增量；深入实施园区绿色循环化改造，加快推进工业企业技改升级。深化生态产品价值实现机制探索，推动生态优势转化为发展优势、生态效益转化为经济效益。实施重要生态系统保护和修复重大工程，严格落实林长制、河（湖）长制，大力提升生态治理数字化、智能化水平，让青山常在、绿水长流、空气常新。

（四）在内陆双向开放合作上作示范

大力开展相关领域试点试验示范，打造新时代改革创新“试验田”。深入实施优化营商环境“一号改革工程”，围绕“大湾区能做到的，我们也能做到”的目标，全力打造与大湾区无差别的政务环境、市场环境、法治环境、人文环境。在推动“央企入赣”方面作示范，加快推动国企改革。打造对接融入粤港澳大湾区桥头堡核心区，加快推动深圳市与赣州市对口合作，努力在创新转化、产业协作、教育医疗、文化旅游、干部交流等领域取得一批重大成果，加快建成粤港澳大湾区的重点产业协同发展高地、区域科技创新孵化基地、双向开放合作示范样板地和文化交流融合前沿阵地。积极探索与发达地区共建产业合作区，力争共建粤赣新材料产业园，推动赣深两地企业合作共建粤赣产业发展基金，加大承接大湾区产业转移力度。

（五）在增进老区人民福祉上作示范

用心、用情、用力解决群众“急难愁盼”，让章贡区人民生活更有甜头、更有盼头、更有劲头。加快教育文化事业发展，推动学前教育普及普惠、义务教育优质均衡、高中教育提质提效，不断扩大优质教育资源供给。加快推进国家区域医疗中心建设，高标准建设、运营广东省人民医院赣州医院（沙河院区），全面保障江西省及周边区域广大人民群众医疗服务需求，实现“大病不出省”。深化区域医共体和城市医疗集团建设，推动优质医疗资源扩容下沉，不断提升基层医疗机构服务能力水平。加快街道综合嵌入式养老服务中心建设，实施乡镇敬老院改造提升“暖心工程”，打造一批养老示范点，形成“十五分钟养老服务圈”。

（六）在传承红色基因上作示范

深入挖掘革命历史文化资源，创作相关题材文艺作品，用优秀的文艺作品讲好红色故事、赓续红色血脉。依托中共华南分局扩大会议暨叶剑英住地旧址等文化旅游资源，积极引导大湾区各界人士前来体验红色文化、客家文化，践悟初心使命，共同传承红色基因。推进新时代文明实践中心建设，提升红色资源数字化保护水平，建设新时代传承红色基因的高地。

13 赣县区十年苏区振兴发展报告

摘要：自《国务院关于支持赣南等原中央苏区振兴发展的若干意见》出台实施以来，底子薄、基础弱的赣县区迎来了振兴发展的黄金时期。在国家、省、市的大力支持下，赣县区人民团结奋斗、砥砺前行，不怕困难、敢于创新，经济社会发展取得了显著成效，为实现高质量发展奠定了坚实基础。下一步，赣县区将接续奋斗，争取在革命老区高质量发展示范区建设上走到前列，全面建成世界知名的“中国稀金谷”，成为区域创新高地，与全国同步基本实现社会主义现代化，实现经济总量和城乡居民人均收入迈上新的大台阶。

关键词：赣县区　苏区　振兴发展

一、工作成效

自《国务院关于支持赣南等原中央苏区振兴发展的若干意见》出台实施以来，赣县区坚定发展信心，制定有效措施，迈出坚实步伐，苏区振兴发展成效显著。十年来各项经济指标显著上升，县域综合实力跃上新台阶，地区生产总值从 2011 年的不足 100 亿元，提高至 2021 年的 232.19 亿元，增长了 1.52 倍；财政总收入由 2011 年的不足 10 亿元，提高至 2021 年的 25.95 亿元，年均增长 10.93%，增长了 1.82 倍；一般公共预算收入由 2011 年的 5.57 亿元提高至 2021 年的 17.34 亿元，年均增长 12.02%，增长了 2.11 倍。2021 年度主要经济指标增速居赣州市第一方阵，详见表 13-1。

表 13-1　2011—2021 年赣县区相关经济指标

年份	地区生产总值（亿元）	财政总收入（亿元）	一般公共预算收入（亿元）	社会消费品零售总额（亿元）	出口总额（亿美元）	实际利用外资（亿美元）
2011	92.01	9.20	5.57	20.26	1.83	0.626
2012	104.92	12.80	7.01	19.76	2.00	0.690
2013	115.88	15.74	9.93	22.56	2.31	0.693
2014	125.55	18.62	14.12	26.32	2.56	0.800
2015	132.57	20.57	17.38	28.84	2.72	0.896
2016	146.37	21.19	16.94	32.73	2.76	0.988
2017	165.22	22.04	15.34	36.91	2.85	1.087
2018	187.59	24.79	15.78	37.01	3.14	1.200
2019	191.65	26.01	16.72	41.18	4.33	1.285

续表 13-1

年份	地区生产总值（亿元）	财政总收入（亿元）	一般公共预算收入（亿元）	社会消费品零售总额（亿元）	出口总额（亿美元）	实际利用外资（亿美元）
2020	202.28	26.30	17.32	83.28	4.44	1.387
2021	232.19	25.95	17.34	100.00	6.01	1.492

资料来源：根据赣县区统计年鉴数据整理得出。

（一）脱贫攻坚与乡村振兴紧密衔接

1. 高质量打赢脱贫攻坚战

赣县区紧盯“两不愁三保障”目标要求，切实推动精准扶贫、精准脱贫取得显著成效。至 2020 年底，全面完成义务教育学校“全面改薄”和“两类学校”项目建设，网络宽带校校通实现 100% 全覆盖；全面筑牢“四道医疗保障线”，实现贫困人口参保全覆盖，报销比例均达到 90% 以上。2016—2020 年，赣县区累计发放各类教育补助金 2.7 亿元、资助贫困家庭学生 19.9 万人次，实现建档立卡贫困家庭就学子女资助享受零遗漏、全覆盖。2020 年 4 月，赣县区接受贫困县退出专项评估检查，以零漏评、零错退、群众认可度达 98.95%、综合贫困发生率 0.53% 的优异成绩如期实现高质量脱贫摘帽，贫困村由 2011 年的 116 个到全部出列，贫困人口从 2011 年底的 14.87 万人到全部退出、稳定脱贫，贫困发生率由 2011 年底的 29.24% 到动态清零。同时在脱贫攻坚考核中获得上级充分肯定，2017—2020 年连续四年在全省脱贫攻坚工作成效考核中获评“好”的等次。

2. 接续开启乡村振兴新征程

2021 年，在脱贫攻坚取得胜利后，赣县区被列为省级乡村振兴“重点帮扶县”之一，开启乡村振兴新征程。一是兜牢民生底线。赣县区医疗保障力度不减，教育投入持续加大，2021 年度脱贫（困难）人口参加基本医疗保险、大病保险和补充保险全部由财政资助，发放教育资助金 8 395 万元，资助困难学生 55 919 人次。二是强化两业帮扶。赣县区紧盯产业帮扶和就业帮扶，不断巩固提升脐橙、油茶等主导产业，大力发展甜叶菊等特色产业，积极开发新的就业岗位，促进乡村振兴再提升。2021 年，累计发展脐橙 13.4 万亩，新建设连栋钢架蔬菜大棚 3 158 亩；加快建设代表国际前沿水平的甜叶菊高 RA 新品种研发中心，培育出新优势品种；开发公益岗位 4 340 个，开办帮扶车间 41 个，落实就业扶持政策 613.89 万元，发放就业帮扶创业担保贷款 741 万元，发放 2 385 人“雨露计划”补助 714.9 万元。截至 2021 年底，赣县区共有 32 364 名脱贫劳动力实现就业，就业率为 74.7%。

（二）产业发展提质增效

如表 13-2 所示，赣县区三次产业结构由 2011 年的 19.5 : 31.8 : 48.7 调整优化为 2021 年的 10.7 : 32.4 : 56.9，第一产业比重稳步下降，第二产业比重扎实企稳，第三产业比重稳步提高，经济结构更加优化。

1. 农业发展根基稳固

2012—2021 年，赣县区粮食总产量保持相对平稳，农业总产值实现稳步上升。2021 年，落实粮食播种面积 53.91 万亩，实现粮食总产量 18.06 万吨，与 2011 年产量接近；农业总产值达 40.54 万元，

表 13-2　2011—2021 年赣县区三次产业比重变化情况

年份	第一产业占比（%）	第二产业占比（%）	第三产业占比（%）
2011	19.5	31.8	48.7
2012	19.5	31.3	49.2
2013	18.1	32.0	49.9
2014	16.9	32.5	50.6
2015	16.3	32.3	51.4
2016	15.6	31.2	53.2
2017	14.6	32.1	53.3
2018	12.1	32.3	55.6
2019	11.4	31.9	56.7
2020	11.9	30.8	57.3
2021	10.7	32.4	56.9

资料来源：根据赣县区统计年鉴数据整理得出。

是 2011 年的 1.64 倍。赣县区农业发展规模化、产业化、特色化水平不断提高，成功获批国家农业科技园区和国家现代农业示范区，率先在全省实施智慧农业和物联网项目，建成千亩以上脐橙基地 15 个，千亩以上的油茶基地 7 个，百亩以上高标准蔬菜基地 28 个；建成赣州市最大湖羊养殖基地，实现年出栏 1 万余头。

赣县区国家现代农业科技园 2020 年获评为全国优秀园区，为赣县区农业发展注入强大动力

2. 工业发展成绩斐然

2021 年，赣县区规模以上工业营收达 346.56 亿元，是 2011 年的 1.87 倍，工业利润总额达 23.48 亿元，是 2011 年的 3.08 倍，工业利税总额达 32 亿元，是 2011 年的 2.67 倍。赣县区工业发展平台坚实，成功获批国家级高新区、国家高新技术产业化基地、国家生态工业示范园区、国家新

国务院正式批复同意赣州高新技术产业园区升级为国家高新技术产业开发区

型工业化产业示范基地等一批国字号平台，成功争取“中国稀金谷”建设上升到国家层面，纳入国家“十三五”科技创新规划和稀土产业发展规划。产业集群发展迅猛，2021年，赣县区首位产业营收突破100亿元、产业集聚度达72.35%，其中钴盐材料产能占全国1/3，成为世界最大的钴产品生产基地，钨和稀土等有色金属深加工产业主营业务收入占赣州市钨和稀土深加工产业比重超过20%。科技创新能力显著增强，截至2021年底，赣县区拥有院士工作站3个，省级瞪羚企业5家，省级专精特新企业7家，省级企业技术中心2家，上市企业1家。国家稀土功能材料创新中心建成运行，中国科学院赣江创新研究院建设进度加快，初步形成以中国科学院赣江创新研究院为核心的“两院四中心”[①]科技创新平台新格局。

国家稀土功能材料创新中心

3. 现代服务业优势突显

赣县区数家大型商贸综合体建成运营并成为地标，2017年建成10万平方米以上大型商业综合体梅林古镇，2020年建成五星级标准酒店万佳国际酒店，星洲润达国际商业城于2022年初建成运营，聚人气、促发展效应显著。赣县区旅游业发展突飞猛进，2018年获评全国休闲农业和乡村旅游示范县，夏浒古村、白鹭古村入选全国特色景观旅游名镇名村，会仙谷、蜜月岛、白鹭古村、紫薇小镇等重点文旅项目加快建设，樱花公园、梅林湿地公园、马口公园等城市绿地引人入胜，接待游客人次和旅游综合收入由2011年的101万人次、2.87亿元增长到2021年的512万人次、40.96亿元，分别增长了4.1倍、13.3倍。

赣县区白鹭古村是江南保存最完好最集中的赣派建筑古村落，被评为中国十大古村之一

（三）基础设施更加完善

1. 交通枢纽能级显著提升

昌赣高铁全线开通，赣县区迈入“高铁时代”。赣龙铁路复线建成通车，兴赣高速建成通车，赣县

---

① “两院四中心”是指中国科学院赣江创新研究院、中国稀金（赣州）新材料研究院、国家稀土功能材料创新中心、国家钨和稀土产品质量监督检验中心、中科产业育成中心、国家离子型稀土资源高效开发利用工程技术研究中心。

南、赣县北高速互通，义源大桥、客家大桥等建成通车，赣县区对外辐射能力显著提升。2011—2021年，新（改、扩）建城市道路276公里、国省道305公里、农村公路2 980公里，完成公路修复提升64.9公里，G323江口至梅林大桥段、G105五云至石岩前段、X805义源至大田等项目加快建设，城乡交通路网更加畅通。

2. 水利基础设施更加稳固

赣县区全力加快推进水利工程建设，完成除险加固病险水库26座，完成防洪工程建设项目12个，工程总投资超3亿元，工程保护区涉及赣县区王母渡镇、白鹭乡、韩坊镇等十几个乡镇，保护人口30余万人，城市防洪体系更加完善；完成18个千吨万人农村饮水安全集中供水工程、20个百吨千人集中供水工程，以及377个小微型饮水工程，总投资超5亿元，受益人口近40万人。

3. 城市建设水平大幅提升

赣县区城镇化率不断提高，2021年，常住人口城镇化率达54.62%，较2011年提高了12.25个百分点。县城基础设施加快推进，截至2021年底，赣县区完成41个老旧小区改造，完成棚改安置房1 916套，人才公寓414套，井前家园集中连片老旧小区改造的“赣县经验”在全国老旧小区改造视频会上做典型发言介绍；完成148公里城区雨污分流改造，城区污水管网实现全覆盖；城南、城北生活污水处理厂建成投运，城镇污水收集处理率达到95%以上。特色城镇建设取得新成效，赣县区江口镇入选国家建制镇示范试点，湖江镇被评为全国宜居示范镇，江口镇和南塘镇入选全省百强中心镇，获批全省村集体经济建设和美丽乡村试点。2017年以来，赣县区成功创建并蝉联全国文明城市和国家卫生城市，城市文明品质得到国家层面肯定。

（四）生态文明展现新颜

1. 环境质量更加优良

城区空气质量良好，截至2021年12月，赣县区城区PM_{10}平均浓度为50微克/立方米，$PM_{2.5}$平均浓度为22微克/立方米；空气质量优良天数比率达99.3%，实现高水平上的提升，高质量上的改善；水环境质量良好，城区集中式饮用水水质达标率为100%，国考断面水质类别均值达到Ⅱ类标准，乡镇农村饮用水源地水质均达到Ⅲ类以上标准。

2. 生态治理卓有成效

赣县区扎实推进中央、省环保督察反馈问题及信访件问题整改，截至2021年底，整改完成率达88.55%，督查整改问题得到有效解决。十年来，全面开展受污染土地清查，赣县区累计完成受污染耕地治理6 679亩，完成率达100%；2021年底实现建设用地受污染地块安全处置率达100%，实现城乡生活垃圾无害化处理率达100%。生态保护加快推进，累计完成人工造林5.1万亩，低产低效林改造34.07万亩，封山育林16.6万亩，森林抚育1.34万亩。2016年大湖江国家湿地公园被批准为国家湿地公园，2017年获评国家森林城市创建“先进县（市、区）”，2021年底湿地保有量达9 610.09公顷，森林面积覆盖率达76.16%。

（五）民生福祉大幅提升

1. 居民收入显著提高

赣县区坚持以人民为中心，努力提高居民收入水平。如图13-1所示，2021年城乡居民人均可支配收入分别达 36 368 元、14 410 元，相对 2011 年分别增长 185% 和 279%，人民群众的获得感更加实在。

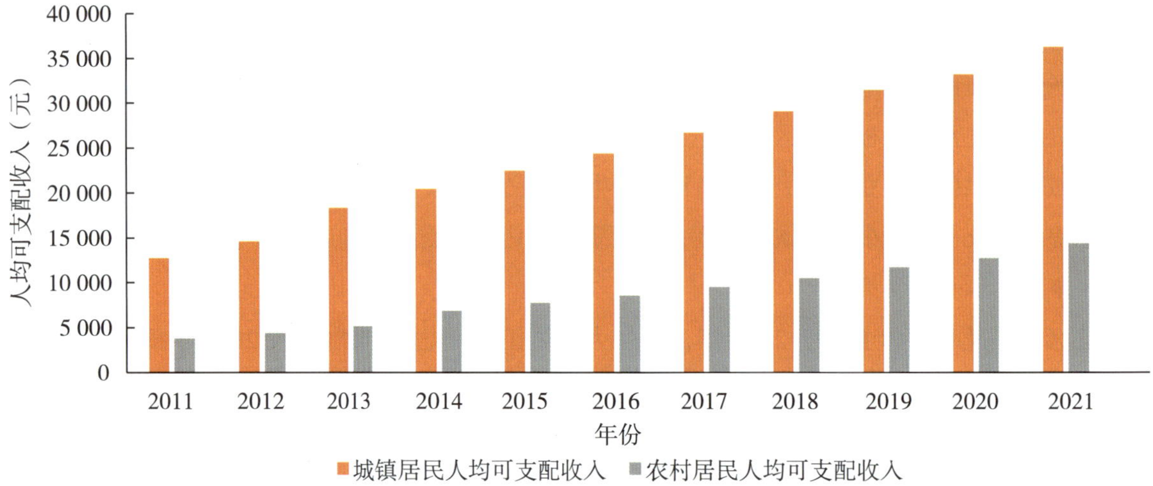

图 13-1　2011—2021 年赣县区城乡居民人均可支配收入情况

资料来源：根据赣县区统计年鉴数据整理得出。

2. 社会保障更加有力

2011—2021 年，赣县区坚持广覆盖、兜底线，社会保障支出累计 58.44 亿元。赣县区累计完成改（扩）建敬老院 30 余个，建成赣县区残疾人康复中心、残疾人综合服务中心两个大型综合机构，建成 312 个居家和社区养老服务站点，其中 9 个站点被评为省级"党建＋农村互助养老服务"示范站点。困难群体补助标准逐年提高，实现应保尽保。如表 13-3 所示，2021 年城市低保、农村低保月人均补助标准以及特困人员供养标准均比 2011 年翻了数倍。

表 13-3　2011 年和 2021 年赣县区困难群众补助标准对比情况　单位：元 /（人·月）

年份	城市低保	农村低保	农村特困	分散供养
2011	300	130	200	130
2021	785	515	670	670

资料来源：根据赣县区民政局数据整理得出。

3. 教育水平全面提升

如图 13-2 所示，赣县区持续加大财政教育投入，2011—2021 年教育支出累计 111.09 亿元，进一步增强城乡教育资源供给，教育事业持续健康发展。学前教育蓬勃发展，赣县区完成新建城区公办园 8 所，乡镇中心园 18 个，村级园 10 个，村小附属园 122 个，累计新（改、扩）建园舍建筑面积约 8 万平方米，新增幼儿园位近 1 万个。2021 年，赣县区拥有各级各类幼儿园共 145 所，48 所学校通过市级义务教育合格学校评估验收。义务教育均衡发展，赣县区完成义务教育学校标准化第一批 87 所学校（含教学点）、第二批 50 所学校（含教学点）建设，累计新（改、扩）建园舍建筑面积 62.78 万平方米，新增学位 2 万多个；2018 年高分通过县域义务教育发展基本均衡省级督导评估，顺利通过县域义务教育发展基本均衡国家认定。高中教育成绩显著，建成赣县中学西校区，结束赣县区 10 年未新建高中的历史。在校普高学生人数从2011年的6 901人增加到2021年的18 679人，净增11 778人，二本以上上线万人比连续多年位居赣州市前列，高中阶段毛入学率由2011年的37.25%增加到2021年的94.05%。

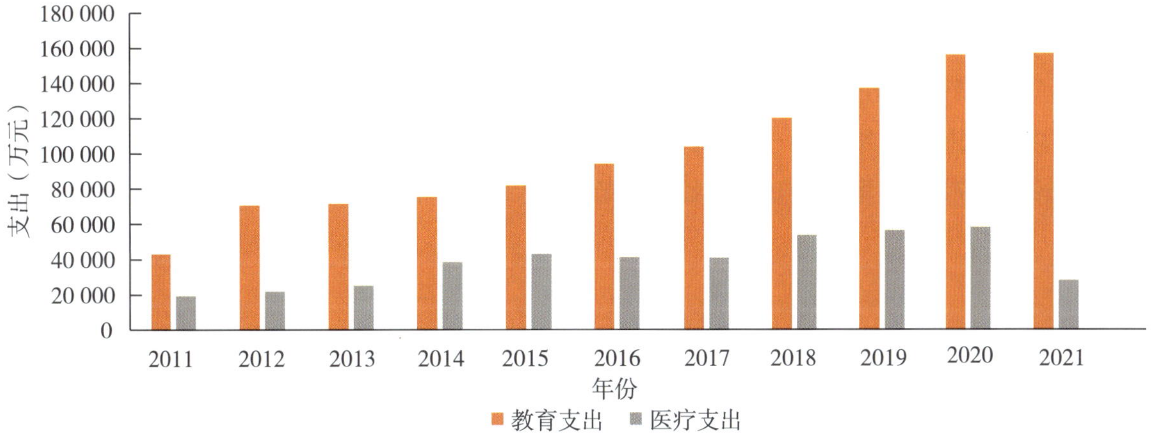

图 13-2　2011—2021年赣县区教育、医疗支出情况

资料来源：根据赣县区财政局数据整理得出。

4. 卫生健康事业成绩喜人

如图13-2所示，2011—2021年医疗支出累计42.72亿元，公共卫生与医疗服务等供给能力和质量不断提升。2021年，每千人口医疗卫生机构床位数、每千常住人口拥有执业（助理）医师和注册护士数、每万人口全科医生数比2011年分别增长53.28%、52.02%、45%，医疗服务可及性显著提升（详见表13-4）；建成赣县区中医院，完成所有乡镇卫生院改造提升，赣县区人民医院住院综合大楼、疾控中心、第六人民医院等重大项目加快推进；共有医疗卫生机构465所、区直医疗卫生单位5个、乡镇卫生院24所、民营医院（含精神病院）4个、个体诊所77所、村卫生室355所，276个行政村、360个村卫生室达到“七有”“八规范”要求，县、乡、村四级医疗卫生服务机构实现全覆盖，构建乡村30分钟、城区15分钟医疗卫生服务圈，看病难问题得到较好解决。

表 13-4　2011年和2021年赣县区部分医疗事业指标

年份	每千人口医疗卫生机构床位数（张）	每千常住人口拥有执业（助理）医师数（人）	每千常住人口注册护士数（人）	每万人口全科医生数（人）
2011	4.23	1.37	1.73	1.00
2021	6.03	2.10	2.63	1.45

资料来源：根据赣县区卫生健康委数据整理得出。

二、赣县区苏区振兴发展的实践

（一）坚持抓好党建工作

赣县区坚持抓好主题教育，党的理论深入人心。党的十八大以来，赣县区围绕学懂弄通做实习近平新时代中国特色社会主义思想，扎实开展创先争优活动、党的群众路线教育实践活动、“三严三实”

专题教育、“两学一做”学习教育、“不忘初心、牢记使命”主题教育和党史学习教育等党内集中教育活动，既“造形”又“铸魂”，用党的创新理论武装头脑、指导实践。2020 年和 2022 年，赣县区党员教育宣传片两次获赣州市一等奖。

坚持抓好基层党建，党的战力更加强劲。十年来，赣县区村干部队伍不断优化配强，党组织书记“两升一降”指标高质量完成，村（社区）党组织书记均依法顺利兼任村（居）委会主任，100% 实现“一肩挑”；全面推行城市基层党建“一轴五联”机制，常态化开展“红袖章大妈”“老哥吹哨”等志愿活动，切实解决群众关切的“一老一小”等民生问题，获得赣州市委主要领导充分肯定。十年来，赣县区党员数从 17 297 名增加至 19 824 名，党支部数从 685 个增加至 752 个。

（二）坚持推进改革开放

“放管服”改革纵深推进。截至 2021 年底，赣县区挂牌成立区行政审批局，全面完成 186 个审批服务事项划转，实现“一枚印章管审批”；工程建设项目“一站式集成”审批时限压缩至21个工作日；“赣服通”赣县分厅上线运营，861 个事项实现掌上办；完成“不见面开标”系统建设；率先推出“营商在线”惠企政策兑付平台，行政效率大幅提升；农村集体产权制度、农业农村“三改合一”、农村宅基地试点等改革稳步推进；“融湾”步伐不断加快，与深圳高新区两签合作协议，平台共建、成果转化、创新创业、人才交流等领域合作有序推进。2020 年度，在全省营商环境综合评价中，赣县区荣获县级层面全省第四、赣州市第一的优异成绩。2021 年度赣县区获评全省开放型经济外贸进出口先进单位、开放型经济工作先进单位。

体制机制改革持续深化。党政机构改革全面完成，事业单位改革有序推进。赣县区统筹推进赣县区与赣州高新区职能、机构及功能优化整合，新组建高新区项目建设服务中心、企业综合服务中心、综合执法大队，整合事项 36 项，办事效率大幅提升。

（三）坚持打造生态治理“赣县样板”

赣县区严格按照新时代推进生态文明建设要求，围绕“盘活山水林田湖这个生命共同体”，加快山水林田湖草生态保护修复，以金钩形水土保持崩岗治理工程和废弃稀土矿山集中区地质环境综合治理工程为重点，对 13 个乡镇、700 座崩岗、17 处废弃矿点，共 418.48 平方公里重点区，进行综合、系统治理，成功探索了果林开发型、生态恢复型等多种治理模式，真正实现了“烂山地貌”变“绿水青山、金山银山”，白鹭桃溪片区、三溪下浓等崩岗治理示范点已成为赣州市、江西省乃至全国示范基地。2018 年 8 月 6 日，《新闻联播》报道了赣县区山水林田湖草治理做法。

（四）坚持落实对口支援政策

赣县区充分利用对口支援政策红利，在自然资源部、科技部的倾心支援下，感恩奋进，砥砺前行，奋力开创高质量跨越式发展新局面，正朝着科创高地、千亿园区、魅力新城大步迈进。自然资源部以夏潭村为示范点，精心选择经验丰富的编制单位，科学精细布局“三生空间”，在赣县区率先启动并完成夏潭村村庄规划编制工作；2017 年，自然资源部成功打井找水，从根本上解决了夏潭村吃水难问题；夏潭村的乡村振兴生动实践被人民网选入“2021 乡村振兴案例”。科技部挂职干部牵线搭桥，帮助全标生物与朱蓓薇院士建立合作，组建了研发团队，开发了多个新产品，获得4项发明专利；支持开展了营养食品苏区行活动，帮助企业推广产品；支持指导全标生物等成功申报承担江西省揭榜挂帅等重大科研项目。

夏潭村乡村振兴示范点

三、展望

赣县区锚定2035年远景目标，综合考虑国内外发展趋势和赣县区发展条件，紧扣发展第一要务不动摇，将持续做大经济总量，提升发展质量，力争主要经济指标增速保持赣州市前列，主要经济指标人均水平与全国、全省平均水平差距进一步缩小，努力实现“四个突破、四个提升”。

创新驱动实现新突破。以中国科学院赣江创新研究院为龙头，以国家稀土功能材料创新中心等平台为支撑，加快建立产学研一体化科技创新与成果转化新机制，力争“十四五”末稀土稀有金属产业创新能力达到国际水平，关键核心技术攻坚取得重大成果，建成全国知名的稀金科创城、区域性创新高地。

产业升级实现新突破。培育形成稀土和钨新材料、新能源动力电池材料、稀土永磁电机、先进智能装备制造4个百亿元级产业集群，建成国际有影响力的稀有金属产业基地和全国重要的新材料产业基地。战略性新兴产业进一步发展壮大，数字经济蓬勃发展。现代服务业发展量质双升，成为经济增长的重要引擎。农业转型升级步伐加快，优质高效的现代农业体系基本建立。

改革开放实现新突破。重要领域和关键环节改革取得决定性成果，“五型”政府建设跃上新台阶，市场化、法治化营商环境基本形成；内陆开放型经济、对接融入粤港澳大湾区取得突破，产业联动初见成效，经贸往来更加高效便捷，市场规则融入更加深入，成为赣州市对接融入粤港澳大湾区桥头堡的创新合作示范区。

城乡发展实现新突破。“五区”高效协同一体化发展更加紧密，城区功能设施完善，城市品质大幅提升，辐射带动能力显著增强，成为省域副中心城市重要增长极；城镇空间布局和规划建设体系更加完善，城乡融合水平进一步提升，乡村全面振兴实现新突破，现代乡村治理体系初步形成，着力打造全省乡村振兴示范区。

基础设施得到新提升。综合当前和长远发展需要，着力强化项目支撑，扩大有效投资，统筹推进新型基础设施、现代综合交通运输设施、能源和水利设施等提档升级，实现城镇5G网络全覆盖、水陆交通关键线路再升级、能源供给再扩容、水利设施再提升。

生态建设得到新提升。生态文明建设纵深推进，生态环境质量保持赣州市前列，以“三线一单”为核心的生态环境分区管控体系基本建立，生态环境治理体系和治理能力现代化加快建设，资源能源利用效率大幅提高，基本建成绿色产业体系，绿色生产生活方式加快形成，“绿水青山”向“金山银山”的转化机制建立健全，推动绿色经济高质量发展，建设美丽中国“赣县样板”。

民生福祉得到新提升。保持居民收入和经济发展同步增长，缩小城乡居民收入差距，教育、医疗、养老、住房、社会保障等社会事业全面推进，基本公共服务均等化标准化水平明显提升，社会文明程度进一步提高，文化事业和文化产业发展活力迸发，更好满足人民对美好生活的需要。

社会治理得到新提升。法治赣县、法治政府、法治社会一体建设取得积极进展，行政效率和公信力显著提升，建成全省市域社会治理现代化示范区。防范化解重大风险体制机制不断健全，突发公共事件应急能力显著增强，自然灾害防御水平明显提升，统筹发展和安全更加有力。

14 南康区十年苏区振兴发展报告

摘要:《国务院关于支持赣南等原中央苏区振兴发展的若干意见》在财政、金融、投资、产业、人才等方面给予赣南苏区强有力的支持。南康区抢抓历史机遇，感恩奋进，攻坚克难，实现了从站起来、富起来到强起来，从以农为主、内陆小县到工业强区、开放前沿，从低水平、不均衡的总体小康到全面脱贫、更加均衡全面小康的巨大转变，迈上了全面建设社会主义现代化新南康的康庄大道。

关键词: 南康区　振兴发展　全面小康

一、主要成效

2012年以来，在党中央、国务院的深切关怀，国家部委的倾情支持和江西省委、省政府及赣州市委、市政府的坚强领导下，南康区在感恩奋进中不断实现振兴发展新作为，“无中生有”建成全国第八个内陆开放口岸，全面融入“一带一路”和粤港澳大湾区战略，建设革命老区高质量发展示范区排头兵取得重大进展，开创南康建设的新局面。

（一）综合经济实力大跨越

1. 经济总量实现翻番

南康区生产总值2015年首次突破200亿元大关，达到217.8亿元；2018年突破300亿元，达到310.8亿元；2021年，生产总值突破400亿元，达到409.77亿元，是2011年的2.81倍，总量跃居全省第15名。2011—2021年，南康区生产总值年均增速达9.91%，如图14-1所示。

流光溢彩的南康区

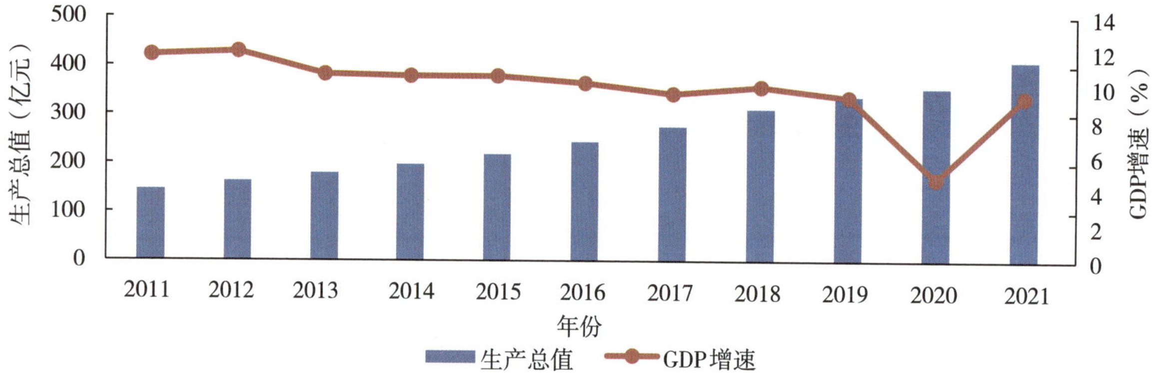

图 14-1　2011—2021 年南康区生产总值变化情况

资料来源：根据南康区提供数据整理而得。

2. 人均水平大幅提高

南康区人均 GDP，2014 年实现 4 000 美元的重大跨越，迈入中等偏上收入（3 996 ~ 12 375 美元）地区行列；2016 年，人均 GDP 突破 30 000 元，2017 年突破 40 000 元，达 41 782 元。2021 年，南康区人均 GDP 达到 49 518 元，是 2011 年的 2.45 倍，人均 GDP 水平大幅提高，如图 14-2 所示。

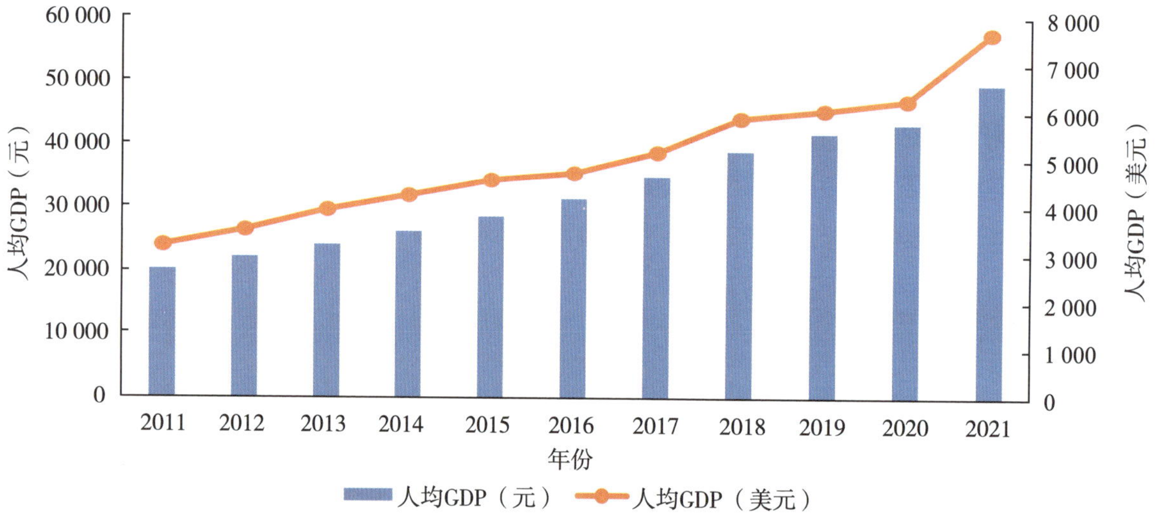

图 14-2　2011—2021 年南康区人均 GDP 变化情况

资料来源：根据南康区提供数据整理而得。

3. 财政实力明显提升

南康区地方财政一般公共预算收入，2018 年突破 20 亿元，达 21.8 亿元；2021 年达到 24.8 亿元，是 2011 年的 3.1 倍，居赣州市第二，如图 14-3 所示。

4. 产业结构更加协调

南康区三次产业比由 2011 年的 14.3 : 53.8 : 31.9 调整为 2021 年的 6.5 : 43.2 : 50.3，第一产业比重下降 7.8 个百分点，第二产业比重下降 10.6 个百分点，第三产业比重提高 18.4 个百分点。2019 年第三产业占 GDP 的比重首超第二产业，2021 年占比过半，高出第二产业 7.1 个百分点，产业布局实现了由“二三一”结构向“三二一”结构的根本转变。

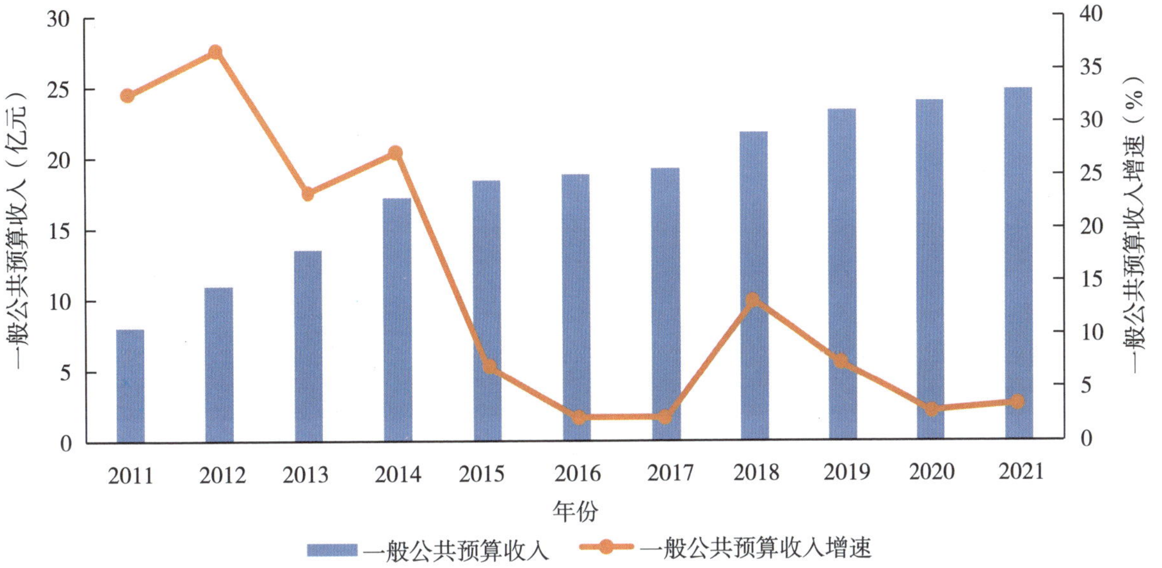

图 14-3　2011—2021 年南康区一般公共预算收入及增速变化情况

资料来源：据南康区提供数据整理而得。

（二）“工业强区”迈上新台阶

1. 家具产业华丽蝶变

以壮士断腕的勇气和决心打出“拆转建”组合拳，全力推动家具产业转型升级，把南康区打造成为中国实木之都、家具之都、家居之都。“十三五”期间，南康区累计新增规模以上工业企业 457 家，汇森家居在港交所上市，实现本土家具企业上市零的突破。2021 年南康区规模以上工业企业数量达到 592 家，居赣州市第 1 位；其中规模以上家具企业 518 家，占南康区规模以上企业总数的 87.5%；规模以上工业企业总产值达到 563.1 亿元，规模以上工业企业增加值持续稳定增长，年均增长 10%。2021 年，南康区家具产业集群营收突破 2 300 亿元，是 2012 年的 19.3 倍。

共享智能备料中心是全球首座单体产能最大、工艺最全的实木家具共享智能备料工厂

2. 矿产业技改迎新春

南康区锡产量占全国近 1/3，是全国精锡产能最大的区域，在世界和国内锡行业市场话语权显著提升；2021 年有色金属产业营收达 196.85 亿元，其中开源科技营收破 100 亿元，获批江西省领航企业，为赣州市唯一。

3. 电子产业迈向价值链中高端

南康区通过组建电子薄膜与集成器件国家实验室赣州分室和南康工业电子设计中心两个创新平

南康家居小镇是国家 4A 级景区，全国最美特色小镇前十强

台，形成“智能触控显示及其装备制造产业链”“磁电功能材料及其器件、装备制造产业链”两条高价值产业链。2021 年，南康区电子信息企业由不到 10 家迅速发展到近百家，数字科技产业园投入运营，签约入驻科创企业 23 家，百亿项目爱康高效电池一期建成投产，规模以上电子信息企业产值已达 27.19 亿元，成为赣粤电子信息产业带重要板块。

（三）城乡面貌发生大变化

1. 城市品质加速提升

南康区加速融入五区一体化发展，树立“组团式”片区综合开发的理念，拉开城市发展新的框架，形成多点发力、多极支撑的城市发展新格局。格力、唐江、龙岭、镜坝等组团建设加快推进，2021 年常住人口城镇化率达到 60.1%，城区面积达 52.33 平方公里。城区主要道路完成“白改黑”，大部分背街小巷完成改造提升，与主城区一起跃升为全国文明城市、国家卫生城市。

2. 基础设施日臻完善

十年间，南康区新建铁路线路 39 公里；普通国省道和“四好农村路”建设全面铺开，新增国省道里程 69.53 公里，完成国省道升级改造 65.16 公里，完成县、乡、村道（含通组路）改造 1 344.52 公里，如表 14-1 所示。能源保障能力明显提升，赣州西 500 千伏、稍江 220 千伏等一批重大能源项目建成投运，形成以 110 千伏以上为主网架电力支撑。新能源迅速发展，新增光伏 98.25 兆瓦、风电 64 兆瓦、生物质 5 兆瓦。五河治理、中小河流治理等重点水利工程加快推进并取得重大进展，水利基础设施不断完善。

表 14-1　2012—2021 年新（改）建道路情况　　单位：公里

道路类级	2012—2021 年新（改）建道路
铁路（高铁）	39.00
高速公路	19.80
国省道	134.69
县、乡道、村组道路	1 344.52

资料来源：根据 2012—2021 年南康区政府工作报告整理而得。

（四）乡村振兴稳步推进

截至 2021 年底，南康区累计投入扶贫资金 52.7 亿元，实施扶贫项目 5 619 个，2020 年如期实现高质量脱贫摘帽，27 个贫困村全部出列，24 391 户 90 304 名农村贫困人口全部脱贫，实现了千百年来的整体脱贫；扎实推进巩固拓展脱贫攻坚成果同乡村振兴有效衔接，建立“1+8”组织领导体系，实现结对帮扶全覆盖；开展“千企兴百村”，43 个乡村振兴示范村（社区）建设加快推进。投入资金 3.2 亿元，实施圩镇改造提升项目 175 个；推行“1+N+1”“强村带弱村”模式，实现村集体经济经营性收入 9 987.6 万元、村均 41.3 万元，居赣州市前列。

（五）双向开放发展大突破

1. 赣州国际陆港跃升为开放前沿

南康区无中生有、敢为人先，建成全国首个内陆进境木材监管区，赣州国际陆港获批成为全国第 8 个、全国革命老区唯一一个内陆开放口岸，成为江西省对外开放的南大门。2021 年，港口运营品种拓展至汽车、电子、服装等十几个品种，从最初木材进口、家具出口的单一通道，发展成为全国综合性对外开放内陆口岸；常态化开行班列线路 49 条，推动南康区连接“一带一路”的重要节点和战略支点，助推 2019 年赣州跻身首批 23 个国家物流枢纽城市，中欧（亚）班列覆盖中亚五国及欧洲 20 多个国家 100 多个城市，内贸班列通达国内主要物流节点城市，开辟一条中部陆海新通道，从开放的“末梢”一跃成为开放的“前沿”。南康区外贸进出口实现井喷式增长，出口总额由 2012 年的 0.8 亿美元增至 2021 年的 8.2 亿元，年均增长 29.2%。

南康区中国 · 中部国际物流商贸城

2. 开放合作谱写新篇章

赣粤产业合作区南康片区建设纳入江西省委、赣州市委推进赣州市打造对接融入粤港澳大湾区桥头堡的决定，正式确立了南康区在赣州市、江西省对接融入粤港澳大湾区桥头堡排头兵的地位。世界 500 强企业格力电器投资超百亿元建设制造业基地和营销总部，开创世界 500 强制造企业落户南康区的先河，开启“家具 + 家电 + 家装”融合发展“三核时代”。依托进口木材、汽车整车、肉类口岸，临港产业蓬勃发展，牵手“苏区”与“特区”，南康区深度对接融入粤港澳大湾区，深赣港产城特别合作区建设开启了赣深合作新征程。

（六）民生福祉得到大提升

城乡居民收入明显提高。2021 年城乡居民可支配收入，与 2011 年相比全部翻番，人民生活实现全面小康，群众的获得感、幸福感和安全感进一步提升。十年来，南康区累计投入教育、文化、社会保障、医疗卫生、农林水等 13 项民生支出达 469.96 亿元，占一般公共预算支出的 84.87%。2021 年民生支出达 62.52 亿元，是 2012 年民生支出的 2.47 倍，其中教育支出 19.65 亿元、农林水支出 13.41 亿元、社会保障和就业支出 7.24 亿元，如表 14−2 所示。

表 14−2　2012—2021 年南康区民生支出

项目	年份									
	2012	2013	2014	2015	2016	2017	2018	2019	2020	2021
教育支出（亿元）	9.25	9.85	10.40	11.44	13.15	15.08	15.57	17.54	19.65	19.65
科学技术支出（亿元）	0.03	0.04	0.04	0.04	0.39	1.09	1.20	1.62	1.63	1.76
文化旅游体育与传媒支出（亿元）	0.26	0.30	0.33	0.29	0.48	0.44	0.72	0.29	1.57	1.90
社会保障和就业支出（亿元）	3.95	4.61	5.22	6.93	7.90	8.39	7.56	7.87	6.71	7.24
卫生健康支出（亿元）	2.92	3.61	4.86	4.80	4.86	7.45	7.41	7.72	7.63	5.87
节能环保支出（亿元）	0.59	0.57	0.32	0.20	0.26	0.46	0.91	1.01	0.65	1.37
城乡社区支出（亿元）	0.93	0.96	1.83	2.58	3.19	3.99	11.89	21.86	5.64	5.90
农林水支出（亿元）	3.71	3.79	4.90	6.75	7.40	10.06	10.18	10.79	13.25	13.41
交通运输支出（亿元）	0.46	0.42	1.19	0.43	1.22	0.96	1.76	0.29	1.81	1.65
商业服务业等支出（亿元）	0.48	0.40	0.24	0.50	0.35	0.65	0.86	0.22	1.32	1.55
自然资源海洋气象等支出（亿元）	0.09	0.27	0.24	0.20	0.27	0.65	0.51	0.08	0.41	0.55
住房保障支出（亿元）	2.59	2.64	2.63	3.96	1.93	1.34	1.69	0.20	1.68	1.67
粮油物资储备支出（亿元）	0.02	0.16	0.05	0.07	0.13	0.10	0.11	0.10	0.04	0.03
民生支出（亿元）	25.28	27.63	32.23	38.18	41.54	50.66	60.37	69.57	61.98	62.52
一般公共预算支出（亿元）	30.00	33.69	37.21	44.55	48.12	58.79	71.18	80.02	74.88	75.28

资料来源：根据 2012—2021 年南康区财政部门提供数据整理而得。

1. 教育事业全面发展

十年来，南康区新（改、扩）建城乡学校 341 所，新（改）建项目 1 518 个，新增校舍 124 万平方米，新增校园面积 1 407 亩，新增学位近 6 万个，新招录教师 3 500 余人，“入园难”“大班额”“高中入学难”问题得到极大缓解，如表 14−3 所示。

表 14−3　2012—2021 年南康区校建项目个数、校舍面积和校园面积

年份	项目数量（个）	校舍面积（平方米）	校园面积（亩）
2012	104	58 588.0	130.00
2013	447	161 606.0	15.00
2014	118	139 102.0	0
2015	131	212 370.0	111.60
2016	86	128 190.7	18.50
2017	197	127 981.0	273.85
2018	143	127 278.2	49.00
2019	112	130 837.2	809.48
2020	49	63 110.5	0

续表 14-3

年份	项目数量（个）	校舍面积（平方米）	校园面积（亩）
2021	131	86 564.0	0
合计	1518	1 235 627.6	1 407.43

资料来源：根据 2012—2021 年南康区教育部门提供数据整理而得。

2. 卫生事业健康发展

2021 年，南康区医疗卫生支出 58 726 万元，人均 757 元，每千人口医疗卫生机构床位数为 6.2 张，每千人口执业（助理）医师数为 2.5 名，每万人口全科医生为 2.07 名，孕产妇死亡率为 15.02/10 万，婴儿死亡率为 3.3‰，5 岁以下儿童死亡率为 6.16‰，各项指标都接近或优于国家平均水平，健康南康建设取得显著成效。

3. 文体旅游事业加快发展

南康区获评全国群众体育先进单位，体育公园各大场馆全面建成并投入运营，免费、低收费向市民开放；截至 2021 年，新创建国家 4A 级景区 1 个、省 3A 级乡村旅游景点 6 个、省特色 3 星级农家旅馆 3 个、省 3 星级农家旅馆 4 个。

南康百家姓和谐城，坐落于风景秀丽的南山森林景区，被誉为江南最大的姓氏文化城

4. 生态环境持续改善

南康区着力打好蓝天、碧水、净土保卫战，生态环境质量持续改善，主要河流、饮用水水源地水质达标率均达 100%；大力推进低质低效林改造，森林覆盖率突破 60%；土壤环境质量总体稳定；空气优良率大幅提升，2021 年空气质量优良率达 96.2%，空气中 PM_{10} 平均浓度为 49 微克 / 立方米，$PM_{2.5}$ 平均浓度为 27 微克 / 立方米，二氧化硫平均浓度为 13 微克 / 立方米，二氧化氮平均浓度为 22 微克 / 立方米，臭氧平均浓度为 92 微克 / 立方米，一氧化碳平均浓度为 0.6 毫克 / 立方米，如表 14-4 所示。

表 14-4　2017—2021 年南康区环境空气质量自动监测数据

年份	PM_{10}（微克 / 立方米）	$PM_{2.5}$（微克 / 立方米）	二氧化硫（微克 / 立方米）	二氧化氮（微克 / 立方米）	臭氧（微克 / 立方米）	一氧化碳（毫克 / 立方米）
2017	82	42	20	25	90	1.1
2018	78	38	19	19	133	1.3
2019	68	38	17	26	132	1.1
2020	48	27	13	21	92	0.6
2021	49	27	13	22	92	0.6

资料来源：根据赣州市空气质量联网监测管理平台提供数据整理而得。

二、主要做法

（一）从严治党，纵深推进

南康区全面贯彻落实新时代党的建设总要求，推动全面从严治党向纵深发展，加强党的思想建设，认真开展“不忘初心、牢记使命”主题教育和党史学习教育，党员干部理想信念更加坚定；加强红色资源挖掘保护利用，传承红色基因，赓续红色血脉，牢牢掌握意识形态工作领导权。加强党的组织建设，扎实推进基层党建“三化”建设和党建质量提升行动，基层党组织创造力凝聚力战斗力明显增强。驰而不息加强作风建设，严格落实中央八项规定及其实施细则精神，坚持纠“四风”与树新风并举，以“零容忍”态度惩治腐败，严肃查办一批违纪违法案件，完成届内巡察全覆盖。现在的南康区，“守纪律自觉自愿、干工作敢为善为”，成为南康干部的鲜明特征；团结一致干事业、齐心协力谋发展的浓厚氛围，成为南康区今后发展的最宝贵财富。

（二）因势利导，顺势而为

“中国实木家居之都”南康区，是全国最大的实木家具制造基地。南康家具产业集群 2021 年实现总产值 2 270 亿元，家具交易市场面积超 300 万平方米，从业人员近 50 万，家具制造及配套企业超万家，“南康家具”品牌价值达 700 亿元。“依家具而建，因产业而兴”，南康家居特色小镇集聚一大批高端人才和高端要素，已建成为全国前十强最美特色小镇。“三核时代”为高质量跨越式发展注入新的强劲动能。

实践创新案例

南康区：跨境电商逆势突围 引领对外贸易快速增长

近年来，南康区抢抓数字经济发展机遇，依托千亿家具产业基础和赣州国际陆港、南康家居小镇，发挥国家电子商务示范基地的示范引领作用，全力推动电商与家具产业深度融合发展，创造性打造了“跨境电商 + 中欧班列”新型跨境贸易模式，为畅通国内国际双循环注入新动能。实现从自发式萌芽起步，到集群式快速扩张，再到爆发式迅猛发展，形成家具电商集聚发展、新型业态竞相入驻、配套服务日臻完善、线上线下融合互促、市场辐射持续增强的发展新格局。2020—2021 年，南康区电商交易额累计突破 1 300 亿元，荣登“2021 中国县域电商竞争力百强榜”和“全国电商产业带十强”。

（三）开放环境，比肩沿海

为应对新冠肺炎疫情的影响，主动融入湾区，国际通道覆盖沿海沿边主要通道，2021 年累计开行中欧（亚）班列突破 1 000 列，铁海联运“三同”班列和内贸班列均突破 5 000 列，实现了赣州国际陆港在国际贸易中“起运港”功能，开辟出中国中部陆海新通道。2021 年，赣州市建成首个跨境电商综合服务平台，率先开展首单“9610”跨境电商业务，创造性打造“中欧班列＋跨境电商＋海外仓”新型贸易模式，成功开行“9710”“9810”监管模式业务，实现跨境电商全业态开通，货物进出口量突破 3 000 万票，出口额达 12 亿元。2021 年 4 月，赣深组合港正式开通运营，通过与海关、铁路等部门对接协商，实现了常态化操作，为企业节约时间成本 40%，节约资金成本 30%。深赣“港产城”特别合作区一期、赣州综合保税区、国贸中心等项目全面提速，有力推动陆港、综合保税区、跨境电商综试区“三区合一、联动发展”。2021 年，南康区新增外贸企业 119 家、总量达 698 家，均列赣州市、江西省前列；新签约项目 94 个，签约金额超 1 000 亿元，创历史新高。

（四）勇立潮头，未来可期

国内首个家居元宇宙平台在南康区正式发布，引入仿真家居数字人，建立起无限扩展、沉浸式体验的家居数字化展销平台。这是南康家具推动线下超级体验与线上沉浸式购物相互交融、相得益彰的一次大胆探索，打响了南康区抢占“元宇宙新赛道”的“第一枪”，驱动着南康现代家居产业发展的质量变革、效率变革、动力变革。

以大力实施数字经济“一号发展工程”为抓手，南康区抢抓“线上经济”风口，依托线下 300 万平方米卖场，引导南康区 4 000 多家家具企业实现线上线下同步营销，打造“线下体验、线上直播、网红带货”的家具电商销售新模式，构建“交易市场反馈—研发设计调整—智能制造生产—电商平台销售—物流配送安装”的全产业链闭环，推动南康家具实现由展会订单向网络预售、由线下销售向线上接单、由以产定销向以销定产、由区域品牌向国际品牌、由传统外贸向全球零售的“华丽转身”。依托赣州国际陆港，南康上线运营赣州国际陆港跨境电商监管中心，“9610”“9710”“9810”跨境电商监管模式全面落地；打造江西省第一个跨境电商企业综合服务平台，服务跨境电商卖家 510 余家；常态化开行“赣州—布达佩斯”跨境电商班列，在欧洲、日韩、美国设立 5 个海外仓，率先实现跨境电商批量规模出口。

（五）对口合作，成效显现

1. 无人机产业快速发展

南康区创造了 4 个“全国第一”。2017 年，全国首个无人机物流配送试点项目落户南康区并成功启动试飞；2018 年，无人机物流配送试点空域扩大到 755 平方公里，为国内最大的无人机飞行空域，民航华东局为江西丰羽顺途科技有限公司颁发国内首张无人机航空运营（试点）许可证。2020 年 10 月，南康区成为江西省唯一入选的全国首批十三个民用无人驾驶航空试验基地（试验区）。2021 年国内首座工业级无人机射流式风洞试验室在南康区建成启用。“无人机物流配送应用试点”获国家民航局认可和推广，顺丰无人机运营场景已扩大到四川省甘孜州、浙江省舟山市以及大湾区等多个区域。

2. 企业上市和发债融资实现历史性突破

“即报即审、审过即发”的利好政策助推南康企业驶上挂牌上市快车道。中国证监会助推华源新材等 4 家本地企业挂牌新三板，并成功推动汇森家居于 2020 年 12 月在港交所主板上市，成为江西省首家本土家具上市公司；积极推动美克美家于 2021 年 1 月成功迁址南康区，实现 2021 年江西省首朵“映山红”绽放；指导南康区企业发债融资创历史，指导城发集团、口岸公司累计发债 70.2 亿元，有效解决企业融资难问题。

3. 南下合作启新篇

赣粤产业合作区南康片区建设写入江西省委、赣州市委推进赣州市打造对接融入粤港澳大湾区桥头堡的决定，标志着南康区正式确立在赣州市、江西省对接融入粤港澳大湾区桥头堡排头兵的地位。赣粤产业合作区南康片区和深赣港产城特别合作区建设稳步推进，格力电器、美克美家等项目竣工试投产。

三、展望

南康区坚持以习近平新时代中国特色社会主义思想为指导，深入贯彻习近平总书记视察江西省和赣州市重要讲话精神，立足新发展阶段，贯彻新发展理念，主动融入和服务新发展格局，统筹发展和安全，巩固拓展疫情防控和经济社会发展成果，感恩奋进，担当实干，全面融入大湾区、加快建设新南康，全力争当建设革命老区高质量发展示范区的排头兵。

（一）综合实力实现新跨越

主要经济指标增速保持在赣州市“第一方阵”，其中 GDP 年均增长 8% 左右，到 2025 年末 GDP 总量突破 500 亿元，力争进入江西省前十；一般公共预算收入年均增长 7% 左右；规模以上工业增加值年均增长 7.8% 左右；固定资产投资年均增长 8.7% 左右；社会消费品零售总额年均增长 8.3% 左右；成为有力支撑江西省高质量、跨越式发展的“核心增长极”。

（二）产业发展实现新突破

“1+2+N”现代产业体系基本建立。现代家居产业集群产值突破 5 000 亿元，成为世界有影响力、有竞争力的产业集群，“家具 + 家电 + 家装”融合发展，成为“全国乃至世界家居集散地”。

（三）对外开放实现新突破

双向开放的深度和广度不断拓展，江西省内陆开放型经济试验区主战场、对接融入粤港澳大湾区桥头堡排头兵的地位更加凸显，成为四省通衢的国际货物集散地，连接“一带一路”、联通国内国际双循环的“黄金链接点”。

（四）发展动力活力实现新提升

以创新为主要引领和支撑的经济体系、体制机制和发展动力加快形成，新动能成为拉动经济增长的主动力。重点领域改革成效显著，营商环境进入全国一流水平。发展方式从传统要素驱动向创新引领转变，数字经济占比大幅提升，成为世界家具创新创业的孵化园、生态园，全国瞩目的改革热土、创新沃土，新时代的“江西深圳”。

（五）区域地位实现新提升

城市片区组团式开发基本形成，“五区一体化”发展取得明显进展。实现从“品质新区、活力新城”到“现代化都市新区”的提升，成为赣州市建设省域副中心城市的重要功能板块、新时代赣南苏区振兴发展的耀眼明珠、江西省打造全国构建新发展格局重要战略支点的核心支撑。

（六）生态文明建设实现新提升

国土空间开发保护格局得到优化，生态环境质量持续提升，生态安全屏障更加牢固。资源节约集约利用率不断提高。绿色发展水平大幅跃升，成为蓝天白云、秀水泱泱、鸟语花香、繁星闪烁的魅力新城。

（七）民生福祉实现新提升

脱贫攻坚成果巩固拓展，乡村振兴战略全面推进，就业、教育、医疗、养老、住房等公共服务体系更加完善，社会保障体系更加健全，人民群众生活更加殷实、更加幸福、更有尊严，加快从全面小康奔向共同富裕。

（八）社会治理实现新提升

社会主义民主法治更加健全，社会公平正义更加彰显，“五型”政府治理效能不断提升，基层高效协同治理格局基本建成，重大风险防范化解、突发公共事件预防处置等能力建设明显增强，实现从传统治理到更高水平“平安南康”“法治南康”的提升。

15 信丰县十年苏区振兴发展报告

摘要： 信丰县坚定不移沿着习近平总书记指引的方向，乘着国家振兴苏区的强劲东风，坚持高质量发展之路，建设革命老区高质量发展示范先行区取得重大进展。本书对信丰县振兴发展十年来的成效进行了梳理总结，并立足新发展阶段、贯彻新发展理念、构建新发展格局，紧扣高质量发展主题，进一步吹响“当好融湾排头兵，决战全省二十强，建设革命老区高质量发展示范先行区”的奋进号角，凝心聚力描绘新时代“世界橙乡、北江源头、融湾标兵、人信物丰”的新画卷。

关键词： 信丰县　振兴发展　苏区

赣南等原中央苏区振兴发展政策实施以来，信丰县以习近平新时代中国特色社会主义思想为指导，深入贯彻落实习近平总书记视察江西省和赣州市重要讲话精神，不忘初心、牢记使命，在江西省委、省政府和赣州市委、市政府的坚强领导下，在农业农村部、国家能源局的倾心帮扶下，感恩奋进、勇毅前行，圆满交出全面建成小康社会的“历史答卷”，迈上了全面建设社会主义现代化新征程，为建设革命老区高质量发展示范先行区奠定了坚实基础。

一、主要成效

（一）综合实力跃上新台阶

2021 年，信丰县实现地区生产总值 280.2 亿元，年均增长 9.6%；人均 GDP 达 4.16 万元，是 2011 年的 2.75 倍。

经济发展活力持续增强。2021 年，信丰县非公经济不断壮大，增加值 196.12 亿元，占经济总量的比重达 70.0%；注册企业由 2012 年的 203 户增加到 2021 年的 1 911 户，增长 8 倍多；注册个体工商户由 2012 年的 3 234 户增加到 2021 年的 6 461 户，约增长 1 倍；社会消费品零售总额由 2012 年的 28.04 亿元增加到 2021 年的 62.15 亿元，是 2011 年的 2.53 倍，年均增长 11.3%，2015 年突破 40 亿元。

财政金融事业稳步发展。2021 年，信丰县一般公共预算收入 15.13 亿元，是 2012 年的 2.26 倍；一般公共预算支出 50.05 亿元，是 2012 年的 2.27 倍；一般公共服务支出 5.31 亿元。金融市场发展加快，2021 年，金融机构存款余额达 384.91 亿元，是 2012 年的 3.27 倍；金融机构贷款余额达 356.16 亿元，是 2012 年的 5.71 倍。

开放型经济发展良好。2021 年，信丰县进出口总额由 2011 年的 2.71 亿元增加到 30.90 亿元；实际利用外资 1.57 亿美元，是 2012 年的 1.9 倍；实际利用省外 2 000 万元以上项目资金 68.4 亿元，年均增长 12.6%。十年来，累计引进项目 459 个，总投资达 2 863.7 亿元，超亿元项目 279 个，如表 15-1 所示。

表 15-1　2012—2021 年信丰县招商引资项目情况

年份	项目个数（个）	总投资（亿元）	亿元以上项目（个）
2012	54	55.8	12
2013	64	90.7	23
2014	34	46.9	11
2015	24	76.6	17
2016	59	123.8	26
2017	42	222.7	33
2018	33	427.3	29
2019	37	367.6	36
2020	47	758.1	46
2021	65	694.2	63

资料来源：根据 2012—2021 年信丰县统计年鉴整理而得。

（二）巩固拓展脱贫攻坚成果

脱贫攻坚圆满收官。截至 2020 年底，信丰县建档立卡贫困户 14 169 户 44 316 人全部“脱贫摘帽”，14 个“十三五”省级贫困村全部脱贫退出，贫困发生率由 2015 年的 4.56% 降为零，如表 15-2 所示。农村脱贫人口人均纯收入由 2015 年的 2 986 元增加至 2020 年的 14 234 元。2018—2021 年，信丰县连续四年在江西省市县党委和政府脱贫攻坚工作成效考核中被评为“好”等次。

表 15-2　2015—2020 年信丰县贫困发生率、退出脱贫人口数量情况

年份	贫困发生率（%）	脱贫户数（户）	脱贫人数（人）
2015	4.56	2 533	9 398
2016	2.90	2 841	9 581
2017	2.74	2 049	6 326
2018	1.79	2 394	7 841
2019	0.11	3 917	10 469
2020	0	435	701

资料来源：根据信丰县人民政府官网数据整理而得。

巩固脱贫攻坚成果与推进乡村全面振兴有效衔接。截至 2021 年底，信丰县 262 个行政村 3 924 个村小组完成整治建设，精心打造 52 个乡村振兴示范点和 1 160 个新农村村点，建成 100 亩以上的特色农业基地 102 个、面积 10.5 万亩，发展新型农业经营主体达 1 080 家。十年来，信丰县城镇、农村居民人均可支配收入分别从 2011 年的 15 256 元、5 800 元增长至 2021 年的 37 758 元、17 597 元，年均增长 9.4%、11.3%，如图 15-1 所示。

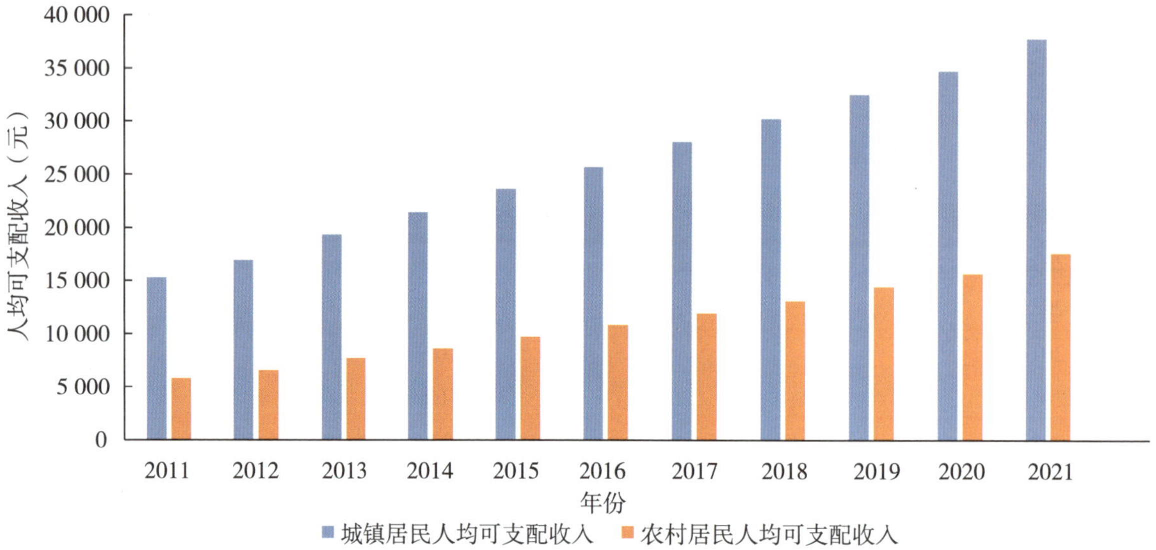

图 15-1　2011—2021 年信丰县城乡居民人均可支配收入变化情况

资料来源：根据 2011—2021 年信丰县统计年鉴整理而得。

（三）产业发展量质双升

十年来，信丰县三次产业结构比由 2011 年的 20.6∶44∶35.4 调整为 2021 年的 15.4∶38.0∶46.6，已向着以三大产业协调发展的多元化经济发展新格局推进。

现代农业蓬勃发展。信丰县 2021 年实现第一产业增加值 43.13 亿元，是 2012 年的近 2 倍；农业产业结构调整效果显著，由过去种植业生产为主转变为农、林、牧、渔全面发展，2021 年信丰县农林牧渔总产值由 2011 年的 33.93 亿元增长至 2021 年 70.67 亿元，实现翻番，如图 15-2 所示；国家蔬菜质量标准中心（赣州）分中心（全国仅 2 家）和江西唯一的粤港澳大湾区“菜篮子”产品赣州配送中心（江西首家）建成投用，打造国家现代农业示范区、产业园、科技示范展示基地等一批“国字号”平台，成为赣州市蔬菜产业重点发展县之一，形成“1+3+N”农业产业体系[①]。2021 年信丰县粮食总产量 22.95 万吨，喜获十八连丰，脐橙产值突破 20 亿元，蔬菜产值达 19 亿元，生猪出栏连续三年居江西省第一，走在赣州市前列，如表 15-3 所示。

在农业农村部协调下，全国蔬菜质量标准中心（赣州）分中心落户信丰县大塘埠镇万星村

① “1+3+N”农业产业体系，即“1”是指粮食生产，始终放在首位；“3”是指脐橙、生猪、蔬菜三大主导产业；“N”是指 N 个区域特色产业。

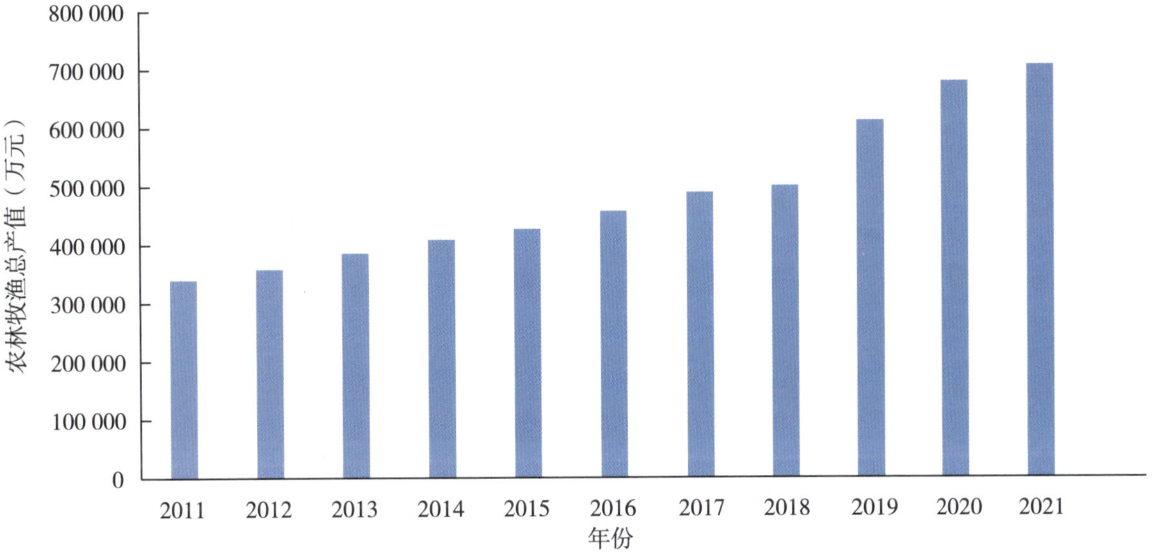

图 15-2　2011—2021 年信丰县农林牧渔总产值变化情况

资料来源：根据 2011—2021 年信丰县统计年鉴整理而得。

表 15-3　2011—2021 年信丰县三大主导农业产业发展情况

年份	脐橙产量（万吨）	蔬菜产量（万吨）	生猪出栏（万头）
2011	15.97	28.99	72.70
2012	15.77	29.25	76.06
2013	16.85	29.66	76.95
2014	15.26	32.84	78.85
2015	15.61	29.20	82.30
2016	9.70	48.47	75.60
2017	10.59	55.90	79.20
2018	10.05	53.89	78.00
2019	9.54	58.10	79.60
2020	10.96	59.96	75.18
2021	13.85	62.39	86.46

资料来源：根据 2011—2021 年信丰县统计年鉴整理而得。

工业经济发展强劲。2011—2021 年，信丰县规模以上工业企业从 50 家增至 160 家，规模以上工业总产值由 108.6 亿元增至 267.5 亿元，如图 15-3 所示；电子信息首位产业产值由 2012 年的 28.1 亿元增加到 2021 年的 133.73 亿元，增长 375.9%。截至 2021 年底，拥有国家高新技术企业 110 家、国家级创新平台 5 家、省级创新平台 23 家，居赣州市前列；入驻全国 500 强企业 6 家、上市公司 20 家，培育营业收入超亿元企业 58 家，实现工业量和质的扩张。2020 年信丰县主攻工业实现“三年翻番”，成为全省典范，连续六年夺得“江西省加速工业崛起年度贡献奖”。

现代服务业加速蝶变。信丰县第三产业发展提速提质，2021 年第三产业增加值达到 130.53 亿元，是 2011 年的 3.67 倍，占 GDP 比重达 46.6%，成为经济增长的强劲马达，如图 15-4 所示。中国赣南脐橙产业园、谷山景区创成国家 4A 级旅游景区，新田坪地山旅游景区被评为国家 3A 级旅游景区、

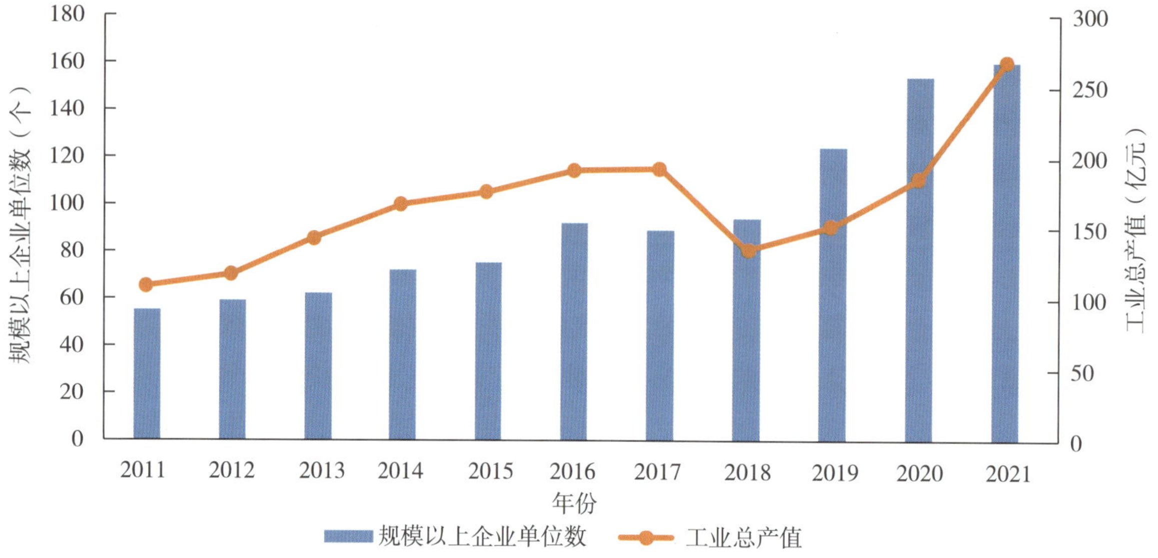

图 15-3　2011—2021 年信丰县规模以上工业发展情况

资料来源：根据 2011—2021 年信丰县统计年鉴整理而得。

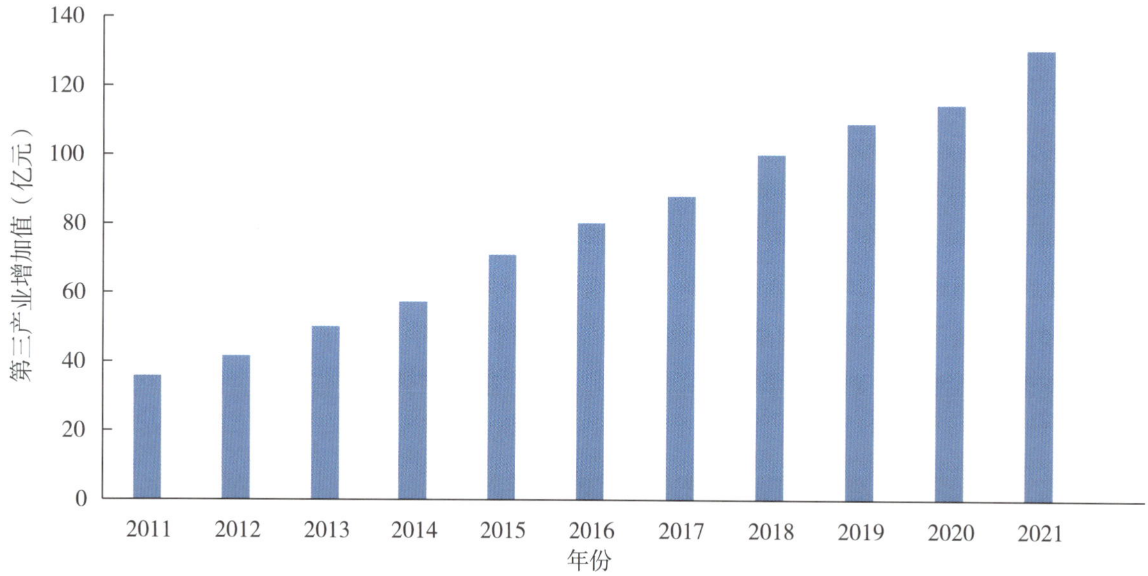

图 15-4　2012—2021 年信丰县第三产业增加值变化情况

资料来源：根据 2011—2021 年信丰县统计年鉴整理而得。

省 4A 级乡村旅游点，希元休闲农庄、安西田垅畲族村、正平球狮畲族村被评为省 3A 级乡村旅游点，新田坪地山村获评省级乡村旅游重点村。现代物流行业快速发展，信丰县内办理道路运输经营许可证的物流货运企业总数成倍增长，2012 年为 18 家，2021 年总数达 110 家，增长 511%。

信丰县的新文化地标——信丰阁

（四）基础设施日臻完善

夯实基础增强后劲。十年来，信丰县投入资金59.9亿元，实施2 816个项目新（改）建公路3 385.53公里，所有乡镇实现通三级及以上等级公路，县道三级及以上等级公路比率达59%，农村公路列养率达100%，自然村通水泥路比例达100%，城乡客运公交化比率达80%，2019年获评为“四好农村路全省示范县”；大广高速、复线纵贯南北，寻全高速、信雄高速联通东西，G105、G357国道纵横全境，形成“五纵四横二枢纽”[①]的大交通格局。能源综合保障能力实现跨越式提升，2018年建成赣州市唯一的全国“小康用电示范县”，电力供应局面将实现由“供应紧张”向“适度超前”的根本性转变。

在国家能源局对口支援下，信丰大塘（橙乡）220千伏输变电工程顺利投运，进一步优化了赣南主网网架结构，极大提高了供电能力和供电可靠性

城乡建设品质更高。2021年12月，信丰县正式迈入高铁时代，全面融入南昌、深圳2小时经济圈，湾区1.5小时、赣州主城区15分钟经济生活圈，内外交通网络实现大跨越、大发展。省级信丰高新区跨越式提升，获批为江西省首批“产城融合示范区”“省级循环化改造园区”，连续四年省争先创优综合考评优秀。十年来，信丰县城区面积从24.3平方公里增长到39.4平方公里，县城人口从24.6万人增长到37.3万人，城镇化率达到54.2%，提高了5.8个百分点；公路里程从2011年的2 129公里增加至2021年的3 467.6公里，增长62.86%。

赣深高铁江西段唯一的示范站——信丰西站

（五）发展动力持续强劲

十年来，信丰县新增国家高新技术企业109家，总数达110家；有国家级、省级和市级平台或载体分别为5家、23家、41家；培育瞪羚企业2家、两化融合示范企业2家、专精特新中小企业13家、

① “五纵四横二枢纽”，即“五纵”指京九铁路、赣深客专、大广高速、大广复线、G105国道；“四横”指寻全高速、信雄高速、G357国道、S317省道；“二枢纽”指城南交通枢纽、城北交通枢纽。

创新平台载体 11 家，新认定国家高新技术企业 30 家；全社会研发投入强度从 0.8 增长到 2.0，实现大提升；市级以上创新平台载体达到 72 家，较 2012 年增加 70 家；万人有效发明专利拥有量达 3.12 件，2016—2018 年连续三年获评为江西省“专利工作十强县”；2018 年 12 月获批为江西省首批五个省级创新型县（市、区）试点之一，工业园区正式纳入赣州国家高新区“一区三园”管理，在江西省首创设立“科技副总”；柔性引进 15 名博士，培引市级以上高层次人才 73 名。坚持营造比肩大湾区营商环境，对重点项目推行“三步法”工作机制，实现“拿地即开工、竣工即投产”；推出 60 条革命性措施，“秒批秒办”“最多跑一次”“一窗办”便民利企，项目开竣工办理时限压缩 80% 以上，打响“信速办”营商环境金字招牌。

（六）民生福祉持续厚植

2011 年以来，信丰县累计争取上级资金 103.49 亿元，多层次、宽领域、立体式推进民生工程。用心用情解决就业岗位、托幼园位、上学学位、医疗床位、养老点位、停车车位、如厕厕位等群众“急难愁盼”问题，基本公共服务水平大幅提升，如表 15-4 所示。

表 15-4　2012—2021 年信丰县“七个位”变化情况　　单位：个

年份	就业岗位	托幼园位	上学学位	医疗床位	养老点位	停车车位	如厕厕位
2012	15 000	19 981	108 004	2 718	17	6 731	84
2021	41 000	30 695	128 117	4 072	268	50 733	540

二、经验启示

（一）党建决定成效

信丰县坚持党建统领革命老区高质量发展示范先行区建设，大力实施强班子、强队伍、强人才、强组织、强作风“五强”工程，着力构建“五共五融”城市党建格局。2021 年底，信丰县建立 116 个网格党支部，打造社区“15 分钟便民服务圈”，通过“党建工作日”“传承红色基因、奋力示范先行”“五红培根铸魂”等活动，为建设革命老区高质量发展示范先行区汇聚精神动力、汇聚前行力量；持续提升党建质效，实施“双强双百双千”工程，深入推进村干部选育“1212”工程和村（社区）干部学历提升工程，村党组织书记大专以上学历比例达 53%、致富能手比例达 90%，建成“党建 + 农村养老服务”站点 195 个，打造党建引领乡村振兴示范点 36 个，成功申报中组部红色美丽村庄 7 个，吸引游客参观及开展红培教育 10 万余人次；实施党建引领乡村治理试点，探索建立“行政村党组织—网格（村民小组）党小组—党员联系户”的网格化管理体系。

（二）站位决定排位

习近平总书记的亲切关怀，为赣南苏区振兴发展注入了强大动力。十年来，党和国家一条条特殊支持的帮扶措施、一个个实实在在的重大项目、一笔笔真金白银的援助资金，给予赣南苏区前所未有的人力、物力、财力支持。80 万橙乡人民只有坚定捍卫“两个确立”，坚决做到“两个维护”，坚定不移沿着习近平总书记指引的方向笃定前行，才能战胜各种风险挑战，推动“橙乡信丰”这艘航船击楫勇进、破浪前行。脱贫摘帽后，严格落实“四个不摘”要求，坚决守住不发生规模性返贫的底线，巩固脱贫攻坚成果与推进乡村全面振兴有效衔接，按照“产业兴旺、生态宜居、乡风文明、治理有效、生活富裕”总要求，信丰县全面推进乡村振兴工作，现代农业攻坚战（主攻乡村振兴）2018—2021 年蝉联赣州市桂冠；2016—2020 年连续获评为“江西省农业农村工作综合先进县”；2016—2021 年连续 6 年在江西省财政衔接推进乡村振兴补助资金考核评价中获评“A+ 等次”；乡村振兴重点工作荣获 2021 年度国务院督查激励，是江西省唯一获此殊荣的县。

案例

赣南脐橙第一人——袁守根

袁守根，是信丰县安西镇园艺场第一批技术员。在“到处是山，一眼望不到头”的赣南山区，袁守根日思夜想如何才能在“都是荒山野岭，不开垦就没地可种”的林场里开垦出一片天地。1970 年，袁守根大胆尝试，从湖南邵阳引种了 200 株脐橙苗。他如同对待孩子般精心养护着这批幼苗，皇天不负有心人，次年共成活 156 株果苗。脐橙播撒向赣南大地的种子就在这时候成型了。1976 年，袁守根精心栽培的脐橙在广交会上“一炮打响”，获得了高度评价。借助广交会和香港市场的良好反馈，赣南脐橙走上了发展的快车道。

赣南脐橙第一人——袁守根

多年来，袁守根不断试验选育适合赣南种植的高品质脐橙品种，为赣州打造出了“赣南脐橙”这块“金字招牌”。历经五十载，到 2021 年底，赣南的脐橙种植面积已达 175 万亩。在“袁守根们”的辛勤努力下，脐橙树已成为赣南老区百姓的“当家树”“摇钱树”，带动百万余人脱贫增收，成为全国三大产业扶贫典范之一。在 2020 年中国品牌价值百强榜中，“赣南脐橙”以 678.34 亿元的品牌价值位列水果类产品第 1 名。

一辈子钟情这“一棵树”，是对袁守根最好的赞誉，他常说：“人一辈子能做好一件事，就很不错了。”作为“赣南脐橙第一人”，袁守根 2019 年 12 月获“全国离退休干部先进个人”称号、2021 年 2 月被表彰为“全国脱贫攻坚先进个人”、2021 年 6 月获“全国优秀共产党员”称号。

（三）思路决定出路

坚持“南融北接”主旋律，融入“开放的思想、先进的理念、前沿的技术、高端的人才、新兴的产业”，才能借势借力推动赶超跨越；推动“老区思维”向“湾区思维”转变，打造营商环境最优城市，充分发挥信丰县毗邻大湾区人口多、面积大、体量大、空间广、后劲足、产业基础好的优势，在思想理念、基础设施、产业体系和体制机制等方面尽快与大湾区无缝接轨，深度融入大湾区营商环境和现代产业体系；不断擦亮“信速办”品牌，率先在江西省县一级推行“跑一次”改革，稳步推进事业单位改革，政府运行机制更加顺畅。2020 年 266 个村（居）全部完成农村集体产权制度改革工作，提炼发展脐橙产业、开办“建材超市”等 15 种壮大村集体经济的发展模式。

（四）作风决定作为

坚持大力弘扬“说了就干、定了就办、紧抓快办、办就办好”的干部作风，始终保持“心中有梦、眼里有活、手上有招、脚下有力”的鲜明品格，紧紧扭住高质量发展主线，坚持“项目为王”，充分发挥国家部委对口支援“直通车”优势和挂职领导“桥梁纽带”作用，争取更多的支持政策和项目资金落地信丰县，巩固提升对口支援成效，加快谋划并推动一批含金量高、事关全局、事关长远的重大政策、重大项目，强化产业发展、科技支撑、造血功能、内生动力。

三、展望

把握新发展阶段，贯彻新发展理念，融入新发展格局，强化党建引领，坚持“解放思想、南融北接、敢闯善创、担当实干”，牢牢遵循“五个必须”[①]，决战“工业昂起、科创挺起、乡村兴起、城市崛起、三产旺起、环境优起、民生厚起”七项重点。

（一）决战工业昂起，挺起经济脊梁

坚持举全县之力推进工业倍增升级，奋力冲刺千亿元级产业集群。增强首位产业集群发展核心竞争力，打造超 600 亿元级电子信息产业集群，力争新型建材、食品制药、能源三大主导产业产值分别突破 150 亿元、150 亿元、100 亿元，构筑“1+3”产业集群联动发展新格局。优先做大做强做优做美高新区，构筑“1+2+N”产业承接平台，积极参与大湾区经济圈产业合作，建立“飞地经济产业园”“深圳飞谷”。千方百计引进一批航母式、巨无霸式企业和“5020”项目，培育一批“主链”企业和专精特新中小企业，积极扶持一批本地企业创建品牌，支持一批实体企业发展总部经济。

（二）决战科创挺起，引领高质发展

聚焦首位产业和主导产业，引入大湾区优质科创资源，实施“三十三百三千”工程，争创国家级高新区、国家级创新型县，打造融入大湾区创新生态最佳县；培引科技型中小企业 300 家以上，国家高新技术企业 300 家以上，瞪羚、独角兽及科创上市企业 20 家以上；实现全社会研发投入占 GDP 比重达 2.5%；推进工业化与信息化、数字经济和实体经济深度融合，加快传统产业数字化、智能化改造，打造一批智能工厂、数字化车间、上云企业，建设“5G+ 工业互联网”应用示范县；主动对接大湾区科创中心、中国科学院赣江创新研究院，积极承接一批科创成果在信丰县落地；规划建设大湾区人才谷，打造电子信息高层次人才产业园。

---

① “五个必须”是指必须始终坚持党的全面领导、必须坚守人民至上的初心、必须全面并轨现代化建设、必须奋力交好时代和历史答卷、必须着力绘就新时代“世界橙乡、北江源头、融湾标兵、人信物丰”新画卷。

（三）决战乡村兴起，建设美好家园

推进“1+3+N”农业产业高质量发展，打好农产品“富硒”品牌，打造大湾区优质农产品供应基地，创建国家农业现代化示范区。大力加强农业农村人才队伍建设。展示信丰县诚信文化、红色文化、客家文化，繁荣乡村文艺创作，丰富群众文化生活，开展文化惠民活动，大力提升农村公共文化服务均等化水平。推进农村人居环境由基础整治向品质提升迈进，积极创建国家生态文明建设示范县。选优配强乡镇领导班子，不断强化村“两委”班子特别是带头人队伍，派强用好驻村第一书记和工作队，充分发挥党员在乡村振兴中的先锋模范作用，推动村级集体经济倍增升级。

（四）决战城市崛起，铸强融湾引擎

积极推进信丰县撤县设市，实施南昂北拓中优发展战略，规划形成“一江两岸、三大城区、多点融合”[①]的城乡空间布局，建设城区 50 万人口、面积 50 平方公里以上的现代化中等城市；建设全省一流、对标大湾区的产城融合示范区，打造大湾区产业转移重要承载地；积极创建全国文明城市、国家卫生县城、国家园林城市；凸显信丰阁文化地标、“四馆两中心”[②]城市客厅；建设智慧城市，建立健全城市治理机制，构建城市共建共治共享格局；坚持“四精理念”[③]，打造一批工业强镇、农业大镇、旅游美镇、商贸活镇，着力打造全市城乡融合发展样板。

（五）决战三产旺起，共建活力橙乡

按照“两区一轴”[④]发展布局，做活特色旅游文章，倾力打造安西脐橙小镇，并将大塘埠万亩脐橙产业园、中国赣南脐橙产业园及香山地质公园、热水温泉等“串珠成链”，引燃“世界橙乡”旅游名片。统筹打造“橙源体验游”东部片区和“红培康养游”西部片区，打造“一江两岸”景观夜色经济和旅游中轴线。提升“中国合唱艺术之乡”品牌影响力，举办脐橙文化旅游节等文化节庆活动，推进文化旅游深度融合。积极对

农业农村部对口支援下建成的中国赣南脐橙产业园，是国家 4A 级旅游景区、赣南脐橙特色小镇核心区

① “一江两岸、三大城区、多点融合”：“一江两岸”指桃江河及两岸，“三大城区”指北江源高铁新城、桃江高新产业新城、嘉定人文老城，“多点融合”指通过多个节点促进城乡融合发展。

② “四馆两中心”是指文化馆、博物馆、图书馆、档案馆，以及老年活动中心、青少年活动中心。

③ “四精理念”是指精心规划、精致建设、精细管理、精美呈现。

④ “两区一轴”：“两区”指“橙源体验游”东部片区和“红培康养游”西部片区，“一轴”指桃江旅游中轴线。

接粤港澳大湾区、长三角、海西经济区，积极招引和培育一批 3A 级以上商贸物流企业，发展冷链、智慧、农村寄递物流。引导更多大湾区银行、保险、证券、基金、期货机构和金融人才落户，激活现代金融业“一池春水”。

（六）决战环境优起，打造融湾高地

变“老区思维”为“湾区思维”，树立“紧抓快办”的服务意识，做优做实“互联网＋政务服务”，构建亲清新型政商环境，努力打造简洁高效廉洁、与大湾区无差别、“办事不求人”的环境；深入推进法治创建和依法治理工作，让更多市场主体轻装上阵，依法为企业合规经营撑腰顶力；研究出台县级落实减税减费减租减息减支的政策措施，促进各类市场主体蓬勃发展；打造融入大湾区和海西经济区交通枢纽，建成能源强县暨辐射赣南乃至粤港澳地区能源供应保障中心，布局一批 5G 应用项目落地带动物联网铺就更多信息“高速路”；聚焦首位产业和主导产业，实施“三十三百三千”工程[①]，争创国家级高新区、国家级创新型县，努力打造融入大湾区创新生态最佳县。

（七）决战民生厚起，增进群众福祉

坚持教育优先发展战略，同步推进学前教育普及普惠、义务教育优质均衡、高中教育品质提升、职业教育产教融合、教育信息化提质增效“五大工程”；深入推进“三医联动”改革，完善县、乡、村三级医疗服务网络，大力提升县人民医院、妇幼保健院医疗水平和为民服务质量，加强乡镇卫生院标准化规范化建设，办好人民满意医院；积极承接大湾区优质医疗资源，打造国家级“县域紧密型医共体试点”、省级“县域综合医改试点”样板县和市医疗卫生次中心；建设幸福橙乡，坚持民生优先，朝着幼有善育、学有优教、劳有厚得、病有良医、老有颐养、住有宜居、弱有众扶的目标迈进。

---

① “三十三百三千”工程是指到 2025 年，培育或引进 10 家以上高端研发机构和知名科创孵化企业、20 家以上科创龙头企业（指瞪羚、独角兽、科创上市企业）以及总部经济企业、30 支以上高水平研发团队；实施 100 项以上科技重点研发计划项目、培引 300 家以上高新技术企业、创造 300 件以上有效发明专利；集聚千名以上高层次人才和高技能人才，打造千亿级高新园区。

16 大余县十年苏区振兴发展报告

摘要：十年来，在党中央、国务院的特殊关怀下，在国家广播电视总局、中国科学院、应急管理部等对口支援单位倾情支持下，大余县广大干部群众牢记嘱托，感恩奋进、苦干实干，推进赣南等原中央苏区振兴发展取得重大进展，县域经济发展驶上快车道，突出民生问题得到有力解决，脱贫攻坚取得全面胜利，与全国同步全面建成小康社会，人民群众获得感、幸福感、安全感持续增强。“十四五”时期是建设革命老区高质量发展示范区大余样板的关键时期，大余县将深入落实“三大战略、八大行动”，深化全面从严治党，统筹疫情防控和经济社会发展，保持社会大局稳定，加快建设“五个基地”，实现“六个主要目标”，奋力建设更高层次实力活力美丽幸福大余。

关键词：苏区　振兴发展　大余县

一、主要成效

自《国务院关于支持赣南等原中央苏区振兴发展的若干意见》出台实施以来，大余县委、县政府始终以习近平新时代中国特色社会主义思想为指导，围绕“作示范、勇争先”目标定位，带领全县人民感恩奋进、逐梦前行，推进经济社会高质量发展。

（一）经济高质量发展

1. 综合实力稳步攀升

大余县产业结构不断优化，经济规模不断扩大，发展质量和效益加速提升，综合实力显著增强。2012—2021 年，地区生产总值由 60.04 亿元增长到 126.3 亿元，2019 年突破百亿大关，是 2011 年的 2.1 倍，按可比价计算，年均增长 8.7%；一般公共预算收入由 3.77 亿元增长到 9.25 亿元，三次产业比由 14.7∶52.5∶32.8 调整为 11.6∶42.7∶45.7；全县人均 GDP 从 22 068 元增加到 47 688 元，年均增长 9.6%，如图 16−1 所示。在省、市综合考评中，大余县稳居赣州市同类县第一方阵，连续三年被评为全省高质量发展综合考核评价先进县。

经济结构持续优化。服务业占比明显提升，三次产业结构由 2011 年的 14.7∶52.5∶32.8 调整为 11.6∶42.7∶45.7，第一、第二产业比重分别下降 3.1 个、9.8 个百分点，第三产业比重提高 12.9 个百分点，第三产业占比超过第一产业和第二产业，实现了历史性转变，如图 16−2 所示。

2. 工业经济不断升级

如图 16−3 所示，规模以上工业单位 2021 年为 74 家，比 2011 年增加 43 家，增长 138.9%。全

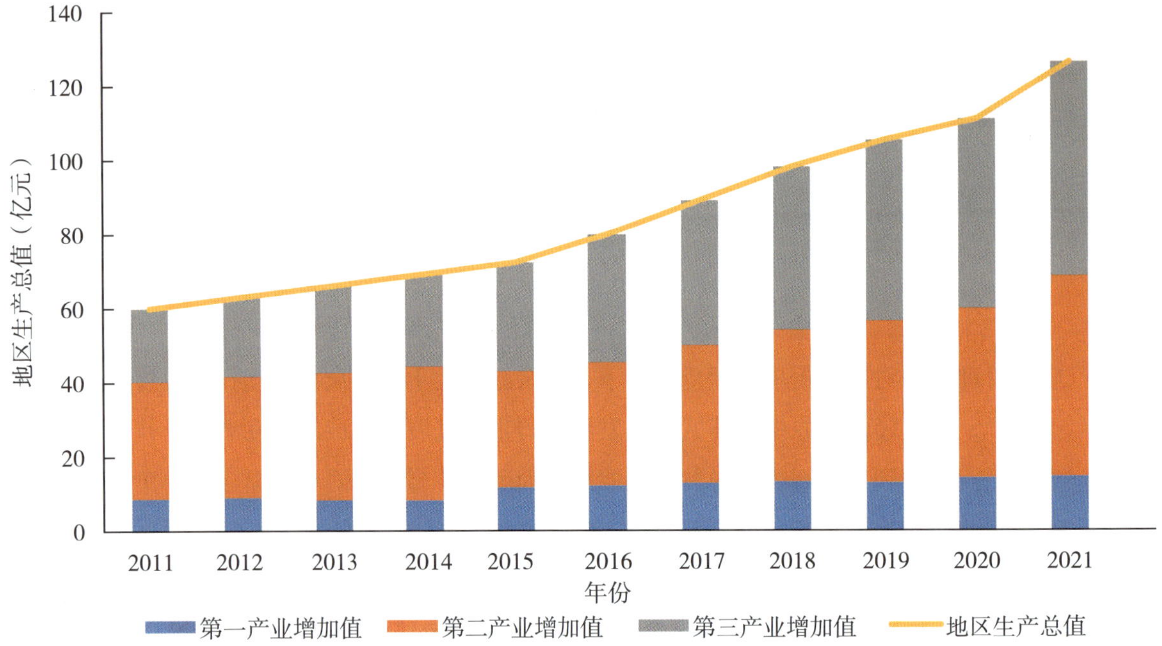

图 16-1　2011—2021 年大余县地区生产总值

资料来源：根据 2011—2021 年大余县统计年鉴，由作者统计整理得到。

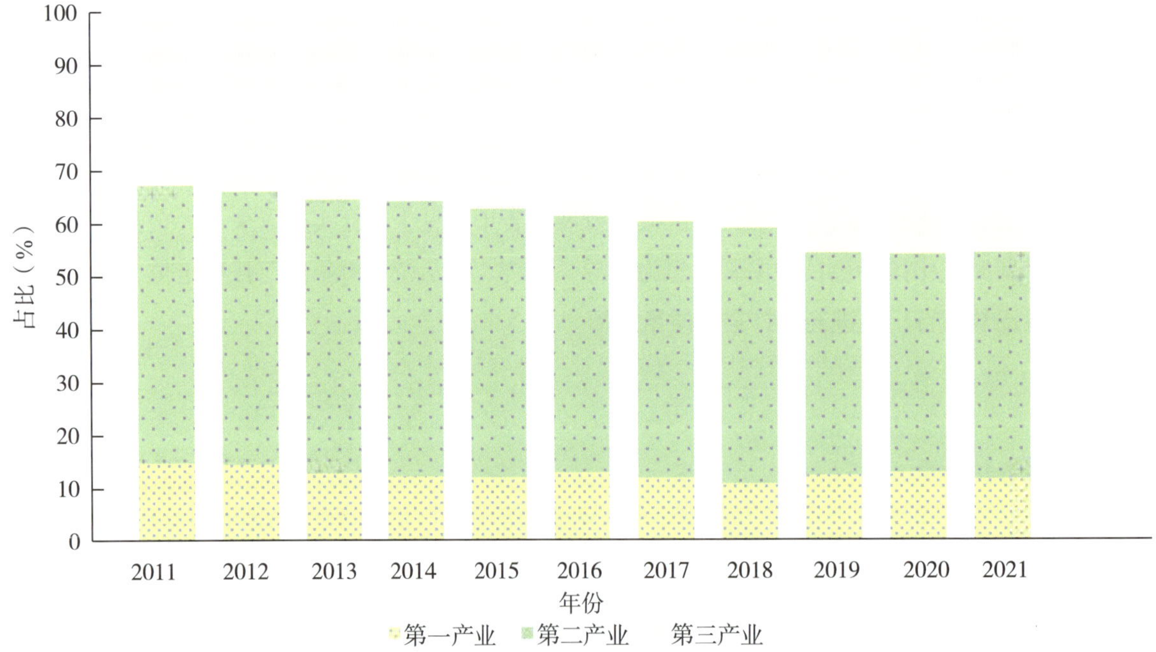

图 16-2　2011—2021 年大余县三次产业结构

资料来源：根据 2011—2021 年大余县统计年鉴，由作者统计整理得到。

县 2011 年规模以上工业总产值从 50.66 亿元增长到 118.10 亿元，年均增长 7.6%，是 2011 年的 2.1 倍；规模以上工业主营业务收入从 49.30 亿元增长到 117.40 亿元，年均增长 9.1%，是 2011 年的 2.4 倍；实现利税总额从 2.00 亿元增长到 13.20 亿元，年均增长 20.5%，是 2011 年的 6.5 倍。2021 年，大余县首位产业工业总产值 108 亿元，占规模以上工业总产值的 91.5%。

大余县硬质合金产业园

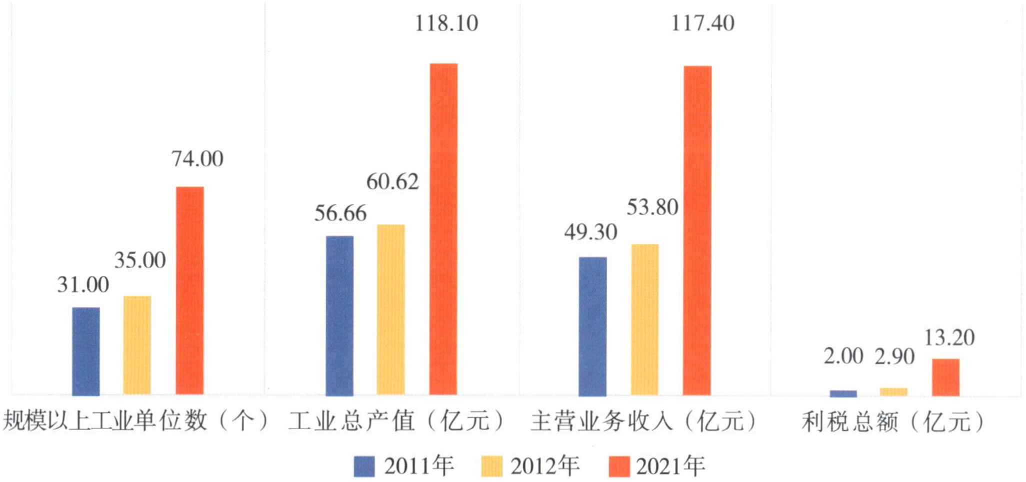

图 16-3　2011 年、2012 年、2021 年大余县规模以上工业单位数、工业总产值、主营业务收入、利税总额

资料来源：2011 年、2012 年、2021 年大余县统计年鉴，由作者统计整理得到。

3. 现代农业提质扩面

大余县推动土地集中连片流转，建成高标准农田 12 万亩。围绕打造大湾区绿色食品供应基地目标，持续做强做精“3+N”农业特色产业[①]，培育康万家休闲农业等规模农业基地 116 个，花卉苗木、脐橙种植面积分别达 4.5 万亩、4 万亩，生猪出栏 21.56 万头，肉鸭年出笼 500 万羽以上、加工

青龙镇河南村乡村振兴示范基地

① “3+N”农业特色产业：大力发展“花卉苗木、大余麻鸭、大余烫皮”3 个传统特色产业，培育发展“稻虾、毛竹、中药材、槟榔芋、食用菌、红糖”等 N 个新产业。

大余丫山

南方红军三年游击战争纪念馆，被中宣部、国家文物局联合推介为“庆祝中国共产党成立100周年精品展览”之一

板鸭280万只以上，种植业、养殖业标准化、规模化、区域化取得长足进展。2021年农作物播种面积58万亩，比2011年增加17.3万亩，其中粮食种植面积24.33万亩，粮食产量9.16万吨；农林牧渔业总产值由2011年的149 481万元增加到2021年的240 816万元，增加91 335万元。

4. 文旅康养产业发展强劲

大余县以丫山国家级旅游度假区、梅关国家4A级旅游景区创建为龙头，带动其他3A级旅游景区和全县46处乡村旅游示范点，在旅游景观全域优化、旅游产品全域布局、旅游服务全域配置等方面持续发力，打造“移步有景、四季可游、处处可玩”的全域旅游示范区，获省级全域旅游示范区、中国最美绿色生态旅游名县、中国美丽乡村建设示范县、中国候鸟旅居小城、省级全域旅游示范区等称号，创评星级宾馆、旅游民宿、美食街等旅游品牌200多项。如图16-4所示，2021年实现旅游观光人数848.26万人次，旅游总收入68.37亿元，分别是2011年的10.6倍、12.8倍。

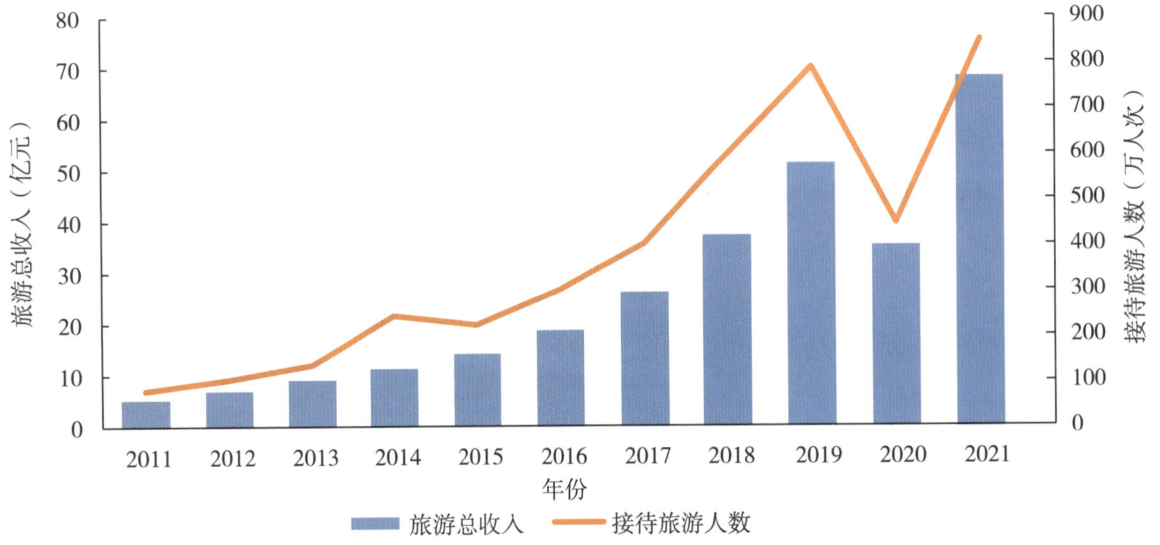

图16-4　2011—2021年大余县接待旅游人数和旅游总收入

资料来源：根据2011—2021年大余县统计年鉴，由作者统计整理得到。

（二）改革开放成效显著

1. 改革开放全面深化

深入开展“大余发展 15 问”等解放思想主题活动，组织党政考察团外出考察学习。2017—2021 年，累计实施改革事项 882 项，九大领域改革攻坚形成 225 项制度成果。先后打造了访前法律服务机制、流动党员“双联双管”等改革品牌 20 余项，多次荣获全省、全市全面深化改革工作先进单位。组建专业招商团、驻外招商引智小分队，累计引进翔鹭钨业等一批重大项目 256 个，其中 20 亿元以上项目 13 个，打造对接融入粤港澳大湾区桥头堡先行区。

2. 营商环境日益优化

深入推进营商环境优化升级“一号改革工程”，加快“市县同权”等改革，完成“赣服通”大余分厅建设，打响“余快办”营商环境品牌。组建县行政审批局，启用新政务服务中心，19 个部门 180 项行政许可事项划转，推动 848 项服务事项进驻，实现“进一扇门，办所有事”。深入推进“放管服”改革，精简审批材料 116 项，84 项证明事项实行告知承诺制。“积极推行联合监管、信用监管”入选江西省优化营商环境改革攻坚典型经验。

（三）城乡建设提质增效

1. 城乡风貌日新月异

全力实施新型城镇化攻坚战和城市能级提升行动，推进老城区综合改造、奥园城市综合体等 32 个城市大项目建设，建成章水国家湿地公园等 6 个生态民生工程，规划建设约 20 平方公里的“生态新城”，常住人口城镇化率从 2011 年的 40.67% 提高到 2021 年的 53.22%，提高了 12.55 个百分点。获评全国文明城市、国家卫生县城。积极创建农村人居环境整治样板县，开展乡村全面振兴“三个十”百日攻坚行动，扎实开展生活垃圾分类处置、厕所革命等专项行动，打造新农村建设点 1 055 个和乡村振兴示范点 43 个，创建 54 个美丽宜居村庄和 5 463 个美丽宜居庭院，乡村更加美丽宜居。

2. 基础设施日臻完善

以交通、水利、能源项目为重点，实施国省县道改造提升、绕城路建设、四好农村路等重大交通项目，公路通车里程达 1 650.86 公里，行政村实现通车全覆盖，建成大余火车站、城南汽车站，“三纵六横”“五位一体”的现代交通网络更加完善。新建天华山风电场、天然气综合利用等系列项目，能源结构明显优化。投资 10 多亿元，实施了小农水项目县、城乡供水一体化等系列项目工程，自来水普及率提高至 91.43%，饮用水源地水质达标率为 100%，基本建成了与经济社会发展相适应的水安全保障体系。

大余县实现乡镇干线路、村组水泥路、村村循环路联网互通，图为蜿蜒在崇山峻岭间的左拔镇扶贫公路

（四）民生福祉日益提升

1. 脱贫攻坚取得全面胜利

聚焦“两不愁三保障”精准发力，累计实现 27 340 人脱贫、22 个贫困村退出，历史性消除了绝对贫困。推进巩固拓展脱贫攻坚成果同乡村振兴有效衔接，人均收入稳步提升，2021 年的城乡居民人均可支配收入分别为 34 533 元、15 539 元，是 2011 年的 2.8 倍、2.9 倍。伴随经济社会的快速发展和居民收入水平的提高，城乡居民消费支出同步增长，消费能力和消费水平明显改善，城乡居民人均消费支出分别为 20 378 元、14 391 元，相比 2011 年分别增长 2.8 倍、3.4 倍。

2. 生态质量持续向好

落实河长制、湖长制，扎实开展“还章江一江清水”行动和工业废气、畜禽养殖污染等治理，完成低质低效林改造 25.06 万亩、矿山恢复治理面积 191 公顷，营造林面积 1 620 公顷，全县森林覆盖率为 76.7%，湿地保护率为 73.81%，空气优良率稳定在 96% 以上，断面水质达标率、饮用水源地水质达标率均为 100%，地表水环境质量整体稳定在Ⅱ类以上水质。

3. 民生福祉持续改善

扎实做好“六稳”“六保”工作，全面推进大余衡水实验学校、县第一小学、西门幼儿园、妇幼保健院整体搬迁等一大批民生工程，医药体制改革持续推进，乡村医疗机构一体化试点有序开展。农村互助养老服务设施基本完善，居家和社区养老服务设施实现城镇全覆盖。文化体育事业繁荣发展，精神文明建设卓有成效。如表 16-1 所示，一般公共预算支出 248.89 亿元，民生支出达到 80% 以上。其中，教育支出 49.7 亿元，医疗卫生支出 29.8 亿元，一般公共服务支出 19.3 亿元，城乡社区事务支出 37.3 亿元，社会保障和就业支出 39 亿元。

表 16-1　2012—2021 年大余县一般公共预算支出

单位：万元

年份	财政支出	教育支出	医疗卫生支出	一般公共服务支出	城乡社区事务支出	社会保障和就业支出
2012	132 983.2	25 315.6	11 692.0	14 939.4	2 642.7	24 614.9
2013	153 125.7	30 198.9	13 771.9	18 677.3	3 468.8	32 869.2
2014	171 507.8	36 006.8	19 956.0	18 109.4	4 358.4	34 881.3
2015	216 118.3	39 822.1	23 027.5	19 126.4	7 310.7	44 635.6
2016	238 999.2	45 835.2	30 766.2	17 808.6	15 558.9	47 676.1
2017	254 567.7	52 482.0	34 891.0	18 213.0	52 567.0	39 267.0
2018	308 454.8	60 123.4	38 693.5	20 647.0	97 692.8	42 107.2
2019	365 800.3	67 665.3	46 604.8	21 205.0	129 132.5	42 430.6
2020	345 680.0	69 747.6	49 091.5	22 004.3	31 907.1	45 234.9
2021	301 588.3	69 950.0	29 699.2	22 640.5	28 493.0	36 241.4

资料来源：根据 2012—2021 年大余县统计年鉴，由作者统计整理得到。

4. 社会治理显著增强

全面提升风险管控能力，各类警情持续下降，公众安全感位列全省、赣州市第一梯队。连续九年获评全省信访“三无县”，荣获全国综合减灾示范县、全省社会治安综合治理先进单位等荣誉称号。推进组织化运行、网格化管理、信息化支撑、精细化服务、一体化协同，构建起县、乡、村、组、网格、户六级基层治理体系。特别是国家广播电视总局支持建设的应急广播体系，120 个行政村（居）建设了 1 070 个终端，纵向与国家、省、市应急广播平台对接，横向和本级政府突发事件预警信息发布系统连通，实现 5G 智慧电台和县级应急广播视播一体化、村居全覆盖，形成纵向互通，横向互联。

二、经验启示

回顾十年发展历程，大余县委、县政府牢记习近平总书记“作示范、勇争先”的殷殷嘱托，全县干部群众感恩奋进，大余县逐步走出了一条适合县情的高质量跨越式发展路径，大余县积累的经验弥足珍贵。

（一）旗帜鲜明是最强大的优势

始终坚持把党的政治建设摆在首位，坚持以习近平新时代中国特色社会主义思想武装头脑、指导实践、推动工作，不断增强“四个意识”、坚定“四个自信”、忠诚捍卫“两个确立”、坚决做到“两个维护”，坚持在大余县委的坚强领导下，把上级各项决策部署不折不扣地落到了实处，确保大余苏区振兴事业沿着正确的方向前进，在抢抓机遇中乘势而上。

（二）坚持发展第一要务

大余县始终立足新发展阶段、贯彻新发展理念、融入新发展格局，准确把握大余县经济社会发展实际，坚持发展第一要务不放松，又较好地处理了经济发展与环境保护、发展速度与资源节约、城乡统筹发展等关系，大余县经济社会呈现高质量发展的良好态势。

（三）人民群众是最坚强的后盾

发展为了人民，发展依靠人民。大余县始终坚持全心全意为人民谋福祉不动摇，把人民满意作为一切工作的出发点和落脚点，持续加大民生投入，高质量办好民生实事，着力解决群众“急难愁盼”问题，老百姓的获得感成色更足、幸福感更可持续、安全感更有保障，汇聚起大余县 31 万人民的磅礴力量，为加速大余振兴发展注入不竭动力。

（四）乘势而上是最正确的选择

以顺势而为、乘势而上的果敢作为，抢抓发展机遇，赢得优势，提升竞争力。大余县纵深推进赣南等原中央苏区振兴发展政策实施，各类政策的叠加效应集中释放和日益显现，项目投资的带动效应强势迸发，为大余县的发展蓄积强大后劲。加快对接融入大湾区，抢抓承接大湾区产业转移等历史机遇，积极策应赣州新能源汽车城建设，钨及有色金属新材料“首位产业”和新能源及汽车配件“主攻产业”集聚集优、发展壮大、齐头并进，产业转型发展动能更加强劲。

（五）担当实干是最过硬的作风

好作风就是战斗力，高效能就是竞争力。要加快推进高质量跨越式发展就必须锻造一支善作善成的干部铁军，始终保持奋发有为的斗志，敢于担当的勇气，真抓实干，锐意进取，才能开创大余县发展新局面。大余县认真落实党中央、国务院和江西省、赣州市各项决策部署，克服土地、资金、人才、能源等要素制约，千方百计开展招商引资，全力以赴推动项目建设，倾心尽力帮扶服务企业，赢得了经济快速发展的大好局面。

三、展望

立足新阶段，大余县坚持以习近平新时代中国特色社会主义思想为指导，统筹疫情防控和经济社会发展坚持高质量跨越式发展主线，加快建设“五个基地”[①]，实现“六个主要目标”[②]，奋力建设更高层次实力活力美丽幸福大余，确保与全国同步基本实现社会主义现代化。

（一）打造大湾区特色产业基地

1. 推进产业链现代化

聚焦“3+N”产业高质量跨越式发展，打造钨及有色金属、锂电新能源、微钠金属粉末 3 个百亿元级产业集群，积极发展汽配、食品、电子、服装等多个有一定基础的产业。做大做强钨精深加工后端产业链，建设具有行业影响力的钨基础材料、硬质合金制造中心和集散地。大力发展锂电新能源材料，打造区域性电池级锂盐集聚区。聚焦汽车配件生产配套重点，完善配件产业链缺失、薄弱环节，推进整车企业与配件企业协调发展，建设特色汽车配件生产基地。

2. 加快园区改革创新

以提升服务水平营造良好发展环境，加快园区扩区调区、化工园区申报认定等工作，强力推进集群式项目满园扩园、“两型三化”[③] 管理提标提档，加强园区用地管理，提升亩均效益。推进园区智慧化、信息化建设，实现园区智慧平台与规模以上企业互联互通。高标准建设硬质合金产业园、锂电新材料产业园、汽车零部件产业园，不断增强产业承接能力。开展园区“碳评价”，提前构建园区碳排放管理体系，有效推动园区及企业低碳减排工作，以绿色低碳发展促进产业转型升级。

（二）打造大湾区双创孵化基地

1. 增强创新能力

借助中国科学院等研究院所、高校的研发力量，组建产业链创新联合体。实施“一技一策”，实

---

① 五个基地：大湾区钨及有色金属新材料和汽车配件产业基地、大湾区文旅康养基地、大湾区绿色食品供应基地、大湾区双创孵化基地、大湾区红色教育培训基地。

② 六个主要目标：在走好科技创新新长征上勇争先、在建设现代产业新体系上勇争先、在增进人民群众新福祉上勇争先、在迈进生态文明新台阶上求突破、在描绘全域美丽新画卷上求突破、在构建改革开放新格局上求突破。

③ 两型：环境友好型、资源节约型；三化：智慧化、绿色化、服务化。

行“揭榜挂帅”等制度，紧扣钨及有色金属、汽车配件等产业链，持续推进特种钨粉、高性能硬质合金、软磁复合材料、纳米复合材料等关键核心技术、共性技术攻关，形成有竞争力的产品和品牌。持续加大研发投入，实施专利突破工程，完善科技成果转化机制，到 2025 年，力争全社会研发投入占生产总值比重达到 2.5% 以上，发明专利授权量、技术交易额年均增长达到 10% 以上。

2. 夯实创新平台

充分发挥中国科学院、江西省科学院对口支援优势，推动龙头企业与大院大所、高校合作力度，加速推进产学研用一体化发展。大力实施创新平台攻坚行动，建设和引进一批省级、市级产业创新中心等科创载体，争取新增一批技术中心、研发中心、重点实验室、博士后科研工作站等创新平台。积极发展服务型制造业，加快产业数字化、智能化技术升级改造，布局建设 5G、物联网等新型基础设施，打造“数字大余”智能化平台。

（三）打造大湾区绿色食品供应基地

1. 夯实“三农”基础

强化防止返贫动态监测和帮扶机制，突出抓好产业就业帮扶，加强扶贫项目资产后续运营维护，强化易地扶贫搬迁后续扶持，坚决守住不发生规模性返贫底线。创新发展乡镇经济，不断壮大村级集体经济。稳定蔬菜、脐橙、生猪等主导产业，做强做精“3+N”农业特色产业。加强高标准农田建设和管理，全面落实粮食产量稳定任务，深入实施现代种业提升工程。

2. 发展现代农业

推进农业品牌建设标准化，重点培育南安板鸭、牡丹亭食品、金边瑞香、大余烫皮等大余县知名传统品牌，支持骨干企业打造自有品牌、注册农产品原产地标识，大力创建一批富硒农产品生产基地和企业品牌，擦亮“国家农产品质量安全示范县”金字招牌，到 2025 年，力争新增绿色食品认证 10 个以上、地理标志保护产品 3 个以上。加快绿色食品产业园、美怡香、东进食品、麻鸭家禽保种提纯复壮开发利用、生猪养殖等项目建设，建设一批农产品精深加工基地、农产品仓储保鲜冷链物流设施，建立“菜篮子”城际合作机制，常态化开通大湾区农产品直通车，到 2025 年，力争农产品初加工产值达 5 亿元。

（四）打造大湾区文旅康养基地

1. 高端化提升文化旅游

完善旅游基础设施和接待服务设施，推进丫山旅游度假区创建国家级旅游度假区。加快完善南安历史文化园、西华山矿山公园等项目建设，深度开发大余县精品旅游线路和产品，大力发展民宿经济，延长游客停留时间，促进旅游消费裂变。加快形成南方红军三年游击战争纪念馆、梅岭三章纪念馆、池江陈毅旧居等教育培训基地体系，构建特色红色教学体系，建立“三养合一”① 综合体，加快长征国家文化公园大余梅岭遗址公园提升项目、国家级长征步道大余段等红色旅游项目建设，依托红色教育培训基地带动产业发展，形成具有活力的“红培经济”。

---

① 三养合一：党员疗养、人才休养、干部培养。

2. 深层次推进健康养老

以丫山国家森林康养基地为中心，进一步加快幸福小镇、花艺小镇、荡坪康养特色小镇建设，精心培育打造一批特色康养龙头企业、综合性养老基地。全面放开养老市场，大力发展“银发经济”①。以“康养+”为路径，积极构建康养森林、康养制造、康养文旅、康养服务四大产业体系，重点发展森养、文养、动养、医养、居养五大业态，建设全国知名的养生养老基地。

（五）打造对接融入粤港澳大湾区桥头堡先行区

1. 落实落细各项改革

打造“余快办”营商环境服务品牌。持续深化“放管服”改革，扎实推进优化营商环境专项行动，推动“一网通办”“跨省通办”落到实处，实现更多高频服务事项“一次办”“秒批秒办”“自助办”。落实政企圆桌会议制度，强化惠企政策落实，帮助企业破解用地、用工、融资等瓶颈。深化推进重点领域改革，抓好全国农村宅基地制度改革试点县工作，充分利用智慧宅改平台，继续探索宅基地所有权、资格权、使用权分置实现形式，有效盘活利用闲置宅基地和闲置农房。

2. 全力以赴招大引强

充分发挥大余县的区位、特色产业等比较优势，更加主动服务和融入国家发展战略，与结对城市深圳优势互补、互惠互利、共谋发展。深化“干部进湾区、项目回大余”活动，进一步优化和完善鼓励外商投资政策，大规模、大气魄开展精准招商、产业链招商，严格执行项目建设“六项制度”②，进一步强化项目拉动、创新驱动、链式联动、绿色转型带动和安全保障行动，加快推动制造业实现更高质量、更有效率、更加公平、更可持续、更为安全的发展。

① 银发经济：又称老年产业、老龄产业，指随着社会的老龄化而产生的专门为老年人消费服务的产业。

② 项目建设“六项制度”：重大项目揭榜挂帅制度、清单交办制度、“红榜黑榜”制度、“犇牛奖蜗牛奖”制度、督办盯办制度、述职评议制度。

17 上犹县十年苏区振兴发展报告

摘要： 十年来，上犹县感恩奋进、砥砺前行，全面打赢脱贫攻坚战，如期全面建成小康社会，经济社会发展取得新的重大进展。在全面建设社会主义现代化国家的新征程中，上犹县将牢牢把握高质量发展主题，乘势而上，接续奋斗，全力打造全市、全省乃至全国有影响力的转型升级创新发展示范区、幸福产业集聚发展先行区、乡村振兴特色发展实验区、统筹城乡融合发展样板区、生态产品价值实现引领区，全力提升发展效能指数和民生幸福指数，绘就美丽幸福上犹新画卷。

关键词： 振兴发展　苏区　上犹县

赣南等原中央苏区振兴发展政策实施以来，上犹县以习近平新时代中国特色社会主义思想为指导，深入贯彻落实习近平总书记视察江西省和赣州市重要讲话精神，不忘初心、牢记使命，感恩奋进、砥砺前行，全面打赢脱贫攻坚战，圆满交出全面建成小康社会的“历史答卷”，为开启全面建设社会主义现代化新征程，建设革命老区高质量发展生态示范县奠定坚实基础。

一、主要成效

十年来，上犹县在教育部、全国工商联、国务院法制办（2018 年机构改革后为司法部）等国家部委的倾力帮扶以及中国社会科学院的对口支援下，33 万干部群众牢记嘱托、感恩奋进，深入贯彻落实习近平总书记视察江西省和赣州市重要讲话精神，攻坚克难、当担实干，在青山绿水间创造山乡巨变。

（一）综合实力跨入新阶段

上犹县经济总量迈向百亿台阶，地区生产总值由 2011 年的 33.84 亿元增加到 2021 年的 104.79 亿元；财政总收入跨过十亿门槛，财政总收入由 2011 年的 3.8 亿元增加到 2021 年的 11.84 亿元；2021 年人均 GDP 达 3.9 万元，年均增长 8.4%，增速高于全国全省平均水平，如图 17-1 所示。2021 年，城乡居民人均可支配收入分别达 32 987 元和 14 055 元，年均分别增长 7.5% 和 11.8%。

（二）产业转型取得新突破

十年来，上犹县产业结构进一步优化，三次产业结构由 21.8∶42.4∶35.8 调整为 15.0∶38.6∶46.4。

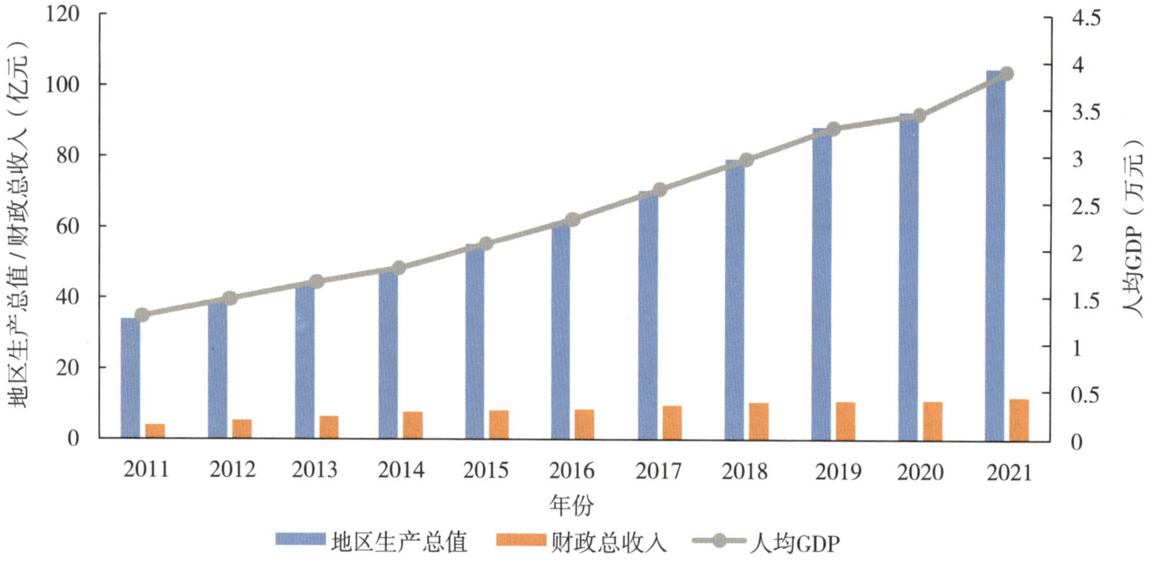

图 17-1　2012—2021 年上犹县地区生产总值、财政总收入、人均 GDP 变化情况

资料来源：根据 2012—2021 年上犹县统计年鉴整理而得。

1. 工业经济量质双升

创新成为拉动上犹县经济增长的新引擎，高新技术企业由 2012 年的 1 家增至 2021 年的 63 家，溢联科技、晨光稀土、泰森竹木等企业参与行业标准制定 50 余项；规模以上工业企业由 2012 年的 20 家增至 2021 年的 65 家，规模以上工业总量迈上“百亿台阶”，由 2012 年的 49.56 亿元增加至 2021 年的 116.05 亿元，2021 年，工业企业税收突破 3.8 亿元；截至 2021 年底，首位产业集群企业数、产品种类数双双“破百”，产业集中度提升至近 50%，是 2011 年的近 5 倍。上犹县园区企业授权专利数突破 4 100 余件，获评“江西省级绿色园区”。

2. 现代服务业扬优成势

上犹县生态休闲度假“百里长廊”精美呈现，幸福产业示范区建设步履坚实，乡村旅游、特色民宿、休闲运动等业态多点突破，形成“项目 + 赛事 + 运营 + 产业”融合发展的良好态势。2012—

上犹县工业园

阳明・国际生态垂钓基地

2021年，上犹县接待旅游人数、旅游综合收入分别增长了13.3倍和17.6倍，年均增幅均在30%以上，如图17-2所示。上犹县先后获评“全国休闲农业与乡村旅游示范县”“中国生态休闲旅游名县”“中国天然氧吧县”“省级全域旅游示范区”和省、市旅游工作先进县等诸多荣誉称号，阳明湖景区成功创建为国家4A级景区。

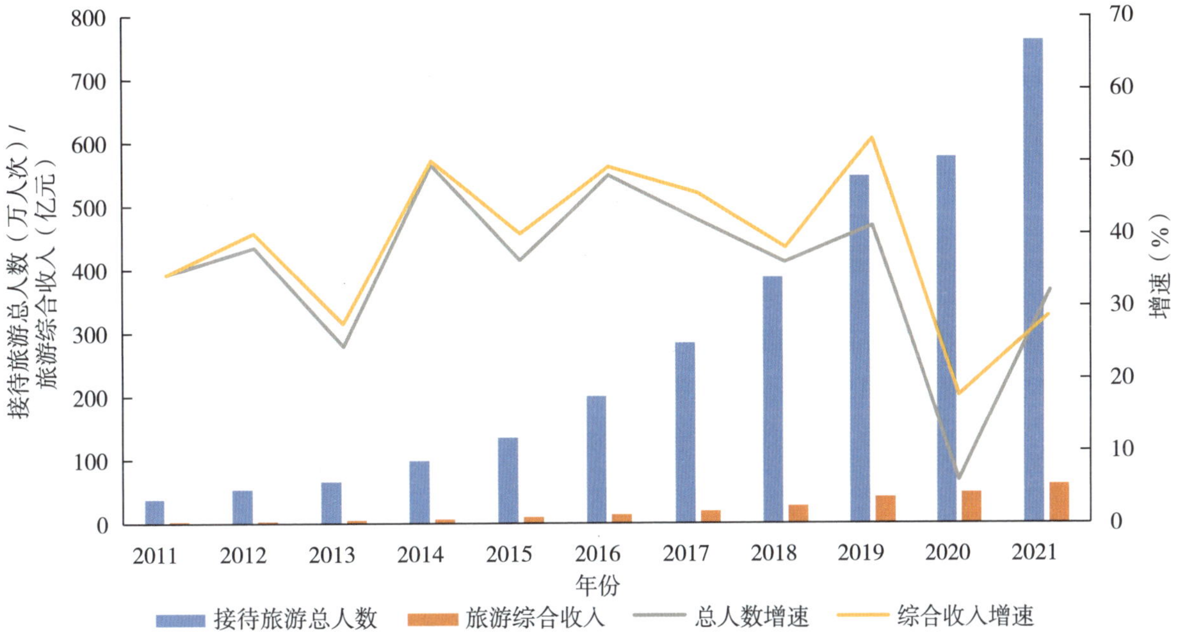

图17-2　2011—2021年上犹县旅游业变化情况

资料来源：根据2011—2021年上犹县政府工作报告整理而得。

3. 现代农业提质增效

十年来，上犹县成规模建设一批标准农田、茶业基地、蔬菜基地、油茶基地、采摘基地等；上犹绿茶、犹江鲜菇、有机蔬菜、生态大米等系列农产品擦亮“富硒”品牌，绿茶品牌价值提升32%，入选江西农产品“20大区域公用品牌”榜单，荣获“全国十大生态产茶县”“中国茶业百强县”等多项国字号招牌，成功入选“全省首批有机产品认证示范创建区”“江西绿色生态品牌试点县”。2012—2021年，粮食生产面积由20.42万亩增至25.53万亩，粮食产量由7.9万吨增至10.58万吨，产值由1.86亿元增加至2.37亿元。

（三）乡村振兴树立新标杆

2019年4月，上犹县以“零漏评、零错退、高满意度”的成绩退出贫困县。2020年，上犹县50个省级贫困村（含6个深度贫困村）全部出列，1.3万户4.4万名农村贫困人口全部脱贫，699名城镇贫困群众全部解困，贫困发生率降为零，如表17-1所示。上犹县创造生态扶贫、“6+1”就业扶贫、“乡间夜话（午话）”等一批经验；先后召开全国就业扶贫经验交流现场会、全国“万企帮万村”精准扶贫行动片区座谈会、全国水土保持工作会等一系列国家级经验交流会，脱贫攻坚工作获国务院办公厅督查激励表彰；巩固脱贫攻坚成果与推进乡村全面振兴有效衔接，农村脱贫人口人均纯收入由2015年的3 318元上升到2021年的13 368元。

表 17-1　2015—2020 年上犹县贫困发生率、退出脱贫人口数量情况

年份	贫困发生率（%）	户数（户）	人数（人）
2015	10.120	4 292	13 354
2016	8.250	2 657	9 099
2017	4.980	2 801	9 957
2018	0.780	3 711	12 218
2019	0.039	865	2 065
2020	0	41	111

资料来源：根据 2015—2020 年上犹县政府工作报告整理而得。

（四）城乡融合焕发新面貌

上犹县精心建设黄埠、文峰、南湖三个新区，县城建成区扩大至 14.96 平方公里，城镇常住人口由 2012 年的 88 326 人增加至 138 680 人，城镇化率从 2012 年的 34% 增加至 51.6%；新增道路两侧停车位 1 021 个，公共停车场 27 个，新增停车位 1 176 个，城区停车位 4 000 余个；新（改）建污水管网近 70 公里，城区污水处理率提升至 93.2%；顺利实施西亭棚户区改造，完成老旧小区改造 17 个，建成保障性住房 4 014 套。上犹县被评为省级卫生县城、省级文明城市、省级森林城市，连续三年荣登中国最美县域榜单，常态化开展“治脏、治乱、治堵”“三清洁四整治”等城乡环境综合整治行动。

素有“水电之乡、茶叶之乡、旅游之乡、中国观赏石之乡”等美誉的上犹县

（五）基础设施得到新提升

上犹县建成赣崇高速上犹段、国道 G220、双溪仙鹅塘风力发电、黄埠 220 千伏变电站、30 兆瓦渔光互补光伏发电等一大批事关长远发展的重大项目，告别了没有高速、国道、220 千伏输变电站、风电光电的历史。完成迎宾大道、滨江至江西坳、犹梅一级路、黄沙坑经双宵至黄埠公路等一批重大交通项目，启动了遂大高速、S548 公路等项目建设，全部乡镇通达三级以上公路，25 户以上通组公路全部硬化，如表 17-2 所示。上犹县被确定为“江西省首批镇村公交发展试点县”，所有建制村实现通客车服务。2012—2021 年，累计新（改）建 10 千伏线路 699.04 公里、低压线路 1 718.98 公里，风电和光伏发电装机总量分别达到 9.8 万千瓦、5.24 万千瓦；天然气覆盖县城 80% 小区，建成新能源充电桩 319 根，4G 网络村级覆盖率达 100%，新建 5G 基站 227 个。实施小型农田水利、中小河流治理、小（二）型水库除险加固等项目 327 个。饮水安全问题全面解决，完

成 3 万吨 / 日自来水厂改（扩）建工程，实施农村饮水安全巩固提升项目 201 个，农村集中供水率达到 94.51%，自来水普及率达到 91.17%。

表 17-2　2012—2021 年上犹县新（改）建公路情况　　单位：公里

道路等级	新（改）建公路	道路等级	新（改）建公路
高速公路	22.89	乡道	221.8
国省道	75.80	村组道	1030.9
县道	219.80		

资料来源：根据 2012—2021 年上犹县政府工作报告整理而得。

（六）改革开放闯出新局面

截至 2021 年，上犹县 159 主项（子项 245 项）行政许可事项实现“一枚印章管审批”；“赣服通”上犹分厅 4.0 正式上线，5 家单位 80 项服务事项新进驻政务服务大厅；企业开办全流程一个工作日办结率为 100%，最快实现 1 小时内办结；调整赋权乡（镇）县级审批服务执法权限 106 项，梳理公布乡镇行政审批执法权限 92 项、村（居）代办服务事项 60 项，服务群众“最后一公里”加速打通。高标准完成深化事业单位改革试点，精简率达 61.8%；预算管理改革获评“赣州市先进”。十年来，上犹县累计引进项目 486 个，总投资超 1 000 亿元，实际利用外资由 2011 年的 4 142 万美元增加到 2021 年的 10 160 万美元，如表 17-3 所示。

表 17-3　2012—2021 年上犹县招商引资项目情况

年份	项目个数（个）	总投资（亿元）	亿元以上项目（个）	实际利用外资（万美元）
2012	18	19.82	7	4 557
2013	27	72.42	19	5 018
2014	21	16.39	7	5 493
2015	19	81.27	9	6 186
2016	65	149.75	25	6 820
2017	65	139.32	24	7 503
2018	53	111.33	19	8 270
2019	49	220.51	16	8 829
2020	138	104.08	14	9 466
2021	31	103.31	19	10 160

资料来源：根据 2012—2021 年上犹县政府工作报告整理而得。

（七）生态文明凸显新亮点

十年来，上犹县累计造林及低质低效林改造 42.25 万亩，综合治理水土流失面积 366.8 平方公里；生态环境质量稳步提升，覆盖率稳定在 81.4% 以上，空气质量均达到国家Ⅱ级标准，主要河流断面优质水率均达 100%；推进流域水生态保护实践经验、生态扶贫、农村人居环境整治长效机制、“生态 +”绿色发展新活力等典型经验做法获国家、省、市推广；全国生态补偿试点工作现场会、全国水土保持

上犹县生态优越，素有“天然氧吧”美誉，图为上犹县阳明湖

现场工作会等全国现场会均在上犹县召开。

（八）民生福祉实现新改善

2012—2021 年，上犹县坚持把财力向民生领域倾斜，全力解决群众身边的“急难愁盼”问题，累计投入民生类财政资金 193.89 亿元，其中 2021 年整合投入民生类财政资金 24.9 亿元，是 2012 年的 2.4 倍，占财政一般公共预算支出比例常年稳定在 80% 左右。

1. 教育质量稳步提升

2012—2021 年，上犹县实施上犹二中迁建、职业中专迁建、思源实验学校新建、特殊教育学校新建、上犹中学南湖校区、农村义务教育薄弱学校改造等一批教育项目；新（改、扩）建公办幼儿园 54 所，新增学位 8 291 个，新（改、扩）建义务教育学校 42 所，新增学位 19 160 个，如表 17-4 所示；各级各类学校达 178 所。提前两年通过义务教育均衡发展验收，上犹中专被省教育厅授予“江西省规范中等专业学校（B 档）”，高考本科上线人数实现“九连增”，高等教育毛入学率达 57.85%。

现代化中等专业学校上犹中专

表 17-4　2012—2021 年上犹县教育基础设施建设情况

项目	数量	项目	数量
新（改、扩）建公办幼儿园（所）	54	新（改、扩）建义务教育学校（所）	42
新增学位（个）	8 291	新增学位（个）	19 160

资料来源：根据 2012—2021 年上犹县政府工作报告，由作者统计整理得出。

2. 医疗条件大幅改善

2012—2021 年，上犹县建成新区人民医院，推进中医院、妇幼保健院、皮肤病防治所、结核病防治所等整体搬迁工程，累计建成乡镇卫生院业务用房 11 栋，职工周转宿舍 9 栋，完成 121 个行政村公有产权村卫生计生室建设。截至 2021 年底，上犹县总床位数 1 623 张，每千人口床位数为 6.08 张；执业（助理）医师 767 名，千人口执业（助理）医师 2.86 名；注册护士 842 名，千人口注册护士 3.14 名，如表 17-5 所示。

表 17-5　2012—2021 年上犹县医疗事业发展情况

年份	总床位数（张）	每千人口床位数（张）	执业（助理）医师（名）	千人口执业（助理）医师（名）	注册护士（名）	千人口注册护士（名）
2012	671	2.15	287	0.92	201	0.65
2013	888	2.84	326	1.05	326	1.05
2014	948	3.05	365	1.17	420	1.35
2015	1 092	3.52	389	1.25	487	1.57
2016	1 152	3.71	422	1.36	517	1.67
2017	1 167	3.76	427	1.37	529	1.71
2018	1 289	4.15	448	1.44	556	1.79
2019	1 380	4.30	569	1.70	743	2.30
2020	1 477	6.02	759	2.83	840	3.13
2021	1 623	6.08	767	2.86	842	3.14

资料来源：根据 2012—2021 年上犹县统计年鉴整理而得。

3. 困难群众保障标准逐年提高

2021 年，上犹县城乡居民基本医疗保险参保率维持在 95%以上；城市、农村低保标准分别由 2012 年的每人每月 350 元、170 元提高到 2021 年的 765 元、515 元；累计建成社区居家养老服务设施 121 个，覆盖 100% 的城市社区、80% 的建制村，建成养老机构 11 个（其中民办 2 个），养老床位 1 973 张；建成上犹县松鹤森林公园，提升改造农村公益性公墓 20 个，公益性殡葬设施实现了城乡全覆盖。

二、振兴发展的经验启示

在习近平生态文明思想指引下，上犹县聚焦“作示范、勇争先”目标定位，以勇争上游的昂扬斗志，干在实处、走在前列，书写着建设美丽幸福上犹的时代新篇。

（一）强化“上游意识”，在绿色生态中立县

上犹县历届县委、县政府高度重视生态保护与建设工作，一以贯之坚持生态发展战略。在保护生态上争上游。牢固树立“绿水青山就是金山银山”的理念，坚持共抓大保护、不搞大开发，走生态优先、绿色发展道路。在绿色惠民上争上游。充分挖掘本地生态优势蕴含的经济价值，打通“绿水青山”向“金山银山”的转化通道，让绿色生态成为重要的生产要素，推动“生态资源”向“生态资本”转化。在源头治理上争上游。通过实施重大生态项目，统筹推进山水林田湖草综合治理、系统治理、源头治理，消除上犹江流域生态环境脆弱环节，确保一江清水送长江。

（二）担当“上游责任”，在创新求变中突围

上犹县始终坚持“生态为重、保山护水”的原则，走出了一条工业经济和生态环境协调发展的新路子。在发展绿色工业上争上游。坚持以“上游责任”为己任，拒绝高污染、高耗能产业项目入园，发展以物理加工为主，对水质、土壤、空气基本无污染的玻纤新型复合材料的工业首位产业。在科技

创新赋能上争上游。坚持把科技创新作为引领工业发展的重要抓手，大力扶持企业创新发展，积极引导企业技改升级，实施设备更新、工艺提升、机器代人等项目。在优化营商环境上争上游。深入实施营商环境优化升级“一号改革工程”，全力打响“马上办”营商环境品牌，不断增厚“尊商、重商、亲商、惠商”氛围，让企业“有求必有应、无事不受扰”，以一流营商环境打造投资兴业热土。在招大引强上争上游。在县委、县政府主要领导的全力推动、率先垂范下，上犹县树立起在招商引资和项目建设一线锻炼干部、识别干部的鲜明导向，激励广大干部改进作风、提升能力、攻坚克难、创先争优。

（三）力求“上游水平”，在扬优成势中兴业

上犹县充分发挥生态好、环境美的显著优势，力求“上游水平”，打造大湾区生态休闲度假后花园。在空间上拓展广度。坚持规划先行，做精做美以东山、陡水、梅水为重点的南湖幸福产业核心区，逐步构建“一核两翼多点”的发展格局。在内容上充实厚度。积极推行“生态+”“体育+”“红色+”“文化+”等模式，大力发展健康养生、体育运动、水上体验、文化风尚、生态休闲、特色民宿等业态，构建“游、玩、食、住、休、养、会、学”一体化休闲度假康养产业链。在时间上延伸长度。优化旅游路线设计，加强旅游业态培育，打造“全天候”“全季节”业态。下大力气做旺“夜间经济”，努力把上犹县打造成赣州“夜间经济”的聚集区。在品牌上提升美誉度。坚持“政府引导、企业主体、市场运作”，提升宣传推广、项目运营、产品营销水平，高质量策划举办系列节庆营销活动，着力打响“来上犹，我‘氧’你”品牌。在服务上提高满意度。上犹县坚持以消费者为中心，加快完善游客集散中心、停车场、标志牌、旅游厕所等配套设施，大力推进智慧旅游。

三、展望

新发展阶段，上犹县将牢牢把握高质量发展主题，立足上犹特色，发挥比较优势，乘势而上，接续奋斗，全力打造全市、全省乃至全国有影响力的转型升级创新发展示范区、幸福产业集聚发展先行区、乡村振兴特色发展实验区、统筹城乡融合发展样板区、生态产品价值实现引领区，全力提升发展效能指数和民生幸福指数，着力彰显赣州都市圈西部重要中心的风采。

（一）全力打造转型升级创新发展示范区

上犹县深入实施创新驱动发展战略，大力发展产业集群，加快培育新经济新动能，着力推动总量和质量双提升。大力招才引智，多方引进高端人才资源。大抓创新平台，促进产学研用协同创新。以创新引领工业倍增升级，推动现有企业和传统产业增资扩产、技改升级、基础再造、效益提升。坚持首位产业首位扶持，大力实施产业集群“领航型”企业培育计划，推动骨干龙头企业向集团化、品牌化方向发展。推进园区创新发展，牢固树立“亩产效益”意识，大力建设标准厂房和专业园区，着力完善园区基础设施和生产性、生活性、服务性功能配套，推进园区与黄埠示范镇融合发展。

（二）全力打造幸福产业集聚发展先行区

上犹县着力打造粤港澳大湾区生态休闲度假后花园，打造精美休闲度假空间。集中精力做精做

美以东山、陡水、梅水为重点的南湖幸福产业核心区，持续提升生态休闲度假“百里长廊”，有序推进以五指峰为重要带动区的“上江线”、以双溪草山为重要带动区的“上太线”沿线发展，逐步构建“一核两翼多点”的发展格局。立足优质资源，推动“生态+”“体育+”“红色+”“文化+”，大力发展健康养生、体育运动、水上体验、文化风尚、生态休闲、特色民宿等业态。

（三）全力打造乡村振兴特色发展实验区

上犹县持续巩固脱贫成果，坚决防止规模性返贫风险。做大做强茶叶首位产业，大力推进茶叶产业，做大总量、提升质量、叫响品牌、延伸链条、创新营销、提高效益，高标准建设油石笔架山万亩茶旅示范综合体。因地制宜发展油茶、蔬菜、瓜果、食用菌、中药材、林下经济、生态养殖等特色农业产业。加快发展农产品深加工业，注重培育乡村旅游、乡村民宿等新业态，促进一二三产业融合发展。大力实施乡村建设行动，全力打造新时代“五美”乡村。

（四）全力打造统筹城乡融合发展样板区

上犹县对标中心城区的思维、中心城区的品质，着力在省域副中心城市中突出上犹山水特色、彰显上犹建设品位。着力提升城区能级，有序推进“撤县设区”，坚持黄埠、文峰、南湖一体化发展，加快发展城市经济。科学配置产业发展、生态涵养、基础设施和公共服务，打造“十分钟生活休闲圈”。着力推进城乡一体化，持续加大对农村基础设施和公共服务投入力度，推进城乡基本公共服务均衡化。持续推进国省道改造提升，优化城乡主干路网。深入推进“四好农村路”建设。继续完善电网骨干网架，提高供电可靠性和安全性。加快推进充电桩进社区、进乡镇，完善智慧绿色充电网。

（五）全力打造生态产品价值实现引领区

上犹县创新思路用好生态，丰富绿色发展的内涵和外延，持续扩大优质生态供给，努力在生态产品价值实现上走在全省、全市前列。坚持防治与整治并重、保护与修复齐抓，深入打好蓝天、碧水、净土保卫战，争创国家生态文明建设示范县。积极推进绿色低碳发展，统筹经济发展、能源安全、工业生产、居民生活，积极推进碳达峰、碳中和各项工作。全面摸清自然资源资产底数，开展生态产品价值核算。用好生态资源包装绿色项目，推动生态资产权和产品收益权抵押、质押融资，争取发行绿色债券、设立生态基金。积极参与全省、全市用能权、排污权、用水权等环境权益交易试点，拓展“两山”转化通道。

（六）全力提升发展效能指数

上犹县紧紧依靠改革驱动、项目驱动、开放驱动，加快转换发展动能，升级发展模式，提升发展活力。牢固树立“项目为王”的理念，推动项目建设大提速。创新投融资模式，财政资金、政府平台要想投、敢投创新项目，着力撬动大项目、好项目。创新招商引资模式，紧盯500强、行业领军企业，瞄准龙头型、基地型重大项目，找准目标企业的核心需求，开展精准对接，力争落地一批优质项目。进一步推动职能转变，把办事流程压缩到最简、时限压缩到最短、费用削减到最低。深入落实优化营商环境条例，常态化召开政企“圆桌”会议，坚决兑现纾困惠企政策，切实帮助企业解决发展难题。

（七）全力提升民生幸福指数

上犹县着力打造赣州市教育发展新高地，大力发展普惠托育、学前教育，加快推进义务教育优质均衡发展，实现高中教育突破性提升，加快推进产教融合，打响“学在上犹”品牌。着力打造赣州市医养康养新中心，深入实施健康上犹行动，深化医药卫生体制改革，推动县人民医院升格为三级医院，高标准建设医养中心，切实增强乡镇卫生院、村卫生所服务功能，不断提高城乡医疗服务能力。加快推进养老服务体系建设。加强和创新市域社会治理，完善城乡治理体系。提升城乡社区治理效能。全面推进依法治县，加快法治上犹建设，持续提升依法行政水平。加快构建立体化、信息化治安防控体系，推进扫黑除恶斗争常态化。继续推动文明创建，实现市民文明素质和城市文明程度“双提升”。深入实施文化惠民工程，优化城乡文化资源配置，打造“书香上犹”。

18 崇义县十年苏区振兴发展报告

摘要：自《国务院关于支持赣南等原中央苏区振兴发展的若干意见》出台实施以来，崇义县感恩奋进，抢抓发展良机，坚持高质量跨越式发展首要战略，坚持走生态县域经济发展道路，实施全域旅游发展路径。在生态环境部和国家体育总局的深切关心和大力帮扶下，崇义县经济发展迈入快车道，特色产业快速发展，基础设施不断完善，改革开放充满活力，生态文明持续向好，城乡面貌日新月异，整个社会发展达到前所未有的高度。未来，崇义县将聚力实施工业强县、生态富民、文旅融合战略，深挖资源禀赋、厚植绿色优势、擦亮金字名片，走出一条适合自己的发展道路。

关键词：崇义县　苏区振兴　社会发展

一、崇义县苏区振兴十年成就

（一）综合实力持续增强

赣南等原中央苏区振兴发展政策实施以来，崇义县经济实力迈上了一个大台阶。2021 年，地区生产总值为 101.8 亿元，首次突破百亿元大关，近十年的年均增长率为 8.04%；人均生产总值为 57 249 元，是 2011 年的 2.1 倍，年均增长率为 8.64%。2021 年，一般公共预算收入为 9.08 亿元，是 2011 年的 2.93 倍，年均增长率为 11.35%；地方税收收入为 5.72 亿元，是 2011 年的 2.4 倍，年均增长率为 7.79%；一般公共预算支出为 29.61 亿元，是 2011 年的 3.24 倍，年均增长率为 12.48%。成功争取国家生态文明建设示范县、“绿水青山就是金山银山”实践创新基地、省绿色低碳试点县等重大政策 137 项。

崇义县城区全景

（二）脱贫攻坚全面胜利

2020 年，崇义县脱贫攻坚战取得全面胜利，5 401 户 17 008 人实现脱贫，县内贫困人口全部脱贫。

1. 全面落实教育扶贫政策

2016 年以来，安排县本级财政专项扶贫资金 1.13 亿元，统筹整合财政涉农扶贫资金 4.92 亿元，并安排其他资金 12.5 亿元用于“两业”、社会保障、教育、医疗、易地扶贫搬迁、农村基础设施提升等，为脱贫攻坚提供了有力的资金保障。2016 年以来，共资助贫困学生近 5 万人次 3 525.9 万元，累计发放“雨露计划”培训资助 2 739 人次 745.43 万元。

2. 全面落实健康扶贫政策

崇义县按照 280 元、260 元的标准为贫困人口代缴城乡居民基本医疗保险（含 75 元大病保险）和疾病医疗商业补充保险，财政资助贫困人口参保率达 100%。全面落实“四道医疗保障线”、先诊疗后付费、“一站式”结算服务等政策，贫困人口住院报销比例为 90.46%。前移服务关口，崇义县组织医疗专家团队开展了门诊特殊慢性病集中认定和上门服务，实现农村符合办理慢性病证明条件而未办理的人口动态清零，并着力提高家庭医生履约率和满意度。全县各乡（镇）卫生院、村卫生室运行良好、管理有序，贫困群众基本医疗得到了有效保障。

3. 全面落实危房改造政策

持续推进拆旧建新、统建保障、维修加固或叠加改瓦等措施保障贫困群众住房安全，各年度“四类对象”危房改造、农村保障房或“暖心房”、住房提升改造工程均全部完成。组织对建档立卡贫困户等重点对象的房屋进行了安全等级鉴定，出具鉴定报告，并在农户房屋显眼位置悬挂安全等级公示牌。2016 年以来，全县累计解决 4 763 户群众住房问题。

4. 全力保障群众饮水安全

采取建设农村饮水工程，以及改造升级原有饮水设施、管网延伸、完善小型集中供水项目、引山泉水、打压水井等举措，并出台奖补政策，彻底解决农户饮水安全问题。2016 年以来，累计投入资金近 8 000 万元，实施了一批农村安全饮水项目，农村自来水普及率、供水保障率和水质达标率持续提升。对照水质、水量、供水保证率、用水方便程度四项指标，组织对全县所有建档立卡贫困户饮水安全进行全覆盖评价，贫困户饮水安全率达到 100%。

（三）乡村振兴全面推进

坚持农业农村优先发展，2021 年实现农林牧渔业总产值 18.68 亿元，是 2011 年的 1.91 倍，年均增长 5.65%。持续加大对农村地区投入力度，2021 年县本级“农林水支出”2.8 亿元，是 2011 年的 1.89 倍，较 2011 年增加 1.32 亿元。

1. 巩固拓展脱贫攻坚成果

崇义县全面推进乡村振兴战略，并获评 2020 年度全省实施乡村振兴战略实绩考核优秀单位。成立巩固拓展脱贫攻坚成果同乡村振兴有效衔接领导小组，设立教育保障、医疗保障、住房安全保障等 10 个行业帮扶专项组，加强定点帮扶力量，确保政策不断档、工作不脱节、力度不减弱。

2. 大力实施美丽乡村建设行动

围绕“七整一管护”“两清两整一美化”等重点内容，2021 年完成了 75 个新农村建设点村庄整治提升建设，重点打造了 2 个全域美丽宜居乡镇、9 个美丽村庄、1 576 户美丽庭院。十年共推动危旧空心房集中整治 300 多万平方米；完成农村公路生命安全防护工程共计 587.082 公里（其中：县道

313.575 公里、乡道 189.507 公路、村道 84 公里）；实施农村公共照明设施安装建设工程，完成 8 341 盏路灯安装。

3. 加大农村人居环境整治力度

扎实推进农村“厕所革命”，十年累计改造户厕 25 000 户，全县无害化卫生厕所普及率达 99.57%。持续推进农村生活垃圾治理，实行“户分类、村收集、乡转运、县处理”四级联动机制，2021 年，全县 75% 以上的行政村开展城乡生活垃圾分类试点工作，实现生活垃圾减量化、资源化、无害化处理。梯次推进农村生活污水治理，2012 年，县内广大农村地区无污水处理能力，2021 年，全县 60% 的行政村建有农村生活污水治理设施及配套污水管网，污水处理能力高达 7 190 吨 / 日，服务人口 89 164 人，荣获全国村庄清洁行动先进县。

（四）产业发展质效齐升

三次产业结构不断优化，结构比由 2011 年的 14.7∶61.4∶23.9 调整为 2021 年的 11.3∶41.1∶47.6（详见表 18-1）。在此期间，崇义县不断壮大绿色、有机、富硒农业，培育地理标志农产品认证企业 13 家，建成高标准富硒产业示范基地 8 个。2021 年实现第三产业增加值 48.43 亿元，是 2011 年的 1.43 倍。旅游业发展迅速，2021 年接待游客 634 万人次，实现旅游综合收入 55.2 亿元，分别是 2011 年的 9.98 倍和 29.7 倍。先后荣获“中国最美森林”、“中国森林氧吧”、省级生态旅游示范区、省级示范森林公园等称号。

崇义县上堡梯田是“全球重要农业文化遗产”，客家农耕文明的奇观

表 18-1　2011—2021 年崇义县三次产业结构　　单位：亿元

年份	第一产业增加值	第二产业增加值	第三产业增加值
2011	6.93	28.85	11.21
2012	7.88	31.37	13.24
2013	8.50	34.41	15.05
2014	9.23	37.34	16.42
2015	9.66	37.51	17.73
2016	10.81	32.99	27.36
2017	10.69	38.92	31.31
2018	10.89	44.18	36.86
2019	10.10	33.88	40.59
2020	11.15	35.00	42.99
2021	11.48	41.89	48.43

资料来源：根据崇义县历年统计年鉴整理而得。

（五）生态优势持续巩固

2011—2021年，崇义县森林覆盖率稳居全国集体林区县首位，空气质量、水环境质量稳中向好，先后获评最美中国文化旅游县、全国森林康养基地试点建设县、省级全域旅游示范区。

1. 持续改善生态环境质量

城区环境空气优良率十年稳定在99%以上，$PM_{2.5}$浓度控制在年平均18微克/立方米；地表水考核断面水质整体达标，县城长河坝集中式饮用水源地水质好于Ⅲ类；2021年受污染耕地安全利用率、重点建设用地安全利用率分别达93%、90%，危废利用处置率达100%。

2. 深入推进生态制度创新

全面实行自然资源统一确权登记，落实领导干部自然资源资产离任审计，推进河（湖）长制、林长制机制创新升级。“林长＋基地”模式先进经验在全省林长制工作会议上作典型发言，森林质量精准提升成为全国样板。生态系统生产总值（GEP）核算和动态监测平台建设有序推进，绿色金融改革不断深化，率先制定县级绿色金融标准体系。率先成立首家绿色专营支行，获绿色专项贷款额度3亿元。2021年发放林权抵押贷款15亿元，荣获2018—2020年绿色金融先进县。普惠金融改革试验区建设扎实推进，成功承办赣州市普惠金融改革推进会暨企业上市“映山红行动”调度会并作典型发言。

（六）民生福祉显著改善

2021年，全县城镇居民人均可支配收入34 158元，是2011年的2.95倍，年均增长11.41%；农村居民人均可支配收入13 832元，是2011年的2.98倍，年均增长11.54%，如表18-2所示。财政支出向民生倾斜。2021年民生支出达23.2亿元，占财政总支出的78.3%，比2011年分别增长了19.32亿元和24%。2021年教育支出4.7亿元，是2011年的3.11倍，年均增长12.02%。“双减”任务圆满完成，高考“一本”“二本”上线人数取得新突破，初中教学质量位居赣州市前列。近十年城镇登记失业率控制在3.2%以内，零就业家庭实现100%安置，2021年社会保障和就业支出3.04亿元，是2011年的2.2倍，年均增长8.2%。2021年节能环保支出3.93亿元，是2011年的21.85倍，年均增长36.12%。

表18-2　2011—2021年崇义县城乡居民人均可支配收入　　单位：元

年份	城镇居民人均可支配收入	农村居民人均可支配收入
2011	11 598	4 639
2012	12 908	5 255
2013	17 651	5 956
2014	19 528	6 845
2015	21 227	7 633
2016	22 938	8 515
2017	24 982	9 390
2018	27 257	10 412
2019	29 561	11 471
2020	31 361	12 449
2021	34 158	13 832

资料来源：根据崇义县2011—2021年统计年鉴整理而得。

二、经验启示

（一）绿色发展，建设生态崇义

崇义县深入推进“旅游 +”多业融合发展，图为第四届阳明山万人徒步大会

崇义县森林覆盖率高达88.3%，境内集梯田、奇山、秀水、溶洞、温泉于一身，生态优势得天独厚。崇义县围绕打造“西部绿海”，形成以天然氧吧为卖点、生态旅游为基点、上堡梯田为亮点、休闲度假为重点的旅游格局，走“体旅结合”新路，构建以“观光游、体验游、科普游”为主的综合旅游体系，大力发展生态旅游产业。2021 年，崇义县生态产业总值约 60 亿元，对经济的贡献度超过了 60%。

案例

崇义县经验做法成功入选生态环境部示范案例

2021 年生态文明贵阳国际论坛在贵阳市开幕，生态环境部发布了《“绿水青山就是金山银山”实践模式与典型案例（第一批）》，展示了“绿水青山就是金山银山”实践创新基地的成功经验与典型模式，为各地实践探索作出示范、提供经验。“江西省崇义县立足特色果业资源引领三产互促并进”成功入选《延伸产业链条，促进业态融合——“生态 +”复合产业模式》。《“绿水青山就是金山银山”实践模式与典型案例（第一批）》，是在综合考虑地域特色与资源禀赋、建设进展与成效、经验模式代表性与推广性等方面的基础上，选取了 18 个各有侧重且相对成熟的“绿水青山就是金山银山”实践典型案例在全国推广。此外，崇义县先后获评全国重点林业县、国家“绿水青山就是金山银山”实践创新基地、江西省首批生态文明先行示范县等荣誉。

（二）产业融合，建设产融崇义

崇义县着力建设产业融合发展示范样板和平台载体，充分利用蔬菜、脐橙、油茶、南酸枣、刺葡萄等特色农副产品，推动农产品加工业、农产品电子商务、智慧农业、农旅等产业发展，强化产业强链补链延链，优化产业结构，加快旅游与康养、文化、体育等产业融合发展，积极推进制造业与服务

加快三产融合发展，“绿水青山”变成了“金山银山”，生态优势转化为经济优势，图为崇义县万长山茶场风景区

业深度融合，努力构建三产深度融合的产业体系。

（三）改善民生，建设幸福崇义

习近平总书记指出：“保障和改善民生没有终点，只有连续不断的新起点”。增进民生福祉是实现共同富裕和体现社会公平正义的本质要求，是中国共产党立党为公、执政为民的使命担当。崇义县自觉践行以人民为中心的发展理念，持续扩大民生供给、补齐公共服务短板，满足人民日益增长的美好生活需要，不断提升公众获得感、幸福感、安全感。

（四）改革开放，建设开放崇义

崇义阳明文化广场

崇义县大力开展“五型”政府建设，重点领域改革取得较好成效，国资国企改革取得实效，党政机构改革顺利完成。持续深入推进降成本优环境专项行动，强化入企帮扶和难题破解，惠企政策落地生效，持续为企业送去“真金白银”的政策礼包。主动对接融入“粤港澳大湾区”“长江经济带”等国家重要区域战略和“一带一路”倡议，注重高质量“引进来”，鼓励高水平“走出去”，实现全方位、多层次、各领域的开放格局。

三、展望

在苏区振兴对口支援机制帮扶下，崇义全县上下奋力拼搏，成效显著，未来将围绕“作示范、勇争先”的高标定位，聚力实施工业强县、生态富民、文旅融合战略，带领崇义人民走出一条适合自己的发展道路。

（一）深挖资源禀赋，聚力实施工业强县

深挖县内钨、高岭土、硅、竹木等资源禀赋，推进产业集群发展，加快新能源、新材料、数字经济等新兴产业成链发展，实现企业存量与增量“双提升”。

1. 建好产业链条

加强产业发展顶层设计，着力建设钨、竹等产业链条，实行一链一策，做大做强、做长做深产业

链供应链。继续支持章源钨业、力道新能源等企业提升核心竞争力，打造具有产业主导力的链主企业。充分发挥链主企业带动整合作用，吸引上下游企业集聚。持续培育齐云山食品、君子谷等一批细分领域的单项冠军，积极推动企业申报瞪羚企业、智能制造标杆企业、科技型中小企业。

2. 壮大产业集群

做强有色金属新材料首位产业，加快章源、耀升钨粉生产线扩建，建设锂电池正极材料、磷酸铁锂电池极片等重点项目。推动非金属矿产业开展深加工技术研究。做大做优竹木生物基新材料产业，探索打造竹原材料交易平台，加速推动竹纤维餐饮具模塑、竹缠绕管道、竹基新材料等项目落地。壮大绿色食品加工业，推动齐云山高纤南酸枣夹心软糖、南酸枣果醋规模化生产，旗岭食品竹笋面条、艾草粉干等新产品上市，君子谷新建食品加工厂，培育壮大崇义水饺产业。

3. 夯实园区平台

加大园区基础设施投入，完善公共配套服务，深化园区管理机制改革，强化服务企业工作效能，提升园区服务水平。推动粤赣产业园、龙勾生态产业园建设，积极推动调区扩区，优化园区功能定位、产业布局、企业分布，进一步盘活闲置厂房和存量土地。加快“腾笼换鸟”步伐，逐步淘汰产能落后企业，引导园区企业加速技术改造。

4. 积蓄数字经济势能

加快数字产业化、产业数字化，支持章源钨业申报国家级工业设计中心、乐汇林和君子谷等企业申报省级科技创新平台。引导企业开展数字化、智能化转型升级，推荐中子能源、力道新能源申报省两化融合示范企业，推动章源钨业、耀升钨业改进矿山智能化开采技术，提高钨粉体智能制造水平。积极融入赣州市国家区块链创新应用试点建设，培育智能工厂、数字化车间。

（二）厚植绿色优势，打造生态富民之路

深化全国生态文明建设示范县、国家“绿水青山就是金山银山”实践创新基地建设，扎实做好“显山露水”文章；全力创建全国文明城市，建设现代化精致县城，打造“五美”乡村。

1. 深化生态保护治理

打好蓝天、碧水、净土提升攻坚战。常态化运行乡镇流域断面水质考核机制，确保茶滩国控断面水质年均值达到Ⅲ类，地表水考核断面水质优良率、饮用水源地水质达标率均达 100%，农村生活污水处理率达 70% 以上。加强土壤污染源头防控，确保受污染耕地、污染地块安全利用率达 95% 以上，危废利用处置率达 100%。巩固提升河湖长制、林长制工作实效，有序推进废弃矿山生态修复、低质低效林改造，加快实施水环境整治保护、农村环境综合整治等项目。

2. 构建生态经济体系

拓展“湿地银行”、上堡梯田景区碳中和等试点成果，建立健全“湿地银行”信息化管理平台。深化生态价值实现机制，建设生态系统生产总值核算数字化平台，精准核算生态资源价值，探索流域补偿、排污权转让、碳排放交易等机制，促进生态和产业深度融合。

（三）擦亮金字名片，深化文旅融合

高标准打造世界阳明文化研究中心、交流中心和研学中心，实现以阳明文化为引领的崇义县文旅

产业享誉世界；全力推进“幸福产业示范区”建设，开发一批康养景区，建设南方最美森林康养基地。充分发挥文旅融合聚人气、促消费、提活力的重要作用，强化景区协同联动，优化文旅产品供给，提升旅游服务品质，聚焦打造“最美生态旅游目的地、中华优秀传统文化体验地、休闲康养度假热门地”目标，大力推进文旅融合发展。

1. 提升品质创特色

开展旅游景区品质提升行动，推动上堡梯田创建国家5A级旅游景区，推动阳明山创建省级旅游度假区、阳明寨创建省4A级乡村旅游点、齐云山公司创建省工业旅游示范基地。挖掘特色文化资源，打造以阳明文化、红色文化、生态休闲为主题的精品旅游线路，建设长征国家文化公园崇义段、出征源文旅康养度假村、上堡整训纪念园等项目。接续举办农耕文化体验、阳明文化论坛等文旅活动，加强文创产品研发、销售，丰富消费业态，提高游客人均消费和过夜游比例。

2. 补齐短板挖潜力

持续完善上堡梯田、阳明山、君子谷等景区基础设施，打造万长山茶旅、阳明寨二期、阳明心城等旅游景点。挖掘温泉资源潜力，推动金坑、上堡等温泉项目开发。提高旅游接待能力，打造特色民宿群，推动上堡景区民宿做强做优。建设赣南树木园游客集散中心，实施旅游集散中心改造提升工程，打造集信息查询、票务预订、综合调度等为一体的智慧旅游中心。

3. 深化融合增动能

加快“旅游＋体育”融合，建设上堡万长山露营基地，持续办好UTCC崇义100国际越野赛、中国（阳明）轮滑节、万人徒步大会等品牌赛事。加快“旅游＋康养”融合，推进过埠一村一宿项目，打造一批森林康养目的地，积极争取承办全省第四届森林旅游节。加快“旅游＋农业”融合，丰富上堡梯田景区业态，打造农耕叙事广场、舞春牛广场、百亩百稻水稻博览园，复原上堡梯田古法耕作场景。

19 安远县十年苏区振兴发展报告

摘要:《国务院关于支持赣南等原中央苏区振兴发展的若干意见》的出台实施为赣南苏区振兴发展注入了强大动力，也翻开了安远县高质量发展的新篇章。在中央、省委、市委的坚强领导和国家部委的倾力支持下，安远县深入学习贯彻习近平总书记视察江西省和赣州市重要讲话精神，承关怀而奋起，化机遇为行动，感恩奋进攻难关，担当实干促振兴，走出了一条“安远有远谋”的振兴发展新路子，实现“小县也有大作为、小县也能大作为”的壮举，获评国家数字乡村试点县、全国“四好农村路”示范县、全国生态文明先进县、全国信访工作“三无”县、全省高质量发展先进县等近百项荣誉，一个曾经偏远落后的山区小县正蝶变为“绿色、透明、闪亮、精美”的东江源头翡翠县。

关键词: 革命老区　安远县　振兴发展

十年来，面对复杂的国内外经济形势，在安远县委、县政府的正确引领下，安远县上下抓住国家支持赣南苏区振兴发展的历史机遇，紧紧围绕“加快发展、转型发展、绿色崛起”这一发展战略，坚定信念、奋发努力、锐意创新，以经济建设为主线，稳步推进结构调整，着力转变发展方式，统筹城乡协调发展，综合实力得到大幅提升。

一、安远县振兴发展的成效

（一）综合实力迈上新台阶

十年来，安远县地区生产总值从 2011 年的 35.24 亿元，到 2021 年首次突破“百亿”大关达 102.14 亿元，年均增长 11.2%；人均 GDP 从 2011 年的 10 327 元增加到 2021 年的 29 476 元，年均增长 11.1%；财政总收入从 2011 年的 3.31 亿元增加到 2021 年的 11.13 亿元，年均增长 12.9%，如图 19–1 所示。2021 年城镇、农村居民人均可支配收入分别为 30 270 元、13 545 元，较 2011 年分别增加了 21 474 元、9 799 元，年均增长分别达 13.2%、13.7%，如图 19–2 所示。

（二）脱贫攻坚与乡村振兴成效显著

十年来，安远县始终把脱贫攻坚作为首要政治任务和第一民生工程，举全县之力打赢脱贫攻坚战，74 个贫困村全部出列，近 5.4 万贫困人口全部脱贫，彻底撕掉了“贫困县”标签，成功摘掉了长期戴在安远人民头上的“贫困帽”，荣获“全国革命老区减贫贡献奖”“中国果业扶贫突出贡献奖”；

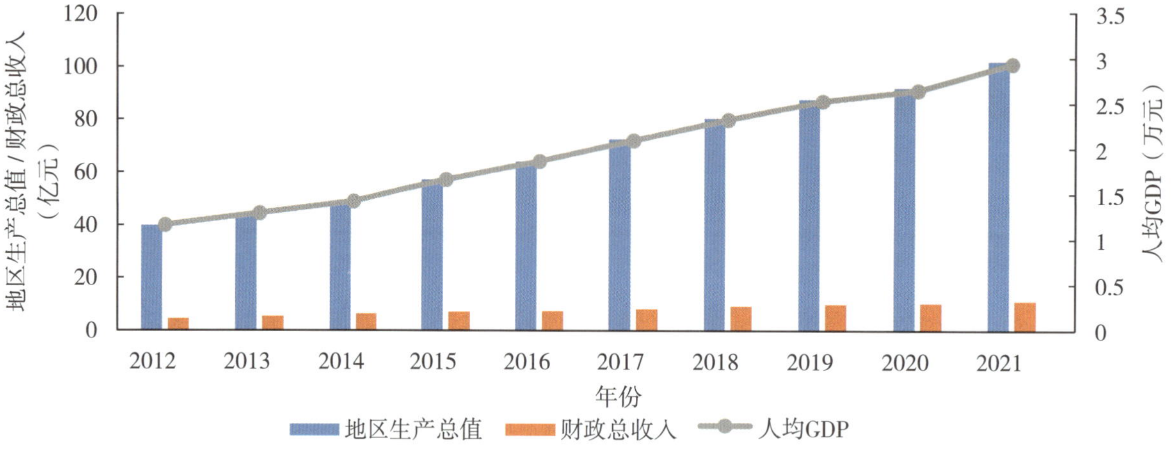

图 19-1　2011—2021 年安远县主要经济社会指标变化情况

资料来源：根据 2011—2021 年安远县统计局数据整理而得。

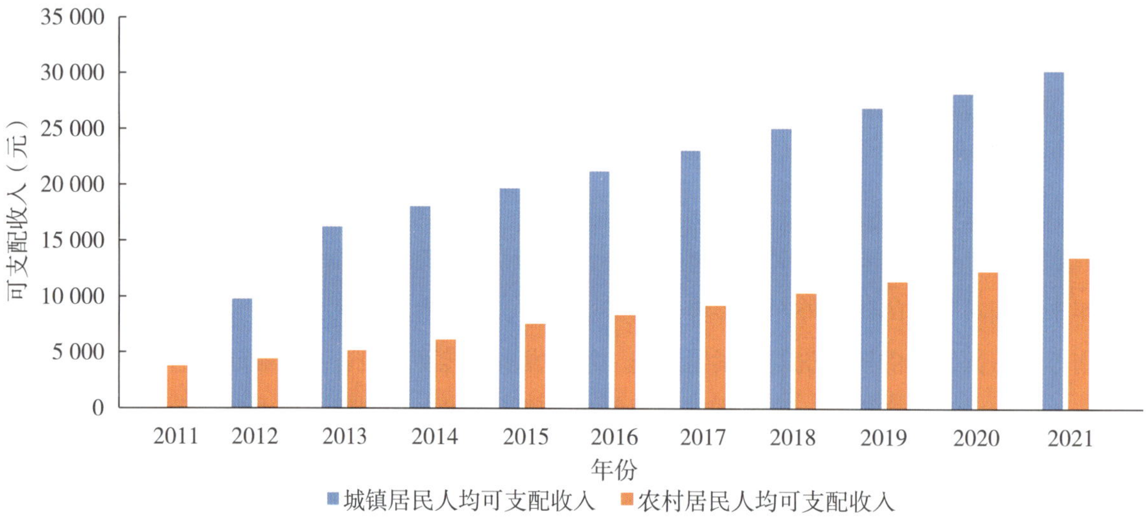

图 19-2　2011—2021 年安远县城乡居民人均可支配收入变化情况

资料来源：根据 2011—2021 年安远县统计局数据整理而得。

安远县“四好农村路”助力乡村振兴，走出一条交通扶贫的特色之路

粮食种植面积达 35.49 万亩，有 26 000 多户水稻种植户；累计完成农村危机土坯房改造 22 782 户，基本解决农村群众住房问题；大力推进农村饮水安全工程和农村电网改造，改建电力线路近 3 000 公里，解决农村安全饮水 25.96 万人；建成 18 个乡村振兴示范点，3 条乡村振兴示范带初具雏形。

（三）产业发展欣欣向荣

安远县通过夯实工业基础平台，发展特色优势农业、创新现代服务业，加快构建现代产业体系，推动产业加速转型升级，三产发展呈现量质齐升的良好态势。三次产业结构由2011年的32.0∶25.3∶42.7转变为21.87∶26.31∶51.82。

1. 工业发展势头良好

集产销、科研、观光、生态、休闲、宜居于一体的产城新区

十年来，安远县规模以上工业企业数从2011年的23家增加到2021年的57家，规模以上企业营业收入从2011年的18.34亿元增加到2021年的52.51亿元，规模以上工业增加值从2011年的4.75元增加到2021年的13.7亿元，规模以上利润从2015年的1.74亿元增加到2021年的5.38亿元，工业税收从2015年的0.9亿元增加到2021年的1.75亿元，工业企业用电量从2015年的0.91亿度增加到2021年的1.7亿度，如表19-1所示。

表19-1　2011—2021年安远县工业经济指标变化情况

年份	规模以上工业企业数（家）	规模以上企业营业收入（亿元）	规模以上工业增加值（亿元）	规模以上利润（亿元）	工业税收（亿元）	工业企业用电量（亿度）
2011	23	18.34	4.75	—	—	—
2012	22	20.08	5.54	—	—	—
2013	23	20.44	5.61	—	—	—
2014	27	25.08	6.97	—	—	—
2015	27	28.83	7.92	1.74	0.90	0.91
2016	29	31.49	8.28	2.27	0.69	0.52
2017	38	33.54	8.99	2.44	1.05	0.56
2018	43	33.83	8.92	2.09	1.33	0.71
2019	49	31.05	11.34	2.43	1.47	0.71
2020	52	37.55	10.86	3.54	1.61	1.23
2021	57	52.51	13.70	5.38	1.75	1.70

资料来源：根据安远县工业和信息化局数据整理而得。

2. 农业现代化迈进新进程

2021年，安远县粮食产量达1.95亿斤，实现“十八连丰”，脐橙生态复产面积达5.5万亩，建设脐橙标准化生态示范园104个，建成全国最大的赣南脐橙交易中心，成为全国脐橙类首个国家级出口食品农产品质量安全示范区；扶持培育全国第一家专注生产冻鲜果汁的本土深加工企业果然公司；有

安远县已成为全国最大的脐橙交易集散中心，图为脐橙集散加工生产线

绿色食品 13 个、有机食品 7 个，绿色有机农产品总数 20 个，粤港澳大湾区“菜篮子”生产基地总数达 7 家；实现农业总产值 35.82 亿元，比 2012 年增加 15.28 亿元，是 2012 年的 1.74 倍。

3. 现代服务业百花齐放

十年来，安远县成功创建三百山国家 5A 级景区、东生围国家 4A 级景区，建成星空 • 房车露营基地、浪驰户外越野公园等一批景区景点，创成省级全域旅游示范区；接待游客人数、旅游收入分别从 2011 年的 72.5 万人次、3.36 亿元增加至 2021 年的 521.63 万人次、41.65 亿元，如图 19-3 所示；电商产业实现从无到有、从小到大的跨越，年交易额突破 25 亿元，荣获“全国电子商务进农村综合示范县”“中国客家小吃之乡”。

国家 5A 级旅游景区三百山

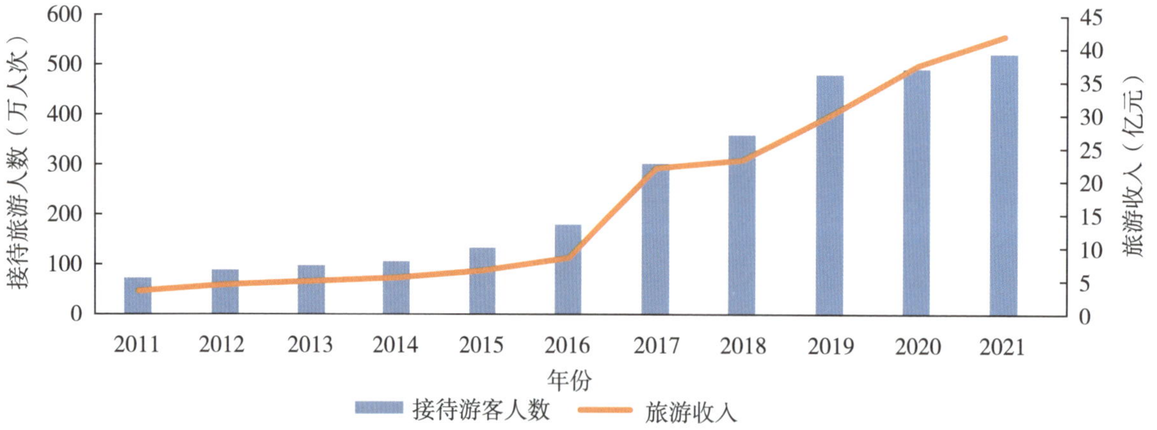

图 19-3　2011—2021 年安远县游客人数、旅游收入变化情况

资料来源：根据安远县文化广电新闻出版旅游局数据整理而得。

（四）基础设施补齐短板

1. 综合交通条件明显改善

十年来，安远县累计完成交通基础设施建设总投资达 157.447 亿元，寻全高速与宁定高速在安远境内构成“十”字形高速公路网，三条省道升级为国道，县际出境公路全部完成改造提升，基本形成以高速公路为主骨架、国省干线为主通道、县乡村公路为脉络的外通内畅、北上南下、东接西连的现代综合交通网络；完善城市路网，新建改造市政道路长度由 2011 年的 72.70 公里增加到 2021 年的 121.43 公里、市政道路面积由 2011 年的 99.80 万平方米增加到 2021 年的 237.58 万平方米，如图 19-4 所示。

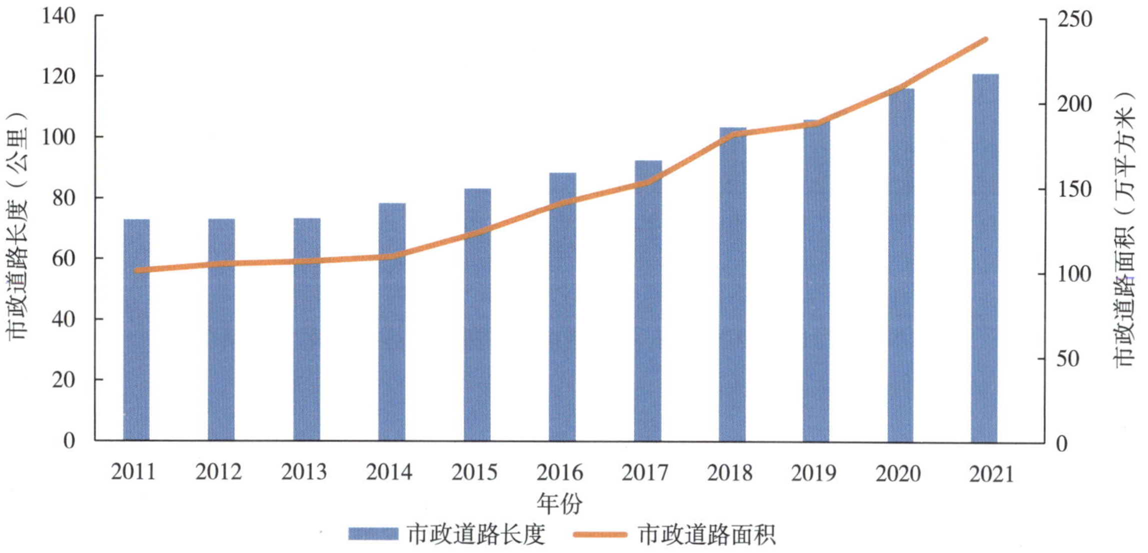

图 19-4　2011—2021 年安远县市政道路建设变化情况

资料来源：根据安远县住房和城乡建设局数据整理而得。

2. 公共服务设施不断完善

十年来，安远县建设 4 个重点水源工程，新建小（1）型水库 3 座；城区供水管网由 2011 年的 42.00 公里增加到 2021 年的 234.38 公里，排水管网由 2011 年的 61.60 公里增加到 2021 年的 296.24 公里，天然气供气管道由 2011 年的 0 公里增加到 2021 年的 180 公里，城市供水普及率由 2011 年的 88.69% 增加到 2021 年的 99.91%，城市污水处理率由 2011 年的 70.34% 增加到 2021 年的 92.65%，燃气普及率由 2011 年的 88.69% 增加到 2021 年的 99.91%，如图 19-5、图 19-6 所示。

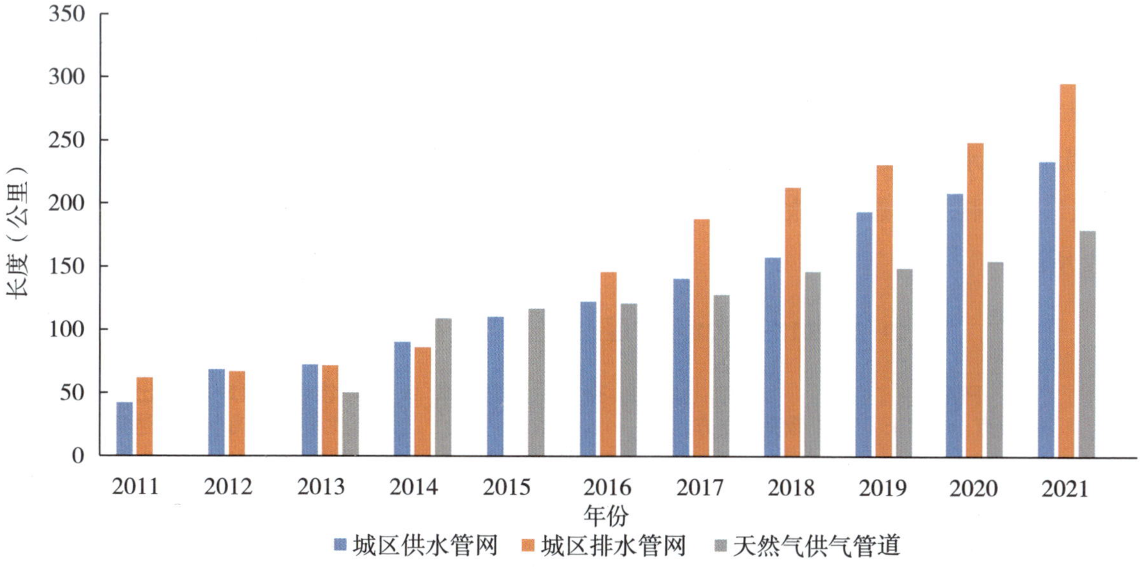

图 19-5　2011—2021 年安远县城区公共服务设施变化情况

资料来源：根据安远县住房和城乡建设局数据整理而得。

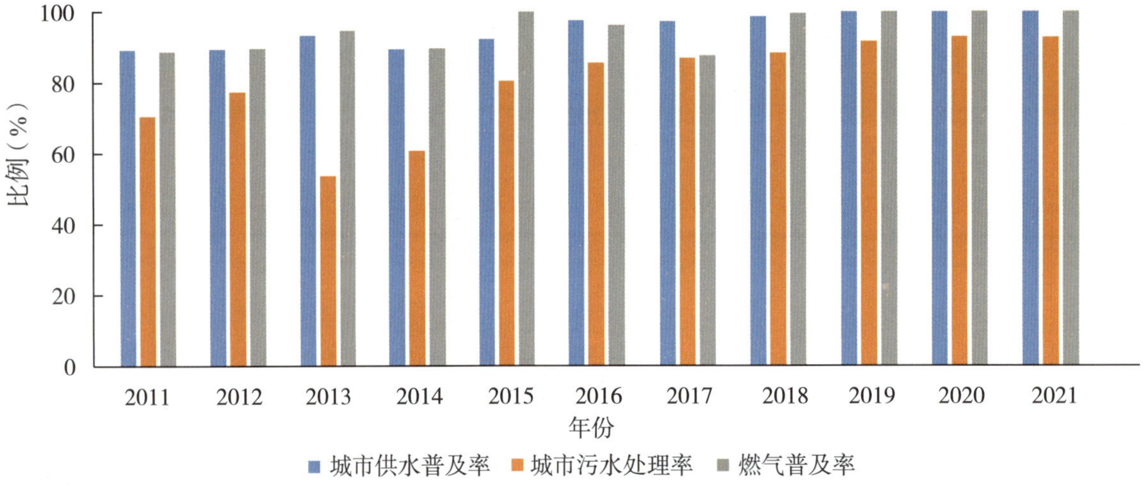

图 19-6　2011—2021 年安远县城市公共服务设施普及率变化情况

资料来源：根据安远县住房和城乡建设局数据整理而得。

（五）改革开放释放活力

十年来，安远县 7 家企业入选粤港澳大湾区"菜篮子"生产基地；安远县把大湾区作为招商主攻区域，引进的项目中，大湾区项目占比超过 60%，推动"东江源安远"号赣深高铁冠名列车通车运营，顺利融入粤港澳大湾区"2 小时经济圈"；打造"安心办"营商环境品牌，创新政务服务"三级联动"模式，202 个事项实现"一枚印章管审批"，90% 以上高频事项实现"掌上办""网上办"，办事好评率达 100%；实行"一企一专班""一企一通道""一月一交办"等服务企业机制，全面落实企业减税降费政策，惠企政策"六个一"工作机制、政策资金兑现池等经验做法在赣州市推广。

（六）生态屏障不断筑牢

2021 年，安远县林地面积达 300.7 万亩，森林覆盖率高达 82.7%，湿地保有量 100%，湿地保护率达 64.67%；2017 年以来，空气质量不断改善，$PM_{2.5}$、PM_{10} 年均浓度实现明显下降，达到国家一级标准，空气质量优良天数比率常年在江西省排名前五，获评"中国天然氧吧"；不断加强水环境保护，集中饮用水源地水质优良率和出境断面水质达标率连续五年实现 100% 达标；先后获评"全国生态文明先进县""中国最美生态文化旅游名县""全省首批生态文明先行示范县""江西省级森林城市"，如表 19-2 所示。

表 19-2　2017—2021 年安远县生态环境质量指标数据变化情况

年份	$PM_{2.5}$（微克 / 立方米）	PM_{10}（微克 / 立方米）	空气质量优良率（%）	集中饮用水源地水质优良率（%）	出境断面水质达标率（%）
2017	32	55	99.27	100	100
2018	26	45	99.40	100	100
2019	15	32	98.60	100	100
2020	14	32	97.80	100	100

续表 19-2

年份	$PM_{2.5}$（微克 / 立方米）	PM_{10}（微克 / 立方米）	空气质量优良率（%）	集中饮用水源地水质优良率（%）	出境断面水质达标率（%）
2021	13	31	99.60	100	100

资料来源：根据安远县生态环境局数据整理而得。

注：安远县空气质量自动监测站 2017 年正式运行并开始播报空气质量指标数据。

（七）民生福祉持续增进

十年来，安远县深入实施“发展大教育”战略，累计投入校园建设资金 110 118.57 万元，新建和改（扩）建校园校舍面积 377 435 平方米；持续加大对高校毕业生、退役军人、农民工等重点群体的就业技能培训和服务指导，失业率控制在 4.5% 以内，高标准建成 196 个“退役军人之家”，对生活困难的退役军人和其他优抚对象开展“一对一”的帮扶援助；对 18 所乡镇卫生院进行标准化建设，总建筑面积达 53 620 平方米，131 个行政村卫生计生服务室进行新（改、扩）建，新卫生室每所面积 60 ~ 120 平方米；城乡居民参保人数从 2011 年的 68 896 人增加到 2021 年的 352 012 人；城镇职工参保人数从 2011 年的 20 551 人减少到 2021 年的 19 280 人；参保率从 2011 年的 99% 增加到 2021 年的 99.9%，如表 19-3 所示。

表 19-3　2011—2021 年安远县城乡居民基本医疗参保情况

年份	城乡居民参保人数（人）	城镇职工参保人数（人）	参保率（%）	年份	城乡居民参保人数（人）	城镇职工参保人数（人）	参保率（%）
2011	68 896	20 551	99.0	2017	363 828	17 535	97.3
2012	58 411	20 354	98.6	2018	380 153	18 405	98.9
2013	54 854	20 691	98.1	2019	380 353	18 528	98.2
2014	54 624	21 154	98.2	2020	380 457	18 581	98.5
2015	54 658	21 270	98.5	2021	352 012	19 280	99.9
2016	54 866	21 286	98.6				

资料来源：根据安远县医保局数据整理而得。

注：2011—2016 年按城镇居民计算，2017—2021 年按户籍人口计算。

（八）城乡协调融合发展

城乡面貌发生深刻变化，城市功能品质不断提升，图为安远县城夜景

十年来，安远县建成区面积由 2011 年的 8.97 平方公里增加到 2021 年的 13.5 平方公里，城区人口由 2011 年的 7.49 万人由 2021 年的 10.79 万人，常住人口城镇化率由 2011 年的 33.45% 增加到 2021 年的 47.21%；建成区绿地面积约

526.30 公顷，建成区绿地率达 38.99%，人均公园绿地面积达 15.26 平方米；累计完成棚户区改造 7 000 多户、老旧小区改造 3 000 多户，有效解决棚户区和老旧小区“脏、乱、差”的现状，成功创建省级卫生县城、省级文明城市。

二、经验启示

十年来，在党中央、国务院的倾情关怀和交通运输部、中华全国供销合作总社的鼎力支持下，安远县始终把推进赣南苏区振兴发展放在重要位置，积极对接融入粤港澳大湾区，奋力打造革命老区高质量发展示范区“安远样板”，经济社会发展和各项事业发展取得一系列可复制推广的经验做法。

（一）以“四大党建”促振兴发展

安远县在“深化改革、加快振兴”过程中，围绕产业发展、民生改善、项目落地、社会和谐工作目标，探索实践“富民党建”“项目党建”“民生党建”“和谐党建”的“四大党建”模式，引导各级党组织和广大党员干部服务基层、群众、发展，推进服务型党组织建设取得实效。一是“富民党建”架起村民致富桥，充分发挥农村实用人才“领头雁”作用和依托农村党员干部现代远程教育平台培训等措施，探索“村企联建”“村基地联建”等方式组建党组织，架起“致富桥”。二是“项目党建”注入发展驱动力，组织机关党员干部到项目一线服务，设立“村社区党小组，村民理事会，社区监事会，党员义工服务队，资金筹集服务队，公共事务服务队”的“一组两会三队”工作机构。三是“民生党建”铺就百姓幸福路，着力开展党员干部与群众结对帮扶、党员义工志愿服务、民情家访等三大活动，切实解民难、排民忧，动员党员加入义工联，逐步建立起县、乡、村、社区四级义工联党组织网络。四是“和谐党建”筑牢维稳防火墙，设立维稳站，由党员担任纠纷调解员、维稳信息员、应急处置员，积极做好矛盾纠纷化解工作。

（二）以生态优势促振兴发展

十年来，安远县牢固树立“生态立县、绿色发展”理念，创新实施“三禁三停三转”① 举措，深入开展废弃矿山生态恢复、水土流失治理、农村面源污染治理、农村生活垃圾治理、流域治理等专项行动，生态优势逐步转化为发展优势；推进国土江河整治、山水林田湖草生态保护修复试点等项目实施；积极推动市级层面启动会寻安生态经济区建设，在江西省率先成立首个生态执法局，落实生态责任，进一步健全和落实好自然资源资产离任审计、生态环境损害终身追责等制度，生态文明建设走在全国前列。

（三）以特色经济促振兴发展

安远县是赣南客家文化重要集聚区、赣南采茶戏发源地，有一批独具特色的红色、生态、文化旅

① “三禁、三停、三转”生态保护措施，即森林资源禁伐、河道水库禁渔、矿产河沙禁采；停批污染项目、关停污染企业、叫停污染行为；低产林转产、粗放式生产方式转变、资源消耗性企业转型，并扎实推进河“湖”长制、林长制等生态保护制度落地。

游资源，为县域文旅产业发展提供了难得的条件，依托“山水相依、人文相亲、商贸相通”的天然优势，围绕打造“一核一圈两区”，不断完善全域旅游发展规划，依靠文旅康养做旺人气，唱响“东江源·三百山”旅游品牌，进一步融入湾区发展，精雕东江翡翠，奋力开启安远人民共同富裕美好生活新征程。

（四）以改变交通条件促振兴发展

对口支援工作开展以来，在交通运输部，省市党委、政府和上级交通主管部门的鼎力帮扶和关心支持下，安远县抢抓对口支援历史机遇，主动对接、密切配合，开启了部委与安远县的“直通车”，部地双方齐心协力推动一大批打基础、管长远的重大项目落地生根，为安远县经济社会发展注入了强劲动力，推动交通运输在加速安远县振兴发展中当好开路先锋。2013 年以前，安远县交通极端落后，是江西省唯一不通铁路、不通高速公路和不通国道的“三无县”，各项主要经济指标长期排在全省、全市后列，并远远低于全省、全市同期增速。自 2013 年对口支援工作开展以来，交通运输部支持安远县建成寻全、宁定两条高速公路 128 公里（安远县境内），境内 3 条省道升级为国道，完成国省道改造 131 公里、新（改）建农村公路 1 875 公里，危桥拆除重建 41 座，新建中小桥 65 座，新建二级综合客运站 1 个、村级交通服务站 10 个，创建美丽生态文明示范农村路 85 公里。

（五）以首位产业促振兴发展

为补齐经济发展短板，安远县聚焦重点方向，注重“内培外引”，推动工业实现量质齐升、倍增升级。一是壮大优势产业集群。安远县聚焦电子信息产业，抓好线路板、电子元器件、数字视听、锂电池、电子信息配套等细分领域，做强江西微电、荣晖电子、得辉达等重点企业，推动惠美兴、盈福电子等企业增资扩产。二是加大招商引资力度。安远县突出招大引强，开展全民招商，紧盯粤港澳大湾区、长三角、闽东南等重点区域，围绕“1+N”产业和重点产业细分领域，采取产业链招商、资本招商、以商招商等方式，招引一批上下游配套产业，实行招商积分考核，完善奖惩激励机制。

三、展望

安远县将坚持以习近平新时代中国特色社会主义思想为指导，深入贯彻落实习近平总书记视察江西省和赣州市重要讲话精神，紧抓国家支持革命老区振兴发展和赣州建设革命老区高质量发展示范区的历史机遇，对标赣州市委“三大战略”决策部署，以高质量跨越式发展为主题，深度对接融入粤港澳大湾区，以更高的标准、更严的要求、更饱满的姿态，纵深推进新时代安远县振兴发展，精心雕琢“绿色、透明、闪亮、精美”东江源头翡翠之城，推动打造革命老区高质量发展示范区“安远样板”，奋力开启安远人民共同富裕美好生活新征程。

（一）坚持创新驱动战略，全力增强经济发展动能

持续实施“招才引智”行动，千方百计引进高精尖创业创新人才，打造更多的研发飞地、智力飞地，补齐旅游、电商、脐橙等行业人才短板；实施新时代“安远工匠”培育工程，提高安远籍毕业生

留安回安比例，加强与科研院校人才联合培养，持续完善“科技小院”平台，充分发挥“鸟巢聚点平台”“安创e家”等人才服务平台作用；加强创新平台建设，强化与高校、科研机构、先进企业的深入合作，鼓励探索学科发展前沿的原始和集成创新。

（二）实施乡村振兴战略，全面推进农业农村现代化

推动特色主导产业脐橙大发展，建成中国（安远）进出口水果产业园“橙中城”项目、全国绿色食品原料（脐橙）标准化生产基地和世界级优质脐橙产业基地，建立从育种育苗到加工流通全过程的技术标准；大力发展富硒特色农业，推动形成“山上果、田间薯、林下药、庭院花、大棚菜”的产业格局；建成粤港澳大湾区“菜篮子”生产基地项目、精品水果直采直供基地项目，对接粤港澳大湾区农副产品需求，保障绿色农副产品供应。

（三）紧扣首位产业，推进工业倍增升级

积极承接粤港澳大湾区产业转移，重点引进电子元器件等设备制造企业，建成粤港澳大湾区电子信息产业的“大粮仓”；大力发展绿色矿业经济，加强矿山开发利用管理，提高重要矿产资源开采回采率、选矿回收率、综合利用率；实施“上云用数赋智”行动，创建“5G＋工业互联网”示范企业，推动一批企业实施“机器换人”“数字车间”“智能工厂”等智能化改造，做大做优有色金属、稀土等关键战略材料、建筑新材料产业；深入实施企业上市“映山红行动”。

（四）以三百山为核心，做强做大旅游产业

高举“东江源”名牌，弘扬传承红色文化、客家文化，以重点项目为抓手，大力实施“旅游＋”战略，着力提升三百山风景名胜区核心景区的品质，建成三百山索道项目，建设福鳌塘伯克木群落公园、梅屋旅游集散中心，提升改造东风湖、九曲溪、福鳌塘、望天瀑景区，新建采茶戏创作基地、楹联文化艺术中心及实景演出项目等，把特色文化转换成项目产业，将安远县打造成国家生态旅游示范县、全国首批森林康养旅游基地，争创国家全域旅游示范区。

（五）对接融入粤港澳大湾区，持续扩大对外开放合作

推动“老区思维”向“湾区思维”转变，围绕打造粤港澳大湾区深港饮水思源国民教育基地、产业转移承接基地、富硒农副产品供应基地和文旅康养休闲“后花园”的战略定位，主动参与粤港澳大湾区电子信息、稀有金属等细分领域产业延伸和功能拓展，以“总部＋基地”“研发＋生产”“创新＋孵化”等模式，引导粤港澳大湾区电子信息优质企业向安远县功能性转移；探索创建“广安”产业园，打造“山海协作”典型样板；做好“会展＋”文章，完善会展基础设施，鼓励企业积极参加国内外商品展会。

（六）加强基础设施建设，增强振兴发展后劲

实施大交通＋产业战略，补齐重大交通短板，积极推动瑞梅铁路建设，推进安远至定南段市域铁路规划建设，争取赣龙厦高铁新通道、赣州至梅州至汕头高铁列入省、国家新时代铁路规划，加快建

设通用机场、寻全高速高云山出口、赣州南至安远版石高速公路，推进信丰至南雄东延至龙岩高速公路建设，融入赣州中心城区“1 小时经济圈”；构建会寻安现代快速交通体系，建设孔田大围至定南高铁站等快速路，优化升级与周边临近高铁站快捷通道，主动融入周边“高铁经济圈”。

（七）加快生态文明建设，提升绿色发展水平

大力发展绿色生态产业，推行高效互补、生态循环的种养模式；加快森林康养产业发展；推进清洁生产，发展环保产业，推进重点行业和重要领域的绿色化改造，加快打造绿色工厂。强化绿色发展的法规和政策保障，发展绿色金融，支持绿色技术创新，推进传统产业绿色化转型升级。探索建立生态产品价值实现机制，完善市场化、多元化生态补偿机制，打造全国生态文明建设示范样板。

20 龙南市十年苏区振兴发展报告

摘要：《国务院关于支持赣南等原中央苏区振兴发展的若干意见》实施以来的十年，是龙南市历史上发展势头最好、发展活力最强、发展氛围最浓、群众得到实惠最多、民生事业推进最快的时期。龙南市经济社会发展和各项事业取得新成效，成功实现近 30 年的撤县设市梦，龙南市经济技术开发区升级为国家级经济技术开发区，龙南市成功创建全国卫生县城，省级园林、卫生、文明城市，入选全国文明城市提名城市，连续九年获评全省高质量发展先进县（市），连续十二次获评全省开放型经济工作综合先进单位。

关键词： 苏区　振兴发展　龙南

十年蝶变，一路芬芳，十年振兴发展，十年沧桑巨变，赣南等原中央苏区振兴发展政策实施以来，在党中央、国务院关心关怀，国家部委大力支持，江西省委、省政府和赣州市委、市政府强力推进下，龙南市坚持把苏区振兴发展作为重大政治任务，牢记嘱托、感恩奋进，推动龙南苏区发生翻天覆地的变化，实现破茧成蝶的跨越。

一、龙南市振兴发展取得的成就

（一）经济发展迈入快车道，综合实力显著增强

1. 经济总量迈上新台阶

龙南市经济总量实现翻番目标，地区生产总值由 2011 年的 73.86 亿元增长到 2021 年的 200.12 亿元，增长 170.9%；人均地区生产总值由 2011 年的 24 486 元增长到 2021 年的 62 653 元，年均增长 9.85%；三次产业结构比例由 2011 年的 12.4∶55.3∶32.3 调整为 2021 年的 8.0∶50.1∶41.9，第三产业占 GDP 比重提升 8.8 个百分点，经济发展活力进一步增强，如表 20-1 所示。

表 20-1　2011—2021 年龙南市地区生产总值及三次产业结构比例变化情况

年份	地区生产总值（万元）	人均地区生产总值（元）	地区生产总值增速（%）	三次产业结构比例
2011	738 606	24 486	14.0	12.4∶55.3∶32.3
2012	850 180	28 024	13.2	12.1∶54.8∶33.1
2013	973 997	31 939	10.0	11.1∶52.8∶36.1
2014	1 025 867	33 476	11.5	11.0∶53.2∶35.8

续表 20-1

年份	地区生产总值（万元）	人均地区生产总值（元）	地区生产总值增速（%）	三次产业结构比例
2015	1 073 749	34 858	9.8	11.0 : 52.9 : 36.1
2016	1 182 847	38 183	9.3	10.5 : 51.7 : 37.8
2017	1 334 617	42 798	9.2	9.7 : 51.9 : 38.4
2018	1 508 139	48 033	9.9	8.8 : 52.6 : 38.6
2019	1 640 027	51 887	8.2	8.6 : 52.1 : 39.3
2020	1 715 248	53 912	4.5	9.1 : 50.9 : 40.0
2021	2 001 185	62 653	9.3	8.0 : 50.1 : 41.9

资料来源：根据 2011—2021 年龙南市统计局提供的统计年鉴整理而得。

2. 财政能力取得新进步

2021 年，龙南市一般公共预算收入 16.2 亿元，比 2011 年的 5.13 亿元增长 215.8%，占 GDP 比重达到 8.1%，比 2011 年提高 1.2 个百分点；财政总收入 27.02 亿元，比 2011 年增长 196.9%，如图 20-1 所示。

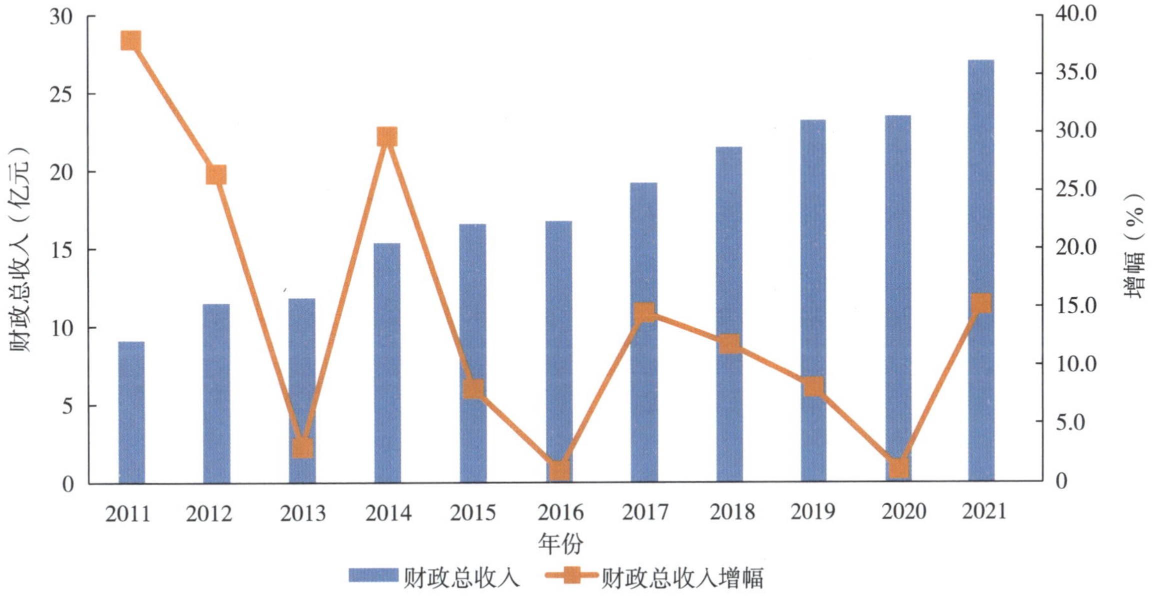

图 20-1　2011—2021 年财政总收入及增幅情况

资料来源：根据 2011—2021 年龙南市统计局提供的统计年鉴整理而得。

3. 人民群众获得感显著提升

龙南市居民收入实现新提高，2021 年，城镇居民人均可支配收入 37 577 元，列赣州市第 4，比 2011 年的 11 640 元增长 222.8%；农村居民人均可支配收入 15 395 元，列赣州市第 4，比 2011 年的 5 185 元增长 196.9%，如图 20-2 所示。

（二）特色产业快速发展，现代产业体系优势明显

1. 工业倍增升级态势强劲

工业总量持续增长。十年来，龙南市规模以上工业企业由 2011 年的 78 家增加到 2021 年的 156 家，

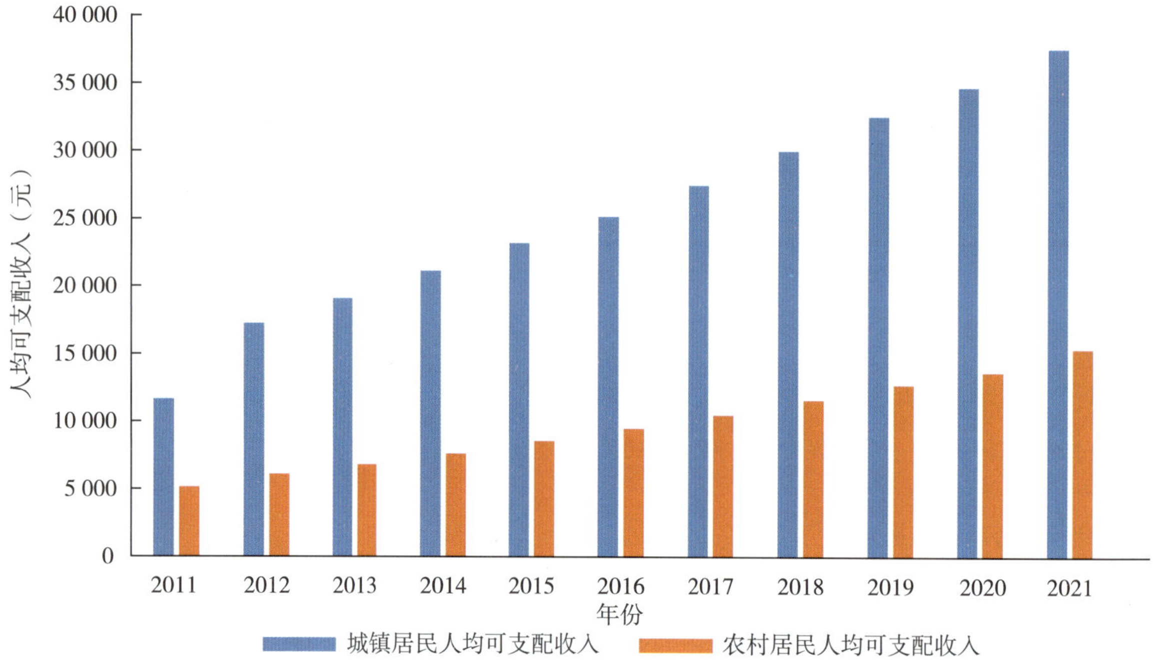

图 20-2　2011—2021 年龙南市城镇、农村居民人均可支配收入变化情况

资料来源：根据 2011—2021 年龙南市统计局提供的统计年鉴整理而得。

实现规模以上主营业务收入由 2011 年的 158 亿元增加到 2021 年的 307.92 亿元；规模以上工业企业利润由 2011 年的 9.06 亿元增加到 2021 年的 16.85 亿元，如图 20-3 所示。

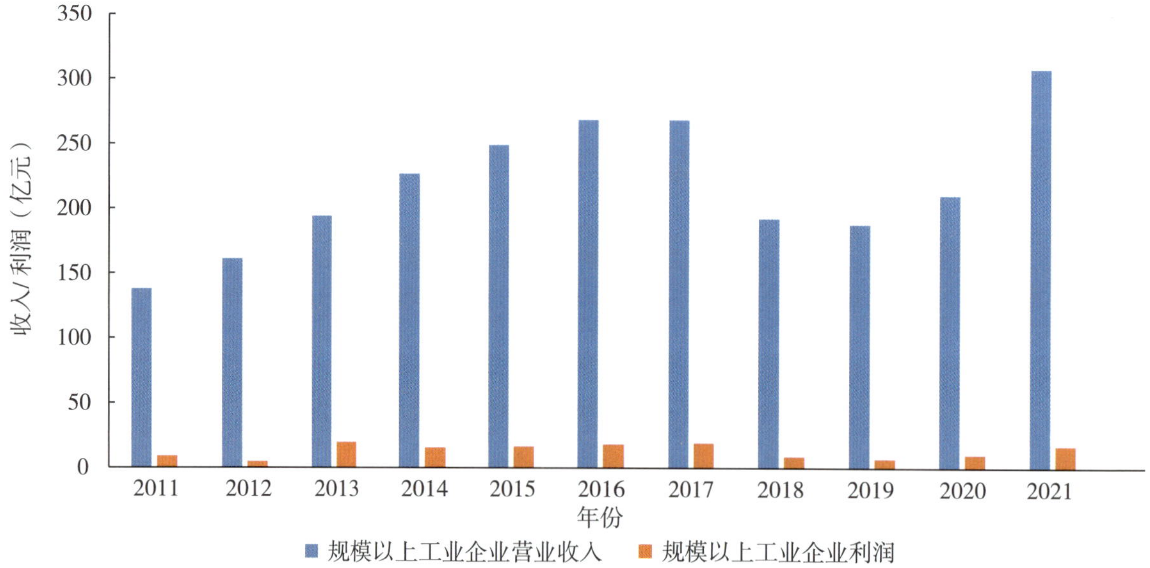

图 20-3　2011—2021 年规模以上工业企业营业收入及利润变化情况

资料来源：根据龙南市工业和信息化局数据整理而得。

首位产业集聚发展。2016 年以来，龙南市聚焦电子信息首位产业，按照“高大上”“专精特”“链群配”的要求，推动电子信息首位产业纵向成链、横向成群。2011—2021 年，龙南市电子信息规模以上企业从 7 家增长到 92 家（含配套），实现主营业务收入从 12.05 亿元增长到 195.5 亿元。龙南市电子信息产业已形成从电子新材料、覆铜板、线路板、电子元器件到智能终端产品的完整产业链，

2021 年产业集聚度达 63.49%。

发展质量不断提升。十年来，龙南市综合科技创新水平指数从 2012 年的全国第 25 位前移至 2021 年的全国第 16 位；全社会研发投入实现了从 100 余亿元到 500 余亿元的大跨越，增速居全国前列；高新技术产业增加值占规模以上工业企业增加值的比重，从 23.8% 上升至 39.8%；高新技术企业从 356 家增长至 6 669 家。

2. 农业现代化步伐加快

龙南市产业规模扩大，农业总产值由 2011 年的 146 354 万元增加到 2021 年的 269 407 万元；设施蔬菜基地规模从 2016 年以前的不足千亩，到 2021 年底建成标准化规模大棚蔬菜基地 7 800 余亩，形成以渡江镇、临塘乡蔬菜基地为代表的千亩直供粤港澳叶类蔬菜主产区、以桃江乡蔬菜基地为代表的千亩瓜果类蔬菜高效种植示范区以及以渡江镇、龙南镇特色蔬菜基地为代表的千亩山苏、沙拉菜等特色蔬菜种植产区的三大蔬菜产业发展格局；积极推进蔬菜品牌建设，获得“龙南大蒜”“龙南江东荸荠”“龙南蜂蜜”“龙南客家锤鱼”“龙南太平香菇”“龙南客家米酒”“龙南夹湖油茶”“龙南脐橙”等 8 件国家地理标志证明商标。

3. 现代服务业提档升级

2011 年以来，龙南市累计创建 3 个国家 4A 级旅游景区、2 个国家 3A 级景区、1 个省 5A 级乡村旅游点、5 个省 4A 级乡村旅游点、3 个省 3A 级乡村旅游点、1 个省级旅游度假区、2 个省级生态旅游示范区、1 个省级工业旅游示范基地、1 个省级工业遗产旅游示范点、1 个省级风情旅游小镇，临塘东坑村入选全国首批乡村旅游重点村名录；接待国内外游客总人数由 2011 年的 116.28 万人次增加到 2021 年的 739.34 万人次，实现旅游总收入由 2011 年的 8.62 亿元增加到 2021 年的 59.14 亿元，如图 20-4 所示。

南武当山景区

（三）坚持深化改革，激发发展活力

龙南市坚定不移改革开放，蹚出了革命老区追赶跨越新路。2013 年 3 月，龙南经济技术开发区升格为国家级经济技术开发区，成为赣粤边际唯一的国家级经济技术开发

位于龙南经济技术开发区的赣州电子信息产业科技城

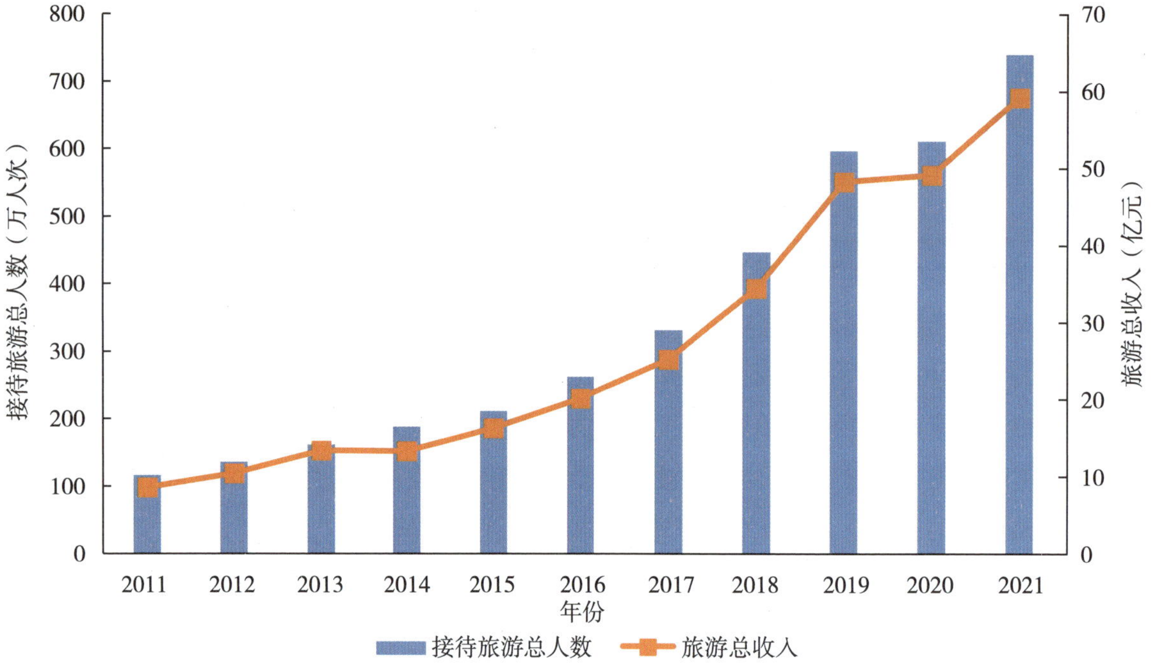

图 20-4　2011—2021 年龙南市旅游业发展情况

资料来源：根据龙南市文化广电新闻出版旅游局数据整理而得。

区，引领并整合“三南”（含全南、定南）园区，构建“一区四园”一体化发展新格局；开通跨境电商“1210”“9610”“9710”进出口业务，成为江西省内唯一真正同时开展跨境电商“1210”和“9610”模式的县域地区，进口业务量位居赣州市第一、江西省前列。2020 年 6 月，龙南成功实现撤县设市，龙南市进入发展新纪元。截至 2021 年，龙南市共精简审批环节 246 项，压缩材料数量 365 项，取消证明数量 325 项，压缩承诺时限 1 643 个工作日，极大地提升企业、群众办事便捷度和满意度。

（四）坚持绿色发展，生态优势更加彰显

1. 生态环境质量持续改善

2021 年龙头滩电站断面水质稳定达到Ⅲ类标准，2 处县级集中式饮用水源地水质持续保持在Ⅰ类及以上标准，优良率为 100%；空气优良天数比例逐年提升，2021 年达到 98.9%，空气中 PM_{10} 平均浓度为 40 微克 / 立方米，$PM_{2.5}$ 平均浓度为 23 微克 / 立方米，二氧化硫平均浓度为 9 微克 / 立方米，二氧化氮平均浓度为 16 微克 / 立方米，如图 20-5 所示。

2. 生态环境损害赔偿成绩突出

龙南市印发《生态环境损害赔偿制度改革实施方案》，成立改革工作领导小组，明确分工，积极推进落实。龙南市 2019—2021 年累计完成 10 例生态环境损害赔偿案件，完成率达 100%；2021 年在赣州市生态环境损害赔偿工作中位列第三；2021 年 3 月在江西省生态环境损害赔偿制度改革会议中作先进典型发言，龙南市生态环境损害赔偿工作得到上级充分认可；2021 年 9 月，生态环境部通报 2020 年度国家重点生态功能区县域生态环境质量考核结果，龙南市变化等级为“一般变好”，综合考核结果位列江西省第一。

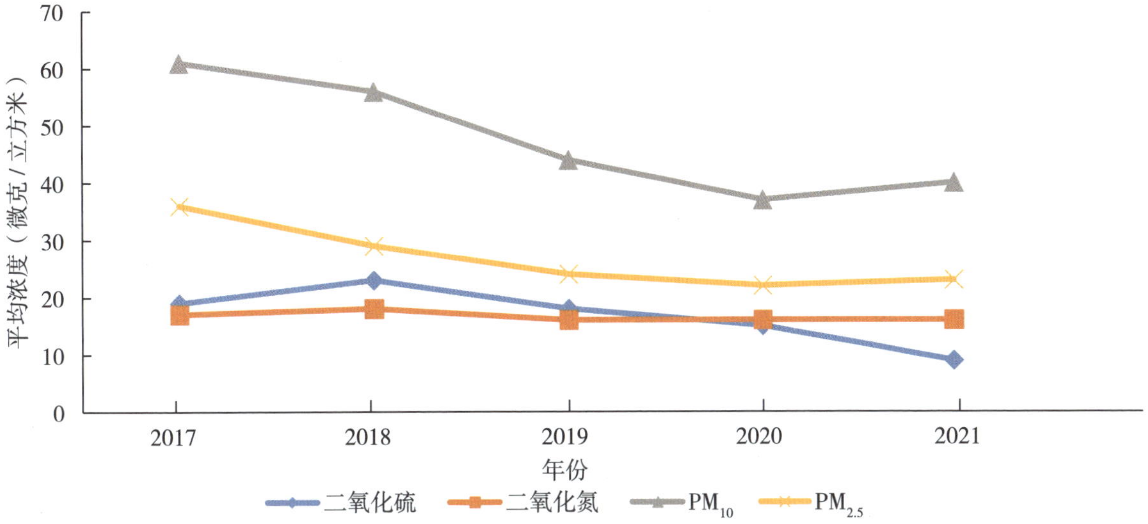

图 20-5　2017—2021 年龙南市城市空气质量情况

资料来源：根据龙南市生态环境局数据整理而得。

3. 创新破解稀土尾水治理世界难题

龙南市探索政府购买服务，在全国首创稀土尾水流域系统性治理模式，建设运营稀土尾水处理站，持续攻克矿区尾水含砂量高、山洪、低温等难题，极大改善矿区及下游水质，成功消灭出境断面劣Ⅴ类水。处理站处理工艺获德国亚琛工业大学、生态环境部环境规划院、北京师范大学等国内外专家肯定，治理模式在全国推广运用。

（五）坚持民生为本，社会事业取得明显进步

1. 教育事业均衡发展

十年来，龙南市一般公共预算教育支出逐年增长，从 2011 年的 22 308 万元增长到 2021 年的 78 400 万元，增加了 56 092 万元，增长 251.44%；重点开工建设一批教育民生项目；2018 年江西省义务教育均衡发展考核评估在赣州以高分通过，名列前茅。截至 2021 年，龙南市校建项目总建筑面积约 22.5 万平方米。

2. 文化事业蓬勃发展

十年来，龙南市建成 107 个农家书屋，图书数量、品种逐年提升；建成文化艺术中心，涵盖文化馆、图书馆、博物馆、歌剧院等公共文化服务场所，其中龙南市文化馆被评为国家一级馆；累计接待参观者 100 余万人次；级别以上文物保护单位数量达 60 处；先后启动实施并完成燕翼围、乌

龙南市以农村“老屋复活”改革行动高标准打造了玫花渡、黄花湾、芷溪谷等“美丽乡村 + 民宿”集聚区，“新客家风”风格靓丽呈现

石围、龙光围、太平桥、西昌围等24处文化遗产保护修缮；成功申报非遗名录89个，国家级非遗传承人1人，省级非遗传承人5人，建成非遗传习所5个，非遗保护传承扎实推进。

3. 医疗服务水平显著提升

十年来，龙南市实施第一人民医院一、二期和市妇幼保健院、市精神病医院建设项目及一批乡镇卫生院、村卫生计生服务室建设项目，打造"互联网＋智能体检"模式，依托流动体检车进村入户为群众开展免费体检和家庭医生签约活动；为辖区居民建立电子档案29.91万份，规范电子建档率达95.81%；管理老年人2.58万人，健康管理率达72.76%；规范管理高血压患者1.8万人，规范管理率达60.94%；规范管理糖尿病患者0.48万人，规范管理率达60%。

4. 社会保障体系更加健全

十年来，龙南市建立并完善最低生活保障标准和资金投入自然增长机制，城乡最低生活保障机制不断完善；以项目建设为龙头引领民生事业改善的工作思路得到较好落实；建成龙南市社会福利幸福园、里仁中心敬老院、汶龙中心敬老院、社会福利养老中心等重点养老项目，建成大型生态陵园、救助管理站、救灾物资储备仓库等民生项目；同时，积极鼓励社会资本投入养老事业发展，先后建成运营好孝心老年公寓、好望角老年公寓、馨康颐养中心等养老机构。

（六）抓实城乡统筹，推进协调发展

1. 城乡发展空间布局更加优化

十年来，龙南市坚持规划引领，城市总体发展方向为"中优、东进、南下、西控"，"北城南业""一核三区"的城市发展格局更加协调、稳固；城区建成区面积从2011年的16平方公里扩展至2021年的23.72平方公里；高标准编制高铁新区、金塘会龙片区、赣州电子信息产业科技城、富康片区等11个片区控制性详细规划，通过多组团联动发展模式，构建完善的城市规划体系。

集商贸、旅游、文化、居住于一体的石人新区，城市新地标龙南总部经济大楼投入使用

2. 基础设施更加完善

十年来，龙南市境内高速出入口增加至5个；城市道路总长度增长到239.97公里，道路面积增长到427.29万平方米；共完成农村公路硬化改造628.9公里、硬化率由56%提高为85.73%，符合条件的行政村通客车率达100%，G535国道汶龙至渡江段全线通车，彻底解决困扰沿线数万群众近20年的出行难问题；总库容2 220万立方米的中型水利枢纽工程茶坑水库、日供水6万吨的润泉第二水厂加快建设；东江220千伏输变电工程竣工投运，成为赣州少数几个拥有三个220千伏输变电站的县市；龙南东站、市民体育中心、老年人文体活动中心、社会福利养老中心、龙洲综合市场、龙南驾驶员考试中心、数智城市中心等一批便民服务设施相继投入使用，实现15分钟步行便民社区服务圈。

（七）巩固脱贫攻坚，乡村振兴开启新的征程

1. 脱贫攻坚取得全面胜利

截至2020年底，龙南市7 683户26 546人建档立卡贫困人口实现全部脱贫，22个贫困村实现全部脱贫退出，2012—2014连续三年被江西省扶贫和移民办、省财政厅评为“财政专项扶贫资金绩效考评先进县”。2017年龙南市代表江西省迎接全国易地扶贫搬迁专项稽查并顺利过关；扶贫部门被全国妇女联合会评为“全国巾帼建功先进集体”。2020年龙南市扶贫部门1名干部被国家发展改革委评为“‘十三五’奋进易地搬迁干部”。龙南市扶贫车间带动贫困群众就业模式成功入选“全球减贫最佳案例”；选送的作品《贫困户的贴心人》在“我经历的脱贫攻坚故事”征集展示展播活动中被国务院扶贫办评为视频类优秀奖；易地扶贫搬迁、旅游扶贫、连心超市、消费扶贫、精神扶贫“一卡双线”分类管理等工作做法，先后被选入江西省典型案例汇编。

2. 整合最好资源，助力乡村振兴

2021年，龙南市共投入衔接资金11 278万元，较上年增长27.47%，其中本级配套2 300万元，较上年增长4.55%；产业类项目资金5 647万元，占比50%，并统筹整合新农村建设、乡村旅游等各类资源，形成“多个渠道引水，一个龙头放水”的格局；对照巩固脱贫成果、重点村建设指标要求，按照“以点带线、以线带面”工作思路，紧紧围绕提升基础设施水平，以及脐橙、蔬菜等主导产业发展，实施产业发展类项目31个，基础设施提升类项目55个；聚焦五保障，持续构建“1+N”帮扶政策体系，并对政策进行全面评估、调整优化，确保政策帮扶到最需要扶持的地方。

二、主要做法

（一）加强党的建设，推进全面从严治党

龙南市坚持党的政治建设统领组织建设、组织路线服务政治路线，高质量严要求推动新时代组织工作；围绕打造江西南部重要党建示范窗口和赣州最具活力特色党建示范市定位，坚持把“党建强”摆在首位，接续出台“基层党建20条”“强抓三大实事”、开展“两增活动”等方案，融合落实基层党建质量提升行动和“三化”建设，成体系推进党建工作；创新“双百典型”创建、能人转升促先、“异地置业”“党建＋康乐人家”“党建＋金融辅导员”等工作；统筹推进机关、国企、“两新”组织、学校、医院等领域党建工作；坚决扛起全面从严管党治党政治责任，深入推进党风廉政建设和反腐败斗争，有力保驾护航经济社会可持续健康发展；探索推行“兵团”工作机制，创新“e监督”“点题”监督等监督方式，派驻机构和乡镇纪委监督成效大为提升；建立联动打击诬告陷害行为工作机制，开展容错减责免责工作，分层分级回访教育受处分干部。

（二）做好“加减乘除”文章，打造“龙易办”营商品牌

一是做好服务“加法”，帮助企业多办事。深化园区网格化管理和“七个一”安商服务机制，将园区划分为13个网格，搭建招商项目管理公共服务平台App、非公有制维权服务中心等平台，畅通企业诉求渠道。二是做好流程“减法”，确保企业少跑路。完善“赣服通”龙南分厅功能，建设“一

网通办”系统，推动项目投资“容缺审批＋承诺制”改革，推行“一门式”“一窗式”审批服务模式，实现办事“只进一扇门”“最多跑一次”，企业注册开办时间压缩至半个工作日内。三是做好效率“乘法”，建设项目再提速。围绕重大项目推进，以“五项制度”为抓手，变被动受理为主动作为，推动5G智能科技园、龙南大道等项目建设时序进度远超以往。四是做好解困“除法”，释放红利降负担。创新实施办税缴费服务“十个办”，优化纳税服务事项，深化“降成本、优环境”专项行动，加大减税降费力度和信贷支持。2021年，龙南市营商环境考评位居全省前列。

（三）建强园区发展平台，促进深度融湾

积极争取省市高位谋划“三南”一体化发展，龙南经济技术开发区定南园区、全南园区挂牌设立，总规划面积50平方公里的“三南”承接加工贸易转移示范地共建产业园项目加快建设，着力打造“三南”创新区，正式成立三南发投公司，南昌海关驻龙南办事处成功升格为龙南海关，构建龙南经济技术开发区“一区四园”品牌共用、政策共享、规划共编、园区共建发展新格局。2021年，“三南”发投公司筹资8.56亿元，建成20栋现代化标准厂房等主体结构，建筑面积达43.1万平方米，一个规划建设标准高、集中连片规模大、产业集成度高的5G智能科技产业园已基本成型，成为“三南”“共建、共有、共享”产业发展新的载体和基地。2021年12月18日，在深圳市举办江西“三南”园区一体化发展暨对接融入粤港澳大湾区电子信息产业合作推介会，共签约19个项目，签约总金额207亿元，创下8年来历史新高。

（四）优化招商引资机制，不断提高开放型经济水平

一是转变理念招项目。按照“高大上、专精特、链群配”做好招商引资顶层设计，围绕电子信息、新材料双首位产业延链补链强链，从前端和终端发力开展专业招商、精准招商、以商招商。二是深入研判挑项目。建立项目会商研判机制，对拟引进项目按照前期洽谈、会议研判、实地考察、项目会审等流程严格把关，把有限的资源配置给大项目、好项目。三是集中签约落项目。把每月28日固定为集中签约日，每月至少举行1次集中签约仪式，持续掀起招商引资热潮。四是强化要素保障。通过市场换、司法拍、异地挪、政府收、低效提五种模式盘活资源，腾退一批“三低企业”和“僵尸企业”，引进一批优质高效升级版“俊鸟”“强鸟”，探索出一条工业园区土地高效利用新路子。2021年10—12月，90天时间集中“腾换”38家企业，盘活工业用地1 400余亩、厂房38.4万平方米。腾退出的土地和厂房已新引进22家企业落户。

（五）借力对口支援，注入强劲动力

十年来，海关总署、原国家食品药品监督管理总局（国家药监局）、工业和信息化部等对口支援单位主要领导多次深入龙南市调研指导工作，先后下派11名干部到龙南市挂职帮扶，接收龙南市跟班学习干部8人，培训龙南市干部1 500多人次，出台政策帮扶文件9个，建设了龙南保税物流中心（B型）、龙南跨境电商监管中心、龙南跨境电商展示中心等口岸设施。南昌海关驻龙南办事处撤办设关，成为中部地区唯一一个设在县级区域的正处级隶属海关，将跨境电商打造成江西开放型经济新标杆，开通龙南市到深圳市的铁海联运，为龙南市外向型经济发展提供了强有力的支持。2015年，龙南市争取中央、

省级补助资金共 1 400 万元建设区域性食品药品检验检测中心，完成历史上综合食品检测机构零的突破；2021 年，争取中央财政资金 1 000 余万元，建设“三南”无线电监测站，助力脱贫攻坚与乡村振兴有效衔接，解决森林防火和抢险救灾应急通信问题。促成中国信通院、电子五所、赛迪研究院与龙南市建立战略合作，指导编制顶层规划，设立产品检测公共服务平台，促进产业发展；推动“5G + 工业互联网”创新发展，建成全省首个工业互联网电子信息行业二级节点，打造数字经济新标杆。

2018 年 6 月 29 日，国字号平台龙南保税物流中心（B 型）正式运营

三、展望

党的十九大报告指出，发展是解决我国一切问题的基础和关键。要实现高质量跨越式发展，应当立足龙南市发展实际，牢牢把握新时代革命老区振兴发展“两个更好、四个着力”的总体要求，用好“数、理、化”，既要算好经济账，推动经济发展，也要理清工作思路，加快融入新发展格局，还要化解难题突破瓶颈，激发内生动力，发挥比较优势，走出一条新时代革命老区振兴发展新路，凝心聚力，打造革命老区高质量发展示范区“龙南样板”。

（一）发展质量实现新突破

龙南市经济持续健康发展，高质量发展示范先行区建设取得重大进展，综合经济实力显著增强，主要经济指标增速保持在赣州市第一方阵，快于省市平均水平，地区生产总值年均增长 7.5% 左右，加快布局推进高频、高速覆铜板重点实验室以及 5G 应用领域电路板技术创新中心等，力争省级及以上研发平台或载体达到 15 个，国家级创新平台或载体实现零的突破。开展关键技术研发攻关与产业化示范，努力在电子信息、锂电、稀土新材料、高端装备制造等领域取得一批重大创新成果。加快培育科技型企业、独角兽企业、瞪羚企业，推动高新技术企业突破 150 家，高新技术产业增加值占规模以上工业增加值比重超过 50%。引导中小微企业走专精特新之路，引进培育更多细分行业“单打冠军”“配套专家”，努力打造成为引领赣州市高质量发展的强力引擎。

（二）产业水平实现新跃升

咬定主攻工业不动摇，推动产业链供应链、创新链价值链相互作用、融合发展，迈向中高端，力争龙南经济技术开发区营收突破 1 000 亿元，挺进全国百强。深入实施产业链链长制，推动线路板、稀土新材料及锂电产业全产业链发展，打造全国知名的线路板制造基地、电子新材料制造基地。线路板产业力争产值超 350 亿元；稀土新材料及锂电产业重力争产值超 500 亿元；统筹推进家具、钢铁、现代轻工、食品药品等传统产业转型升级，力争产值超260亿元。抢抓前沿领域发展制高点，积极培育新一代信息技术、生命健康、新能源、新装备等战略性新兴产业和未来产业。龙南经济技术开发区实现营收突破千亿元，创新引领发展能力显著提高，研发投入占地区生产总值比重提高至2.5%，三次产业比例进一步优化调整为7.5∶50.5∶42.0，现代化经济体系建设取得重大进展。

（三）改革开放取得新成效

打造政务服务满意度一等县域。龙南市营商环境达到全国一流水平，市场主体活力显著增强。做强做实国有投融资平台，力争市属国企资产总额突破500亿元，打造2家信用等级AA及以上集团公司。完善政企圆桌会议制度，构建“亲清”新型政商关系，支持民营经济健康发展。深化户籍制度改革，优化以实际居住为依据的基本公共服务提供机制，加速农业转移人口市民化。完善要素交易规则和服务体系，提升土地、劳动力、资本等要素市场化配置效率。加快建设城乡统一的建设用地市场。深化农村集体产权制度改革。巩固和完善农村承包地确权成果，落实好第二轮土地承包到期后再延长三十年政策。

打造深度融湾先行示范区。昂首迈入粤港澳大湾区“一小时经济圈”，深度融入粤港澳大湾区产业协作配套，着力建设承接粤港澳大湾区产业转移首选区、优质农副产品供应地和康养休闲旅游“后花园”，出口总额达到62亿元，实际利用外资年均增长5.5%左右。深化与粤港澳大湾区企业、商（协）会等交流合作，常态化开展“粤企入赣”和经贸旅游文化活动。探索与粤港澳大湾区城市、开发区共建工业园区的有效模式，以合作共建、托管建设等方式发展“飞地经济”，推动与东莞市合作建设“飞地产业园”。开通至广州南沙港联运线路，加密至深圳盐田港、蛇口港铁海联运。深入推进“互联网+易通关”改革，推动与大湾区口岸信息互换、监管互认和执法互助，构建大通关综合服务体系。支持境内企业在境外设立海外仓，拓宽海外销售渠道，进入国际产业分工关键环节。

打造区域协同联动发展共同体。加速“三南”一体化发展，推动“三南”基础设施及公共服务一体化、工业经济一体化、发展资源一体化、对外协作一体化。推进“三南”快线里陂至盘石段建设。建成投用“三南”无线电监测站、“三南”生活垃圾焚烧发电项目，推动建设三南电子产品检验检测公共服务平台。探索完善龙南市经济开发区“一区多园”发展模式，高标准建设赣粤产业合作试验区“三南”片区，建成投用“三南”共建标准厂房，打造承接加工贸易转移示范产业园。

（四）次中心城市建设迈出新步伐

龙南市综合实力和辐射带动力显著增强，城乡空间布局进一步优化，城市功能和品质跻身省市一流，城镇化质量明显提升；乡村振兴发展战略全面推进，城乡融合发展体制机制更加完善，乡村基础设施短板基本补齐，新时代“五美”乡村建设取得明显成效。城乡人居环境进一步改善。实施美丽乡镇建设五年行动，推动圩镇功能与品质年年有变化、三年大变样、五年创特色。建设杨村示范镇及临塘、汶龙等特色乡镇，提升武当、里仁示范镇。推进扩权强镇改革试点。因地制宜发展乡镇经济，培育一批工业小镇、文旅小镇等特色小城镇。大力推进城市“双修”，加快建设海绵城市。加强城市安全防范，增强抵御冲击和应急保障能力。深化城市“网格+”模式，加强精细化管理。力争成功创建全国文明城市、国家卫生城市、国家园林城市。

（五）生态文明达到新水平

龙南市生态文明建设纵深推进，红线思维贯穿经济社会发展全局，生态文明制度体系更加健全，资源利用效率大幅提高，污染物减排成效突出，生态环境日益改善，“绿水青山”和“金山银山”双向转化通道更加顺畅，绿色发展水平走在省市前列。继续打好蓝天、碧水、净土保卫战，深入落实河长制、林长制，开展碳排放达峰行动，严控新增土壤污染，确保龙头滩出境断面水质稳定在Ⅲ类以上。深入实施矿山环境治理、水土流失治理，打造“山区源头地区”山水林田湖草综合治理样板。持续推进低质、低效林改造，建设窑头省级湿地公园、茶坑省级森林公园。探索建立明晰高效的自然资源资产产权制度，健全生态产品价值实现机制。严格执行生态环保责任规定、自然资源资产审计、生态环境损害赔偿等制度。推进资源高效节约利用，大力发展绿色低碳循环经济。推行简约适度、绿色低碳的生活方式，广泛开展生态文明创建活动。

（六）民生福祉迈上新台阶

龙南市社会就业更加充分，城镇调查失业率控制在 5.5% 左右，城乡居民收入增长和经济增长保持基本同步，城乡居民人均可支配收入比降低至 2.43，居民收入差距逐步缩小；推进学前教育优质普及普惠发展，规划新建一批公立幼儿园，稳步提升公办幼儿园在园幼儿占比。推进义务教育优质均衡发展，加快扩充城区教育资源，逐步缓解小升初学位紧张状况，消除城区大班额，确保义务教育达到国家和省定办学标准；脱贫攻坚成果巩固拓展，基本公共服务均等化水平明显提高，社会保障体系更加完善，加强“雪亮工程”、智慧安防小区建设，打造社会治安防控体系升级版；公共文化服务体系日趋健全，人民精神文化生活日益丰富，市民获得感、幸福感、安全感不断提升。

21 全南县十年苏区振兴发展报告

摘要：十年间，全南县已在脱贫攻坚与乡村振兴、基础设施建设、产业发展、改革开放、生态文明建设、民生事业等方面取得显著成效。下一步，全南县将加快建设乡村振兴先行区、生态文明样板区、城乡统筹示范区、品质生活引领区，争当对接融入粤港澳大湾区的突击先锋、前哨尖兵，奋力谱写全面建设社会主义现代化国家的精彩全南篇章。

关键词：苏区　振兴发展　全南县

一、发展成效

全南县充分利用苏区振兴政策效应，感恩奋进、苦干实干，以更高水平对接融入粤港澳大湾区，着力打造“四地”，加快建设“四区”[①]，在建设革命老区高质量发展示范区中昂首阔步、奋勇前行。2011—2021年，全南县地区生产总值由30.2亿元增长到97.53亿元，年均增长8.9%，如图21-1所示；城乡居民人均可支配收入分别从8 177元、3 666元增长到32 748元、11 912元，年均分别增长14.88%、12.5%。2019年、2020年连续2年获评江西省高质量发展综合绩效先进县，2018年至2021年连续4年获评赣州市高质量发展先进县，先后获评全国农村人居环境整治成效明显激励县、国家卫生县城、国家电子商务进农村综合示范县、“中国天然氧吧”等。

城市、景区、乡村共融共生，形成风景美如画的“全景全南”

① “四地”“四区”：中国共产党全南县第十四次代表大会上的报告提出，要着力打造粤港澳大湾区重要的产业转移承接地、旅游康养目的地、农副产品直供地、对接合作新高地，加快建设赣州市乃至全省的乡村振兴先行区、生态文明样板区、城乡统筹示范区、品质生活引领区。

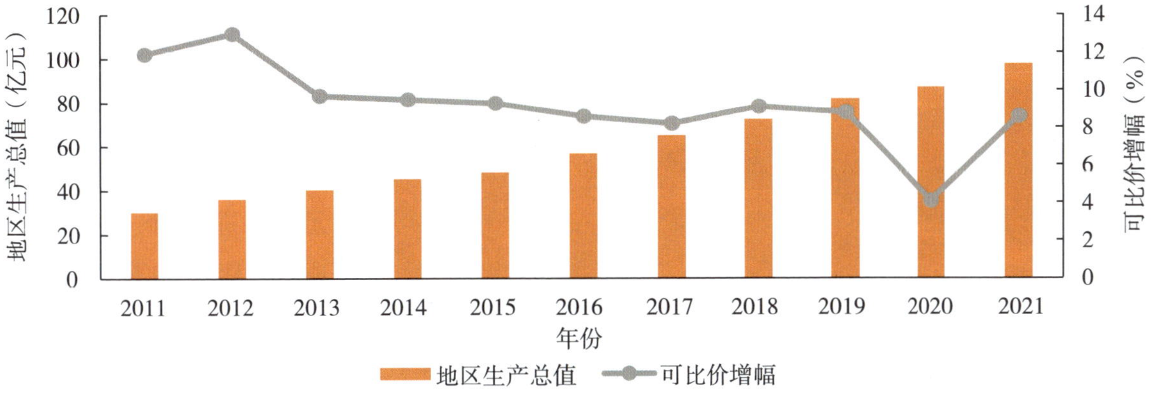

图 21-1　2011—2021 年全南县地区生产总值及可比价增幅情况

资料来源：根据全南县统计局数据整理而得。

（一）产业发展量质齐升

1. 产业结构优调

全南县抢抓粤港澳大湾区产业转移窗口期，深入实施工业倍增升级行动，推进电子信息、新材料产业聚环成链、入规上市，由“一矿独大，结构单一”的工业产业结构，打造两个百亿元级产业集群，为实现新突破蓄积力量。由图 21-2 可知，2011—2021 年，三次产业结构由 2011 年的 21.79∶40.64∶37.57 优化为 2021 年的 16.70∶40.91∶42.39。

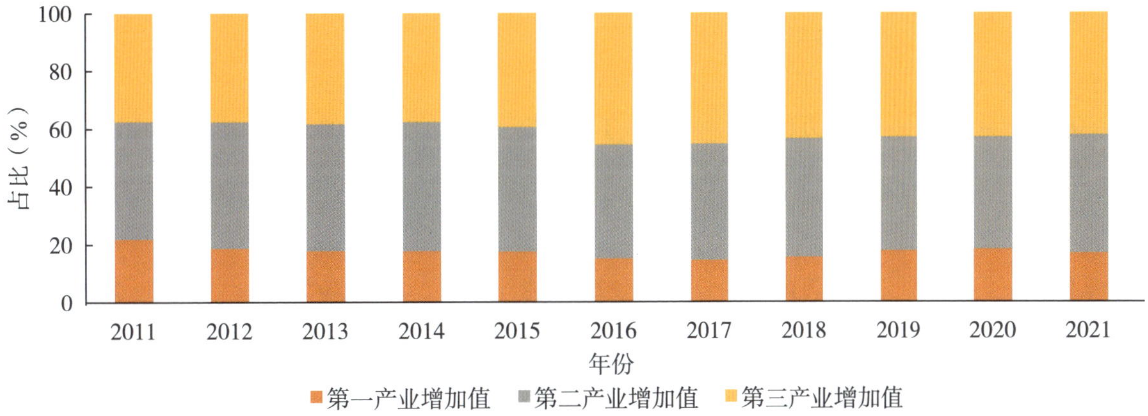

图 21-2　2011—2021 年全南县三次产业增加值占生产总值比重变化情况

资料来源：根据 2011—2021 年全南县统计年鉴整理而得。

2. 工业倍增升级

全南县坚定不移贯彻落实“工业强省”战略，加速推进新型工业化，坚持电子信息首位产业、新材料主攻产业培育“双轮驱动”，推动形成了链条完整的光电显示产业集群，5G 通信组件、5G 终端产品产业链条进一步延伸；推动新能源动力电池材料、锆铪新材料向产业链、价值链高端迈进；坚持科技创新推动产业发展，获批省级创新平台和载体 4 个，市级创新平台和载体 19 个，高新技术企业数量达 28 个，“瞪羚”企业、潜在“瞪羚”企业各 1 个，连续 2 年获评全省专利工作进步十强县、赣州市主攻工业先进县。2011—2021 年，规模以上工业企业由 32 家增至 72 家，增长 225%，规模以上

全南县大力打造电子信息产业集群，图为全南县 5G 智能产业园

工业企业实现总产值由 58.16 亿元增至 75.48 亿元，增长 129.8%；2016 年来，引进工业项目 98 个，总投资 620.2 亿元，引进 13 个“5020”重点项目，建设 80 余万平方米标准厂房，让企业实现“拎包入驻”，累计投入 20 亿元完善园区基础设施及配套设施建设。

3. 现代农业持续发展

截至 2021 年，全南县打造粤港澳大湾区农副产品直供地，建成 3 个粤港澳大湾区“菜篮子”生产基地、30 个规模以上设施蔬菜基地，打造田间冷库 12 个，创建省级现代农业产业园、国家级龙头企业各 1 个；2021 年香韵兰花基地扩展到 1 000 亩，成为全国单体面积最大的国兰种植基地。推进高标准农田建设，获评全省高标准农田建设考评先进单位，获评全省绿色有机农产品示范县、全省农村一二三产业融合试点示范县。2011 年、2021 年全南县种植养殖情况见表 21-1。

表 21-1　2011 年、2021 年全南县农林牧渔业种植（养殖）情况

指标	2011 年种植（养殖）面积或数量	2011 年产量	2021 年种植（养殖）面积或数量	2021 年产量
粮食作物类	17.68 万亩	67 956 吨	16.29 万亩	64 200 吨
豆类	1.03 万亩	1 588 吨	1.02 万亩	1 450 吨
薯类	0.74 万亩	3 358 吨	1.13 万亩	4 639 吨
油料类	1.59 万亩	3 958 吨	3.33 万亩	5 761 吨
蔬菜类	8.8 万亩	179 256 吨	11.66 万亩	227 007 吨
瓜果类	1.01 万亩	22 558 吨	1.10 万亩	21 885 吨
水果类	4.17 万亩	48 675 吨	5.22 万亩	36 519 吨
脐橙	2.08 万亩	11 891 吨	2.63 万亩	19 544 吨
人工造林	2.16 万亩	—	0.43 万亩	—
封山育林	2.78 万亩	—	3.01 万亩	—
出栏生猪	150 327 只	12 627 吨	537 200 只	38 375 吨
出栏牛	3 753 只	390 吨	3 390 只	375 吨
出栏羊	1 243 只	19 吨	1 656 只	28 吨
出笼家禽	12 396 只	1 488 吨	24 214 只	3 397 吨
水产养殖面积	1.89 万亩	8 002 吨	2.14 万亩	11 560 吨

资料来源：根据 2011 年、2021 年全南县统计年鉴整理而得。

4. 全域旅游提质增效

全南县先后引进投资 100 亿元的鼎龙 • 十里桃江、20 亿元的天龙山景区、16 亿元的攀岩小镇等 14 个重大文旅项目，着力打造其中 4 个核心景区和 10 个乡村旅游点。如表 21-2 所示，2011—2021 年，

表 21-2　2011—2021 年全南县接待旅游人数及旅游综合收入情况

年份	接待旅游人数（万人次）	旅游综合收入（亿元）	年份	接待旅游人数（万人次）	旅游综合收入（亿元）
2011	38.45	2.36	2017	90.13	6.76
2012	41.27	2.80	2018	182.88	13.61
2013	47.38	3.32	2019	309.09	24.97
2014	56.57	3.83	2020	414.83	31.80
2015	64.83	4.46	2021	510.31	35.80
2016	74.60	5.15			

资料来源：根据全南县文化广电新闻出版旅游局数据整理而得。

接待旅游人数由 38.45 万人次增加到 510.31 万人次，旅游综合收入由 2.8 亿元增加到 35.8 亿元。成功创评省级全域旅游示范区、3 个国家 4A 级旅游景区、2 个省 4A 和 3 个省 3A 乡村旅游点、1 个省级生态旅游示范区，全南县旅游实现了从一张白纸描绘成了一幅全域旅游“富春山居图”的美丽画卷。

（二）脱贫攻坚卓有成效

全面强化义务教育、基本医疗、住房安全、饮水安全保障，贫困群众“两不愁三保障”得到有效解决，100% 的贫困户建档立卡以来总体生产生活状况有明显改善。截至 2021 年，8 个“十三五”省级贫困村全部出列，全南县 4 626 户 15 365 人建档立卡贫困人口全部脱贫，2017—2020 年，连续四年在全省党委和政府脱贫攻坚工作成效考核中被评为“好”的等次，连续四年在全省财政扶贫资金绩效评价中被评为“优秀”，获评赣州市脱贫攻坚先进县，是赣州市唯一连续四年进入全省第一方阵的非贫困县。

（三）乡村振兴效果显著

全南县坚持以乡村振兴统揽新发展阶段“三农”工作，加快建设乡村振兴先行区，农业产业蓬勃兴旺。如图 21-3 所示，2021 年，农林牧渔业总产值达 26.12 亿元，粮食总产量达 6.42 万吨，“高山+

以攀岩为主题的中国（全南）攀岩小镇

国家 4A 级旅游景区全南县雅溪古村

有机蔬菜”畅销粤港澳。美丽乡村清新整洁。十年来，全南县推动农村环境治理从局部整治转向全域治理，高标准打造了170个美丽宜居村庄，创建1.32万户美丽示范庭院，村庄环境长效管护评估位列江西省第四、赣州市第一。乡村治理成效明显、新风扑面。十年来，全南县建成4个省级文明村镇，南迳镇马古塘村被评为全国民主法治示范村，陂头镇太和村被评为全国村级议事协商创新实验试点单位；先后获评全国农村人居环境整治工作成效明显激励县、全国县域农业农村信息化发展先进县、全国第二批农作物病虫害“统防统治创建县”、全省乡村振兴先行示范县、2019—2020年连续2年的全省乡村振兴实绩考核优秀县、全省农村人居环境整治（新农村建设）工作先进集体、全省婚丧领域移风易俗示范点等。百姓群众增收，十年来增长了近3倍，详见图21-3。

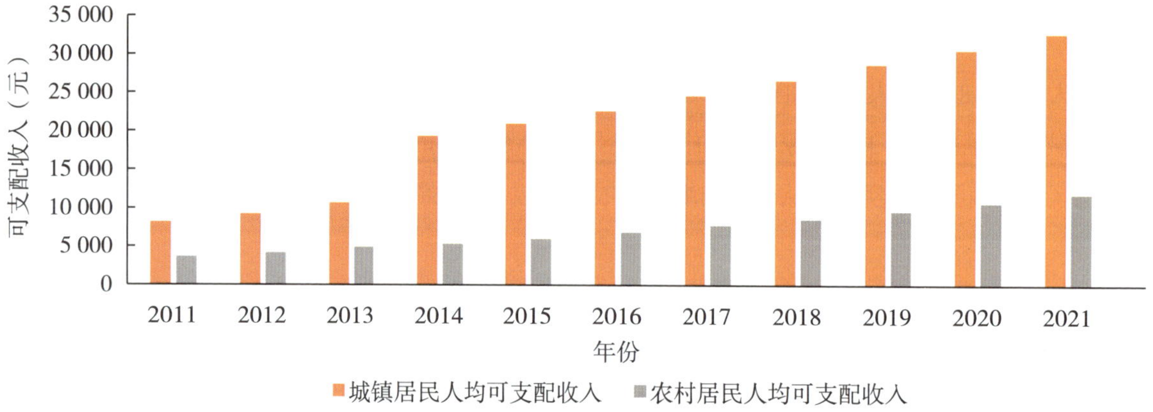

图21-3　2011—2021年全南县城镇、农村居民人均可支配收入情况

资料来源：根据2011—2021年全南县统计年鉴整理而得。

（四）基础设施建设实现新跨越

1. 补齐交通设施短板

截至2021年，全南县已建成“纵贯南北、横跨东西、联接周边”的大交通路网，融入珠三角“两小时交通圈”，是赣州市乃至江西省与东南沿海、中部地区互联互通的“第一粒纽扣”。如表21-4所示，2012—2021年，完成新（改、扩）建道路723.8公里，改造危桥47座，2021年成功创建省级“四好农村路”示范县。

2. 推动绿色能源升级

持续加强能源支撑，大力发展风电、光伏等新能源产业，能源结构明显优化，为经济发展积蓄生态“绿”能量。电网投资达5.377 4亿元，完成电网工程415.547公里。现已建成风电项目2个，光伏项目1个，总装机容量达20.72万千瓦。

3. 水利设施保障能力提升

完成县城段等15处防洪工程，治理河道长度53.83公里，新增防洪堤、护岸长约61.68公里；完成31座病险水库除险加固工程；新建和巩固提升农村饮水工程共258处，受益农村人口14.2万人；整治和改造农田灌排渠道共982公里，整治山塘110座，改善灌溉面积10.8万亩，受益农村人口13万人；林草植被覆盖率提高3%，水土保持率由85%提高至89%，水土流失面积由187.29平方公里降低至154.69平方公里。

（五）改革开放释放新活力

创新提出“五抓五美”推进农村人居环境整治、“五治融合”基层社会治理、强链补链招大引强等改革事项 49 项；围绕就学、看病、停车等群众急难愁盼问题，创新提出学前教育普惠发展、“一院三区”管理、智慧城市建设等改革事项 57 项；持续优化营商环境，获评全省营商环境优化县；发挥对口支援优势，建立县乡村三级电子商务服务体系，获评国家电子商务进农村综合示范县；创新融资融智模式，县级融资平台在全省率先入选授信准入名单；在承接省、市改革事项的同时，争取获批市级以上试点示范 42 项。

（六）生态文明建设持续有力

全南县坚持生态立县、践行生态理念，统筹推进“五位一体”总体布局，强力治水，保护流域安全。十年来，全南县 2 个过境断面、2 个县级集中式饮用水源地均达到Ⅲ类及以上水质标准，连续三年在全省河长制工作考核中获得优秀等次。强力治气，保卫蓝天白云。十年来，全南县空气质量一直稳定在国家二级标准以上，$PM_{2.5}$ 近三年年均浓度在 18 微克 / 立方米以下，优良率在 95% 以上。强力治土，保育一方净土。截至 2021 年，全南县受污染耕地安全利用率达 93% 以上，未发生土壤污染事件，重点建设用地安全利用得到保障。先后荣获“中国天然氧吧”“省级生态县”“全省首批美丽宜居试点县”“全省资源节约和环境保护先进县”“全省碳汇造林试点县”“全省森林资源保护先进县”“全省绿色有机农产品示范县和全省循环经济试点县”等荣誉称号。

（七）民生福祉更加殷实

全南县切实改善民生，努力提高人民群众的生活质量和幸福指数。如图 21-4 所示，十年间在 13 项民生领域共投入约 190 亿元，完成一江两岸、河边街改造、绕城公路、梅子山公园等一批民生项目，形成城市、景区、乡村共融共生的“全景全南”。如表 21-3 所示，新建新全南中学、燕园实验中学、公办幼儿园，改（扩）建城乡学校 20 所，新增学位 1.4 万个，适龄儿童少年入学率达 100%，高质量通过国家义务教育均衡发展评估认定。全南县新人民医院投入使用，中医院搬迁扩容，建成中西医结合医院，大力实施乡镇卫生院改造。全县病床位数由 490 张增至 1 091 张，医疗服务体系得到不断改善。新（改、扩）建县老年人文体活动中心、社会福利中心、光荣院、残疾人康复大楼及 4 处敬老院，建成 1 个县级智慧养老服务中心，10 个城市社区居家养老服务中心，75 个农村互助养老服务设施，不断完善养老服务体系。全民医保制度基本建立，城乡居民社保体系基本全覆盖。

表 21-3　2011—2021 年全南县学校数、学位数、卫生机构床位数变化情况

年份	学校数（所）	学位数（个）	卫生机构床位数（张）
2011	61	31 730	490
2012	64	33 740	588
2013	63	35 620	780
2014	63	37 230	845
2015	69	37 380	921

续表 21-3

年份	学校数（所）	学位数（个）	卫生机构床位数（张）
2016	75	38 440	921
2017	76	40 320	966
2018	79	40 770	966
2019	83	41 040	1 091
2020	81	43 460	1 091
2021	81	45 270	1 091

资料来源：根据全南县教育科学技术体育局、全南县卫生健康委数据整理而得。

注：包括幼儿园、中小学校、职业中学。

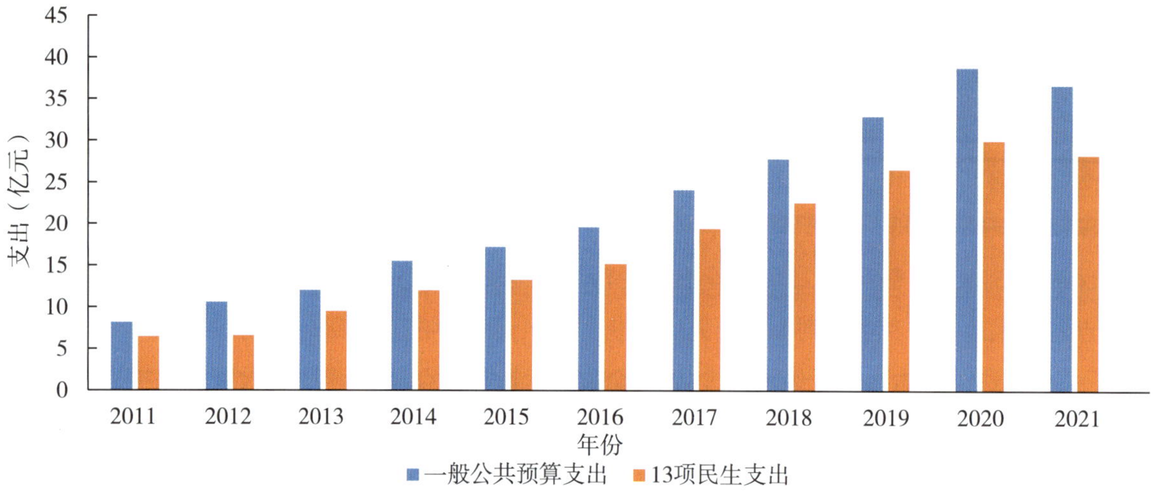

图 21-4　2011—2021 年全南县一般预算支出及 13 项民生支出情况

资料来源：根据全南县财政局数据整理而得。

（八）社会治理安定有序

全南县着力提升社会治理水平，切实增强社会治理预见性、精准性、高效性，让基层社会既充满活力又安定有序。公众安全指数持续攀升，从 2011 年的 95.68% 增至 2021 年的 99.64%，连续 4 年获评赣州市平安建设先进县，公众安全感、政法满意度连续 10 年保持江西前列（详见表 21-4），荣获 2017 年度全省“平安杯”，连续 4 年获评全国、连续 12 年获评江西省信访工作“三无”县。

表 21-4　2011—2012 年全南县公众安全测评结果情况

年份	公众安全感指数（%）	位次		年份	公众安全感指数（%）	位次	
		江西省	赣州市			江西省	赣州市
2011	95.684 3	69	14	2017	99.003 7	2	1
2012	97.747 2	8	1	2018	98.384 0	3	2
2013	98.785 7	2	1	2019	98.875 0	13	7
2014	99.003 7	1	1	2020	99.761 3	2	2
2015	97.769 4	14	2	2021	99.635 9	9	2
2016	98.754 4	2	1				

资料来源：根据全南县政法委数据整理而得。

（九）城乡面貌日新月异

十年来，全南县桃江新区平地起新城，商贸物流、学校、医院、公园、文化旅游等公共服务项目加快推进，老城区建成河边街商贸街、休闲公园、城市生活广场、行政服务中心，改造提升梅子山公园、解放桥，扩建4个农贸市场，完成棚户区改造6 613户、老旧小区13个、背街小巷18条，功能配套日臻完善，城镇化率由42.15%提升至55.6%。持续推进乡镇建设，将9个乡镇均按示范乡镇打造标准，南迳镇获评国家卫生乡镇、全省优秀特色小镇，5个乡（镇）获评省卫生乡镇，雅溪村获评全国“一村一品”示范村镇、国家森林乡村和全省乡村旅游重点村。

城乡面貌日新月异，图为全南县河边街公园

（十）党的建设全面加强

十年来，全南县以“钉钉子”精神贯彻中央八项规定精神及其实施细则，紧盯项目建设、自然资源、生态环保、教育医疗、乡村振兴、粮食购销等关键领域、重点环节，加大腐败惩治力度，先后查处一批有影响有震动的案件。深化落实以“领导 + 指导 + 联系 + 监督”为主要内容的“四方协同”整改工作机制，持续做好巡察“后半篇文章”。

二、经验启示

（一）构建城市管理新格局

1. 深化基层服务

全南县注重深化基层党组织的公共服务功能，近年来，三级综治中心全部实现了规范化建设、实体化运行，“一村（社区）一警（辅警）”全覆盖，345名“全科网格员”工作到位。始终坚持和发展新时代“枫桥经验”，着力抓好人民调解组织建设，逐步建立完善了以村（社区）为基础，以乡（镇）为依托，以行业性、专业性为补充的人民调解防护网，依托司法所、城市社区建立9个专业化、本土化“老司法”调解室，新组建人民调解委员会14个。推动基层调解队伍由“兼职型”向“专业型”转变，为化解基层重大复杂矛盾纠纷发挥积极的作用。有效构建人民群众积极参与、各类组织广泛协同追求高品质生活、共画“同心圆”的善治图景。

2. 提高城市能级品质

全南县以创新城市管理模式为切入点，持续推进城市精细化管理水平。推行城市“网格化”管理模式，实行县领导、网格巡查员、专业信息采集员“三位一体”的网格巡查监督机制。推行环卫园林市场化。通过城乡环卫一体化、绿化养护市场化运作，实现城乡“一把扫帚扫到底”。推进城市智慧化管理。借助信息化技术手段，将网格化管理与“数字城管”“智能交通”指挥中心有序衔接，实现城市管理数据共建共享，提高城市精细化管理效能。全南县城乡环境综合整治工作连续3年排名全省前列、赣州市第一，成功创建国家卫生县城，蝉联省级文明城市称号；城市功能与品质提升工作进入全省十个先进县行列；城市功能与品质提升工作获得全省综合先进；被《美丽江西在行动》选定为赣州市唯一首批报道的典型。

3. 完善管理体制

全南县坚持以提升组织力为重点，强基固本、大抓基层，不断把党的组织优势转化为发展优势。在农村，选优配强了97个村（社区）党组织书记，书记、主任“一肩挑”实现全覆盖。建立村干部基本报酬稳定增长机制。总结推广7种村集体经济发展模式，经营性收入从最初的近80%的“空壳村”到如今村均20多万元。在城市，完善社区管理体制，成立城市社区党工委（管委会），整合设立43个网格党小组，提升社区治理新效能。在“两新”组织，以园区为龙头，以新业态新就业群体为重点，实施“两新”党组织“五有”标准建设，引导非公企业和社会组织将党建入章，实现“两新”组织“两个全覆盖”。在机关，开展“五比五创”活动，打造五星模范机关，着力破解“灯下黑”“两张皮”问题。党员分类管理“四心工程”和全员党性体检、发展党员“一书一卡一清单”、乡村振兴模范党组织创建、模范机关打造等经验做法在《中国组织人事报》等刊登。

（二）奋力谱写产业发展新章

1. 坚持产业培育“双轮驱动”

全南县围绕全省“2+6+N”产业高质量跨越式发展行动计划及赣州市“1+5+N”产业布局，把电子信息产业和新材料产业作为推动全南县经济高质量跨越式发展的强大引擎来打造。在电子信息产业方面，聚焦光电显示、电子基础材料、5G智能制造等细分领域，集群引进了电子信息企业60余家，推动形成集面板、显示模组、真空镀膜、光学镀膜、通信组件、摄像头、显示器等链条完整的光电显示产业集群，5G通信组件、5G终端产品产业链条进一步延伸；在新材料产业方面，重点发展以锆铪和新能源动力电池新材料为主的金属材料，以稀土冶炼分离、资源综合利用为主的稀土新材料，以氟钛酸钾、氟硼酸钾为主的氟新材料等产业，引进了赣锋锂业、国威锆铪、盛和新材料、贵航电子新能源电池等一批重大项目，推动新能源动力电池材料、锆铪新材料向产业链、价值链高端迈进。

2. 成功创建省级全域旅游示范区

作为赣州全域旅游“一核三区”客家文化旅游区的重点县之一，全南县委、县政府高度重视旅游产业发展，加快构建现代旅游业体系，确立了全域旅游“珍珠链”战略，以景点为“珍珠”，以公路为“珠链”，大力建设旅游公路。十年来，全南县旅游通过提升旅游产品、升级旅游业态、补齐要素短板、优化旅游服务、强化旅游营销等工作措施，实现了从无到有、从小到大，爆发增长、井喷发展，“绝美全南更胜画”品牌越叫越响。在2020年江西省文化和旅游厅公布的省级全域旅游示范区名单中，全南县榜上有名。

（三）补齐基础设施短板

依托“四好农村路”，十年间，全南县以现代农业为突破口，布局高山蔬菜、芳香花木、林下灵芝、供港生猪等 128 个产业基地，吸引了一批重点农业项目落户乡村，推动农村产业品质化、规模化、特色化发展，为乡村振兴打下坚实基础；同时，以路为媒，串联起县、乡、村三级全域物流配送网络，建成 86 个农村电商配送网络和物流站点，培育 18 个特色“电商村”和农村物流示范村；随着“交通 + 电商”“交通 + 快递”等模式的融合发展，以路兴业，将农产品连锁经营、快速配送和专用运输，打通农村致富“大动脉”。

三、展望

下一步，全南县将深入实施“三大战略”，更高水平对接融入粤港澳大湾区，着力打造粤港澳大湾区重要的产业转移承接地、旅游康养目的地、农副产品直供地、对接合作新高地，加快建设赣州市乃至全省的乡村振兴先行区、生态文明样板区、城乡统筹示范区、品质生活引领区，争当对接融入粤港澳大湾区的突击先锋、前哨尖兵，奋力谱写全面建设社会主义现代化国家的精彩全南篇章。

一是在增强经济综合实力，提升发展质量效益上取得新突破。主要经济指标增速稳定保持在赣州市“第一方阵”，高于省市平均水平。工业主导产业加速发展壮大，科技创新对经济增长的贡献率明显提高；加快建设旅游强县，成功创建国家级全域旅游示范区；农业产业高质高效，基础地位进一步巩固。开放广度和深度不断拓展，成为对接融入粤港澳大湾区新高地。

二是在优化城乡空间布局，统筹城乡协调发展上取得新突破。城市功能品质大幅提升，国家卫生县城创建成果持续巩固，成功创建国家文明县城、国家生态园林城市；乡村振兴取得重大进展，农村发展短板系统补齐，基本建成新时代“五美”乡村。

三是在提升生态环境质量，加快实现绿色崛起上取得新突破。生态系统治理水平不断提升，绿色经济率先发展，争创全国生态文明建设示范县、“绿水青山就是金山银山”实践创新基地。

四是在扎实办好民生实事，提升人民生活品质上取得新突破。城乡居民收入稳步增长，基本公共服务均等化水平大幅提升，社会保障体系更加完善，社会治理现代化水平明显提高，人民群众获得感、幸福感、安全感显著增强。

五是在推进全面从严治党，提升党建质量水平上取得新突破。理论武装不断加强，党内政治生活更加严格规范，政治生态风清气正，党组织战斗堡垒和党员先锋模范作用不断增强，党建引领作用充分发挥。

22 定南县十年苏区振兴发展报告

摘要： 十年来，定南县综合实力不断提升、改革开放走深走实、新旧动能加速转换、乡村振兴稳步推进等，得益于定南县坚持政治引领、发展为先、解放思想、人民至上。立足新发展阶段，应着力把定南县打造成赣粤边际生态文明建设示范区、新旧动能转换试验区、全域旅游康养风景区、港产城融合发展创新区，奋力谱写定南县新篇章。

关键词： 苏区振兴　高质量发展　定南县

一、十年振兴发展取得的成就

（一）综合实力不断提升

如表 22-1 所示，定南县 2021 年实现地区生产总值 97.76 亿元，即将突破百亿元大关，是 2011 年的 2.55 倍；财政总收入 12.73 亿元，是 2011 年 5.81 亿元的 2.19 倍；一般公共预算收入 8.93 亿元，是 2011 年 3.17 亿元的 2.81 倍；实际利用外资 11 236 万美元，是 2011 年 4 449 万美元的 2.52 倍；外贸出口 8.25 亿元，是 2011 年 1.83 亿元的 4.5 倍。常住人口城镇化率由 2011 年的 38.96% 提高到 64.12%，县城区建成面积由 10.44 平方公里拓展到 13.9 平方公里。

表 22-1　2011—2021 年定南县地区生产总值、人均生产总值、财政总收入、一般公共预算收入情况

年份	地区生产总值（亿元）	比上年增长（%）	人均生产总值（元）	同比增长（%）	财政总收入（亿元）	比上年增长（%）	一般公共预算收入（亿元）	同比增长（%）
2011	39.59	12.3	22 557	10.7	5.81	38.1	3.17	28.9
2012	42.33	11.8	23 661	9.7	7.20	24.1	3.94	24.3
2013	44.87	11.7	24 940	11.0	9.00	25.0	5.57	41.4
2014	47.93	9.4	26 243	7.7	10.45	16.1	7.45	33.8
2015	51.50	9.4	31 277	5.5	11.00	5.3	9.01	20.9
2016	58.90	7.2	29 897	5.6	11.11	1.0	9.25	2.6
2017	67.10	9.6	33 443	7.6	11.44	3.0	8.76	-5.2
2018	75.11	9.2	36 770	7.2	11.86	3.7	8.30	-5.3
2019	82.27	9.3	39 823	8.0	12.31	3.8	8.64	4.0
2020	87.07	4.1	41 474	2.4	12.42	0.9	8.90	3.1
2021	97.76	8.5	46 515	7.5	12.73	2.5	8.93	0.3
年均增长率	—	9.02	—	7.22	—	8.54	—	11.99

资料来源：根据 2011—2021 年定南县统计年鉴整理而得。

如图 22-1 所示，2021 年，城镇居民人均可支配收入 34 941 元，是 2011 年 14 379 元的 2.43 倍，年均增长 9.1%；农村居民人均可支配收入 13 389 元，是 2011 年 4 086 元的 3.28 倍，年均增长 12.2%。

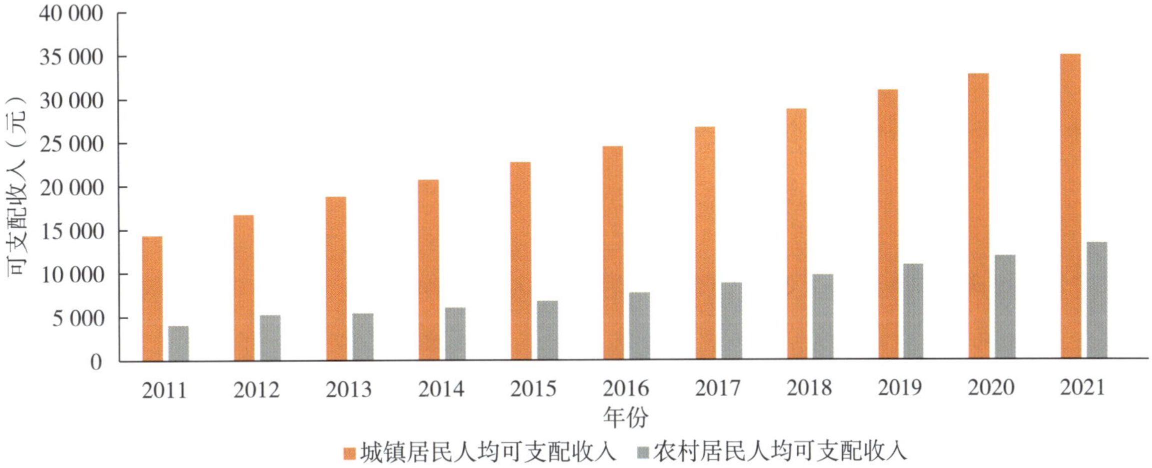

图 22-1　2011—2021 年定南县城镇、农村居民人均可支配收入情况

资料来源：根据历年定南县统计年鉴，由作者统计整理得出。

定南县三次产业结构由 2011 年的 16.7∶25.8∶57.5 调整为 2021 年的 13.3∶35.3∶51.4，如表 22-2 所示。2019 年、2020 年连续两年获评全国、全省信访工作“三无”县；先后获评全省“五型”政府示范县、全省财政高质量发展考核先进县、全省美丽宜居示范县、全省绿色金融先进县、全省双拥模范县、全省应急管理综合考评先进县、省级卫生县城、省级森林城市等。

定南县城区俯瞰图

表 22-2　2011—2021 年定南县三次产业增加值及增速情况

年份	第一产业		第二产业		第三产业	
	增加值（亿元）	同比增长（%）	增加值（亿元）	同比增长（%）	增加值（亿元）	同比增长（%）
2011	6.62	3.9	10.23	14.2	22.75	15.3
2012	7.73	4.6	10.78	12.6	23.82	14.7
2013	8.47	7.4	11.88	14.1	24.52	11.4
2014	8.76	5.3	13.17	11.3	25.99	9.4
2015	9.27	4.1	15.19	9.8	27.04	11.1
2016	9.52	4.4	19.62	7.7	29.73	7.9
2017	9.86	4.3	22.87	7.8	34.37	13.3
2018	10.39	4.0	26.21	8.8	38.52	11.3
2019	11.51	3.3	28.27	7.9	42.49	12.4

续表 22-2

年份	第一产业		第二产业		第三产业	
	增加值（亿元）	同比增长（%）	增加值（亿元）	同比增长（%）	增加值（亿元）	同比增长（%）
2020	12.66	2.4	28.84	2.4	45.57	6.0
2021	13.04	6.8	34.54	11.2	50.18	7.3

资料来源：根据 2011—2021 年定南县统计年鉴整理而得。

（二）新旧动能加速转换

定南县持续调优产业结构，重点发展电子信息、新材料双首位产业，2021 年电子信息企业 77 家、新材料企业 78 家，产业集聚度分别达到 56% 和 65%，产业集群营收均突破 45 亿元。2021 年共有规模以上工业企业 76 家，比 2011 年增加 52 家；规模以上工业实现营收 86.7 亿元，是 2011 年 51.9 亿元的 1.67 倍；累计有 35 家企业完成技改升级，2021 年战略性新型产业、高新技术产业占规模以上工业增加值比重分别达到 56.9%、59.3%；十年来，工业增加值实现年均增长 10.33%（详见图 22-2）；成功设立 1 亿元赣优壹号产业发展基金，轻量化汽车零配件、建南科技等优质项目建成投产，获批全省稀土永磁材料产业基地、全省海峡两岸产业合作区等，赣悦新材料、龙邦科技等企业获批全国全省行业内优秀企业、标杆企业，惠亚科技获批江西省专精特新中小企业。围绕主导产业招大引强，累计引进各类项目 256 个，总投资 845.47 亿元，2020 年获评全省赣州市开放型经济工作综合先进单位、全省十佳优化营商环境县，2021 年获评全省利用外资先进县。

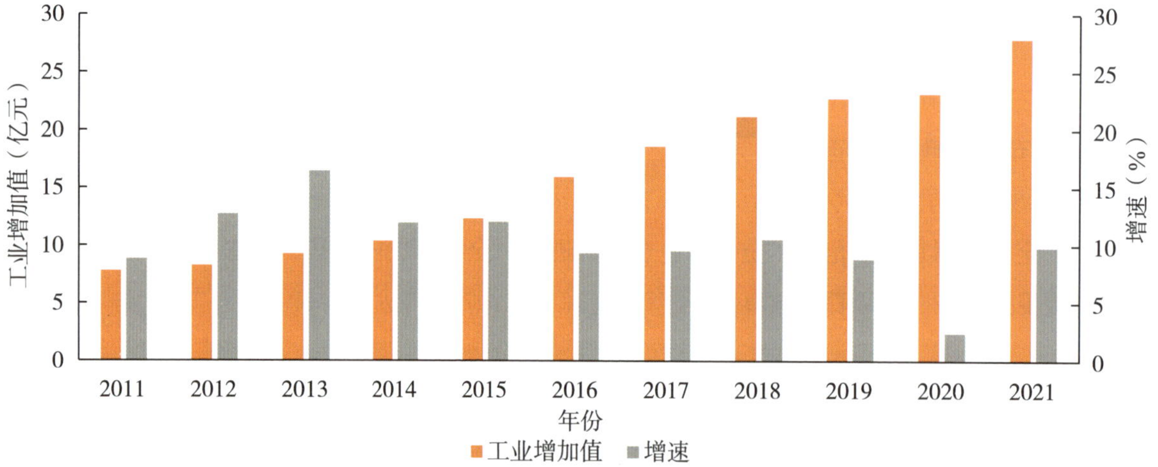

图 22-2　2011—2021 年定南县工业增加值及增速情况

资料来源：根据 2011—2021 年定南县统计年鉴整理而得。

（三）城市面貌日新月异

2021 年，赣深高铁定南段、高铁定南南站建成使用，定南县融入粤港澳大湾区“1 小时经济圈”和赣州“半小时经济圈”；A1 级通用机场前期工作加快推进，即将启动建设；宁定高速定南段及联络线、G238 国道和 G535 国道定南段、新时代大道建成通车；高标准打造高铁新区，投资 7 亿元建设站前广场、路网工程及龙归湖景区项目；建设九龙商业街等特色街区和东江湿地公园、文体中心、布衣公园、龙归湖、凤栖湖、“定南之窗”商贸文旅综合体等一批群众休闲娱乐设施；实施城区主干道“白改黑”27.3 公里，硬化背街小巷路面 11.78 万平方米，实施城区亮化工程安装路灯 1 784 盏；完成出入县主要通道和高速路沿线民房改造 41 万平方米；洋前坝水库项目已建成下闸蓄水；建成立体智能停车楼，新（改）建农贸市场 13 个、城区公厕 46 个，城市服务功能不断增强；累计完成棚户区改造 3 167 户，拆除“两违”建筑 5.36 万平方米。

定南南站

（四）乡村振兴稳步推进

定南县全面打赢脱贫攻坚战，持续巩固拓展脱贫攻坚成果。2016 年以来，围绕产业、就业、教育、住房等十大帮扶工程项目，以“不获全胜、决不收兵”的决心，举全县之力深入推进脱贫攻坚和巩固拓展脱贫攻坚成果工作，累计投入各项脱贫攻坚和衔接资金 17.57 亿元，25 个省级贫困村脱贫出列，5 160 户 20 024 人贫困人口脱贫，如期完成了现行标准下农村贫困人口全部脱贫的目标（详见表 22-3）；在全省率先推出“防贫保”理赔机制，累计理赔 195 户次、264.69 万余元，有效防止了非贫人口致贫或脱贫人口返贫。“防贫保”经验做法得到了中央领导的肯定，并在全省和全市复制推广。

表 22-3　2015—2020 年定南县退出脱贫人口数量情况

年份	户数（户）	人数（人）	年份	户数（户）	人数（人）
2015	720	3 212	2018	843	3 497
2016	965	4 196	2019	1 739	6 220
2017	484	2 061	2020	409	838

资料来源：根据 2015—2020 年定南县政府工作报告整理而得。

由图 22-3 可知，2021 年，定南县实现农林牧渔总产值 21.12 亿元，按可比价计算，比 2011 年提高 7.71 亿元。十年来，定南县累计新增高标准农田 10.5 万亩，在赣州市率先落地生猪饲料“保险 + 期货”试点项目，累计生态复产脐橙 4.36 万亩，新（改）造油茶林约 7 万亩；在赣州市乃至全国率先发展富硒脐橙，梦江南农场等 6 家企业获评赣州市首批富硒产业示范基地，粤港澳大湾区“菜篮子”生产基地达到 5 个。

2012—2021 年，定南县累计硬化农村通组公路 416 公里，新建农村“四好”公路 102 公里（详见表 22-4），完成 35 千伏及以下农网改造升级工程，220 千伏百乐变电站、110 千伏圳岗变电站输变电工程投入运行；集中力量打造 13 个乡村振兴“五美”示范村庄；纵深推进乡镇建设三年行动，岿美山示范镇基本建成，龙塘、天九示范镇建设进展顺利。

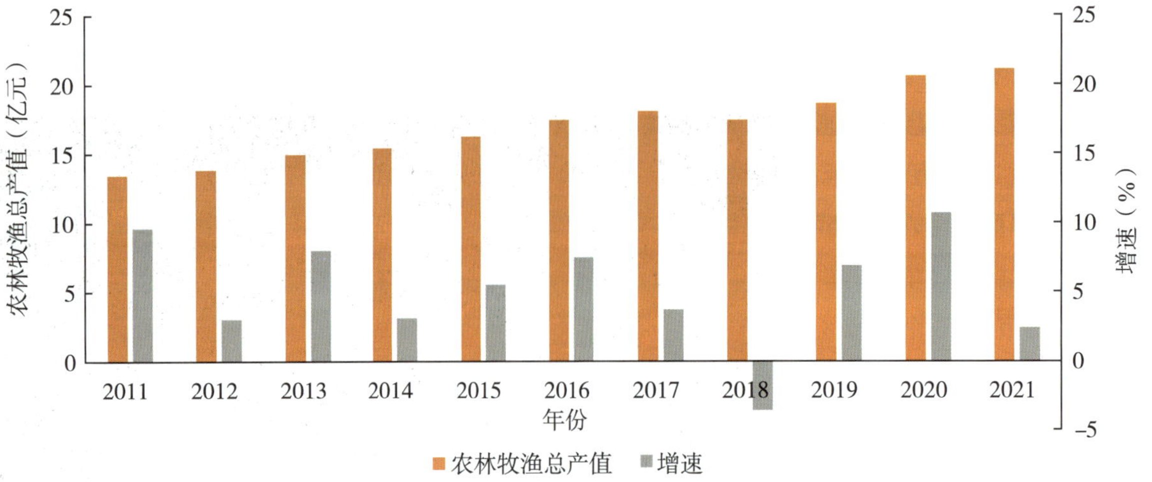

图 22-3　2011—2021 年定南县农林牧渔总产值及增速情况

资料来源：根据 2011—2021 年定南县统计年鉴整理而得。

表 22-4　2012—2021 年定南县新（改）建公路情况　　单位：公里

道路等级	新（改）建公路	道路等级	新（改）建公路
高速公路	55.30	乡道	33.09
国省道	41.88	村组道	696.92
县道	54.80		

资料来源：根据 2012—2021 年定南县统计年鉴整理而得。

（五）现代服务业蓬勃发展

物流产业园获评省重点商贸物流园区、省级现代服务业聚集区，定南港扩建、临港产业园、多式联运物流、物流信息中心列入赣州市商贸服务型国家物流枢纽建设项目。定南—盐田港“三同”海丝班列开通，定南港纳入赣州国际陆港“一港多区”体系，与盐田港、厦门港实现互联互通，2021 年定南港铁路集装箱吞吐量达 1.6 万标箱；高标准规划建设 5 000 亩临港产业园，完善多式联运物流配套设施；全域旅游扎实推进，桃源乐境成功创建国家 4A 级景区，岿美山钨矿小镇获评江西省旅游风情小镇、工业旅游示范基地，举办了五届生态定南徒步节。由表 22-5 可知，接待旅游人数从 2011 年的 78 万人次增加到 2021 年的 520.282 万人次；旅游综合收入从 2011 年的 3.9 亿元增加到 2021 年的 44.225 亿元。

表 22-5　2012—2021 年定南县旅游业发展情况

年份	接待旅游人数（万人次）	旅游综合收入（亿元）
2012	78.0	3.9
2013	81.0	4.8
2014	85.3	5.1
2015	87.6	5.7
2016	92.6	6.3

续表 22-5

年份	接待旅游人数（万人次）	旅游综合收入（亿元）
2017	103.7	7.1
2018	146.3	10.0
2019	231.2	19.7
2020	270.7	26.9
2021	520.3	44.2

资料来源：根据 2011—2021 年定南县政府工作报告整理而得。

2021 年，定南县普惠金融服务中心建成运营，发放各类“信贷通”25.39 亿元，为 594 家企业发放还贷周转金 17.39 亿元，金融机构期末存款余额 132.99 亿元，是 2011 年 49.67 亿元的 2.7 倍，年均增长 10.4%；贷款余额 191.81 亿元，是 2011 年 24.64 亿元的 7.8 倍，年均增长 22.8%，获评“全省绿色金融先进县”（详见图 22-4）；电商孵化园入驻企业 18 家，建成电子商务运营中心和 106 个村级服务网点；推动足球融合发展，19 所学校、幼儿园获评“全国足球特色校园”，定南县获评“全国社会足球场地设施建设重点推进城市”“全国青少年校园足球试点县”“首批全国县域足球典型”“全国群众体育先进单位”，十年来累计承办市级以上足球赛事 14 个、获得冠军 20 个，带动旅游消费收入 3 000 万元。

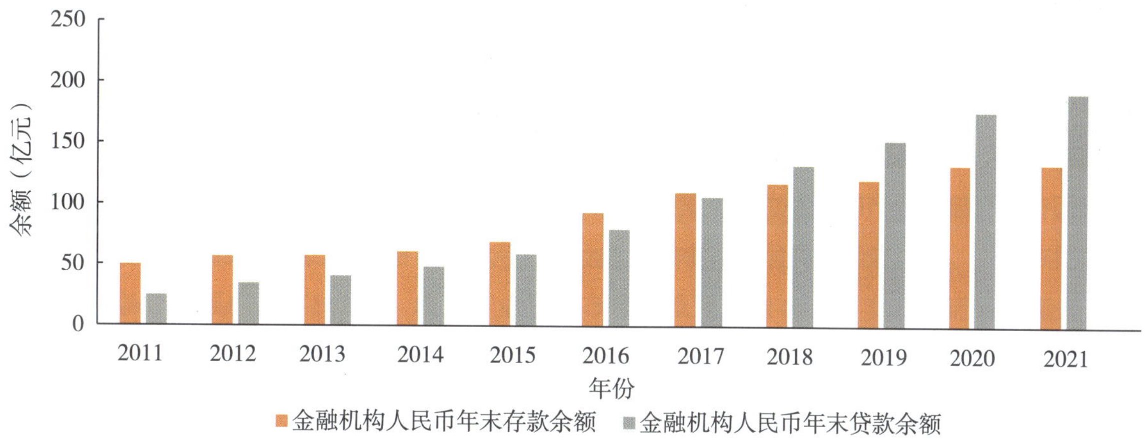

图 22-4　2011—2021 年定南县金融机构人民年末存贷款余额情况

资料来源：根据 2011—2021 年定南县统计年鉴整理而得。

定南县是国家和省市青少年足球赛事重点承办单位

定南九曲度假村

（六）民生事业健康发展

定南贯彻共享发展理念，累计投入民生资金 189.87 亿元；坚持把就业作为民生之本，2021 年城镇新增就业 2 194 人、新增转移农村劳动力 2 629 人，城镇登记失业率控制在 4.5% 以内；2017 年通过国务院义务教育基本均衡督导评估；县党政领导干部履行教育职责督导评价 2019—2021 年连续三年被评为全省优秀等次，获评 2021 年度全省高质量发展综合绩效考核评价“教育发展”评价优秀等次，全省平安校园建设优秀县；新（改）建中小学校、幼儿园 48 所，新增学位 12 490 个，在全省率先化解城区学校“大班额”问题；智慧医疗平台覆盖所有行政村，乡村医疗机构一体化管理做法在全省推广；“赣南客家服饰”列入第五批国家级非遗产代表性项目名录，定南瑞狮荣登国庆 70 周年联欢盛典、亮相中央电视台综艺频道《综艺盛典——环科城市派》，列入省级非遗，“瑞狮之乡”美名远扬，定南中专获批省级非遗传承基地，黄砂口村被列为第一批赣州市非遗小镇；创新社区养老服务模式，建成 112 个居家和社区养老服务站点，城市居家和社区养老服务设施基本实现全覆盖，农村互助养老服务设施覆盖 80% 以上行政村。

定南瑞狮

（七）生态文明建设成效明显

定南县坚持“绿水青山就是金山银山”，实施东江源流域上下游横向生态补偿试点和山水林田湖草生态修复工程，东江源头保护区出境断面水质从Ⅲ类提升到Ⅱ类以上；2016 年划定生态红线 503.4 平方公里，拆除畜禽禁养区养猪场栏舍 20.1 万平方米，累计铺设城区污水管网 264 公里；全面禁止阔叶林、天然林商业性砍伐，累计治理水土流失 187.23 平方公里，改造低质低效林 26.6 万亩，森林覆盖率稳定在 83% 以上，空气质量优良天数比例达到 99.5%，重要水功能区水质达标率达 100%；积极谋划国家储备林项目，争取国开行长期林业开发性贷款推进生态建设，引进国电投江西公司投资 50 亿元整县打造 1 000 兆瓦新能源发电基地；生态循环农业示范园获评省级生态文明示范基地，畜禽粪污第三方全量化收集和资源化利用定南模式获农业农村部表彰，在全国推广，“村镇智慧污水处理公园”入选江西省绿色技术目录，获评“省级生态园林城市”“节能减排先进县”“绿色种养循环农业试点县”“水利改革发展优秀单位”。

二、经验启示

苏区振兴发展十年，为定南县奠定了高质量发展的坚实基础，更为今后的发展积累了宝贵的经验。

坚持政治引领。始终同以习近平同志为核心的党中央保持高度一致，持续兴起学习贯彻习近平新时代中国特色社会主义思想热潮，矢志不渝忠诚核心、拥戴核心、紧跟核心、捍卫核心，坚定不移全面从严治党，锻造了一支忠诚、干净、担当的党员干部队伍，推动了中央、省委、市委决策部署在定南县落地生根、开花结果。

坚持发展为先。倾力排除前进道路上的诸多困难和阻碍，持之以恒抓招商、建项目、育产业，无论客观条件好坏，始终坚定加快发展不停步、不松劲，在经济形势复杂多变、疫情突然来袭等诸多不利因素影响下，保持了经济社会持续健康发展。

坚持解放思想。与时俱进，大胆创新，敢于抢抓机遇，在危机中育先机，于变局中开新局，在多个领域进行了大胆尝试，创造了一批在全国、全省、全市叫得响的新模式、新经验，推动定南县形象发生深刻改变。

坚持人民至上。始终牢记初心使命，始终把人民放在心中最高位置，从解决群众最关心最迫切最现实的问题出发，千方百计提高人民群众的生活水平和幸福指数，让人民群众共享更多改革发展成果。

坚持精诚团结。像爱护眼睛一样精心呵护班子团结，带领定南县上下团结协作、担当实干，干部队伍在招商引资、项目建设、脱贫攻坚等主战场中砥砺前行、奋勇争先。要十分珍惜这些在实践中积累的宝贵经验，并在今后的工作中继续坚持、发扬光大。

三、展望

（一）经济社会发展奋斗目标

一是经济总量实现新跨越。坚持发展第一要务不动摇，保持较好的发展态势，经济运行更加稳健，综合实力显著增强，一二三产业比例优化，力争主要经济指标增速进入赣州市第一方阵，经济总量在赣州市排位前移，人均地区生产总值进入赣州市前列。

二是发展质量得到新提升。电子信息、新材料、绿色农业、现代物流、足球融合等重点产业集群效应显著增强。“四区”建设取得明显突破。创新能力持续增强，开放型经济更加活跃，园区改革创新水平显著提升。战略性新兴产业、数字经济、首位产业总量及占比大幅提升。

三是城乡融合构建新格局。全面提升城市功能品质，城乡人居环境明显改善。巩固拓展脱贫攻坚成果，全面推进乡村振兴，提升城乡公共服务均等化、居民收入均衡化、要素配置科学化水平，促进城乡融合发展，共享改革发展成果。

四是生态定南彰显新优势。系统推进环境治理和生态修复，主要污染物排放总量持续减少，生态环境持续改善，生态安全屏障更加牢固。以山水林田湖草生命共同体建设为主要内容的生态文明示范区建设纵深推进，“绿水青山就是金山银山”转化通道更加通畅，绿色文化更加繁荣，生产生活方式绿色转型成效显著。

五是民生福祉达到新水平。平安定南、法治定南、健康定南达到更高水平，镇村（社区）基层治理水平显著提高，重大风险防范化解、突发公共事件应急、自然灾害防御能力显著增强，形成共建共治共享的社会治理新格局。居民收入增长和经济增长保持同步，社会就业更加充分、质量更高，教育、医疗、住房、养老、体育等社会事业不断发展，人民对美好生活的向往得到更好满足。

（二）实现高质量发展的主要工作路径和思路措施

站在新的历史起点，定南县将深入贯彻中央、全省、全市的决策部署，树牢“湾区思维”，聚焦江西省委“六个江西”、赣州市委“三大战略、八大行动”，实施“七大工程”，不断开创“四区”建设新局面，努力推动定南各项事业高质量发展。

一是实施绿色品牌塑造工程，筑牢“融湾”生态屏障。绿色生态是定南县最大财富、最大优势、最大品牌，牢固树立“绿水青山就是金山银山”理念，始终坚持在保护中发展、在发展中保护，实现高标准保护与高质量发展相辅相成、相得益彰，努力将定南县打造成生态文明建设示范区。以最严格的法治和最过硬的措施保护好定南县这方水土，在定南县范围内对环境违法行为“零容忍”，让“赣粤门户•生态定南”品牌代代相传。

二是实施工业强县工程，厚植“融湾”动能优势。坚持创新驱动发展，深入推进工业倍增升级，大力培育优势产业集群，加快传统产业改造升级，积极发展新技术、新产业、新业态、新模式，提升动能转换承接、配套能力，逐步形成新动能主导经济发展的新格局，努力将定南打造成新旧动能转换试验区。

三是实施全域景区创建工程，完善“融湾”功能品质。坚持全域统筹，把定南县当作景区来建设、把各镇当作景点来打造，注重资源高效利用和区域协调发展，用景区的标准来引导城乡建设，用游客的眼光来提供服务供给，以崭新形象拥抱“高铁时代”，努力把定南县打造成全域旅游康养风景区。

四是实施港产城融合发展工程，提升“融湾”引流成效。坚持以港聚人、以港兴业、以业促港，推动临港经济大发展，构建互联互通大格局，促进开放能级大提升，努力将定南县打造成港产城融合发展创新区，吸引更多人流、物流、资金流、信息流、技术流汇聚定南县。

五是实施投资消费升级工程，激发“融湾”市场活力。牢固树立“项目为王”理念，发挥有效投资的关键作用和消费升级的基础作用，畅通经济循环的痛点、堵点、难点问题，坚定不移稳投资扩内需。打响“定了就干、干就赣好”的“定 e 办”营商品牌，打造城乡、营商“双一流环境”。

六是实施民生福祉提档工程，推进“融湾”成果共享。牢记“江山就是人民，人民就是江山”，深入践行“以人民为中心”的发展思想，坚持在发展保障和改善民生，着力解决好人民群众“急难愁盼”问题，全面提升基层治理体系和治理能力现代化水平，持续增强人民群众的获得感、幸福感、安全感。

七是实施党的建设提质工程，凝聚“融湾”发展合力。始终坚持党建质量示范引领，贯彻落实新时代党的建设总要求，持续推进党的建设新的伟大工程，坚持全面从严治党，让更多党建品牌走出去、叫得响、立得住，以高质量党建引领高质量发展。

23 兴国县十年苏区振兴发展报告

摘要： 自2012年以来，在党中央、国务院的亲切关怀，国家部委的鼎力支持，全省、全市党政的有力领导下，兴国县委、县政府积极抢抓国家落实赣南等原中央苏区振兴发展政策的有利契机，深入落实《国务院关于支持赣南等原中央苏区振兴发展的若干意见》等文件精神，积极弘扬苏区干部好作风，团结带领兴国县人民感恩奋进、主动作为、真抓实干，经济社会有了日新月异的变化，谱写下兴国县蝶变的华丽篇章，苏区振兴的宏伟蓝图正在“模范兴国”的大地上化为美好现实。

关键词： 振兴发展　苏区　兴国

一、工作成效

兴国县是苏区模范县、红军县、烈士县和将军县，是苏区精神和苏区干部好作风的重要发源地，是一片闻名全国的红色故土。党的十八大以来，在习近平总书记亲自关心推动下，《国务院关于支持赣南等原中央苏区振兴发展的若干意见》《国务院关于新时代支持革命老区振兴发展的意见》等重大政策文件相继出台，为赣南苏区振兴发展注入了强大动力。兴国县始终牢记习近平总书记的殷殷嘱托，紧抓机遇、感恩奋进、真抓实干、接续奋斗，推动振兴发展取得了喜人成绩。经过十年努力，兴国县彻底甩掉了33年的贫困县帽子，并向乡村振兴阔步迈进，地区生产总值和城乡居民人均可支配

兴国县将军园

收入均实现翻番，过去落后的苏区县、山区县正朝着红色名县、开放高地、生态之洲和幸福源域蝶变，群众的获得感、幸福感、安全感明显增强。

（一）部委扶持展现新成效

十年来，兴国县紧抓民政部、国家烟草专卖局对口支援契机，常态化“北上”对接争取，积极邀请部委领导来兴调研，为兴国县振兴发展把脉问诊。2013 年以来，民政部、国家烟草专卖局积极落实帮扶政策。民政部实现对口支援机制上的突破，支持兴国县打造全国首个县级民政项目园，提升改造养老机构 27 个，建成居家养老服务中心 225 个，特困失能老人集中照护做法入选中组部“不忘初心、牢记使命”主题教育案例。国家烟草专卖局帮助兴国县高标准建设了第七小学、第七幼儿园、红军子弟小学、第一幼儿园等教育基础设施，有效促进兴国县教育事业高质量均衡发展，同时，援资实施长冈、长龙灌区改造、洋池口水库等水源工程，援建了兴国县经济技术开发区第 15 栋标准厂房等项目，为兴国县巩固拓展脱贫攻坚成果、推动基本民生保障实现大发展、实施新一轮工业发展提供了强有力支撑。此外，自然资源部、中国兵器工业集团等先后把兴国县作为重点联系帮扶县，给予了有力扶持。

国家烟草专卖局出资援建了兴国县第一幼儿园、红军子弟小学、第七小学、第七幼儿园等一大批教育基础设施。图为兴国县红军子弟小学

（二）经济发展跃上新台阶

十年来，兴国县紧紧围绕《国务院关于支持赣南等原中央苏区振兴发展的若干意见》《国务院关于新时代支持革命老区振兴发展的意见》明确的发展定位，解放思想，实事求是，成功实现经济社会持续健康较快发展，经济总量不断攀升、规模不断扩大。如表 23-1 所示，全县地区生产总值由 2011 年的 89.7 亿元增长到 2021 年的 225.85 亿元；人均生产总值达 31 577 元，比 2011 年增加 19 129 元，2017 年、2021 年分别突破 2 万元、3 万元，年均增长 9.76%，高于 GDP 增速 0.1 个百分点；财政总收入由 2011 年的 7.61 亿元增长到 2021 年的 23.07 亿元；一般公共预算收入由 2011 年的 4.18 亿元增加到 2021 年的 9.62 亿元；2021 年财政总收入占 GDP 的比重达 10.21 %，比 2011 年提高了 1.73 个百分点；同时，规模以上工业增加值实现年均增长 9.9%；社会消费品零售总额、500 万元以上固定资产投资、出口总额分别实现年均增长 12%、17.4%、22%。如表 23-1 所示，2021 年兴国县城乡居民人均可支配收入分别达 34 227 元、14 525 元，分别是 2011 年的 3.14 倍、3.83 倍。

表 23-1　2011—2021 年兴国县地区生产总值、人均生产总值、财政总收入、一般公共预算收入、居民人均可支配收入情况

年份	地区生产总值（亿元）	同比增长（%）	人均生产总值（元）	同比增长（%）
2011	89.70	10.7	12 448	11.5
2012	100.09	11.3	13 908	11.4

续表 23-1

年份	地区生产总值（亿元）	同比增长（%）	人均生产总值（元）	同比增长（%）
2013	110.84	10.4	15 423	10.6
2014	121.82	10.9	16 974	11.0
2015	129.68	9.4	18 089	9.5
2016	138.34	9.4	19 312	9.5
2017	154.49	9.1	21 570	9.1
2018	173.89	9.3	24 270	9.3
2019	191.22	8.4	26 706	8.5
2020	201.11	3.4	28 114	3.5
2021	225.85	8.3	31 577	8.3
年份	财政总收入（亿元）	同比增长（%）	一般公共预算收入（亿元）	同比增长（%）
2011	7.61	28.5	4.18	31.97
2012	9.11	19.8	5.19	24.10
2013	10.78	18.3	6.31	21.74
2014	13.01	20.7	8.07	27.85
2015	14.32	10.1	8.01	–0.76
2016	15.04	5.0	7.60	–5.14
2017	17.01	13.1	7.83	3.00
2018	18.75	10.3	8.52	8.80
2019	20.08	7.0	9.00	5.68
2020	21.28	6.0	9.13	1.50
2021	23.07	8.4	9.62	5.30
年份	城镇居民可支配收入（元）	同比增长（%）	农村居民可支配收入（元）	同比增长（%）
2011	10 900	10.2	3 790	18.5
2012	12 208	12.0	4 341	14.5
2013	17 215	41.0	5 296	22.0
2014	20 224	10.3	6 842	11.9
2015	22 024	8.9	7 849	14.7
2016	23 872	8.4	8 794	12.0
2017	26 044	9.1	9 729	10.6
2018	28 172	8.2	10 712	10.1
2019	30 248	7.4	11 909	11.2
2020	31 824	5.2	13 049	9.6
2021	34 227	7.6	14 525	11.3

资料来源：根据 2011—2021 年兴国县统计年鉴整理而得。

（三）脱贫攻坚开启新篇章

兴国县不断坚持尽锐出战、精准发力，综合实施产业、教育、健康、就业、水利、安居、搬迁、兜底等扶贫措施，开展干部与贫困户结对帮扶，全力推动脱贫攻坚与乡村振兴有效衔接。2020 年 4 月，兴国县正式退出贫困县序列，建档立卡贫困人口 30 199 户 129 418 人全面脱贫，贫困发生率由 18.18% 降至 0，147 个贫困村全部出列；被确定为首批全国脱贫攻坚交流基地、全省巩固拓展脱贫攻坚成果考核试点县，埠头乡枫林村被评为首批全国脱贫攻坚考察点。

脱贫政策全面落实。兴国县累计投入扶贫项目资金 46.91 亿元，建成扶贫产业基地 811 个，链接贫困户 22 708 户，为贫困户增收 3.75 亿元；累计完成贫困户入户道路硬化 534.5 公里，改水 29 608 户、改厕 29 694 户。“十三五”易地扶贫搬迁计划全面完成，1 274 户危改户住上“安心房”；创新实施红军后代及孤儿特困生关爱工程，5 735 人次享受免费就读和生活补助；累计发放寄宿生补助 9 305.98 万元，受益学生 14 万人；实施四道医疗保障线和慢性病保障提标扩面工程，贫困户医疗费自付比例由 35% 降至 10% 左右；建立“绿色通道”“两个池子”加快脱贫攻坚项目建设，学生营养餐等先进经验做法得到江西省肯定，并在全省推广。

乡村振兴稳步实施。十年来，兴国县严格落实“四个不摘”和 5 年过渡期要求，持续巩固拓展脱贫攻坚成果，坚决筑牢防止返贫动态监测防线，消除风险 1 410 户 6 120 人，易地扶贫搬迁“点长制”在全省推广运用。扎实推进乡村建设，整合涉农资金打造了 3 条精品干道、25 个示范村庄和 244 个新农村建设点。

（四）产业升级迈出新步伐

兴国县紧盯高质量跨越式发展目标，重点围绕工业经济、现代农业、现代服务业，加快产业结构调整和转型升级，促进产业发展质速并进。如表 23-2 所示，三次产业结构从 2011 年的 27.6 : 36.7 : 35.7 优化调整为 15.9 : 32.4 : 51.7。其中，第一产业年均增长 4.6%，第二产业年均增长 9.5%，第三产业年均增长 10.7%。三次产业之间的顺序从“二三一”转型升级为“三二一”，产业结构实现了重大转型。

表 23-2　2011—2021 年兴国县三次产业增加值及增速情况

年份	第一产业		第二产业		第三产业	
	增加值（亿元）	同比增长（%）	增加值（亿元）	同比增长（%）	增加值（亿元）	同比增长（%）
2011	24.79	4.5	32.92	16.9	31.99	10.4
2012	25.80	3.9	35.09	13.4	39.20	14.4
2013	25.99	5.7	36.75	13.3	48.10	10.9
2014	26.11	5.8	38.74	13.5	56.98	11.7
2015	26.24	4.2	40.61	9.3	62.82	12.2
2016	30.36	4.4	42.66	9.8	65.32	11.5
2017	29.61	4.8	49.75	8.0	75.13	11.9
2018	26.98	3.8	56.76	8.7	90.15	12.1
2019	31.64	3.4	60.36	7.9	99.22	10.7
2020	34.87	2.6	61.41	2.8	104.83	4.1
2021	35.93	7.7	73.12	8.8	116.80	8.1

资料来源：根据 2011—2021 年兴国县统计年鉴整理而得。

十年来，兴国县始终严守“耕地红线”，粮食年产量稳定在 27 万吨以上；截至 2021 年，设施蔬菜基地面积 2.32 万亩，主导品种富硒芦笋种植面积达 5 160 余亩，4 个蔬菜基地的 13 个蔬菜品种获得富硒产品认证，2 个蔬菜基地的 4 个蔬菜品种通过粤港澳大湾区“菜篮子”生产基地认证，1 个蔬菜基地的 2 个蔬菜品种获得有机转换认证，获评江西省绿色有机农产品示范县、粮食生产先进县、耕地保护先进县。如图 23-1 所示，2021 年，兴国县实现农林牧渔总产值 58.77 亿元，按可比价计算，比 2011 年增加 24.55 亿元；农作物播种面积由 2012 年的 118.05 万亩增加到 2021 年的 123.27 万亩；粮食作物面积 81.72 万亩、总产量 26.2 万吨，其中水稻总面积 69.55 万亩、总产量 24.23 万吨；生猪出栏量 56.68 万头，猪肉产量 4.94 万吨，家禽出笼 1 219.48 万羽，水产品总量 25 430 吨，水产养殖面积 63 000 亩。

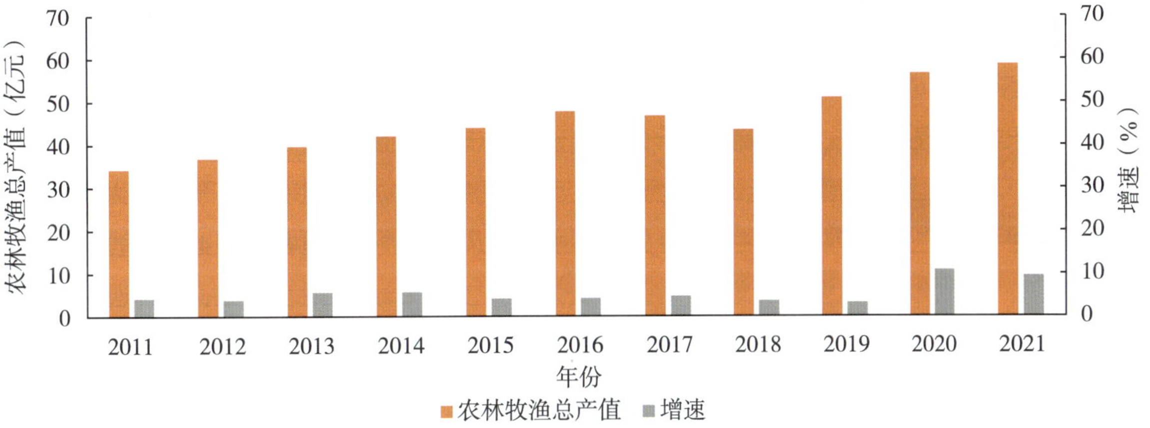

图 23-1　2011—2021 年兴国县农林牧渔总产值及增速情况

资料来源：根据历年兴国县统计年鉴整理而得。

2021 年，兴国县规模以上工业企业单位由 2012 年的 46 家增加到 2021 年的 102 家，净增 56 家；规模以上工业增加值由 2011 年的 27.15 亿元增长到 2021 年的 55.66 亿元，年均增长 9.5%，如图 23-2 所示。服务业换档升级。2021 年，兴国县接待游客 719.16 万人次，实现旅游综合收入 65.21 亿元，同比分别增长 13.56%、16.77%；服务业增加值由 2011 年的 31.99 亿元增加到 2021 年的 116.8 亿元。

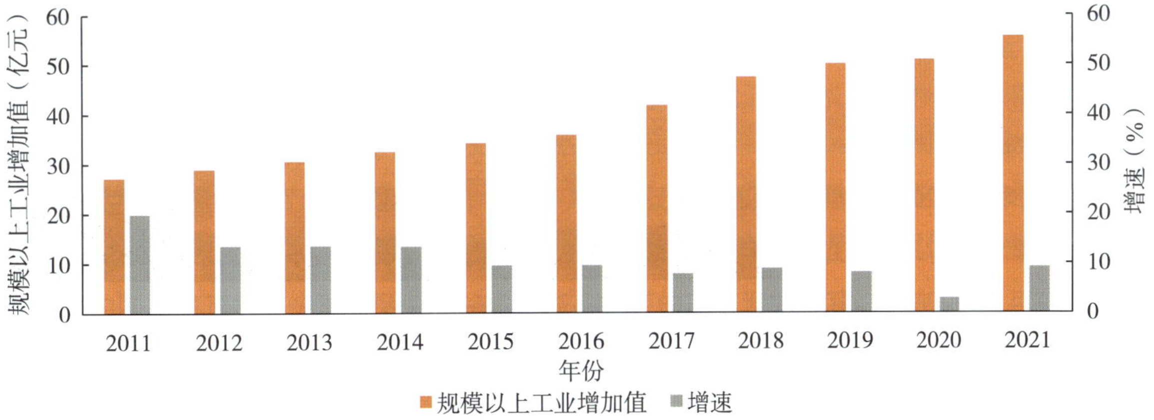

图 23-2　2011—2021 年兴国县规模以上工业增加值及增速情况

资料来源：根据 2011—2021 年兴国县统计年鉴整理而得。

（五）基础设施实现新改善

十年来，兴国县不断加大道路交通、能源、水利等基础设施建设投资力度，补短板、强后劲，突破发展瓶颈，为加快发展奠定坚实的基础。

交通区位优势凸显。昌赣高铁、兴泉铁路、兴赣高速及北延相继建成通车，高铁时代呼啸而来，

随着昌赣高铁开通运营，兴国县正式进入高铁时代

兴国至樟树、兴国至桂东高速等重大交通项目列入上级规划，建成高速公路146.1公里、国省道305.4公里，“四纵四横”交通网基本成型，作为赣州北部的综合交通枢纽，连南贯北、承东启西、客货兼备、通江达海，区位优势更加凸显。2021年末，兴国县公路总里程达4 452公里，实现组组通水泥路、村村通客车，完成客运量101万人次、客运周转量9 280万人，完成货运量56万吨、货运周转量7 319万吨。

能源保障更加有力。不断坚持绿色发展理念，大力发展风力发电和电网改造项目，着力壮大绿色经济，实现可持续发展。2012—2020年，兴国县累计投入电网改造资金6.125 4亿元，建成220千伏变电站1座、110千伏变电站4座、35千伏变电站12座；大水山、莲花山、云峰嶂风电场并网发电，新能源汽车充电桩实现城乡全覆盖，西气东输三线兴国161阀室开口通气获得国家管网集团批复。

水利设施有效改善。2012—2020年，兴国县实施病险水库除险加固57座；洋池口水库城市应急备用水源项目进展顺利；新建农村安全饮水工程558处，解决不安全饮水人口40.15万人。2012年，兴国县被水利部授予全国农田水利基本建设先进单位，并分别获评2012—2014年度、2015—2017年度江西省“鄱阳杯”水利建设先进单位。

大水山、莲花山、云峰嶂风电场

（六）城乡面貌展现新变化

截至2021年，兴国县人均公园绿地面积提升至11.4平方米；城市综合体和火车站完成升级改造，红军桥重建等项目加快推进；火车站完成升级改造，体育公园、长征文化艺术中心等一批项目投入使用；建成县城智慧停车平台，4 254个市政停车泊位实现快速停放；城区建成面积扩大至28.8平方公里，被评为江西省森林城市；投入资金8.25亿元，建设和谐秀美新农村点2 565个，实施“四好农村路”项目584个，实现304个行政村村村通客车、25户以上自然村通水泥路及组组通水泥路；累计拆除、修缮“空心房”1 023.8万平方米。龙口睦埠获评全省唯一的国家森林乡村创建样板村，杰村含田被授予“江西省十佳森林乡村”称号。

（七）民生事业得到新发展

十年来，兴国县始终聚焦民生短板，坚持将新增财力的 2/3 以上用于民生改善，一大批突出民生问题得到解决。

教育事业优先发展。截至 2021 年，兴国县累计新（改、扩）建校建项目 1 175 个，改（扩）建校舍面积 102.1 万平方米，改造薄弱学校 233 所，全面完成农村薄弱学校改造工程；教育城域网覆盖达 100%，被评为全国义务教育发展基本均衡县、国家级农村职业教育和成人教育示范县。如表 23-3 所示，截至 2021 年，兴国县各类学校数达 849 所，比 2011 年增加 525 所，其中小学 406 所、完全中学 2 所、高级中学 3 所、初级中学 24 所；在校学生 17.36 万人，比 2011 年增加 2.72 万人；在校教职工 12 175 人，比 2011 年增加 5 564 人；校园占地面积 397.33 万平方米，比 2011 年增加 138.4 万平方米；校舍面积 182.14 万平方米，比 2011 年增加 103.31 万平方米。

表 23-3　2011—2021 年兴国县中小学教育基本情况

年份	学校数（所）	校园占地面积（万平方米）	校舍面积（万平方米）	在校教职工数（人）	在校学生数（人）
2011	324	258.93	78.83	6 611	146 376
2012	327	233.50	80.07	6 865	147 185
2013	326	238.53	94.73	7 213	145 893
2014	323	256.73	92.48	7 415	143 664
2015	325	261.84	93.25	7 531	145 378
2016	288	299.64	119.51	7 745	146 174
2017	286	314.42	132.93	8 059	147 563
2018	268	317.19	135.54	8 294	149 786
2019	268	318.00	137.00	8 522	148 885
2020	846	394.32	180.01	11 362	127 140
2021	849	397.33	182.14	12 175	173 627

资料来源：根据历年兴国县统计年鉴整理而得。

医疗水平不断提升。复旦大学附属华山医院对口帮扶进一步深化，兴国县人民医院、县中医院、妇幼保健院完成迁建，294 所村卫生室全面完工并投入使用，医疗卫生和服务保障水平全面提升，县域内就诊率稳定在 95% 以上。兴国县常态化做好疫情防控和疫苗接种，集中隔离医学场所规范分类管理做法在赣州市推广。如表 23-4 所示，截至 2021 年，兴国县共有各类医疗卫生机构 896 个；卫生机构床位总数 4 204 张，比 2011 年增加 2 902 张；卫生技术人员 4 965 人，比 2011 年增加 3 510 人。

表 23-4　2011—2021 年兴国县卫生技术人员、卫生机构床位数

年份	卫生技术人员（人）	比上年增长（%）	卫生机构床位数（张）	比上年增长（%）
2011	1 455	-14.96	1 302	9.00
2012	1 411	-3.00	1 424	9.40
2013	1 432	1.50	1 745	22.50

续表 23-4

年份	卫生技术人员（人）	比上年增长（%）	卫生机构床位数（张）	比上年增长（%）
2014	1 421	-0.80	1 916	9.80
2015	1 680	18.20	2 072	8.10
2016	2 054	22.26	2 696	30.12
2017	2 645	28.77	2 709	0.48
2018	3 831	44.84	3 393	25.25
2019	4 612	20.39	3 244	-4.39
2020	4 851	5.18	3 939	21.42
2021	4 965	2.35	4 204	6.73

资料来源：根据历年兴国县统计年鉴整理而得。

社会保障扎实有力。截至 2021 年，兴国县提升改造 26 个乡镇养老院，建成智慧养老服务平台和 178 个居家养老服务中心；其中，田庄上养老中心入选全国公办养老机构改革优秀案例，夕阳红老年公寓获评全国首批老龄健康医养结合远程协同服务试点。全面落实稳就业政策，2021 年新增城镇就业人口 4.18 万人、公益性岗位 1 292 个。

兴国光荣院

（八）改革开放释放新活力

持续深化“放管服”改革，政务服务效率进一步提升。兴国县先后与上海市、江苏省等 8 个地区签署“跨省通办”协议，确定 44 条跨省通办合作内容；重点领域改革成效明显，积极开展山水林田湖草治理试点，废弃矿山生态修复治理市场化运作模式得到自然资源部肯定，被评为江西省森林城市、赣州市最美县城；困难老人适老化改造试点工作获全省推广，获评全国农田水利基本建设先进县、赣州市低质低效林改造工作先进县。积极融入长江经济带、粤港澳大湾区等国家战略，不断深化区域经济合作，互联互通开放格局加速形成。如表 23-5 所示，2021 年，兴国县实际利用外资 12 545 万美元，是 2011 年的 2.3 倍，年均增长 8.7%；进出口总额达 60 001.61 万元，其中，出口总额 57 001.42 万元，年均增长 22%。

表 23-5　2011—2021 年兴国县实际利用外资及增速情况

年份	实际使用金额（万美元）	比上年增长（%）
2011	5 432	0.8
2012	4 561	-16.0
2013	6 667	46.2

续表 23-5

年份	实际使用金额（万美元）	比上年增长（%）
2014	7 101	6.5
2015	7 812	10.0
2016	8 607	10.2
2017	9 468	10.0
2018	10 431	10.2
2019	11 232	7.7
2020	11 947	6.4
2021	12 545	5.0
2012—2021 年均增长	—	8.7

资料来源：根据 2011—2021 年兴国县统计年鉴整理而得。

二、经验启示

回顾十年振兴发展历程，兴国县委、县政府始终牢记习近平总书记“作示范、勇争先”的殷殷嘱托，把苏区振兴发展作为一项重大政治任务，干部群众感恩奋进，逐步走出了一条适合兴国县情的高质量跨越式发展路径。

（一）坚持强作风，弘扬优良传统

兴国县始终把优良作风作为推动苏区振兴发展的重要保障，积极发扬苏区干部好作风，不断强作风、扬正气。在全县党员干部中开展以新时代“十带头”为主要内容的先锋创绩活动，树立重实干实绩的用人导向，设立重点工作奔牛奖、蜗牛奖，向不良作风“宣战”，拒做“十种干部”，锻造新时代苏区干部好作风；党员干部自觉捍卫“两个确立”，坚决做到“两个维护”，不断增强苏区振兴发展的责任感和使命感，以昂扬向上的工作状态，奋进务实的工作作风，坚决扛起了苏区振兴发展的主体责任。

（二）坚持抓落实，积极对接争取

兴国县坚决摒弃“等靠要”思想，建立“县领导一周一调度、县政府半月一调度、县委一月一调度”工作机制，始终以“赶考”的精神状态，坚持一手抓当前、解决好眼下难题，一手谋长远、积蓄发展后劲。不断强化政策研究，常态化“北上”对接争取，持续在激活内生动力上下功夫。一系列配套政策、扶持资金和重大项目密集落地，319 国道债务贷改拨，小山变电站地方贴息取消等政策成功落地；平江灌区项目列入《关于“十四五”支持革命老区基础设施建设的实施意见》《赣州革命老区高质量发展示范区建设方案》；西气东输三线兴国 161 阀室开口通气获得国家管网集团批复同意；兴国城控实业发展集团有限公司 3 亿美元境外债发行通过国家发展改革委批复。

（三）坚持促改革，创新工作思路

兴国县紧抓“先行先试”政策优势，坚持不断研究新情况、探寻新思路，围绕落实《国务院关于支持赣南等原中央苏区振兴发展的若干意见》《国务院关于新时代支持革命老区振兴发展的意见》等政策，积极探索促进经济发展的有效措施。率先实施易地搬迁后续扶持“点长制”，该做法得到江西省委主要领导肯定，在全省推广运用。在全省率先探索建立“政府主导、政策扶持、社会参与、市场化运作”的生态修复新模式，引起媒体争相报道和众多单位参考学习，得到国家部委和江西省领导肯定。通过实施山水林田湖崩岗综合治理项目，将政府、群众、环境、发展捆绑起来，为贫困地区脱贫致富、生态保护探索一条扎实有效、可复制推广的有益模式。通过政府购买服务引进专业力量进行免费集中照护，打通养老“最后一公里”，农村特困失能老人集中照护做法入选中组部《贯彻落实习近平新时代中国特色社会主义思想在改革发展稳定中攻坚克难案例》丛书，2020 年在中央电视台《新闻联播》播出。2021 年 9 月，在全省县级城市中第一个举办“模范兴国”慈善晚会，募集资金近 900 万元用于慈善事业和乡村振兴，典型经验在全省推广。引导风电企业出资近 7 000 万元，探索建立了风电资源反哺振兴发展机制。

三、展望

“雄关漫道真如铁，而今迈步从头越”。兴国县将继续以习近平总书记视察江西省和赣州市重要讲话精神为总遵循，完整、准确、全面贯彻新发展理念，加快落实好国家“1+N+X”政策体系。紧密围绕赣州革命老区高质量发展示范区建设“六个方面重点任务”，以推动高质量发展为主题，以深化供给侧结构性改革为主线，以改革创新为根本动力，以满足人民日益增长的美好生活需要为根本目的，深入落实江西省委“二十四字”工作思路，聚焦赣州市委“三大战略”和“六大主攻方向”，立足新发展阶段，贯彻新发展理念，融入新发展格局，争创新时代“工业强、城乡美、百姓富、作风实”的“模范兴国”新荣光。兴国县下一步发展的总体目标是，到 2025 年，工业经济总量跃居赣州市前列，综合实力显著增强，主要经济指标位列赣州市第一方阵，高于全省、全市平均水平。

工业强势崛起。贯彻新发展理念，融入新发展格局，以更大力度推进工业倍增升级，持续壮大工业经济，提升兴国竞争优势。持之以恒主攻电子信息、纺织服装首位产业，引进一批龙头型、旗舰型项目，提高首位产业集聚度，力争到 2025 年实现首位产业产值破 500 亿元。

城乡加速融合。城乡空间发展格局全面优化，城市功能品质大幅提升，努力创建国家卫生县城、省级文明城市。交通路网更加发达、完善，城市功能品位进一步提升，城乡人居环境明显改善。乡村振兴全面推进，农村发展短板基本补齐。生态系统治理不断完善，绿色发展水平稳步提升。

社会和谐美好。城乡居民收入差距进一步缩小，社会就业更加充分、更高质量，教育、医疗、文化、住房、养老、托幼等基本公共服务能力持续增强，养老服务体系更加健全，社会治理水平明显提升，群众获得感成色更足、幸福感更可持续、安全感更有保障。

干部作风优良。赓续红色血脉，传承红色基因，苏区干部好作风得到进一步传承和弘扬。拉高标杆、勇争一流，见贤思齐、务实担当在兴国蔚然成风。干事创业热情进一步激发、工作合力进一步凝聚，政治生态风清气正。

24 宁都县十年苏区振兴发展报告

摘要：赣南等原中央苏区振兴发展政策实施十周年以来，宁都全县上下坚持以习近平新时代中国特色社会主义思想为指导，全面贯彻习近平总书记视察江西和赣州重要讲话精神，贯彻落实中央和江西省委、赣州市委决策部署，团结带领宁都县党员干部和人民群众感恩奋进、担当实干、攻坚克难。十年振兴路，十年勇赶超，宁都县在决胜全面建成小康社会，建设革命老区高质量发展示范区等方面取得喜人成就。对宁都苏区振兴发展十年来的情况进行了梳理和总结，聚焦“作示范、勇争先”的目标定位和“五个推进”的基本要求，展望“十四五”时期，围绕“六大战略”定位，以追赶者的勇气、跨越者的志气、超越者的豪气，奋力开创宁都产业强、城乡美、百姓富、风气正新局面。

关键词：高质量发展　宁都县　苏区振兴

十年砥砺奋进，十年飞跃发展。宁都县人民激流勇进，写下了新时代革命老区高质量发展的新篇章，特别是《国务院关于支持赣南等原中央苏区振兴发展的若干意见》实施以来，在赣州市委、市政府的坚强领导下，认真贯彻落实党的十八大、十九大精神和国家、全省、全市各项政策措施，紧紧围绕赣州市委“三大战略、八大行动”决策部署，按照宁都县委“11234”[①] 工作思路，解放思想担使命、加快发展勇争先，宁都县经济社会发展取得了新的重大成就。

一、主要成效

（一）综合实力不断增强

1. 主要经济指标实现大跨越提升

2021 年，宁都县多项经济指标增幅位居赣州市前列，地区生产总值 245.6 亿元、财政总收入 14.4 亿元、一般公共预算收入 9.2 亿元、社会消费品零售总额 109.1 亿元、500 万元以上固定资产投资 106.6 亿元、城镇居民人均可支配收入 30 275 元、农村居民人均可支配收入 14 265 元、实际利用外资 9 466 万美元，分别是 2011 年的 2.7 倍、2.4 倍、1.9 倍、3.9 倍、3.7 倍、2.4 倍、2.6 倍、2.6 倍，如表 24-1 所示。

---

① “11234”即以党的建设为引领，以改革创新为动力，实施新型工业化、新型城镇化双轮驱动，统筹推进乡村振兴、优化环境、民生保障，开创宁都产业强、城乡美、百姓富、风气正的新局面。

表 24-1　2011—2021 年宁都县地区生产总值变化情况

年份	地区生产总值（亿元）	增速（%）
2011	89.93	10.4
2012	101.57	10.4
2013	111.94	9.5
2014	122.62	9.7
2015	133.17	9.0
2016	149.63	9.2
2017	169.06	9.8
2018	187.01	9.6
2019	208.87	8.5
2020	219.31	3.9
2021	245.61	8.7

资料来源：根据 2011—2021 年宁都县统计年鉴整理而得。

2. 经济结构调整升级

宁都县三次产业结构由 2011 年的 23.3∶40.7∶36.0 调整为 2021 年的 19.1∶28.3∶52.6；现代农业快速发展，第一产业比重比较稳定，仅下降 4.2 个百分点，第二产业比重下降 12.4 个百分点，而第三产业比重上升 16.6 个百分点，总占比超过 50%；2021 年第三产业增加值为 129.16 亿元，是 2011 年的 3.99 倍，现代服务业对经济增长的引领作用不断增强，如表 24-2 所示。

表 24-2　2011—2021 年宁都县三次产业结构情况

年份	第一产业比重（%）	第二产业比重（%）	第三产业比重（%）
2011	23.3	40.7	36.0
2012	24.2	39.8	36.0
2013	23.0	40.3	36.7
2014	22.2	40.5	37.3
2015	22.4	27.6	50.0
2016	20.4	27.3	52.3
2017	19.1	28.4	52.5
2018	18.1	29.3	52.6
2019	19.7	28.0	52.3
2020	20.7	26.9	52.4
2021	19.1	28.3	52.6

资料来源：根据 2011—2021 年宁都县统计年鉴整理而得。

3. 农业生产稳定增长

2021 年，宁都县农林牧渔业总产值 76.64 亿元，与 2011 年的 35.82 亿元相比，年均增长 7.2%，如表 24-3 所示；粮食产量稳定增加，2021 年宁都县实现粮食播种面积 100.95 万亩，总产量 37.15 万吨，连续 15 年稳定在 36 万吨以上，获评全省粮食生产先进县；2021 年蔬菜种植面积 19.87 万亩，是 2011 年的 2.1 倍，总产量 47.56 万吨，是 2011 年的 2.3 倍；大棚蔬菜面积达 4.81 万亩，“宁都辣椒”获评国家地理标志证明商标；2021 年脐橙种植面积 17.23 万亩，是 2011 年的 1.32 倍，总产量 13.77 万吨，是 2011 年的 1.69 倍，被评为“全国柑橘产业 30 强县”；畜禽养殖不断壮大，2021 年生猪出栏 31.5 万头，较 2011 年增长 57.76%；2021 年家禽出笼 5 415.67 万羽，较 2011 年增长 78.06%。

表 24-3　2011—2021 年宁都县农林牧渔业总产值

年份	农林牧渔业总产值（亿元）	增速（%）
2011	35.82	4.8
2012	39.55	5.6
2013	42.84	6.0
2014	45.47	6.0
2015	48.42	4.2
2016	52.94	4.4
2017	57.60	3.6
2018	54.49	–3.7
2019	57.80	8.0
2020	73.75	3.5
2021	76.64	3.9

资料来源：根据 2011—2021 年宁都县统计年鉴整理而得。

4. 工业发展稳步向好

2021 年，宁都县规模以上工业增加值同比增长 11.3%，2011—2021 年年均增长 15.0%，规模以上工业企业 2021 年达到 85 家；质量效益稳步提升，规模以上工业企业营业收入由 2011 年的 48.86 亿元增加到 2021 年的 133.7 亿元，年均增长 17.39%；利润总额由 2011 年的 4.91 亿元增加到 2021 年的 13.53 亿元年均增长 17.56%，如表 24-4 所示。

表 24-4　2011—2021 年宁都县规模以上工业增加值增速变化情况

年份	增速（%）	年份	增速（%）
2011	19.0	2017	9.8
2012	13.7	2018	9.0
2013	11.1	2019	8.2
2014	10.8	2020	4.6
2015	9.0	2021	11.3
2016	8.5		

资料来源：根据 2011—2021 年宁都县文化广电新闻出版旅游局统计年鉴整理而得。

5. 服务行业发展迅速

2021 年，宁都县服务业增加值 129.16 亿元，按可比价格计算，同比增长 9.5%，2011—2021 年年均增长 10.0%；服务业占 GDP 的比重为 52.59%，比 2011 年的 36% 提高 16.59 个百分点，对经济增长的贡献率为 57.4%，远超第一产业和第二产业贡献；产业结构不断优化，从 2011—2021 年服务业内部各行业占 GDP 的比重来看，呈现“2 升 4 降”的趋势，批发零售业的比重由 2011 年的 7.51% 上升到 2021 年的 9.0%，住宿餐饮业的比重由 2011 年的 4.39% 下降到 3.3%，金融保险业的比重由 2011

年的 9.24% 下降到 6.5%，房地产业的比重由 2011 年的 6.1% 上升到 9.6%，交通运输、仓储和邮政业的比重由 2011 年的 3.13% 上升到 3.8%，其他服务业的比重由 2011 年的 19.65% 上升到 19.8%，如表 24−5 所示。

表 24−5　2011—2021 年宁都县服务业增加值变化情况

年份	服务业增加值（亿元）	增速（%）
2011	32.41	13.5
2012	36.64	10.0
2013	41.10	8.0
2014	45.66	8.9
2015	66.60	8.3
2016	78.23	13.0
2017	88.75	13.5
2018	98.27	13.6
2019	109.30	11.1
2020	114.80	5.2
2021	129.16	9.5

资料来源：根据 2011—2021 年宁都县统计年鉴整理而得。

（二）基础设施全面夯实

十年来，宁都县着眼于打基础管长远，加快推进落实一大批重大交通、能源、水利等基础设施项目。赣东南区域交通枢纽基本形成，构成“井”字形高速公路网，宁都县公路总里程达 4 297.23 公里，六条高速公路总里程 233 公里（如表 24−6 所示），高速路口 8 个，均列江西省第一；国省道里程数 411 公里，列江西省第二，“一环八射九联”县域干线公路网初步形成，对外通道全部打通；兴泉铁路竣工通车，宁都县形成了集铁路和高速公路于一体，连东接西、南上北下的赣东南交通枢纽。能源保障水平明显增强，一批电网工程升级改造、变电站新（改、扩）建、风电新能源项目稳步实施，垃圾焚烧发电项目顺利建成，管道天然气实现入户通气，县域电网供电可靠性、电能质量不断提高。

宁都县成为集铁路和高速公路于一体，连东接西、南上北下的赣东南交通枢纽，图为宁都站

（三）三次产业显著提质

2012 年以来，宁都县工业经济提速增效，围绕“1+2+N”优势产业集群[①]，坚持轻纺服装首位产业不动

① “1+2+N”优势产业集群即以轻纺服装为首位产业，以电子信息、新材料为主导产业，以食品加工、电气电力等产业为特色产业。

表 24-6　2011—2021 年宁都县公路通车里程与高速公路路线长度

年份	公路通车里程（公里）	高速公路路线长度（公里）
2011	2 544.15	91.54
2012	2 590.74	91.54
2013	2 623.99	91.54
2014	2 651.57	91.54
2015	2 726.59	147.08
2016	2 888.59	160.55
2017	2 888.59	160.55
2018	2 929.09	160.55
2019	4 120.73	209.34
2020	4 293.52	232.57
2021	4 297.23	232.57

资料来源：根据 2011—2021 年宁都县统计年鉴、宁都县交通运输局统计年鉴整理而得。

摇，集中项目、资金、人力支持产业发展，重点打造集研发设计、智能制造、产品检测、展示展销为一体的童装智造产业园；吸引易富科技、巴迪小虎、七波辉等一大批知名企业入驻；超 10 亿元工业大项目实现新突破，赣锋锂业、富源电力电气产业园等大项目落户宁都县。截至 2021 年，高标准设施蔬菜总面积达 5 万亩，居全省首位。2012 年和 2016 年“宁都黄鸡”被评为中国驰名商标，通过国家生态原产地产品保护论证，品牌价值近 30 亿元，与“宁都辣椒”共同入选全国名特优新农产品名录；2021 年，脐橙种植面积达 27.8 万亩，种植面积居赣州市第一；现代服务业活力迸发，引进中国农业发展银行、江西银行等 29 家金融机构入驻宁都，2021 年末各项存、贷款余额分别达到 396.6 亿元、250.3 亿元；在全省率先入选全国电子商务进农村综合示范试点县，电商孵化园被评为省级现代服务业集聚区，成功筹办全国网络扶贫工作现场推进会，创造网络扶贫的“宁都模式”；2011—2021 年，宁都县旅游总人数累计 2 156.2 万人次，实现旅游总收入累计 170.42 亿元。旅游资源优势充分挖掘，小布国家 4A 级景区、翠微峰创国家 5A 级景区、中央苏区反“围剿”战争纪念馆创国家 4A 级景区、宁都起义纪念馆创国家 4A 级景区建设有序推进，中央苏区反“围剿”战争纪念馆列入全国红色

宁都童装智造产业园

宁都中央苏区反“围剿”战争纪念馆，是我国唯一一座全面反映和展示中央苏区反“围剿”战争史的国家级综合性纪念馆

旅游景点景区名录、全国“建党百年红色旅游百条精品路线”，小布红色旧址群列入“省级爱国主义教育基地”，获评“全国特色小镇”。

（四）推进乡村全面振兴

宁都县按照“产业兴旺、生态宜居、乡风文明、治理有效、生活富裕”的总要求，因地制宜，精准发力，持续巩固拓展脱贫攻坚成果，大力推进乡村振兴。2020 年，宁都县 117 个贫困村、13 万多贫困人口顺利脱贫，绝对贫困问题得到历史性解决，农村危房改造工作获国务院督查激励及省政府通报嘉奖。2021 年，全面推进美丽圩镇和新时代“五美”乡村[①]示范点建设，建成 24 个乡村振兴示范点、235 个新农村建设点，创建全国文明村镇 3 个、省级文明村镇 7 个，美丽乡村更宜居，群众生活更幸福。巩固脱贫攻坚与乡村振兴有效衔接。

（五）环境优化实力提升

2021 年，宁都县造林绿化面积共 31.93 万亩，森林覆盖率稳定在 72% 以上，空气质量优良率为 99.7%，空气质量指数持续保持在二级，$PM_{2.5}$ 平均浓度为 17 微克 / 立方米，居江西省、赣州市前列。饮用水源水质为三类水质，地表水质综合指数居赣州市第 2 位，集中式饮用水源地水质达标率达 100%。农业面源污染治理成效显著，受污染耕地安全利用率达 93%，获评全国第一批绿色防控示范县。截至 2021 年，增绿复绿裸露山体 0.27 万亩、改造低质低效林 5.1 万亩、新增封山育林 3.14 万亩、森林抚育 13.9 万亩、油茶改造 0.5 万亩，修复废弃矿山 51 公顷。2011—2021 年，宁都县完成环境污染治理项目数累计 247 个，环境污染治理投资累计达 1.77 亿元，如表 24-7 所示。

宁都团结水库是梅江灌区重要水源地

表 24-7　2011—2020 年宁都县环境保护主要指标情况

年份	环境监测站个数（个）	完成环境污染治理项目数（个）	环境污染治理投资（万元）	饮用水源水质（类）	空气质量（级）
2011	1	2	80	Ⅲ	二
2012	1	4	170	Ⅲ	二
2013	1	4	200	Ⅲ	二
2014	1	11	500	Ⅲ	二
2015	1	14	700	Ⅲ	二

① “五美”乡村即产业兴旺之美、自然生态之美、文明淳朴之美、共建共享之美、和谐有序之美的江西新时代“五美”乡村。

续表 24-7

年份	环境监测站个数（个）	完成环境污染治理项目数（个）	环境污染治理投资（万元）	饮用水源水质（类）	空气质量（级）
2016	1	64	2 300	Ⅲ	二
2017	2	21	921.5	Ⅲ	三
2018	2	—	600	Ⅲ	二
2019	1	115	9 380	Ⅲ	二
2020	1	11	2 498	Ⅲ	二
2021	5	1	350	Ⅲ	二

资料来源：根据 2011—2021 年宁都县统计年鉴整理而得。

（六）民生保障坚实有力

全民医保制度基本建立，城乡社保体系更加完善。稳妥推进敬老院管理体制机制改革，启动 19 个农村敬老院升级改造，完成县颐养中心、儿童福利院和 50 个居家养老站点项目建设。截至 2021 年末，宁都县参加城乡居民医疗保险人数为 70.63 万人，参加城镇职工基本养老保险人数为 8.07 万人，参加城乡居民基本养老保险人数为 38.33 万人；医疗卫生基础设施建设投入增加，医院、卫生院数为 37 个、床位数为 4 346 张，每千人病床数达 5.1 张、每千名老人拥有床位数增至 40 张，医生数为 1 203 人，详见表 24-8。

宁都高级技工学校被列为国家级高技能人才培训基地

表 24-8　2011—2021 年宁都县卫生机构数、床位、医生数变化情况

年份	医院、卫生院数（个）	床位数（张）	医生数（人）
2011	27	983	544
2012	28	1 665	611
2013	29	1 755	674
2014	29	1 927	736
2015	29	2 201	985
2016	29	2 427	1 022
2017	31	3 134	1 043
2018	33	3 363	1 104
2019	36	3 528	760
2020	37	3 682	993
2021	37	4 346	1 203

资料来源：根据 2011—2021 年宁都县统计年鉴、宁都县卫生健康委整理而得。

（七）城乡发展更加协调

宁都县以“三城同创”为主抓手，扎实推进新型城镇化，加快建设永宁新城、翠微新城，改造提升梅江老城，加快建设城南新城，2021 年宁都县常住人口达 701 429 人，比 2011 年末减少 85 885 人；建成区面积达 27.5 平方公里，中心城区人口达 25.3 万，城镇化率达 50.13%，详见表 24–9。

表 24–9　2011—2021 年宁都县人口、城镇化率变化情况

年份	总人数（人）	城镇人口（人）	乡村人口（人）	城镇化率（%）
2011	787 314	291 816	495 498	37.06
2012	777 258	294 188	483 070	37.85
2013	767 318	298 708	468 610	38.93
2014	758 185	304 947	453 238	40.22
2015	749 336	313 267	436 069	41.81
2016	740 630	320 929	419 701	43.33
2017	732 451	327 953	404 498	44.77
2018	722 698	334 924	387 774	46.34
2019	712 058	341 283	370 775	47.93
2020	702 485	345 010	357 475	49.11
2021	701 429	351 599	349 830	50.13

资料来源：根据 2011—2021 年宁都县统计年鉴整理而得。

二、经验启示

十年历程，收获来之不易。这些成绩的取得，根本在于党中央、国务院和江西省委、省政府的深切关怀，在于国家对口支援部委的关心支持，在于赣州市委、市政府的坚强领导，在于宁都县上下同心协力、感恩奋进。在取得成绩的同时，也形成了一些可资借鉴的经验。

（一）明确目标方向

习近平总书记的关心关怀为赣南苏区振兴发展注入了强大动力。十年来，党和国家一系列的帮扶措施、一连串实实在在的重大项目、一笔笔的援助资金，给予赣南苏区前所未有的人力、物力、财力支持。宁都县上下以习近平新时代中国特色社会主义思想为指导，增强“四个意识”，坚定“四个自信”，坚决做到“两个维护”，在时代发展、事业前进中坚定方向。

（二）做到思想开阔

宁都县广大党员干部解放思想，变“老区”思维为“湾区”思维，不断提升自身能力，把学习成果努力转化为干事创业的实际行动。积极扩大投资建设力度，加大新投资项目开工力度，加快项目建设进度。充分发挥国家部委对口支援政策优势和挂职领导“桥梁纽带”作用，争取更多的政策、项目和资金落地宁都县，助推宁都县社会经济高质量发展。

（三）务实工作作风

抓好作风建设提升凝聚力，始终保持“一线”和“火线”意识，坚持干字当头，勇于承担作为，自觉树立了良好形象。坚持“项目为王”，加强政策研究，抢抓政策机遇，加紧谋划一批惠民生、强基础、补短板、兴产业的重大项目或事项。

（四）凝聚党建合力

惟有实干，才能筑牢梦想的根基；惟有实干，才能拉近与梦想的距离。用实干出实效的心态和作风，是宁都县振兴发展的基础。

一是在思想上，心往一处想。这十年，党的建设不断加强。扎实开展党的群众路线教育实践活动、“三严三实”专题教育、“两学一做”学习教育、“不忘初心 牢记使命”主题教育、党史学习教育以及“我为群众办实事”实践活动，举行“博生杯”红色诗词朗诵比赛，进一步赓续红色血脉，传承红色基因。深入实施“连心、强基、模范”工程，持续推进乡镇村规范化建设，认真落实党风廉政建设党委主体责任，大力弘扬苏区精神和长征精神，传承红色基因，催生了感恩奋进、勇于担当、实干实效的工作作风，为振兴发展凝聚强大合力。

二是在行动上，劲往一处使。宁都县创新实施“十联”工作法，党员干部深入基层一线，联系企业、联系项目、联系乡村、联系社区、联系学校等，探索建立健全领导干部联系服务基层长效机制。

三是在作风上，人往一线聚。宁都县通过端正用人导向，突出工作实绩和基层一线，谁愿意干事、谁干成了事，就提拔谁、重用谁，引导干部往乡村振兴、项目推进、民生建设等一线聚集，敢于担当、把“实干出实效”成为宁都县干部的工作状态。全面落实意识形态工作责任制，建好新时代文明实践站，宣传思想文化阵地巩固壮大。设立李天来院士工作站，党管人才工作取得新成效。扎实推进党风廉政建设和反腐败斗争，狠抓中央八项规定精神贯彻执行，全面纠正“官衙风”“走读风”“谋人风”“诬告风”等问题，风清气正政治生态加速形成。

三、展望

站在新的历史起点上，宁都县广大党员干部群众将以习近平新时代中国特色社会主义思想为指导，认真贯彻习近平总书记视察江西和赣州重要讲话精神，紧紧围绕江西省委“二十四”字方针、赣州市委“三大战略、八大行动”决策部署，把握新发展阶段，贯彻新发展理念，融入新发展格局，推动高质量发展，统筹发展和安全，按照宁都县“11234”工作思路和“五抓一推”[①] 工作举措，聚焦“挺进 30 强，比肩湾区县”目标定位，解放思想，勇担使命，加快发展，朝着“产业强、城乡美、百姓富、风气正”的目标奋勇前进，戮力同心谱写全面建设社会主义现代化宁都新篇章而努力奋斗。

（一）争先进位实现大突破

主动融入新发展格局，全面落实新时代支持革命老区振兴发展政策，贯彻落实国务院批复支持建

① “五抓一推”即抓项目建设、抓招商兴工、抓城市建设、抓环境优化、抓党建过硬，全面推进乡村振兴。

设赣州革命老区高质量发展示范区，省委、省政府支持赣州市打造对接融入粤港澳大湾区桥头堡等重大战略，努力实现宁都县主要经济指标增速超过全省平均水平，经济总量保持在赣州市“第一方阵”，人均水平进入全省中间位次，县域经济发展成效力争达到全省中上游水平，争取通过五年努力迈进全省 30 强，比肩湾区县。

（二）产业发展得到新提升

紧扣工业倍增升级，坚持补短板、强基础，优结构、促集群，瞄准电子信息产业前沿科技，积极融入赣州市电子信息产业带，利用科技创新和资源优势，向锂电新材料和新型建材进军。推进农业扬优成势，坚持增品种、提品质、创品牌，大力发展“五黄一白”特色产业，打造全国现代农业示范区。大力发展优质稻等特色产业，建设粤港澳大湾区农产品供应基地，扶持壮大新型农业经营主体，建设农产品集散中心，培育百亿元级现代农业“接二连三”产业集群。推进文旅融合发展，坚持“文化搭台、旅游唱戏”，推动文旅产业龙头昂起、资源转化、深度融合，因地制宜建设一批有特色的 4A 级乡村旅游景点，大力发展红色文化研学培训，建设赣东南区域性文旅中心。坚持项目带动振兴发展，牢固树立“项目为王”理念，坚持新老基建并举，提升基础设施整体水平。以建设交通强国为契机，创建全国“四好”农村公路示范县。倾力推进梅江灌区建设，打造安全节水、智慧共享、生态友好的南方区现代化灌区示范区。

（三）城乡融合实现新进展

进一步提高城市功能品质和辐射能力，凸显区域地位，立足完善城市功能，扎实推进城市更新行动，着力推进产城融合，因地制宜建设城市综合体和乡镇综合体。加快建设智慧城市、海绵城市，全面提升城市管理科学化、精细化和智能化水平。全面推进乡村振兴，健全城乡融合发展体制机制，提升新型城镇化质量，力争城乡人居环境达到全省一流水平。坚决打好污染防治攻坚战，巩固蓝天、碧水、净土保卫战成果，筑牢南方地区重要生态屏障。全面提档升级综合交通、市政、能源、信息、水利、环境等基础设施，加快布局以 5G、人工智能、云计算等为代表的新型基础设施。

（四）民生保障达到新水平

坚持教育优先发展，推动教育走出赣州、走在前列。坚持育人与培才相统一，协调推进普通教育与职业教育。改造提升农村学校，丰富校园文化，提标校园绿化，改善办学条件。加快医疗卫生基础设施建设，全面提升县域整体医疗水平，打造赣东南区域性医疗中心。加强医疗卫生队伍建设管理，推进智慧医疗信息化建设，提供更高水平健康保障。健全社会养老服务体系，加强退役军人服务保障工作。牢固树立安全发展理念，落实安全生产责任，提高基层治理法治化水平和推进市域社会治理现代化。

（五）改革创新迈出新步伐

惟改革者进，惟改革者强，惟改革创新者胜。以思想大解放为突破口，增强敢试敢闯、奋勇争先的创新思维，推动宁都县上下形成加快发展的思想共识。加大开放力度，积极主动“北上南下”，深化对口支援、对口合作，主动对接融入粤港澳大湾区，构建改革开放发展新格局。着力创新人才引进机制，大力实施人才强县战略，全面推进人才工作提质增效。扎实推进优化营商环境专项行动，持续推进“放管服”改革、行政许可权相对集中、县乡村政务服务“三级联动”，使营商环境更加优化，力争达到全省一流水平。

（六）党建工作再创新质效

加快发展，关键在党，关键在人。加强政治建设，锤炼绝对忠诚的政治品格，坚持党对意识形态工作的领导权，推动新时代思想政治工作守正创新。加强干部教育培训，不断提高全县干部贯彻新发展理念的能力和水平。坚持抓党建促乡村振兴，以组织振兴助推乡村振兴，增强党员队伍生机活力。全面从严治党，加强廉政建设，着力营造风清气正的政治生态。充分发挥党总揽全局、协调各方的领导核心作用，加强民主建设，汇聚团结奋进的强大合力。

25 于都县十年苏区振兴发展报告

摘要：在党中央、国务院的特殊关怀下，在国家卫生健康委、国家粮食和物资储备局等对口支援单位和自然资源部等定点扶贫单位的倾力帮扶下，在江西省委、省政府和赣州市委、市政府的坚强领导下，于都县委县政府抢抓赣南等原中央苏区振兴发展的重大历史机遇，坚持以习近平新时代中国特色社会主义思想为指导，深入贯彻习近平总书记视察江西、赣州和于都重要讲话精神，在内生动力、发展基础、承载能力、造血功能等方面实现了质的提升和跨越。“一年一变样，三年大变样，五年上台阶，八年大跨越”的奋斗目标圆满实现，夺取抗击新冠肺炎疫情、高质量脱贫和经济社会发展的胜利。

关键词：苏区　振兴发展　于都县

2012年6月28日，《国务院关于支持赣南等原中央苏区振兴发展的若干意见》出台实施，让于都县迎来振兴发展的重大历史机遇，为于都县的历史翻开了全新的篇章。十年来，在国家卫生健康委、国家粮食和物资储备局等对口支援单位和自然资源部等定点扶贫单位的倾力帮扶下，于都县坚持以习近平新时代中国特色社会主义思想为指导，深入贯彻习近平总书记视察江西省、赣州市和于都县重要讲话精神，在内生动力、发展基础、承载能力、造血功能等方面都实现了质的提升。

一、主要成效

（一）综合实力连年攀升

1. 经济发展实现高增长

十年来，于都县地区生产总值由107.4亿元增加到318亿元，实现年均增长10%以上，总体增长181.8%；财政总收入由10.3亿元增加到24.15亿元，总体增长134.5%；财政总支支出由22.1亿元增加到66亿元，总体增长198.6%；社会消费品零售总额由29.8亿元增长至129.7亿元，总体增长335.2%，如表25-1所示。

表25-1　2011—2021年于都县部分经济指标变化情况　　单位：亿元

年份	地区生产总值	财政总收入	财政支出	消费品零售总额
2011	107.4	8.1	22.1	32.7
2012	121.0	10.3	30.6	29.9
2013	140.0	12.7	33.9	34.1

续表 25-1

年份	地区生产总值	财政总收入	财政支出	消费品零售总额
2014	153.4	15.0	37.6	39.0
2015	166.1	16.5	43.6	43.6
2016	183.8	16.9	48.0	49.1
2017	209.5	19.2	56.0	55.2
2018	237.3	21.1	64.8	55.7
2019	266.2	22.6	73.4	62.3
2020	279.4	22.5	75.2	101.0
2021	318.0	24.1	66.0	129.7

资料来源：根据 2011—2021 年于都县统计年鉴整理而得。

2. 居民收入水平明显提升

十年来，于都县城镇居民人均可支配收入由 13 481 元增加到 35 950 元，年均增长 13.9%；农民人均可支配收入由 3 931 元增加到 14 483 元，年均增长 22.6%；人均居民储蓄存款余额由 10 161 元增加到 40 044 元，如表 25-2 所示。

表 25-2　2011—2021 年于都县居民收入水平变化情况

单位：元

年份	城镇居民人均可支配收入	农村居民人均可支配收入	人均居民储蓄存款余额
2011	13 481	3 931	10 161
2012	15 031	4 430	12 287
2013	18 152	5 134	14 865
2014	20 358	6 125	17 284
2015	22 414	7 862	20 073
2016	24 266	8 799	22 953
2017	26 513	9 793	26 508
2018	28 875	10 775	29 595
2019	31 373	11 509	32 153
2020	33 342	13 037	35 435
2021	35 950	14 483	40 044

资料来源：根据 2011—2021 年于都县统计年鉴整理而得。

3. 三次产业结构持续优化

于都县三次产业结构由 2011 年的 16.4 : 51.4 : 32.2 调整为 2021 年的 10.4 : 39.6 : 50.0，第一产业占比调减了 6.0 个百分点，第二产业调减了 11.8 个百分点，第三产业占比显著提升了 17.8 个百分点，三次产业结构更加优化，如表 25-3 所示。

表 25-3　2011—2021 年于都县三次产业增加值和结构比变化情况

年份	第一产业增加值（亿元）	第二产业增加值（亿元）	第三产业增加值（亿元）	三次产业结构比
2011	18.4	55.3	33.8	16.4 : 51.4 : 32.2
2012	19.9	62.2	39.0	16.4 : 51.4 : 32.2

续表 25-3

年份	第一产业增加值（亿元）	第二产业增加值（亿元）	第三产业增加值（亿元）	三次产业结构比
2013	21.6	71.8	46.6	15.4 : 51.3 : 33.3
2014	22.3	79.9	51.2	14.5 : 52.1 : 33.4
2015	23.4	83.1	59.7	14.1 : 50.0 : 35.9
2016	26.6	88.5	68.7	14.5 : 48.1 : 37.4
2017	26.4	102.0	81.0	12.6 : 48.7 : 38.7
2018	27.0	116.4	94.0	11.3 : 49.1 : 39.6
2019	29.2	105.7	131.2	11.0 : 39.7 : 49.3
2020	32.2	106.6	140.6	11.5 : 38.2 : 50.3
2021	33.2	125.8	159.0	10.4 : 39.6 : 50.0

资料来源：根据 2011—2021 年于都县统计年鉴整理而得。

（二）脱贫攻坚夺取全面胜利

围绕打造“全国革命老区扶贫攻坚示范区”的目标，于都县实施“十大扶贫工程”，36 074 户 164 236 名贫困人口全部脱贫，144 个贫困村全部出列，历史性地消灭了绝对贫困，高标准完成脱贫摘帽，广大农村走上了通畅路，用上了卫生厕，享受了稳压电，喝上了干净饮用水，住进了安居小康房，就医就学有保障、不发愁。于都县农村危房改造获国务院表彰激励，构筑城乡基本医保、大病保险、疾病补充保险、医疗救助“四道保障线”和健康暖心基金医疗救助医疗保障体系，补偿比例稳定在 90% 以上。于都县健康扶贫的做法获国务院扶贫办、国家卫生健康委联合通报表扬，并在国家卫生健康委新闻发布会上作了题为“精准施策优服务 健康扶贫暖人心”的典型发言；“五个强化”兜底保障做法在民政部召开的低保专项整治工作座谈会上作经验介绍；成功入选“全国首批脱贫攻坚交流基地”，被评为“全国脱贫攻坚先进集体”“全国‘十三五’搬迁工作成效明显县”，荣获“江西省脱贫攻坚组织创新奖”。

（三）基础设施建设日趋完善

赣龙铁路复线通车让于都县成为赣州首批迈入动车时代的县，打通于都至赣州、长三角、厦漳泉地区的快速铁路通道。宁都至定南（赣粤界）高速与厦蓉高速打通了于都县东进西出、南下北上的对外公路运输快速主通道；实现于都县出县、出市、出省主通道快速便捷，与赣州市形成“1 小时城市经济圈”，与广州、南昌、厦门形成“4 小时交通圈”，与珠三角、长三角核心城市形成更加紧密的“1 日通勤圈”。2011—2021 年，于都县高速公路及一级公路里程数分别从零增加到 147.763 公里、20.014 公里；二级公路里程数从 29.599 公里增加到 200.641 公里，实现了近 6 倍增长；实现乡乡通上三级及以上公路，三级公路里程数从 33.435 公里增加到 262.444 公里；25 户以上自然村 100% 通四级公路以上公路，建制村通路面宽 5 米及以上公路 293 个，占建制村总数的 82%，四级公路里程数从 1 833.03 公里增加到 3 554.81 公里。

（四）优势产业集群发展

1. 工业发展实现重大蝶变

2011—2021 年，于都县规模以上工业企业从 58 家增长到 181 家，主营业务收入由 141 亿增长到 306.3

亿元，工业增加值、规模以上工业增加值等各项工业数据连年上涨，如表 25-4 所示；瞪羚企业 1 家，高新技术企业 48 家，科技型中小企业 68 家，省级创新平台和载体 4 家，市级创新平台和载体 5 家；规模以上纺织服装企业总数达 114 家，全行业产值达 602 亿元，被评为“江西省重点工业产业集群”“中国品牌服装制造名城”“国家纺织服装外贸转型升级基地”；规模以上电子信息产业企业达 29 家，全行业产值突破 70 亿元。

于都县的服装产业蓬勃发展

表 25-4　2011—2021 年于都县工业发展情况　　单位：亿元

年份	工业增加值	规模以上工业增加值	规模以上工业营收	规模以上工业企业利税总额
2011	49.3	36.1	141.7	15.2
2012	55.4	47.5	167.2	17.1
2013	63.1	52.1	200.0	27.2
2014	70.1	63.2	227.2	31.8
2015	72.3	62.6	237.1	29.2
2016	76.8	64.3	266.8	30.1
2017	88.3	68.8	288.2	33.4
2018	100.3	75.2	210.1	23.7
2019	86.7	81.6	227.3	24.8
2020	87.3	85.3	261.9	30.8
2021	104.2	95.0	306.3	31.8

资料来源：根据 2011—2021 年于都县统计年鉴整理而得。

2. 现代农业呈现百花齐放

2021 年，于都县粮食播种面积稳定在 70 万亩以上，粮食总产量稳定在 20 万吨以上；设施蔬菜面积达 5.4 万亩，居江西省第一，建成设施蔬菜基地 108 个，蔬菜总产量 30.2 万吨，蔬菜育种院士工作站 2019 年正式挂牌；脐橙总面积达 16.4 万亩，总产量 8.4 万吨；共建成肉鸡养殖大棚面积达 66 万平方米，年出笼超过 3 840 万羽，产业总产值达 13.1 亿元；发展市级以上龙头企业 43 家，培育县级以上合作社和示范家庭农场 35 个；

梓山富硒蔬菜产业园已成为农业观光旅游地，借助数字化产业链平台，生产流通和销售服务实现“现代化”

建设富硒产业基地4.1万亩，完成富硒农产品认证51个、富硒产品商标注册5个，硒博馆建成运营，富硒脐橙获评“中国富硒好果”，梓山片区被认定为“全国首批天然富硒土地”；先后获评“中国富硒脐橙产业基地”“江西省农业农村综合工作先进县”；梓山镇被评为“中国亿元产业强镇”。

3. 现代服务业开始乘帆远航

于都县累计接待旅游人数从2011年的103.9万人次增长到2021年的997.16万人次，旅游综合收入从7.9亿元增长到82.72亿元，如表25-5所示。2020年中央红军长征出发地纪念园成功创评为国家4A级景区，“于都县新长征红色之旅体育旅游精品线”获评“全国体育旅游十佳精品线路”；2021年，于都县梓山镇潭头村、禾丰兰花小镇获评“江西省4A级乡村旅游点”，潭头村被评为“中国乡村旅游重点村”，于都县成功入选中国旅游赋能乡村振兴发展案例，获评省级全域旅游示范区和省级民间艺术之乡。

禾丰兰花小镇是“华南第一流、全国前三甲”的单体兰花基地，被评为“江西省科普教育基地”，兰花已成为带领当地群众脱贫致富的新兴产业

表25-5　2011—2021年于都县旅游业情况

年份	国内旅游人数（万人次）	入境旅游人数（万人次）	旅游总收入（亿元）
2011	99.30	4.60	7.9
2012	121.47	7.86	9.7
2013	144.89	4.05	10.8
2014	145.89	3.99	12.0
2015	264.76	3.65	19.9
2016	340.87	3.88	26.0
2017	442.57	1.76	34.7
2018	547.12	1.68	41.1
2019	864.92	2.18	71.0
2020	883.60	—	72.6
2021	997.16	1.44	82.7

资料来源：根据2011—2021年于都县统计年鉴整理而得。

（五）改革开放红利持续释放

十年来，于都县实现825项政务事项“掌上办”，999项事项“一次不跑”或“最多跑一次”，获评江西省“十佳优化营商环境县”；获评“公立医院综合改革国家级示范县”，公立医院综合改革工作获国务院表彰；积极推进水权交易试点，签订首单水权交易协议书；进出口贸易总额、利用外资等开放性型经济数据呈高速增长趋势，较2011年数据均增长两倍以上，如表25-6所示；共签约项目

452 个，签约金额达 1 243.63 亿元，共引进自主品牌 219 个。

表 25-6　2011—2021 年开放型经济数据　　单位：万美元

年份	进出口贸易总额	利用外资
2011	6 480	6 455
2012	8 068	7 104
2013	10 964	7 437
2014	12 927	7 718
2015	12 900	8 527
2016	13 594	9 409
2017	15 414	10 354
2018	125 123	11 474
2019	129 025	12 488
2020	0	13 405
2021	0	14 424

资料来源：根据 2011—2021 年于都县统计年鉴整理而得。

（六）生态文明建设持续发力

十年来，于都县累计完成废弃稀土矿山治理近 400 公顷，新增、恢复灌溉面积 1.4 万亩，完成退化林修复 3.14 万亩，完成水土流失综合治理 34.09 平方公里，治理受污染耕地 830.6 公顷；污染地块安全利用率达 90% 以上，水土保持“赣南模式”在全国推广，被列为“全国水土保持改革试验区”。推进实施城乡污水一体化管网建设，建设农村生活污水处理设施 58 座，完成整村整治建设 2 812 个，户厕建设 2 000 余个，污水处理率达 90% 以上，境内地表水考核断面、集中式饮用水源地水质达标率为 100%，国考断面水质达标率为 100%；获批国家全域土地综合整治试点 1 个，创建国家森林乡村 2 个，省级森林公园 1 个、省级森林村庄 12 个，建成县级“森林四化”基地 3 个、国有林场场外造林基地 1 个和储备林基地 1 个；建立“河长 + 检察长 + 警长”协同机制；落实流域上下生态补偿机制，实施生态改造工程建设，共完成改造 49.4 万亩。

（七）民生问题持续改善

十年来，于都县累计安排民生类支出近 500 亿元，占同期支出总量的 91%；全面完成 301 所“一校一策”中小学改（扩）建工程，新建普通中学 5 所，小学 47 所，开办各类幼儿园 251 所，实现公办幼儿园广覆盖；新区人民医院、新区妇幼保健院和新区第二人民

于都县妇幼保健院新院按照三级医院标准建设，缓解了革命老区妇女儿童看病难、住院难、就诊环境差问题，有效满足了全县广大妇女儿童的医疗保健需求

医院建成运营，27 所乡镇卫生院升级改造完成，完成 316 所公有产权村卫生室标准化建设，新建 2 个社区卫生服务中心，卫生院中医馆建设实现全覆盖，病床数由 2011 年的 1 882 个增加到 2021 年的 5 746 个，增加了 205%。医疗服务能力大幅度提升，执业医师、注册护士人数从 2011 年的 653 人和 1 153 人，增加到 2021 年的 1 576 人和 3 235 人，如表 25-7 所示。23 个乡镇的 25 所敬老院全面提升改造，基本养老保险参保率达 95.2%；推动 6 个体育项目进校园全覆盖，“体育融合”走在江西省前列。

表 25-7　2011—2021 年于都县教育卫生条件变化情况

年份	幼儿园（所）	小学（所）	普通中学（所）	病床数（个）	执业医师（人）	注册护士（人）
2011	93	315	45	1 882	653	1 153
2012	179	314	45	2 050	673	1 604
2013	209	316	45	2 710	702	1 754
2014	211	317	46	2 775	727	1 985
2015	204	317	46	3 290	806	2 230
2016	240	379	46	3 966	944	2 326
2017	256	266	46	3 382	967	2 614
2018	307	379	46	3 868	990	2 889
2019	327	254	46	3 966	1 088	3 061
2020	343	369	49	4 139	1 544	3 085
2021	344	362	50	5 746	1 576	3 235

资料来源：根据 2011—2021 年于都县统计年鉴整理而得。

（八）城乡发展更加美丽宜居

十年来，于都县建成区面积、城市人口两大指标分别从 2011 年底的 22.88 平方公里、23 万人发展到 2021 年底的 30 平方公里、31 万人，分别同比增长 31.1%、34.8%；建成区面积年均扩大 0.71 平方公里，城市人口年均增长 0.8 万人。老城区完成 14 个老旧小区改造，惠及群众 4 100 余户。共完成农村危房改造 51 638 户，总改造面积达 560 万平方米，新建 1 808 套农村保障房。城市框架进一步拉开，贡江新区“四纵三横”路网格局全面形成，群众关心关注的体育中心、“四馆一中心”、贡江南岸路堤景观工程等项目建成并投入使用，雩都河大桥等一批重大工程加快建设，城市功能品质全面提升。

贡江新区日新月异，一座崭新的新城屹立在贡江南岸，图为一江两岸风光

二、推进易地扶贫搬迁后续扶持经验做法

“十三五”期间，于都县按照“三级梯度”模式建成27个易地扶贫搬迁安置点，安置搬迁群众1 513户6 508人，抓牢拓宽就业途径、丰富产业支撑、完善保障体系、规范社区管理、共享公共服务、倡导文明新风等六条路径，着力破解搬迁群众就业担心、增收忧心、生活操心、遇事慌心、办事费心、转身揪心等“六心”难题，全力以赴做好易地扶贫搬迁后续扶持工作，持续巩固拓展脱贫攻坚成果。

（一）拓宽就业途径，让搬迁户务工不担心

就业是搬迁后扶的“关键点”。于都县结合搬迁户个人特点“量体裁衣”，量身定制就业岗位，让搬迁户充分就业、高质量就业，实现每个有劳动力的家庭至少1人稳定就业。一是“村头宝”精准推送就业岗位。截至2021年底，于都县搬迁群众现场查询就业信息3 000余次、参加线上招聘面试600人次，已有388人入企就业，占搬迁户劳动力的12%。二是公益性岗位帮助弱劳动力就业。于都县为让弱劳动力、半劳动力等就业困难搬迁群众实现稳定就业，安排衔接资金新开发一批针对搬迁群众的公益性岗位，月平均工资600元左右。三是帮扶车间释放灵活就业潜力。截至2021年底，于都县在安置点内共建成12个电子、服装加工等劳动密集型、低门槛的就业帮扶车间；让68户有劳动能力但无法外出就业的搬迁群众，灵活选择到安置点社区就业帮扶车间务工，户均增收1万元左右，实现家庭与增收两头兼顾。四是以创业带动就业。截至2021年底，于都县帮助16名搬迁户进驻电商平台创业，帮助带动321人从事电子、服装来料加工等传统行业。

（二）丰富产业支撑，让搬迁户增收不忧心

产业发展是搬迁后扶的“造血剂”。于都县依托各安置点区位优势和产业基础，坚持因地制宜、宜种则种、宜养则养的原则，大力培育后续产业，让搬迁户在产业发展中稳定增收。一是依托整体产业发展带增收。于都县按照“1+2+N”农业产业发展布局，截至2021年底，实现就近带动搬迁户就业368人。同时，通过“反租倒包”、“五统一分”、入股分红等形式，让2 300名搬迁群众直接参与现代农业产业发展，实现共利共赢。二是发展后扶产业基地促增收。截至2021年底，于都县在银坑镇、仙下乡等12个乡镇投资2 800万元，流转1 100亩土地，建设694亩易地扶贫搬迁大棚蔬菜产业后续扶持基地，全部资产归村集体所有，收益专门用于维护安置点基础设施或救助困难搬迁户，实现616户搬迁群众在后扶产业中获益增收。三是建立“微田园”实现自主增收。于都县黄麟乡、岭背镇等6个安置点通过流转土地户均50平方米以上，在安置点家门口发展家庭式“微田园”种养产业，实现自主增收。

（三）完善保障体系，让搬迁户生活不操心

保障体系是搬迁后扶的“定心丸”。于都县筑牢防贫监测和帮扶、低保、健康、教育等政策保障网，最大限度地让搬迁户享受政策“红利”，切实解决搬迁群众后顾之忧。一是常态排查开展防贫监测和帮扶。于都县运用“三个三”① 防返贫监测帮扶工作机制，对安置区搬迁群众进行每月回

① “三个三”指“三线预警、三级研判、三类帮扶”。

访，动态监测搬迁群众，落实监测帮扶，并建立台账，落实迁出迁入地“双向”帮扶举措。二是全面跟踪问题排查整改清零。于都县结合每月回访，对“急难愁盼”问题开展排查，建立翔实的问题清单，实行行业部门参与改、“点长”牵头改、安置点具体改、乡村振兴部门跟踪改的原则，上下联动、一体推进整改清零。三是全力强化个人权益保障。于都县搬迁户可自愿选择城镇新市民待遇，也可选择农村政策，让其“两头靠、两头甜”，已将搬迁住房全部办理国有出让土地产权性质不动产权证，搬迁户拥有永久居住产权，产权不仅归个人所有，而且保值增值，让其吃上一颗产权“定心丸”。

（四）规范社区管理，让搬迁户遇事不慌心

管理是搬迁后扶的“压舱石”。于都县创新社区管理“四有”模式①，切实解决搬迁户“急难愁盼”问题，形成议事有组织、纠纷有人管、困难有人帮的良好氛围。党建引领推动社区管理。于都县在安置点组建党支部，充分发挥基层党组织的战斗堡垒作用。完善社区管理机构及人员配备。于都县根据安置人数规模，成立相应的社区管理机构。建立理事会发挥桥梁纽带作用。于都县在建立社区党小组的基础上，推举威望极高、热心办事的“五老”组建社区管理理事会，尽全力解决搬迁户日常生活中出现的大大小小的烦心事、操心事。

（五）共享公共服务，让搬迁户办事不费心

公共服务是搬迁后扶的“承载体”。于都县按照“三符合、四避开、五靠近”原则，坚持以人为本，综合考虑选址要素，科学选择安置点，让搬迁户住得顺心、生活舒心。一是选优地段提供便利生活。于都县将安置点选择在交通便利、地理位置优越的工业园或圩镇等中心地带，方便就业、就学等，让搬迁户便利享受、生活方便。二是整合资源推动服务共享。于都县整合各类资源，在安置点配套各类公共服务设施，让搬迁户享受均等公共服务。三是科学规划提高环境质量。于都县全面考虑各类因素，健全安置点水电路等基础设施和生活设施，适度绿化亮化，打造环境优美的新家园，让安置点环境美起来。

（六）倡导文明新风，让搬迁户融入不揪心

良好风尚是搬迁后扶的“风向标”。于都县积极探索“党组织引领＋文明实践站搭台＋党员、理事会、居民共同参与”的“1+1+3”社区文明创建模式，逐步营造良好的社会风尚，让搬迁户在“农民”到“市民”的转变中，实现“身进城”到“心进城”。一是推行党员报到，让服务“优起来”。于都县开展在职党员到社区报到活动，充分发挥党员个人优势和特长，落实“六个一”机制②，以“居民点单、社区派单、党员接单”服务模式，着力打通服务群众“最后一米”。二是持续文明倡导，让风气“好起来”。截至2021年底，在于都县易地扶贫搬迁安置点新建文明实践站（所）27个，制定完善社区公约，结合“端午”“重阳”“中秋”等传统节日，开展文明实践活动300余场次，开展党员宣讲活动560余场

---

① “四有”模式即有强大的基层党组织、有完善的社区管理机构、有充足的社区管理人员、有积极主动的理事会。

② “六个一”机制，即参加一次社区党组织生活、与社区干部进行一次座谈、开展一次社区调研、认领一个“微心愿”、当一天社区志愿者、结对一户困难群众。

次，带领搬迁户移风易俗，加快融入新环境。三是激发内生动力，让生活“美起来”。于都县围绕文明社区创建，开展文明楼栋、文明家庭、身边好人及“五净一规范”等评选表彰活动。

三、展望

于都县纵深推进新时代苏区振兴发展，积极融入赣州省域副中心城市和对接融入粤港澳大湾区桥头堡建设，聚焦科技创新、工业倍增升级、乡村振兴、新型城镇化、现代服务业、基础设施建设“六大主攻方向”，加快建设具有于都县特色的现代化经济体系，推动县域治理体系和治理能力现代化，实现经济量质齐升、社会安定和谐，努力在构建新发展格局、深化改革开放、统筹城乡发展、增进老区人民福祉、传承红色基因上作表率，纵深推进新时代于都振兴发展，打造全国革命老区高质量发展“于都样板”。

（一）经济综合实力实现新跃升

于都县地区生产总值增速力争高于赣州市平均水平，经济结构和产业结构明显改善，产业基础高级化、产业链现代化水平明显提高，产业质量、产业能力、产业生态、产业链条、产业规模全面提升，制造业与数字经济融合发展实现突破，制造业与现代服务业、现代农业协调发展，县域经济实力显著增强，发展质量和效益显著提高。按照“品牌订单 + 核心工厂 + 卫星工厂 + 销售中心（展厅）”发展模式，打造“技术好、成本低、反应快、品类全、服务优”的弹性供应链基地，建设成为集生产制造、品牌孵化、技术创新等为一体的全国知名纺织服装产业智能制造示范区，形成以设计研发为引领，以数字化制造为核心，以品牌创建为标志的品类齐全、单品精细化的服装产业体系，成为赣州市纺织服装产业带的核心区和创新高地。以传承长征文化为核心，打造长征主题的红色旅游综合体项目，成为长征国家文化公园的新标杆、国家长征文化精神的新坐标，将于都县发展成为国家长征文化旅游名城、全国著名红色旅游目的地、全国红色旅游示范县，长征国家文化公园于都核心展示园创建为国家 5A 级旅游景区。实施体育强县战略，推动“体育 +”产业发展，推动体教融合，建设体育后备人才综合训练基地，建立健全体育赛事运行机制，力争用 2 ～ 3 年时间打造成为全省一流、3 ～ 5 年时间打造成为全国一流的县级城市体育融合发展标杆区。

（二）改革开放水平实现新跃升

于都县将主动对接“广州—深圳—香港—澳门”科技创新走廊、福厦泉科技创新“走廊”和港深创新及科技园建设，围绕纺织服装、光电电声等重点产业，引进粤港澳大湾区高校院所在于都县设立技术转移分中心等科技转化载体。支持高校院所和企业进一步深化校企合作、产教融合，加强与赣南科学院、江西理工大学等省内高校院所以及国内外知名大学、科研院所的合作，在新兴产业、传统产业转型升级等领域开展关键技术和共性技术攻关、产业链技术攻关，新建一批国家级或省级重点学科，加强与北京服装学院、东华大学、江西服装学院、中国服装协会等行业知名院校和协会的合作。

（三）生态文明建设实现新跃升

生态文明制度体系更加健全，生产生活方式绿色转型成效显著，山水林田湖草系统治理水平稳步提升，主要污染物排放总量持续减少，生态环境持续改善，城乡人居环境更加优美，生态安全屏障更加牢固，使绿色成为于都县的鲜明底色。完善以雩山和屏山重点生态功能区为组成的“一环两屏”的生态安全屏障；加强长征源湿地公园、祁禄山省级森林公园等自然保护地的建设和科学管理。构建覆盖多领域的生态文明气象保障体系，推进城区、森林、湿地、脐橙基地等生态气象自动观测站建设，实施人工影响天气能力提升工程。推动绿色低碳循环产业发展、技术创新、产品供给、基础设施建设、市场培育与商业模式创新，加速构建经济增长、资源安全、生态环境安全经济体系。加快建立健全以生态价值观念为准则的生态文化体系，倡导勤俭节约、绿色低碳、文明健康的生活方式和消费模式，健全生态文化培育引导机制，提高社会生态文明意识。

（四）县域治理效能实现新跃升

加快公共法律服务平台建设，构建城乡一体、线上线下一体的公共法律服务网络，构建人民满意的公共法律服务体系。健全司法辅助人员、警务辅助人员、社区矫正机构工作人员管理制度，建设德才兼备的高素质法治工作队伍。探索设立城乡社会治理委员会，逐步推进城乡一体化治理，实现“市域社会治理现代化”，完善“党委领导、政府负责、民主协商、社会协同、公众参与、法治保障、科技支撑”的社会治理体系。全面推行基层网格化管理，建立健全县、乡（镇）、村（社区）“三级综合网格”服务管理体系。推动跨部门、跨行业综合执法，建立市场监管、综合执法等多平台相互支撑的基层执法监管体系。着力孵化培养一批管理规范、体制健全、运行高效的城乡基层生活服务类、公益慈善类、专业调处类、治保维稳类等社会组织品牌。

26 瑞金市十年苏区振兴发展报告

摘要： 瑞金市是闻名中外的红色故都、共和国摇篮，是中央苏区时期党中央驻地、中华苏维埃共和国临时中央政府的诞生地。《国务院关于支持赣南等原中央苏区振兴发展的若干意见》实施以来，在党中央、国务院关心下，在国家部委倾力支持和上级党委、政府坚强领导下，瑞金市感恩奋进、凝心聚力，在全面小康道路上力争上游，主要经济指标实现翻番，城乡面貌发生大变样，社会民生福祉显著增强，振兴发展内生动力明显提高。

关键词： 瑞金市　振兴发展　苏区

瑞金被誉为“红色故都、共和国摇篮”，同时也是人民代表大会制度的初始发祥地、党和国家初心使命的重要起源地。《国务院关于支持赣南等原中央苏区振兴发展的若干意见》实施以来，在党中央、国务院关心下，瑞金市牢牢抢抓赣南等原中央苏区振兴发展政策的落实契机，坚持以人民为中心，强化政府公共服务职能转变，聚焦发展主要矛盾，全面推进三产结构优化，持续发力打好蓝天碧水净土保卫战，稳步提升基础设施建设水平，红都今朝呈现日益蓬勃发展的新态势。

一、瑞金市振兴发展成就

（一）综合实力迈步新台阶

十年间，瑞金市主要经济指标总量均实现翻番。截至 2021 年末，地区生产总值接近 200 亿元，其中，第一产业、第二产业、第三产业的增加值分别是 2011 年的 2.3 倍、2.64 倍、2.5 倍，三次产业结构比重由 2011 年的 15.52∶36.53∶47.95 变为 2021 年的 14.47∶38.03∶47.49，详见表 26–1；社会消费品零售总额突破 100 亿元，年均增长 11.2%；出口总额突破 70 000 万美元，对外贸易仅次于章贡区和大余县，并一直保持出口大县（市）的地位；一般公共预算收入突破 15 亿元；实际利用外资突破 1 亿美元，详见表 26–2。

表 26–1　2011—2021 年瑞金市地区生产总值及三次产业结构比重

年份	地区生产总值（亿元）	第一产业增加值（亿元）	第二产业增加值（亿元）	第三产业增加值（亿元）	三次产业结构比重
2011	76.85	11.92	28.08	36.86	15.52∶36.53∶47.95
2012	89.00	14.83	31.62	42.54	16.66∶35.54∶47.80

续表 26-1

年份	地区生产总值（亿元）	第一产业增加值（亿元）	第二产业增加值（亿元）	第三产业增加值（亿元）	三次产业结构比重
2013	101.20	16.39	36.39	49.40	16.19 : 34.96 : 48.84
2014	113.50	18.28	39.71	55.51	16.11 : 34.99 : 48.90
2015	117.04	11.69	19.10	54.11	16.35 : 37.36 : 46.29
2016	129.39	20.73	46.23	62.42	16.02 : 35.73 : 48.24
2017	143.62	22.12	54.42	67.08	15.40 : 37.89 : 46.71
2018	152.24	23.30	57.24	71.69	15.31 : 37.60 : 47.09
2019	165.92	24.87	62.05	78.99	14.99 : 37.40 : 47.61
2020	174.69	27.43	62.86	84.40	15.70 : 35.98 : 48.31
2021	195.23	28.25	74.26	92.72	14.47 : 38.03 : 47.49

资料来源：根据 2011—2021 年瑞金市统计年鉴整理而得。

表 26-2　2011—2021 年瑞金市相关经济指标

年份	一般公共预算		固定资产投资		实际利用外资		出口		社会消费品零售	
	收入（万元）	增速（%）	总额（万元）	增速（%）	总额（万美元）	增速（%）	总额（万美元）	增速（%）	总额（万元）	增速（%）
2011	57 930	41.4	265 729	27.5	4 996	6.1	13 344	75.1	252 845	15.1
2012	73 208	26.4	372 818	40.3	5 476	10.3	20 115	50.8	228 722	14.0
2013	92 490	26.3	476 662	29.1	6 027	10.1	26 226	30.4	260 976	14.1
2014	106 964	15.6	581 528	22.0	4 541	16.0	28 000	6.8	296 132	13.6
2015	117 077	9.5	680 388	17.0	6 103	34.4	26 410	−5.7	337 168	12.6
2016	124 542	6.4	801 497	17.8	6 748	10.6	26 500	0.3	382 907	13.0
2017	123 998	−0.4	900 883	12.4	7 424	10.0	31 322	18.2	428 765	12.0
2018	132 011	6.5	590 312	11.5	8 213	10.6	33 104	5.7	425 421	9.5
2019	140 104	6.1	643 460	9.0	8 770	6.8	42 953	29.8	635 288	11.9
2020	145 379	3.8	702 658	9.2	9 440	7.6	53 800	25.3	902 350	3.4
2021	158 279	8.9	—	—	10 243	8.5	70 031	30.2	1 010 641	11.6

资料来源：根据 2011—2021 年瑞金市统计年鉴整理而得。

（二）脱贫攻坚全面胜利

2015 年以来，瑞金市累计投入 49.54 亿元让 82 347 名建档立卡贫困人口、49 个贫困村于 2018 年顺利实现脱贫摘帽。2018 年成为赣南苏区首个实现脱贫摘帽的县（市），被评为“2018 年度中国十佳脱贫攻坚与精准扶贫示范县市”，详见表 26-3。精准扶贫工作考核连续六年荣获江西省先进，叶坪镇（乡）[①] 被授予“全国脱贫攻坚楷模”“全国先进基层党组织”荣誉称号，瑞金市总工会等 6 个单位（乡镇）被江西省委、省政府评为“全省脱贫攻坚先进集体”，“廖奶奶咸鸭蛋”2018 年获批国家地理标志保护产品，2019 年入选“全球减贫最佳案例”。

① 2021 年 1 月 6 日，经江西省政府批准，撤销瑞金市叶坪乡，设立瑞金市叶坪镇，以原叶坪乡行政区域为叶坪镇行政区域。

表 26-3　2014—2020 年瑞金市脱贫攻坚情况

年份	贫困人口（万人）	减贫数（万人）	贫困发生率（%）
2014	8.209 4	2.587 2	14.30
2015	6.184 7	2.024 7	10.90
2016	3.590 5	2.594 2	6.30
2017	0.515 9	3.074 6	0.91
2018	0.407 7	0.134 8	0.72
2019	0.097 3	0.311 7	0.17
2020	0	0.094 7	0

资料来源：根据瑞金市乡村振兴局提供的数据整理而得。

（三）产业发展调优提质

壮大特色农业产业。十年来，瑞金市农业产业化、规模化水平不断提高，成功创建国家有机产品认证示范创建区、全国农业产业化示范基地、国内最大的烤鳗出口基地、江西省生猪调出大县和肉牛生产重点县（市）、江西省现代农业示范区。2021 年，瑞金市粮食种植面积达到 51 万亩，产量达 19 万吨；蔬菜及食用菌年产量 23 万吨以上，脐橙年产量 12.5 万吨以上，详见表 26-4。农业基础设施建设不断完善，叶坪田坞九丰现代农业示范园被评为江西省现代农业示范园，列入国家农产品产地冷藏保鲜整县推进试点，拥有国家级、省级、赣州市级龙头企业 1 家、7 家、12 家，成立江西省首家合作社联社，“瑞金的金山上”山茶油通过“国家生态原产地保护产品”评定。

培育支撑主攻工业。瑞金市大力实施工业强市战略，推动工业转型升级，荣获 2016—2018 年度江西工业崛起年度贡献奖。如表 26-5 所示，2011—2021 年，瑞金市规模以上工业企业由 47 家

“全国脱贫攻坚奋进奖”“全国脱贫攻坚先进个人”“全国三八红旗手”获得者廖秀英

黄柏坳背岗万亩脐橙基地是瑞金市现代农业发展的缩影，脐橙年产值超 10 亿元，带动农户致富

表 26-4　2021 年瑞金市主要农产品产量情况

产品名称	产量	同比增长	产品名称	产量	同比增长
粮食	190 000 吨	0.2%	猪肉	40 500 吨	41.9%
油料	11 495 吨	8.0%	禽蛋	7 754 吨	7.7%
烤烟	1 486 吨	-12.4%	猪出栏	48.9 万头	31.2%
蔬菜及食用菌	240 090 吨	15.6%	猪存栏	22.9 万头	28.8%
水果	131 492 吨	11.2%	牛出栏	3.2 万头	-12.4%
脐橙	124 658 吨	13.6%	家禽出笼	795 万羽	11.0%
肉类总产量	55 724 吨	29.1%	水产品产量	24 650 吨	6.0%

资料来源：根据 2021 年瑞金市国民经济和社会发展统计公报整理而得。

增加到 104 家，首次突破 100 家，比 2011 年比增加 57 家；规模以上工业企业营业收入，2011 年仅有 50.88 亿元，2015 年首次突破百亿，2020 年突破 200 亿元，2021 年达到 274 亿元，在赣州市排位由 2012 年的第 11 名前移至第 7 名，年均增长 19%；规模以上工业行业分布区域集中，电器器材、新型建材、纺织服装、电子电气等支柱产业逐渐形成，2021 年，营业收入超 10 亿元的企业增长到 6 家。

表 26-5　2011—2021 年瑞金市工业主要经济指标数据

年份	规模以上工业企业营业收入（亿元）	固定资产投资（亿元）	工业增加值（亿元）	规模以上利润（亿元）	工业税收（亿元）	工业企业用电量（万度）	规模以上工业企业数量（家）
2011	50.88	26.57	12.00	2.76	1.80	32 487	47
2012	57.45	37.82	15.40	1.47	1.64	47 040	38
2013	74.25	47.67	18.80	3.56	3.44	42 600	37
2014	93.03	58.15	23.70	8.95	3.60	77 894	44
2015	113.09	68.04	28.60	9.06	3.70	54 928	56
2016	145.79	80.15	32.50	9.70	5.00	51 566	66
2017	199.46	90.09	—	10.75	12.72	52 682	71
2018	171.77	59.03	34.59	9.79	11.65	56 230	68
2019	186.28	64.35	40.78	11.41	13.20	62 209	72
2020	207.04	70.27	47.13	16.15	14.52	60 893	79
2021	274.40	—	—	22.89	17.48	65 320	94

资料来源：根据 2011—2021 年瑞金市统计年鉴整理而得。

繁荣发展现代服务业。如表 26-6 所示，2021 年瑞金市旅游收入达到 94.1 亿元，接待旅游人数 1 814.1 万人次，较 2012 年分别增长 748%、453%。十年来，瑞金市新增国家 5A 级景区 1 个、4A 级景区 2 个、3A 级景区 3 个，获批国家历史文化名城、国家级风景名胜区、国家级水利风景区，连续四年获评中国县域旅游竞争力百强县市，列入国家全域旅游示范区创建单位，被评为“2021 中国最美县域”，叶坪镇黄沙村华屋成功入选全国乡村旅游重点村。现代物流快速发展，物流企业达 89 家，社会物流总额达到 144.3 亿元，加快建成赣南东部和赣闽边际区域性交通物流中心。电子商务健康发展，建成

表 26-6　2011—2021 年瑞金市接待旅游人数和旅游收入情况

年份	接待旅游人数（万人次）	增长率（%）	旅游收入（万元）	增长率（%）
2011	251.8	45.9	84 000	47.6
2012	328.0	30.3	111 600	32.5
2013	402.4	22.7	140 000	25.6
2014	504.2	25.2	180 000	28.7
2015	615.4	22.1	230 000	25.1
2016	752.0	22.2	290 000	32.0
2017	1 029.7	36.9	454 000	52.7
2018	1 350.9	31.2	700 019	51.1
2019	1 831.2	35.5	1 017 287	45.2
2020	1 205.8	–34.2	581 661	–42.8
2021	1 814.1	50.4	941 015	60.3

资料来源：根据瑞金市文化广电新闻出版旅游局提供的数据整理而得。

跨境电商产业园，瑞金国际陆港在赣州率先开通“跨境电商 B2B 出口 + 铁海联运”班列，实现赣州市跨境电商“9710”模式零的突破。

瑞金市文化艺术中心

（四）基础设施逐步完善

十年来，赣（州）瑞（金）龙（岩）铁路、瑞金机场、瑞兴于快速交通走廊、瑞梅铁路等基础设施项目加快建设，西气东输三线、赣州东（红都）至抚州 500 千伏线路等能源工程快速建成，S451、S543 等“四好农村路”公路和陆路口岸作业区等项目的顺利竣工，加快形成涵盖铁路、公路、机场的基础设施体系。由表 26-7 可知，瑞金市统筹公路建设里程由 2016 年的 612.2 公里增加到 2021 年的 64.46 公里，开工建设一大批重点水利工程，水利基础设施日趋稳固。

表 26-7　2016—2021 年瑞金市统筹公路建设里程

年份	建设里程（公里）	年份	建设里程（公里）
2016	612.2	2019	248.71
2017	227.2	2020	96.61
2018	56.76	2021	64.46

资料来源：根据瑞金市交通运输局提供的数据整理而得。

（五）改革开放走深走实

十年来，扎实推进简政放权和“放管服”改革，瑞金市行政审批局于2017年5月挂牌成立，现已实现“一个印章管审批”“只让群众跑一次”；私营企业达6 799户、个体工商户31 016户；城投集团公司12亿元企业债券成功发行；全面完成农村土地承包经营权确权、农村集体建设用地使用权确权登记，有序开展农村集体土地房屋确权登记及抵押贷款；建立1个县级和17个乡镇级土地流转服务中心，建成率达100%；农村土地共流转达16.82万亩，流转率达44.87%。

（六）生态环境持续优化

十年来，瑞金市大力开展环境治理，推进生态文明创建，生态环境质量持续改善，被列为全国“无废城市”建设试点、江西省第二批生态文明先行示范县（市），成功创建赣江源自然保护区、绵江国家湿地公园（试点）和省级森林城市；空气质量稳居江西省前列，城镇集中式饮用水水源地水质连续多年100%达标，森林覆盖率达75.74%，拥有国家级生态乡镇、生态村各1个，省级生态乡镇8个、生态村12个，赣州市级生态村45个；生活垃圾焚烧发电年上网发电量约0.38亿度，扎实推进“无废城市”试点建设，将废旧矿区改建成江西省首个大型红色实景演艺4A级旅游景区，“无废城市”试点做法得到国家生态环境部的高度肯定。

（七）民生福祉显著增强

十年来，瑞金市教育支出、社会保障和就业支出、医疗卫生支出逐年递增，相比2011年，分别增长244.93%、139.32%、47.99%，详见表26-8。

表26-8　2011—2021年瑞金市一般公共预算民生支出情况

年份	教育支出（万元）	民生占比（%）	社会保障和就业支出（万元）	民生占比（%）	医疗卫生支出（万元）	民生占比（%）
2011	43 617	30.40	32 603	22.73	20 517	14.30
2012	68 683	25.17	37 412	17.57	22 855	10.73
2013	74 969	26.50	46 248	19.61	26 502	11.24
2014	80 467	30.40	47 168	17.82	35 787	13.52
2015	88 510	27.98	59 417	18.79	46 048	14.56
2016	101 802	27.88	66 522	18.22	45 519	12.47
2017	112 136	26.17	70 494	16.45	60 131	14.04
2018	129 718	26.93	77 718	16.13	67 651	14.04
2019	145 909	24.56	88 844	14.95	79 254	13.34
2020	148 889	26.91	74 204	13.41	66 919	12.10
2021	150 452	28.35	78 024	14.70	30 365	5.72

资料来源：根据瑞金市财政局提供的数据整理而得。

教育质量稳步提升。十年来，瑞金市新（改、扩）建红井幼儿园、瑞金五中等项目284个，共新增校舍面积88.75万平方米，维修改造校舍面积82万平方米，共新增学位17 900个（其中幼儿园学位新增

9 990 个）。2021 年，瑞金市普惠性幼儿园在园幼儿占比为 90.02%，公办幼儿园在园幼儿占比为 55.29%，学前教育毛入园率为 96.14%，小学适龄儿童入学率、小学毕业生升入初中比例均达到 100%，九年义务教育巩固率达 98.8%，比 2012 年增长 7.2 个百分点，义务教育大班额全部消除。荣获全国义务教育基本均衡县、江西省平安校园建设优秀县（市、区）称号，教体局连续十年获评赣州县（市、区）中学教学质量综合评价先进单位，瑞金中专赣州中职技能大赛“九连冠”，被教育部评为“全国教育系统先进集体”。

稳就业扩就业成效突出。2021 年，新增城镇就业人数 4 896 人，新增转移农村劳动力 7 784 人，就业困难人员再就业 322 人，城镇登记失业率控制在 4% 以内，城镇居民人均可支配收入由 2011 年的 14 582 元提高到 2021 年的 37 388 元，增长 156.4%；农村居民人均可支配收入由 4 714 元提高到 15 360 元，增长 225.83%，详见表 26–9。

表 26–9　2011—2021 年瑞金市城乡居民人均可支配收入及增速情况

年份	城镇居民人均可支配收入（元）	增速（%）	农村居民人均可支配收入（元）	增速（%）
2011	14 582	13.2	4 714	17.5
2012	16 985	17.1	5 331	14.0
2013	19 039	12.1	6 163	15.6
2014	21 190	11.3	7 156	16.1
2015	23 309	10.0	8 251	15.3
2016	25 304	8.6	9 211	11.6
2017	27 597	9.1	10 301	11.8
2018	30 042	8.9	11 355	10.2
2019	32 659	8.7	12 510	10.2
2020	34 792	6.5	13 655	9.2
2021	37 388	7.5	15 360	12.5

资料来源：根据瑞金市国民经济与社会发展公报整理而得。

医药卫生体制改革持续深化。瑞金市启动密集型医共体建设，将市属三个医院整合打包成立瑞金市总医院，以“两院一科制”的模式全力打响瑞金的医疗品牌。十年来，瑞金启动紧密型县域医共体建设，整合赣州市医疗资源成立瑞金市总医院，瑞金市一级以上医疗机构数由 2011 年的 25 家增加到 2021 年的 39 家，床位数由 2011 年的 2 415 张增加到 2021 年的 3 365 张，均实现正增长，每千人拥有病床数、千人执业医师数分别增至 5.39 张、2.05 人，被列为江西省 15 个县域综合医改试点县市之一和全国 500 个紧密型县域医疗卫生共同体建设试点县市之一。

养老事业稳步推进。十年来，瑞金市建成 8 所区域性中心光荣敬老院、218 个城乡居家和社区养老服务站点，启动建设城乡智慧养老服务平台，每千名老年人养老床位数从 30 增至 39 张，社会保障能力明显增强。2021 年，瑞金市城乡居民养老保险和医疗保险基本实现全覆盖，参保率分别达到 100% 和 96.89%，城乡困难群众兜底保障标准逐年稳步提高，获评“江西省医疗保障综合改革先行示范县（市、区）”，大力推广“尊崇工作法”，荣获“省级双拥模范城”八连冠。

（八）城乡面貌更新更美

十年来，瑞金始终坚持高标准规划、高质量建设、高速度推进，着力加快城镇化建设步伐，城区面积达 36.6 平方公里，城镇化率达 51.5%；完成老旧小区改造 49 个，新建 18 个城市小游园、30 座公交站台，荣获“江西省卫生城市”荣誉称号，连续三届获得全国文明城市提名；全域推进农村人居环境整治，农村人居环境满意率达 90% 以上，探索推广“小V”菜园创建，盘活闲置土地 36 万平方米，顺利通过农村人居环境整治三年行动省级验收。

“红都”城市品质提升新格局，图为金瑞湾公园

二、主要做法

（一）“飞”出民航时代新格局

《国务院关于支持赣南等原中央苏区振兴发展的若干意见》明确提出“研究建设瑞金通勤机场”。2019 年 1 月，国务院和中央军委批复同意兴建瑞金机场，是江西省“十三五”期间唯一新建的 4C 级支线运输机场，列入中国民航局 2020 年脱贫攻坚工作计划行业扶贫项目。2020 年 6 月 30 日，瑞金机场在叶坪镇王屋村正式开工，预计 2023 年通飞试航。瑞金市涵括公路、铁路、航空的交通枢纽将加快形成，赣州市即将开辟“一市两场”的民航发展新格局。

正在兴建的瑞金机场

（二）“改”出高效政务新环境

瑞金市推进相对集中行政许可权改革试点，2017 年整合瑞金市 310 个行政审批事项和公共服务事项统一办理，审批时限缩短 30% 以上，推行“最多跑一次”“一窗式”受理，运用“互联网＋政务服务”，推行错时延时服务，打通服务企业、群众的“最后一公里”；探索远程视频踏勘工作新模式，依托腾讯会议 App、电子签字 App，高标准打造远程云踏勘服务室，实施一次性告知制和预约式服务；运用纪检监察力量，创新全覆盖监管体系，打造“阳光审批”队伍。

（三）“退”出贫困创富“五个一”

瑞金市通过实施产业扶贫“五个一”助力脱贫攻坚，助推农民致富。一是选准一个产业。瑞金市因地制宜发展脐橙、蔬菜、油茶等特色产业，形成“一乡一业、一村一品、户户都有增收渠道”的产业扶贫发展格局。二是打造一个龙头。瑞金市采取“招商引资引、群众自主建、政府大力扶”等培育、发展壮大龙头企业、合作社、家庭农场及种养大户等新型农业经营主体，引导贫困户抱团发展；建立一套利益联结机制，通过“公司＋合作社（基地）＋贫困户”“合作社＋电商＋贫困户”等形式，实现多元增收。三是扶持一笔资金。瑞金市加大金融扶贫力度，创新推行产业扶贫信贷通，比例撬动金融资金投入产业扶贫，为贫困户提供免担保贴息贷款并配套出台产业奖补政策。四是培育一套服务体系。五是上门发放宣传资料、组织专家现场授课、种养能手结对帮扶、合作社统一运营等方式，建立产业链服务精准到户。

（四）“构”出干部成长新机制

瑞金市构建“识马育马赛马选马”全链条干部成长机制，推出年轻干部“三年培养计划”，通过实施定期调训一批、外出挂职一批、基层锻炼一批、重点磨砺一批、轮岗交流一批等“五个一批”培养锻炼计划，提升专业型干部供给源头质量，保证干部使用上有梯队、选择上有空间；聚焦工业倍增升级等重点工作，每年组织六批干部前往粤港澳大湾区等地开展专题培训或跟班学习；举办年轻干部读书班，采取名校“线上＋线下”“课堂＋送教上门”相结合的模式；围绕重大项目建设，分批次安排年轻干部蹲点服务 2 ～ 3 个重点项目，开展“岗位一线建功”大比武等，鼓励了干部改革创新、干事创业的激情。

（五）“扶”出老区发展新底气

财政部、新华社、银监会（2018 年机构改革后为银保监会）自对口支援瑞金以来，各级领导来瑞调研 70 余次，每年均出台针对性强、含金量高的支援方案或计划，支援部委在油茶、蔬菜等特色优势产业发展，农村危旧土坯房改造和人居环境整治，义务教育阶段办学条件等民生实事上，以及城市污水处理扩容、瑞金市一江三湾等事关瑞金经济长足发展的事项上鼎力相助，力促瑞金新增 8 家银行等金融机构，音乐剧《闪闪的红星》编创排演、文化艺术中心和瑞金机场项目加快建成等，央广各级媒体播发 300 余篇宣传报道，红色故都瑞金的知名度得到极大提升，发展的内生动力得到进一步夯实。

三、展望

瑞金市全面塑造“红都今朝更好看”发展形象，努力打造全国最佳红色旅游胜地、湾区海西产业转移高地、革命老区乡村振兴示范区、革命老区共同富裕先行区、内陆地区改革开放引领区、全国生态文明建设样板区、全国红色基因传承典范区，奋力谱写全面建设富裕美丽幸福的社会主义现代化瑞金新篇章。

（一）打造全国最佳红色旅游胜地

彰显瑞金市在全国红色旅游中的标志性地位，以红色圣地的标准，高水平推进和打造，形成与瑞金市政治地位、历史地位相匹配的红色旅游地位。补齐基础设施短板，完善旅游要素支撑，创建国家全域旅游示范区。提升共和国摇篮 5A 级景区，推进长征国家文化公园、大柏地战斗遗址公园、红色故都等重大文旅项目建设，打造长征主题文化旅游新地标。加强对外宣传推介，持续打响红色故都、共和国摇篮、中央红军长征出发地、人民代表大会制度初始发祥地、党和国家初心使命重要起源地旅游品牌。推进景城一体化建设，营造浓厚的红色文化氛围，打造城市旅游IP。

（二）打造湾区海西产业转移高地

加速"融湾入海"，特别是要发挥瑞金市作为海西"桥头堡"优势，推动陆路口岸作业区早日投入运营，对接赣州港、厦门港、盐田港，全力打通出海通道。建立与粤港澳大湾区常态化对接合作机制，构建立体对接通道，建立瑞金市国家级经济技术开发区与粤港澳大湾区国家级经济技术开发区、高新区和省级重点开发区对口联系制度，打造服务粤港澳大湾区红色旅游目的地、承接粤港澳大湾区产业转移基地、面向粤港澳大湾区优质农副产品直供基地，大力承接纺织服装、绿色食品等产业转移，扎实推进产业结构优化升级，构建多点支撑的现代产业体系，实现工业发展强势跨越。

（三）打造革命老区乡村振兴示范区

深入实施乡村振兴战略，对标先进，探索路径，坚决守住底线，巩固提升脱贫攻坚成果，补短板、强弱项，努力在革命老区乡村振兴中作示范、勇争先；采取"长牙齿"的硬措施，落实耕地保护制度，严守耕地保护红线。加大对粮食生产的政策扶持和补贴资金投入力度，加大农业机械推广力度，推进高标准农田、农业水利设施建设，进一步巩固粮食主产区地位。抓好脐橙、蔬菜、油茶、生猪等农业特色产业发展，推广林下经济、生态畜禽养殖，稳步发展富硒农业，按照一乡一品、一村一业的模式打造特色农产品，推广绿色农产品品牌认证。推进田坞现代农业示范园区、正大百万头生猪等重大项目建设，推进种养结合、农旅结合等农业综合发展模式。以"粮头食尾""农头工尾"为抓手发展现代农产品加工业，健全农产品精深加工、仓储保鲜、冷链物流等全产业链，提升农产品流通水平。集中力量做好普惠性、基础性、兜底性民生建设，促进各项社会事业全面进步。加快推进治理体系和治理能力现代化，更好满足人民对美好生活的向往，不断提升人民群众获得感幸福感安全感。

（四）打造革命老区共同富裕先行区

着力推进高质量发展，以智慧城市项目为引领，加快构建现代产业体系，推动主要经济指标增速大幅提升、领跑周边；健全覆盖全民、统筹城乡、公平统一、可持续的多层次社会保障体系。落实国家、省级企业职工基本养老保险统筹有关制度，落实渐进式延迟法定退休年龄政策。发展多层次、多支柱养老保险体系。拓宽参保渠道，健全灵活就业人员社保制度，提升参保率。落实基本医疗保险、失业保险、工伤保险省级统筹，健全重大疾病医疗保险和救助制度，探索建立长期护理保险制度，积极发展商业医疗保险；进一步畅通群众增收渠道，城乡居民人均可支配收入平均分别增长8%和10%，努力让就业路径更有效、更高质量，进一步缩小收入差距，推动瑞金市在革命老区共同富裕中走前列、当标杆。

（五）打造内陆地区改革开放引领区

大力弘扬苏区精神，勇当改革先锋，抢占改革开放制高点，努力为瑞金市高质量跨越式发展注入新的动力和活力。做大做强对外开放平台，支持瑞金国家级经济开发区复制推广自贸试验区改革试点经验。坚持招大引强，围绕产业链“延链、补链、强链、稳链”目标，瞄准世界500强、国内500强、跨国公司、央企、上市企业、外资企业、全国行业单项冠军等重点企业开展精准招商、专业招商、以商招商，加快引进沿海发达地区的食品加工、智能制造等产业，着重引进一批“5020”项目[①]。积极引导企业“走出去”，大力发展跨境电商产业，扩大外贸出口、拓展境外市场。

（六）打造全国生态文明建设样板区

发挥“中国绿色名县”优势，扎实做好“绿水青山就是金山银山”文章，创建全国生态文明先行示范区和“两山”转换实践基地，走出一条绿色转型发展之路。统筹山水林田湖草一体化保护和修复，建设山水林田湖草生命共同体示范区，构建全方位生态安全屏障。大力发展生态循环农业，培育发展农产品个性化定制服务、会展农业、市民农场等新型业态，推进农业产业绿色转型。实施能效“领跑者”行动，推进传统产业绿色化、智能化改造，提高资源综合循环利用水平。强化国土空间用途管制，严格执行“三线一单”（生态保护红线、环境质量底线、资源利用上线和生态环境准入清单）生态环境分区管控要求，健全流域综合管理制度，打造河长制林长制升级版。进一步推动人与自然和谐共生、城乡协调推进，高标准建设美丽中国“瑞金样板”，力争用3～5年把瑞金市打造成为全国生态文明建设样板区。

（七）打造全国红色基因传承典范区

引导瑞金市广大干部群众大力弘扬革命传统、赓续红色血脉、传承红色基因，努力当好苏区精神的时代传人、实践楷模。加强对长征第一山——云石山、大柏地战斗旧址、武阳春耕生产大会旧址、叶坪洋溪等革命旧居旧址保护利用，积极推动部地联动打造红色文化保护传承示范基地，促进红色文化在革命旧址、历史文化街区中的活化展示。做大做强红色研学教育培训产业，规划建设红培事业园。加强苏区文化、长征文化挖掘创新，推出一批红色文艺精品力作，推进非遗文化传承与发展。

---

① “5020”指国家级经济开发区每年至少引进一个50亿元的产业项目，省级经济开发区每年至少引进一个20亿元的产业项目。

27 会昌县十年苏区振兴发展报告

摘要：会昌曾被毛泽东同志盛赞为“风景这边独好”，是千年古邑、红色故土。自赣南等原中央苏区振兴发展政策实施以来，在以习近平同志为核心的党中央坚强领导下，会昌县振兴发展取得重大进展，进入了经济社会发展最快、城乡面貌变化最大、老百姓受益最多的新时期。站在新的历史起点上，会昌县将全面贯彻新发展理念，聚焦“三大战略，八大行动”，积极抢抓发展机遇，强化全要素融合发展，打造“三地一城”，努力走出一条风景独好的现代化发展之路。

关键词：十年成效　新发展理念　会昌县

一、发展成效

2011—2021 年，会昌县地区生产总值由 52 亿元增长至 151 亿元，财政总收入由 6.2 亿元增加至 15.9 亿元，一般公共预算收入由 4.33 亿元增加至 10.4 亿元，社会消费品零售总额由 15.33 亿元增加至 65.1 亿元，城镇居民人均可支配收入由 12 939 元增加至 33 165 元，农村居民人均可支配收入由 4 409

会昌县月亮湾新区

元增加至 14 670 元，详见表 27-1。这一张张喜人的“成绩单”，见证了会昌县振兴发展十年来的巨大成就，展示了会昌县振兴发展的强大生机活力。

表 27-1　2011—2021 年会昌县主要经济指标变化情况

年份	生产总值（亿元）	社会消费品零售总额（亿元）	财政总收入（亿元）	一般公共预算收入（亿元）	财政支出（亿元）	实际利用外资（万美元）	出口总额（万美元）	城镇居民人均可支配收入（元）	农村居民人均可支配收入（元）
2011	52.00	15.33	6.20	4.32	14.84	3 311	1 989	12 939	4 409
2012	60.17	17.47	7.50	5.36	19.48	3 644	282	14 994	5 079
2013	67.58	19.92	9.10	6.30	20.80	4 688	4 861	18 143	5 780
2014	73.30	22.51	10.75	7.44	22.80	4 797	5 773	19 576	6 792
2015	79.94	25.43	11.83	8.67	28.27	5 226	6 535	21 357	7 764
2016	90.03	28.65	12.11	8.92	29.36	5 761	7 450	23 117	8 715
2017	104.21	32.05	13.16	9.29	33.61	6 337	8 355	25 230	9 612
2018	114.83	32.68	14.25	9.82	40.22	6 824	10 870	27 122	10 751
2019	130.36	36.30	14.72	10.32	49.29	7 213	17 661	29 333	11 829
2020	134.35	51.37	14.88	10.36	—	7 633	157 000	30 803	13 098
2021	151.00	65.10	15.90	10.40	—	7 962	172 168	33 575	14 670

资料来源：根据 2011—2021 年统计年鉴、2011—2021 年《会昌县国民经济和社会发展计划执行情况与国民经济和社会发展计划草案的报告》整理而得。

（一）坚持产业为先，发展动能持续增强

会昌县九二工氟盐化工基地是九二盐矿的华丽“变身”，是目前全省唯一的省级氟盐化工产业基地

会昌县把苏区振兴发展重心放在推动产业转型升级、增强发展内生动力上，深入推进产业强县战略，氟盐新材料、特色农业、文化旅游等优势产业加速发展。会昌县规模以上工业企业主营业务收入由 2011 年的 40.75 亿元增长到 2021 年的 127.1 亿元，氟盐新材料首位产业链式集群发展，企业数量由 2011 年的 3 家增加到 2021 年的 36 家，主营业务收入由 11.7 亿元增加到 83.9 亿元，占会昌县规模以上工业营业收入的 66%；粮食生产实现十四连丰，会昌桔柚、会昌米粉、贝贝南瓜地方标准获批发布，脐橙、桔柚、烟叶、肉牛、生猪产量稳居赣州市前五；大力推进北部富硒农业发展示范带建设，富硒产业示范园“会昌独好 • 小密硒谷”已经基本成形；先后启动实施了汉仙温泉、汉仙岩创建国家 5A 级旅游景区、风景独好园、和君小镇、西北街戏剧小镇等一批投资体量大、辐射带动能力强的旅游项目，洞头畲族村、周田紫云山、清溪盘古嶂等乡村旅游蓬勃发展，全域旅游格局基本形成；服务业增加值由 2011 年的 17.41 亿元提高至 52.3 亿元，服务业增加值

占 GDP 的比重由 33.47% 提升至 48.1%。

（二）坚持改革开放，发展活力加速释放

会昌县充分利用苏区振兴政策赋予的先行先试权，积极争取国家部委将改革创新事项放到会昌县先行先试、探索实践，完成国家市场监督管理总局在会昌县开展市场监管所标准化规范化试点，持之以恒推进质量强县，以质量认证助推乡村振兴工作获得国务院 2021 年督查激励。“放管服”“证照分离”“简政便民”等重点改革事项深入推进，农民住房财产权抵押贷款试点、县级党建标准化试点、国有林场改革等一批国字号试点示范事项成功创造“会昌经验”。如表 27-1 所示，会昌县实际利用外资由 2011 年的 3 311 万美元增加到 2021 年的 7 962 万美元；出口总额由 2011 年的 1 989 万美元增加到 2021 年的 172 168 万美元。截至 2021 年，会昌县累计引进县外资金项目 371 个，签约金额 1 562.86 亿元；营商环境全省评价中位列第 19 名、赣州市第 4 名；会昌县共有个体工商户 23 904 户、私营企业 4 194 家，分别较 2011 年增加 14 210 户、3 614 家，获评江西省发展非公有制经济先进县。

（三）坚持人民至上，民生保障更加坚实

会昌县民生支出由 2011 年的 10.41 亿元增加到 2021 年的 35.9 亿元，民生支出占财政支出的比重由 67.4% 提高到 85.1%；城镇居民人均可支配收入由 2011 年的 12 939 元增加到 2021 年的 33 575 元，农村居民人均可支配收入由 2011 年的 4 409 亿元增加到 2021 年的 14 670 元；聚焦“两不愁三保障”，坚持尽锐出战、精准施策，97 个“十三五”贫困村全部出列，建档立卡贫困人口全部实现稳定脱贫，2019 年 4 月顺利实现贫困县“脱贫摘帽”。全面推进巩固脱贫攻坚成果与乡村振兴有效衔接，初步探索形成了乡村振兴示范地打造的“五个五”模式，经验做法在中央政策研究室简报刊登，质量强县助推乡村振兴工作获得国务院办公厅 2021 年度督查激励；243 个行政村幼儿园实现全覆盖，学前教育“入园难”问题得到缓解，赣州市第一所民办高职——和君职业学院于 2021 年秋季正式开学，会昌中专升级为 A 级职业学校。全面完成乡镇敬老院标准化建设，建成各类城乡居家和社区养老服务站点 158 个，打造城市社区党群服务中心（站）25 个，村级农民体育健身设施覆盖率由 2011 年的 17.28% 提升至 80% 以上。

在审计署支持下，会昌县成立规模达 3 100 万元的“审爱教育助学金”，已累计资助 2 000 余名贫困家庭学生

（四）坚持绿色发展，生态底色更加突显

会昌县森林覆盖率由 2011 年的 76.9% 提高到 80.86%；县域空气质量持续保持优良，重要水功能

区水质达标率、主要河流断面优质水率均达 100%；城市生活污水集中处理率达 90.15%，城镇生活垃圾集中处理率达 97.05%，污水处理厂网一体化 PPP 项目成为赣州市第一个与长江环保集团合作落地的项目。成功获批省级生态修复试点县，创建会昌湘江国家湿地公园，会昌山国家森林公园升级为国家级森林公园，被列为全省生态文明示范县和省级循环经济示范县。

二、经验启示

（一）文化 + 特色小镇建设

会昌县和君教育小镇

会昌县积极号召杰出乡贤为家乡建设，和君集团董事长王明夫博士投资 30 亿元建设“和君教育小镇”，推动了产学研联合体和生物科技创新平台的初步形成，以“红色文化和优秀传统文化 + 职业教育”为特色的乡村振兴示范村气象不凡。一是发展职业教育。小镇以打造和君集团总部基地与和君商学院实体校园为建设目标，2018 年动工兴建集教育、研学、培训、会务、文化、旅游、度假、养生于一体的一期工程，于 2020 年完工并投入运营，目前已开展高端商务培训 30 场次，接待研学旅行团队 80 个、游客 10 万人次。全国第一所建在乡村振兴工作一线的高职院校——和君职业学院于 2021 年秋季正式开学，首届录取新生 500 人。二是弘扬红色文化和传统文化。小镇围绕原留守苏区中央政府办事处红色历史文化和以阳明心学为主题的“和君企业文化”以及“梓坑十八铺，铺铺留客住；乡村十八碗，碗碗有鱼香；民间十八调，调调余音绕；传统十八节，节节传千年”渔樵耕读传统文化，建设农耕文化产业园，打造蕴含客家民俗文化元素的“文家乐”民宿和“十八铺”特色风情景点，配套完善了旅游服务功能，村民“宜农宜工宜商”，2020 年人均可支配收入达到 2.2 万元，独特的历史人文风情和美丽的“梓坑家园”令人流连忘返。

（二）“非遗”传承 + 畲乡建设

洞头乡洞头畲族村位于会昌县东南边远山区，是少数民族畲族的聚居地。会昌县以非遗传承和畲乡建设为抓手，将洞头畲族村建成了颇具特色的美丽畲乡。一是传承开发“畲族摆字龙”“会昌山歌”等 7 项市县级“非遗”项目。新建非遗传习所、体验坊，融培训、体验、参观、表演、品尝于一体，既传承发展了非遗，又大大提高了洞头畲乡的知名度。二是建设美丽畲乡。保护性开发具有独特风韵的畲族古建筑蓝氏宗祠、联班第、苞茂第等古民居 5 000 余平方米，传承了白墙青瓦蓝腰带、加檐加顶加上盖的千年民居古韵；对新建民居装饰了畲族图腾、畲族腰带、特色窗花；建设了畲族风情展览室、博物馆，既留住了“乡愁”，又让深山农耕文明有了完整的记忆。三是推动文旅融合。洞头乡创新机制，成立畲乡旅游合作社，积极引导畲族群众农、文、旅深度融合，芙蓉李、雪莲果、香菇等特色产业蓬勃发展，30 余家旅游民宿和农家旅馆争奇斗艳，斗笠舞、打糍粑、做擂茶等畲族民俗文化活动精彩纷呈，畲家酒、糍粑等特色小吃令游客啧啧称叹。畲乡小镇先后荣获“中国少数民族特色村寨”“江西省旅游风情小镇”“赣州市非遗小镇”等金字招牌，2020 年畲族村民户均收入达 10 万元以上。

（三）多元文化 + 旅游强县建设

会昌县挖掘县域多种文化元素，找准各乡镇定位，大力发展“文化 +”产业。一是筠门岭镇整合多元文化，推动三产融合。政府先后投入 3 亿元，引领社会资本 6.7 亿元，持之以恒开发汉仙岩风景区、汉仙湖、汉仙温泉等山水人文旅游资源，同时结合示范镇建设提升圩镇服务功能，大力发展旅游商贸服务业，有效推动三产融合。二是文武坝镇以杰出乡贤著名剧场导演赖声川为文化名片，结合古城保护和西北街“棚户区”改造需求，打造戏剧小镇；依托毛泽东同志旧居、粤赣省委旧址群等红色资源，结合城区居民文化休闲需求，打造了风景独好园，有效提升了城市品位。 三是各乡镇因地制宜，推进文旅开发。清溪青峰第一支部、晓龙天门嶂保卫战纪念馆、珠兰乡红九军团纪念馆等一批“红色文化”薪火相传；小密花海花香、庄埠庄溪茗茶等一批“绿色文化”十里飘香；城区赖公庙、翠竹祠等“古色文化”韵味十足。

（四）利用资源 + 乡村振兴产业发展

乡镇子公司融资资金取得后，主要投向于乡村振兴产业发展，实现资产盘活用于乡村振兴、发展产业的价值目标。由振兴集团或乡镇子公司投资光伏产业，大力发展清洁能源产业。参与投资富硒农业产业园区，进行大米、脐橙、蔬菜等富硒农业产业扩面提质，提高产业发展组织化水平。参与投资“硒望耕橙”定制农业活动，融合“富硒产品 + 休闲养生 + 文化教育 + 旅游观光 + 会员服务”，主推会昌县特色农产品 + 境内旅游服务，扩大会昌农业品牌影响力。发展农产品精深加工业，提高农产品附加值，提高经济效益。投资发展数字农业，发挥数字技术在农作物监测、农

在国家市场监督管理总局支持下，会昌县贝贝小南瓜种植标准化示范区获批国家贝贝小南瓜种植标准化示范区，贝贝小南瓜种植成为村民的“致富经”

作物检测、农作物估产、品质溯源等优势，提高农业科技含量，提高生产效率。

三、展望

新征程赋予新使命，新担当呼唤新作为。下一步，会昌县将全面贯彻新发展理念，积极抢抓发展机遇，强化全要素融合发展，努力走出一条风景独好的现代化发展之路。

（一）构建现代化产业新体系

全力打造全国氟盐新材料产业基地。做强做精含氟新材料首位产业，着力发展含氟新材料产业和氟盐化工终端应用产业，优先发展高端无机氟产品和氟精细化学品，打造我国南方含氟新材料产品重要供应基地、粤港澳大湾区氟硅产品应用制造产业重要承接基地。提升全域旅游核心竞争力。构建全域旅游空间格局，加快打造“一核引爆、一带连通、四引擎驱动、五片区协同”的全域旅游空间格局，唱响“风景独好”会昌旅游品牌。开发培育生态休闲、文化体验、红色旅游、乡村旅游、养生度假等五大全域旅游产品，强化旅游与文化、康养、体育、林业、水利等的深度融合，以融合发展模式丰富旅游业态。加快发展现代物流，建设瑞梅铁路综合物流园、九二氟盐化工基地综合物流园，构建城乡互动、县乡村互联、畅通高效的物流网络体系。加快构建完善健康养老服务体系，建设一批集康养、医疗、旅游、休闲等于一体的健康养老综合体项目，打造粤闽赣地区重要的康养福地。推动文化产业发展壮大，重点开发富有会昌地域情趣和韵味的风情游乐园、文化休闲公园、特色文化街区等，把文化产业培植成新的经济增长点。

（二）开创城乡协同发展新格局

优化城乡空间总体格局。积极打造“一轴、三区、两高地”① 区域协调发展新格局。打造“风景独好”山水人文旅游县城。东进南拓有序拓展县城发展空间、城区路网建设与完善、“三江六岸”城市景观塑造、黄坊片区改造提升、风景独好园—黄坊沿江区域开发、火车站片区建设、城市环境整治优化等。推进特色小镇建设、示范镇建设、圩镇整治、乡镇综合配套服务完善等。推进农村富余劳动力就业转移、完善农业转移人口市民化政策。全力打造全国乡村振兴示范地。巩固提升脱贫攻坚成果，促进农村一二三产业深度融合，加快农业农村现代化建设，持续推进美丽乡村建设，形成以厦蓉线及贡江、湘江河谷为主轴的“7”字型乡村振兴示范带和“1 个县城、5 个重点镇、13 个特色乡镇”的全域振兴格局。

（三）走上创新发展新路径

积极搭建创新平台，推进企业创新，推动协同创新。创新引才模式，引进一批高层次技术人才，一批硕博士、一批创业人才、一批乡贤人才、一批产业人才。加强职业技能培训，培养一批技术型人才、应用型人才。建立创新人才“引进来、留得住”的体制机制，制定人才招引政策，营造良好人才发展环境。完善创新创业生态体系，构建创新驱动政策体系，加大科技创新财政投入，优化科技创新

① “一轴、三区、两高地”：“一轴”是以会杉公路、206 国道为主轴线的南中北三区产业协同发展轴；“三区”是南部工业和旅游协调发展经济区、中部文化创意和休闲旅游经济区、北部乡村振兴示范区；“两高地”是会昌县工业高地和会昌县文化高地。

创业环境，大力发展众创空间。全面建设“智慧会昌”，建设智慧政务，积极推进智慧社保、智慧医疗、智慧教育、智慧应急、智慧交通、智慧旅游、智慧市场监管等公共服务体系建设，开展智慧城区、智慧园区、智慧社区与智慧乡村试点。

（四）创建绿色生态新家园

强化生态空间管控，落实生态保护、基本农田、城镇开发等空间管控边界，加强生态系统保护与修复，构筑森林生态系统，筑牢生态安全屏障，构建人与自然和谐共生的命运共同体。加强大气、水、土壤污染防治，提升生活污水垃圾、危险废弃物、医疗废弃物处置能力，加大生态环境风险防范力度，推进生态环境治理能力现代化。加快产业绿色转型，推广循环经济，推进资源集约节约高效利用，培育绿色发展新动能，推行绿色生产生活方式。加强生态文明制度建设，建立健全生态环境保护责任制度、资源高效利用制度、生态保护和修复机制。

（五）开创新老基建双轮驱动新局面

完善综合交通网络体系，重点加快构建“两横一纵”铁路网，提升“三纵三横两联”公路网，推动农村公路提档升级，全面提升运输服务质量。重点推进 G206 会昌绕城公路东移、G206 珠高寨至九州段、G206 周田至筠门岭段、厦蓉高速公路会昌白鹅互通工程、县城至西江会昌北火车站专用公路等工程建设，争取建设信丰至长汀高速公路、厦蓉高速与济广高速联络线。到 2025 年会昌县公路网总里程达到 3 008 公里，高速公路里程达到 175 公里，普通国省道公路里程达到 408 公里。构建“高效安全、保障有力”水利网，重点提升水资源保障能力，健全防洪排涝减灾体系，加强农田水利设施建设，努力构建满足人民群众期待的民生水利保障体系。构建安全高效清洁现代能源体系，重点优化能源供给结构，完善能源储运体系，推动能源消费升级。适度超前布局“新基建”，重点布局建设以 5G 为主的信息基础设施、融合基础设施、智慧绿色充电网络为代表的“新基建”，加快推动“智慧 +”项目建设，大力发展数字经济。

（六）迈进普惠共享幸福新生活

重点聚焦更高质量充分就业，促进城乡居民持续增收、提升社会保障水平，完善住房保障体系，完善社会救治体系，积极应对人口老龄化等五大举措。推进教育事业均衡全面发展，打造赣南东部特色教育高地，重点推进学前教育普及普惠发展，推进义务教育优质均衡发展，推进普通高中优质特色发展，推进职业教育产教融合，强化教育人才队伍建设。开创卫生健康事业新局面，以补齐医疗卫生事业短板为导向，加快推进县人民医院、公立中医院、妇幼保健院、疾控中心建设，加强县人民医院与湖南湘雅二院交流合作，加快提升医疗卫生服务水平。加强卫生应急体系建设，深化医药卫生体制改革，强化医疗卫生人才队伍支撑。推动文体事业繁荣发展，加快构建现代公共文化服务体系，加强文化遗产保护利用，培育优秀精神文化产品，促进公共文化服务提质增效、提档升级。积极完善健身服务体系，加强综合体育馆、足球场、篮球场、健身步道、健身中心等基础设施建设，补齐群众身边健身设施短板，打造“举步可就”的“15 分钟健身圈”。

28 寻乌县十年苏区振兴发展报告

摘要：自《国务院关于支持赣南等原中央苏区振兴发展的若干意见》出台实施以来，在党中央、国务院的亲切关怀和江西省委、省政府及赣州市委、市政府正确领导下，寻乌县积极抢抓历史机遇，大力弘扬苏区精神，感恩奋进、砥砺前行，在寻乌县大地演绎了一场轰轰烈烈的伟大实践，造就了寻乌县历史上发展势头最好、发展活力最强、发展氛围最浓、群众得到实惠最多、民生事业推进最快的时期，经济社会发展和各项事业取得新成效，实现了“小县也有大作为、小县也能大作为”的壮举，走出了一条“寻乌不寻常”革命老区振兴发展新路子。下一步，寻乌县将聚焦“作示范、勇争先”的目标定位和“五个推进”的重要要求，奋力谱写革命老区高质量发展寻乌新篇章，描绘好社会主义现代化建设寻乌新画卷。

关键词：苏区振兴　高质量发展　寻乌县

一、寻乌县振兴发展的主要成效

2014—2021 年连续 8 年寻乌县获评全省高质量发展考核先进县，并先后获评“国家生态文明建设示范县”“四好农村路全国示范县”“国家级电子商务进农村综合示范县”“国家农村电商精准扶贫农业标准示范区”“2021 年乡村建设评价样本县”“江西省第一批美丽宜居示范县”“江西省第五批省级生态县”“江西省省级卫生县城”“江西省第二批绿色低碳示范县”。

（一）综合实力大幅提升

寻乌县 2011 年地区生产总值 36.04 亿元，排江西省第 86 位、赣州市第 14 位，人均生产总值 11 758 元，分别为全市、全省、全国平均水平的 78.8%、49.7%、35.5%；财政总收入仅有 3.3 亿元，地方财政总收入 2.12 亿元，排全省 100 个县（市区）第 99 位，财政支出中的 3/4 依赖上级转移支付，是典型的“吃饭型财政”。经过十年振兴发展，寻乌县综合实力显著增强，地区生产总值攀升到 2021 年的 114.83 亿元，居全省第 81 位，年均 GDP 增速达 8.9 %；人均 GDP 增加到 40 978 元，年均增长 12.6%；地方财政总收入增至 11.76 亿元，年均增长 13.6%。社会消费品零售总额由 2011 年的 12.14 亿元增至 2021 年的 38.99 亿元，年均增长 12.4%。

（二）脱贫攻坚取得全面胜利

2012—2021 年，寻乌县完成农村危房改造 24 938 户，移民搬迁 745 户（建档立卡搬迁户），城市棚户区改造 2 914 户。2017 年 12 月，习近平总书记在中宣部呈报的《弘扬脱贫攻坚精神，推动农村物质文明和精神文明协调发展——寻乌扶贫调研报告》上作出重要批示。2019 年 3 月，寻乌县以“零漏评、零错退、满意度 99.2%”的成绩顺利通过脱贫摘帽第三方评估，69 个“十三五”贫困村 51 377 名建档立卡贫困人员全部实现脱贫退出。探索形成的“智志双扶”寻乌模式，先后在中宣部、国扶办举办的“习近平总书记关于扶贫工作的重要论述研讨会”、中国国际发展知识中心举办的“中国脱贫攻坚的做法交流对话沙龙”等重要会议上作经验介绍。

（三）乡村振兴开启新征程

持续完善乡村基础设施。2021 年，寻乌县公路通车里程 2 595.66 公里，比 2011 年增加 1 524.26 公里，乡（镇）实现了 100% 通三级路，行政村 100% 通水泥路。农村公路总里程达 2 299 公里，“四好农村路”成功创建全国示范县、江西省第四批示范县。大力扶持特色农业产业发展，2021 年，寻乌县约 12 万人从事果业相关行业，共有 8 517 户脱贫户发展柑橘产业，户均增收达 6 000 元以上。推动乡村环境从基础整治向品质提升迈进，持续改善圩镇环境，打造了一批美丽乡村示范点。深化拓展“联村共治、法润乡风”寻乌经验，在寻乌县 184 个村（社区）设立法官联系点，党组织全面领导下的现代化治理体系已初具雏形。

以蔬菜产业为主导的互联网“双创”小镇——寻乌县幸福小镇，建成全国县域第一家阿里巴巴客户体验中心，形成电商、文创、客服、民宿、餐饮、娱乐等多种业态

（四）产业支撑更加牢固

立足自身资源禀赋和产业基础，特色优势产业不断发展壮大。三次产业结构从 2011 年的 28.8 : 33.1 : 38.1 调整为 2021 年的 21.9 : 31.5 : 46.6，产业结构进一步优化，呈现出一二三产业齐头并进、活力迸发的态势。

1. 农业产业转型升级

在果业遭受黄龙病重创的严峻形势下，寻乌县紧抓产业转型探索。2021 年，寻乌县柑橘种植面积稳定在 26 万亩，产量 27 万吨，产值 11.5 亿元，同时发展种植百香果、猕猴桃、蔬菜等产业面积达 14.2 万亩，寻乌县获批国家级出口食品农产品（脐橙、蜜桔）质量安全示范区，寻乌蜜桔荣获国家地理标志保护产品和国家驰名商标，成功保住了“中国蜜桔之乡”“中国脐橙出口基地县”的金字招牌和老百姓的“钱袋子”，实现了从“一果独大”到“百果满园”的蜕变。2021 年寻乌县果业总产值达 13.38 亿元，农业增加值由 2011 年的 10.22 亿元增加到 2021 年的 25.18 亿元，年均增长 4.5%。

2. 工业体系集聚壮大

寻乌县通过开发利用废弃稀土矿山打造工业发展平台，以通用设备制造产业为首位产业，形成了石排、黄坳、杨梅“一园三区”空间布局。到2021年，寻乌县工业园总面积达到13.01平方公里，入园企业129家，其中规模以上企业54家，规模以上工业总产值从2011年的18.93亿元增至2021年的67.06亿元，年均增长12.18%；规模以上工业主营业务收入从2011年的18.32亿元增至2021年的70.60亿元，年均增长13.40%。截至2021年，寻乌县共有通用设备制造产业企业85家，产业集聚度达56.6%，实现产值6.6亿元，初步建成产业链较为完整的首位产业集群。

寻乌县产业孵化示范基地

3. 现代服务业势头迅猛

第三产业增加值从2011年的13.72亿元增加到2021年的53.44亿元，年均增长13.15%。“学习强国”平台用服中心、全国首个县级阿里巴巴客户体验中心落户寻乌县。将红色旅游与养生度假游、生态游深度融合，投资开发了毛泽东寻乌调查印象园、罗福嶂会议学习园、青龙岩旅游度假区、留车石崆寨景区等一批项目，建成国家4A级旅游景区1个、省4A级乡村旅游点1个、省3A级乡村旅游点1个。电商产业快速发展，获批2021年国家级电子商务进农村综合示范县，截至2021年，寻乌县共发展电商企业500余家，电商总交易额超过10.5亿元。

“‘互联网＋第四方物流’推动城乡上下行”经验入选全国城乡高效配送典型案例，图为广寻现代物流园

（五）重大基础设施逐步夯实

坚持重大基础设施先行战略，一批重大基础设施建成使用。全省首个PPP模式水利工程项目——太湖水库竣工使用，沿线5个乡（镇）18.77万人喝上了“干净水”“放心水”，该项目总投资7.56亿元，其中获得上级扶持资金3.55亿元。全省第一条由县级党委政府全程主导推动建设的省际高速连接线——寻乌南桥至广东龙川高速公路项目将于2022年底建成通车，该项目寻乌段全长约26.855公里，总投资35.72亿元。截至2021年，寻乌县初步建成了以长宁220千伏变电站为电源支撑，以4座110千伏电网为主干构架，11座35千伏变电站为中心的35千伏电网链式、放射

寻乌至广东龙川高速公路推动寻乌县与粤港澳大湾区加快实现互联互通

式的供电格局。新建风电场项目3个，总装机容量达276兆瓦；新建村级光伏发电站184个，总装机容量39兆瓦。

（六）生态质量持续向好

2021年，寻乌县空气质量优良天数平均比例达98.38%，森林覆盖率达到82.37%，空气质量达到国家二级标准，饮用水源水质长期稳定在Ⅱ类、出境断面水质稳定在Ⅲ类以上。先后获国家生态文明建设示范县、全国绿化先进集体、全国河长制先进集体、省生态文明示范县、省绿色低碳示范县等称号。

1. 东江源保护工作成效卓著

扎实推动东江流域横向生态补偿试点工作。赣粤两省于2016年10月签署《关于东江流域上下游横向生态补偿的协议》，补偿期限3年（2016—2018年），3年补偿资金为15亿元（其中国家资金9亿元，江西省和广东省省级资金6亿元）。2019年12月，赣粤两省签订第二轮生态补偿协议。自启动东江流域生态补偿机制以来，寻乌县累计争取生态补偿资金12.9亿元，寻乌县在赣州市“东江流域生态环境保护和治理实施情况第三方评估成果”中稳居前列。实施大湖水库水源保护区及“两个半村”移民搬迁项目。共涉及17个村民小组547户2 343人，总投资达12亿元，在东江源头42平方公里水源涵养地彻底切断污染源。

2. 矿山修复推动“绿色蝶变”

积极探索废弃稀土矿山治理修复新模式，在实践中创新总结了“山上山下、地上地下、流域上下”的“三同治”治理新模式，实现了从“废弃矿山”到“绿水青山”再到“金山银山”的绿色蝶变，治理经验入选2019年全国省部级干部深入推动长江经济带发展研讨班培训教材、2021年中国生态修复典型案例，成为中国向全球推介生态与发展共赢的“中国方案”之一。探索了“生态＋园区”“生态＋光伏”“生态＋农业”“生态＋文旅”等生态产品价值实现的四条路径，实现了生态效益与经济效益、社会效益的融合发展。2015—2021年，分步实施了石排、柯树塘、涵水片区、七坳石等四个片区重点生态修复项目，统筹推进水域保护、矿山治理、土地整治、植被恢复等4大类工程，建成了寻乌县工业用地平台，入驻企业110多家，新增就业岗位万余个，直接收益6亿元以上，实现“变废为园”。通过“生态＋光伏”，实现项目年发电量4 200万千瓦时，年经营收入达4 000万元。通过“生态＋扶贫”，建设高标准农田1 800多亩，利用修复后的5 600多亩土地种植油茶树、百香果等经济作物，年经济收入达到2 300万元。通过促进“生态＋旅游”，实现“绿”“游”融合发展，年接待游客约10万人次，经营收入超过1 000万元。

寻乌县城全景图（1984 年） 刘新忠 摄

寻乌县城新旧对比

（七）城乡面貌焕然一新

寻乌县高标准规划建设了一大批城建项目，大力推进农村人居环境整治和新农村建设，城乡面貌发生了巨大变化，协调发展步伐更加坚实。

1. 新型城镇化成效凸显

围绕“山水客家韵，灵秀寻乌城”定位，按照“南部宜工、北部宜居”的空间布局，推进精致宜居城市建设。寻乌县中心城区建成面积从 2011 年的 8.6 平方公里拓展到 2021 年的 12.23 平方公里，城市框架逐年拉大，城镇人口从 10.51 万人增至 14.47 万人，城镇化率从 33.16% 提高到 51.68%。被评为省级“园林县城”和“森林城市”。智慧城市加快推进，启动数字城管项目，实现了城市网格化、智能化管理。

2. 美丽乡村建设成果丰硕

深入推进“整洁美丽、和谐宜居”新农村建设，成功创建江西省美丽宜居示范县。截至 2021 年，完成新农村建设点 1 170 个；推动城镇基础设施向农村延伸，公共服务向农村拓展，配套设施更加完善，69 个贫困村广播电视和通信网络实现全覆盖，184 个村级光伏扶贫电站全部并网发电，行政村 25 户以上通组道路硬化达 100%；扎实推进城乡环卫一体化项目，完成 15 个乡（镇）排水、排污管网建设共 76.07 公里。

二、经验启示

（一）打造生态保护修复样板

寻乌县改变过去条块分割、单一碎片化治理的传统模式，实行以小流域为单元的分区治理，先控制危害、后合理利用，递次推进，实现了从“废弃矿山”到“绿水青山”再到“金山银山”绿色蝶变。

1. 坚持规划先行

坚持规划先行、统筹推进，高水平编制了《寻乌县山水林田湖草项目修建性详细规划》和《寻乌县山水林田湖草生态保护修复项目实施方案》，作为项目推进的纲领性指导文件，确保项目实施“有章可循”，并对寻乌县山水林田湖草生态保护修复项目治理成效设立统一考核标准。

2. 打破行业壁垒

成立统一调度推进的山水林田湖草项目办公室，打破原来山水林田湖草“碎片化”治理格局，消除水利、水保、环保、林业、矿管、交通等行业壁垒，按照“宜林则林、宜耕则耕、宜工则工、宜水则水”治理原则，统筹推进水域保护、矿山治理、土地整治、植被恢复等四大类工程，实现治理区域内“山、水、林、田、湖、草、路、景、村”九位一体化推进。

3. 推进“三同治”模式

一是山上山下同治。在山上开展地形整治、边坡修复、沉沙排水、植被复绿等治理措施，在山下填筑沟壑、兴建生态挡墙、截排水沟，确保消除矿山崩岗、滑坡、泥石流等地质灾害隐患，控制水土流失。二是地上地下同治。地上通过客土、增施有机肥等措施改良土壤，平面用作光伏发电，或因地制宜种植猕猴桃、油茶、竹柏、百香果、油菜花等经济作物，坡面采取穴播条播撒播喷播等多种形式恢复植被。地下采用截水墙、水泥搅拌桩、高压旋喷桩等工艺，截流引流地下污染水体至地面生态水塘、人工湿地进行减污治理。三是流域上下同治。上游稳沙固土、恢复植被，控制水土流失，实现稀土尾沙、水质氨氮源头减量，实现“源头截污”。下游通过清淤疏浚、砌筑河沟格宾生态护岸、建设梯级人工湿地、完善水终端处理设施等水质综合治理系统，实现水质末端控制。

（二）打造新时代文明实践样板

寻乌县被列为新时代文明实践中心建设全国十个重点联系县之一，不断完善体制机制、创新内容形式，持续推动低成本、可持续、可复制的12366“寻乌路径”① 在寻乌城乡大地生动实践。

1. 坚持实施书记工程

将新时代文明实践中心建设工作作为“一把手”工程，成立以县委书记为组长的新时代文明实践中心建设工作领导小组，县、乡（镇）、村（社区）党组织书记分别担任中心主任、所（站）长，形成三级书记共同抓文明实践的工作格局。建立“中心每周一碰头、县委每月一调度、常委会每季一汇报”的工作机制，县委书记高频调度，确保试点工作稳步有序推进。

2. 坚持发扬寻乌调查精神

寻乌县在推进试点工作中，大力弘扬寻乌调查精神，将传承红色基因融入文明实践体系，将“问需于民、问计于民、问效于民”工作制度贯穿文明实践工作始终，务求“深、实、细、准、效”，通过实地调研、群众座谈、入户走访等形式，与群众面对面、心贴心地联系沟通，掌握群众所思所盼，精准把握人民群众实际的、具体的需求，在解决实际问题中聚民心，避免“干部干、群众看”，让群众成为文明实践主体力量。

3. 坚持整合阵地资源

以党的基层阵地资源整合试点工作为抓手，积极探索将现有各级各类资源阵地“激活、整合、下沉、共享”，重点在中心村整合党群服务中心、综治中心、文化活动中心等资源，不搞大拆大建，低

① “1”是紧扣一个目标，即“传播新思想，引领新风尚”；“2”是围绕两大理念，即党建引领和文明实践两相融合；“3”是坚持“三问”工作方法，即问需于民、问计于民、问效于民；第一个“6”是坚持“六有”工作标准；第二个“6”是抓实6项任务。

成本打造“党群服务＋文明实践＋社会治理”综合体，全面提升基层各类阵地设施建设水平，最大限度发挥资源的综合使用效益，探索出一条低成本可持续的建设路径。

（三）打造融入大湾区样板

寻乌县感恩奋进，全力争当“融湾”排头兵，在解放思想、产业合作、人才培养、体制机制等方面全面对接融入。

1. 支援合作制度化

深圳市于2019年开始与寻乌县开展支援合作，并于2021年12月同意按照“支援合作模式不变、力度不减”的标准，在2021—2025年继续开展支援合作寻乌县工作。探索建立了深寻“1+16+N”常态化支援合作机制，形成了由深圳市乡村振兴和协作交流局牵头，以深圳市龙岗区为主、南山区协助，龙岗区11个街道和5家国企与寻乌县15个乡镇及县城市社区管委会实行“一对一”结对帮扶，深圳市及龙岗区社会资本共同参与的支援合作格局。

2. 干部培养前沿化

探索建立了“126”干部培养机制，通过1个月集中学习、2个月脱岗抓项目、6个月驻深跟班锻炼等形式，先后选派45名年轻干部赴深圳市乡村振兴和协作交流局、龙岗区委宣传部、龙岗区对口办及龙岗区各街道、国企等改革开放前沿“一线”驻点跟班学习，先后委托深圳市经理进修学院举办专题培训班4期400余人次，帮助寻乌干部开阔眼界、提升能力。

3. 产业融入链式化

一是老区果蔬供湾区。寻乌县依托东江源富硒优质果蔬资源，全力推进现代农业发展，恢复寻乌县柑橘产业，积极开展绿色食品示范基地建设，先后创建粤港澳大湾区“菜篮子”供应基地2家，通过“圳品”认证3家。二是大湾区企业进老区。实施精准招商、产业链招商、以商招商，高频次外出推介洽谈。2021年以来，共签约项目70个，总签约金额456.11亿元，先后与深圳能源集团、深圳投资控股集团、深圳市水规院等国企签订战略合作框架协议，规划布局了垃圾焚烧发电站、光伏发电站、风力发电站、东江源头生态环境治理等一批重点项目。三是吸引游客入景区。打造更多精品旅游路线，青龙岩、石崆寨等一批生态旅游景区在粤港澳大湾区的知名度越来越响，吸引更多大湾区游客到寻乌县休闲度假，感受东江源“生态氧吧”的魅力。

（四）打造社会治理样板

寻乌县坚持党建引领，将政法工作与乡村社会治理紧密结合起来，运用法治化解矛盾，探索形成了“联村共治、法润乡风”寻乌实践。

1. 法治力量沉下去

整合寻乌县法治力量，组建“123”法律服务团队（1名法律顾问、2名政法干警、3名巡回审判联系人员），采取“定期＋预约”方式，通过大规模的走访调查，掌握社情民意，开展法治宣传，提供法律服务，协助化解矛盾，实现民情在调查中掌握，风险在调查中防范，矛盾在调查中化解。2021年，寻乌县法治服务团队走访特殊重点人员5 722人（次），上报民生民安类事件7.3万条（次），开展巡回审判120场（次），协助化解矛盾3 000多件，其中重大矛盾纠纷19件。

2. 客家矛盾客家调

盘活客家祠堂等闲置资源，将其打造为集法治宣传教育、矛盾纠纷化解、村民说事议事、道德讲堂等功能为一体的基层善治阵地，让“小阵地”发挥“大作用”。推行客家矛盾“讲法调”“祠堂调”“长者调”“家训调”“食茶调”，积极引导群众能进祠堂不上公堂，能在村组不到县乡，矛盾化解在身旁。目前，建立客家矛盾客家调队伍 208 支，共有调解员 1 016 名，其中专职调解员 15 名，社会团体和其他调解组织 29 人，覆盖了城乡各个角落。

3. 红色治理聚合力

大力弘扬寻乌调查唯实求真精神，用好调查研究“传家宝”。依托寻乌调查、圳下战斗、罗福嶂会议等革命旧址，打造全国红色名村 2 个、省级红色名村 2 个、市级红色名村 3 个，在讲好红色故事、加强基层社会治理中树立标杆。凝聚红色力量，寻乌县 422 个网格均建立了党支部或党小组，建成率达 100%，推动寻乌县 3 163 名机关在职党员到网格报到，组建红色志愿服务队伍 1 125 支，创设志愿服务项目 115 个，累计开展志愿服务活动 5 万余场次，服务时长超过 100 万小时。

三、未来展望

下一步，寻乌县将坚持以习近平新时代中国特色社会主义思想为指导，全面落实习近平总书记视察江西和赣州重要讲话精神，聚焦“作示范、勇争先”的目标定位和“五个推进”的重要要求，奋力谱写寻乌革命老区高质量发展新篇章。

（一）推动经济社会高质量发展

在提高发展平衡性、包容性、可持续性的基础上，主要经济指标保持略高于全省、全市速度增长，人均主要经济指标与全省、全市平均水平的差距明显缩小。到 2025 年，力争地区生产总值年均增长 8% 左右，达到 150 亿元。财政总收入年均增长 10% 左右。三次产业结构更加优化，三次产业结构比调整为 20 : 32 : 48。规模以上工业增加值年均增长 8.5% 左右。固定资产投资年均增长 9% 左右。

（二）聚焦产业转型升级

加快推进产业结构转型升级，继续巩固提升现代农业基础地位，稳步推进工业倍增升级，加快打造通用设备制造、稀土新材料、传统加工业三大百亿元级产业集群，发展壮大现代服务业，建成云上橙中国（寻乌）柑橘科技园、寻乌县深寻农产品加工产业园、寻乌县深寻支援合作产业园、寻乌县稀土精深加工产业园、寻乌县站前大道现代物流园等一批重大项目。

（三）补齐基础设施短板

紧紧盯住中央、省、市的政策导向，加快推动交通基础设施互联互通，加快打通内部节点和外部连接通道，建成瑞梅铁路、寻乌南桥至广东龙川高速公路、赣州至安远至寻乌高速公路，构建“北上南下”便捷高效的现代化交通体系。建成下寨水库、九曲湾水库扩容提级和五里滩水库扩容提级三个中型水利工程。建成抽水蓄能电站1个以上，建成一批光伏电站、风力发电站，建成寻乌能源产业园，完成城区天然气管网铺设，构建完善的综合型支撑性能源网络。

（四）深化全面改革开放

围绕建设对接融入粤港澳大湾区桥头堡、推进“两山”转化、创新基层社会治理等优势领域，开放思想、开阔思路、开拓理念，总结打造一批在全国有影响力的改革品牌。同时，以赣深对口合作为契机，以“深圳寻乌”支援合作为基础，探索“革命老区＋社会主义先行示范区”合作新路径，拓展对外开放的深度和广度，实现与粤港澳大湾区、海西经济区、长三角等发达地区深度融合，产业承接能力、跨区域合作水平全面提升。

（五）彰显生态文明优势

生产方式和生活方式绿色、低碳水平上升，生态环境质量总体改善。资源利用效率大幅提高，主要污染物排放总量进一步减少，生态文明制度体系更加完善，生态保护和环境建设取得明显成效。推动建立东江流域上下游横向生态补偿长效机制，深入挖掘“东江源”内涵价值，让东江源成为东江流域生态保护的先行之地、生态科研的实践之地、生态旅游的火热之地、生态转化的示范之地。

（六）促进城乡协调发展

围绕“山水客家韵、灵秀寻乌城”精致宜居城市目标定位，全面构建协调共融的“一主两次，两轴三片”的“丰”字形点轴城乡空间布局，形成中心城区带动、城镇互联互通的发展格局。力争将寻乌县乡（镇）打造成基础设施完善、功能配套齐全、圩镇清爽整洁、镇村治理有效、客家风貌鲜明的宜居宜业城镇。

29 石城县十年苏区振兴发展报告

摘要：赣南等原中央苏区振兴发展政策实施十年来，在中央深切关怀、国家部委鼎力支持，江西省委、省政府高位谋划和赣州市委、市政府正确领导下，石城县感恩奋进、锐意进取，聚焦“作示范、勇争先”目标定位和“五个推进”重要要求，高质量打造“两地三区”，积极探索具有石城特色的高质量发展新路子，把政策机遇、政策红利转化为发展动力，推动石城这片红色土地发生翻天覆地的变化。“十四五”时期，石城县将站在“两个大局”的战略高度，以“攻项目、整环境、提效率”为主旋律，以高质量打造“两地三区”为主抓手，扎实做好“六稳”工作，全面落实“六保”任务，着力提升发展韧性，统筹推进疫情防控和经济社会高质量发展，奋力开启全面建设富裕美丽温暖的社会主义现代化石城新征程。

关键词：苏区　振兴发展　石城县

一、石城县十年苏区振兴发展取得的成就

十年栉风沐雨，十年勇毅前行。苏区振兴发展的十年，是石城县与全国、全省、赣州市同步全面建设社会主义现代化的开局起步期，也是加快建设新时代实力时尚幸福石城、实现高质量跨越式发展的关键期。十年来，石城县多项主要经济指标增幅列赣州市第一方阵，成功入选全国重点生态功能区、国家全域旅游示范区，先后获得“全国脱贫攻坚组织创新奖”“国家生态综合补偿试点县”“中国温泉之城”“国家卫生县城”“全国电子商务进农村综合示范县”“全国信访三无县”等“国字号”荣誉；2015—2021 年连续七年获评全省春季森林防火先进县、连续三年获评全省全面深化改革先进县，建成全省唯一的省级鞋类产品检验检测中心，成功获评全省生态文明示范县、全省“四好农村路”示范县、省全省农业农村工作先进县等。

（一）综合实力持续攀升

1. 经济发展水平实现量质双提升

石城县地区生产总值由 2011 年的 32.86 亿元增至 2021 年的 94.78 亿元，实现年均增长 9.1%，摆脱长期全省垫底局面；人均地区生产总值突破 3 万元，2021 年达到 33 466 元，较 2011 年增长了 184%；社会消费品零售总额达 42.14 亿元，年均增长 11.4%，如图 29-1 所示。地区生产总值、农村居民人均收入等多项主要经济指标增速稳居赣州市第一方阵，2013 年、2014 年、2016 年、2018 年、

2019 年先后五年获评全省高质量（科学）发展先进县，2014—2021 年连续八年获评赣州市高质量（科学）发展先进县。

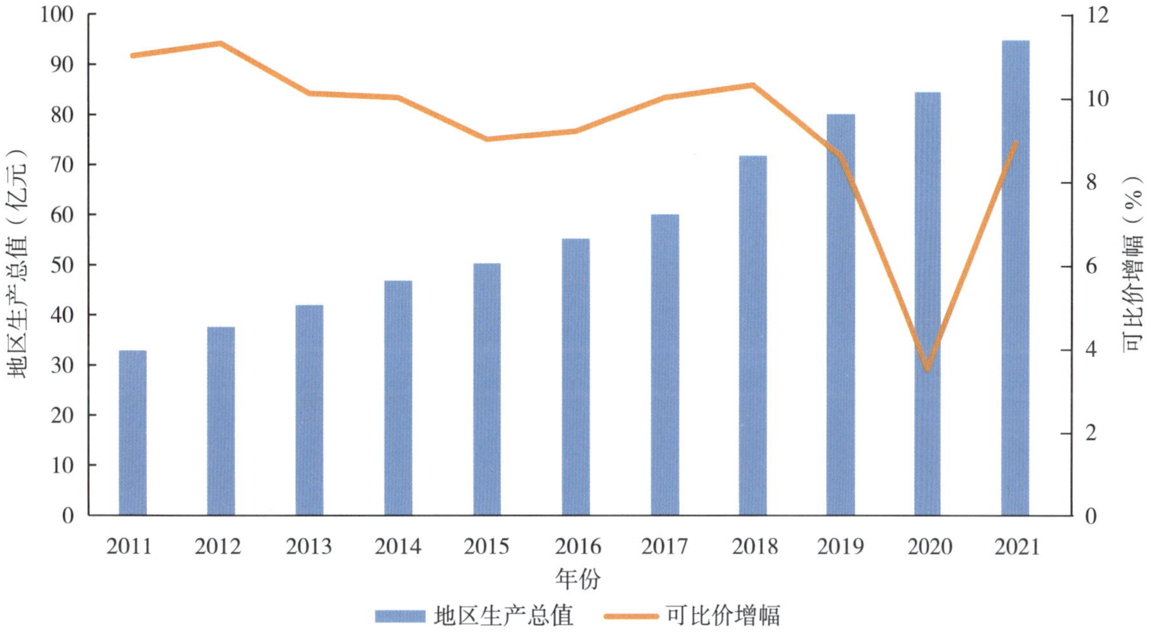

图 29-1　2011—2021 年石城县地区生产总值及可比价增幅情况

资料来源：根据 2011—2021 年石城县统计年鉴整理而得。

2. 财政总收入实现进位赶超

石城县财政总收入由 2011 年的 3 亿元增至 2021 年的 12.22 亿元，年均增长达 15.1%，总量由赣州市末位上升至赣州市第 15 位；2021 年一般公共预算收入达到 7.29 亿元，较 2011 年增长 212%，年均增长达到 12.3%，如图 29-2 所示。

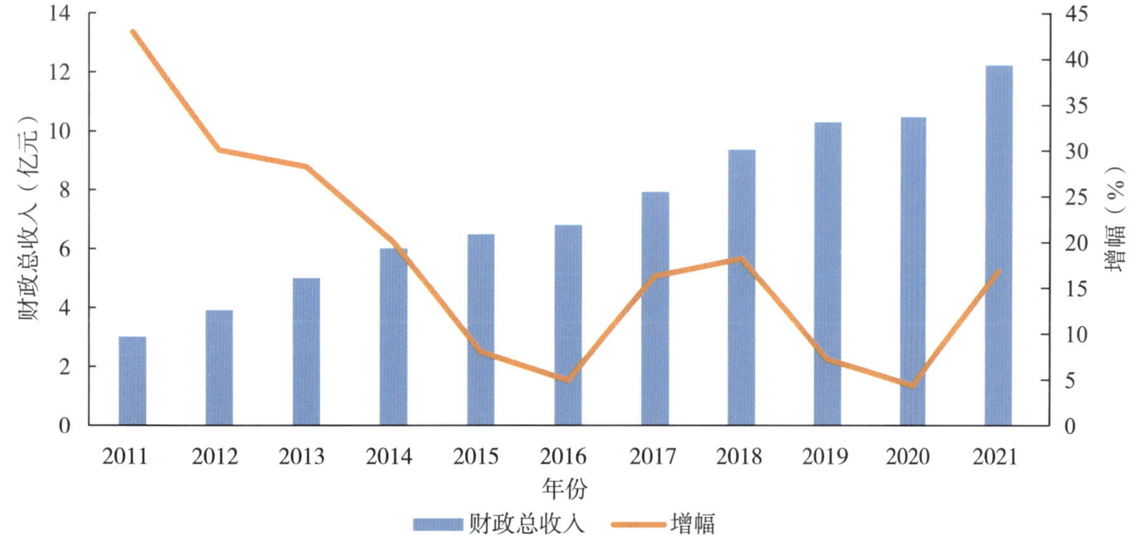

图 29-2　2011—2021 年石城县财政总收入及增幅情况

资料来源：根据 2011—2021 年石城县统计年鉴整理而得。

3. 人民币存贷款余额实现总量“翻番”

石城县金融机构存款余额由 2011 年的 42.70 亿元增至 2021 年的 163.17 亿元，增长 282.1%，年均增长 14.3%；金融机构贷款余额由 2011 年的 24.19 亿元增至 2021 年的 158.37 亿元，增长 554.7%，年均增长 20.7%，如图 29-3 所示。存贷比由 2011 年的 56.7% 提高到 2021 年的 97.1%，人民币存贷款余额实现“翻番”。

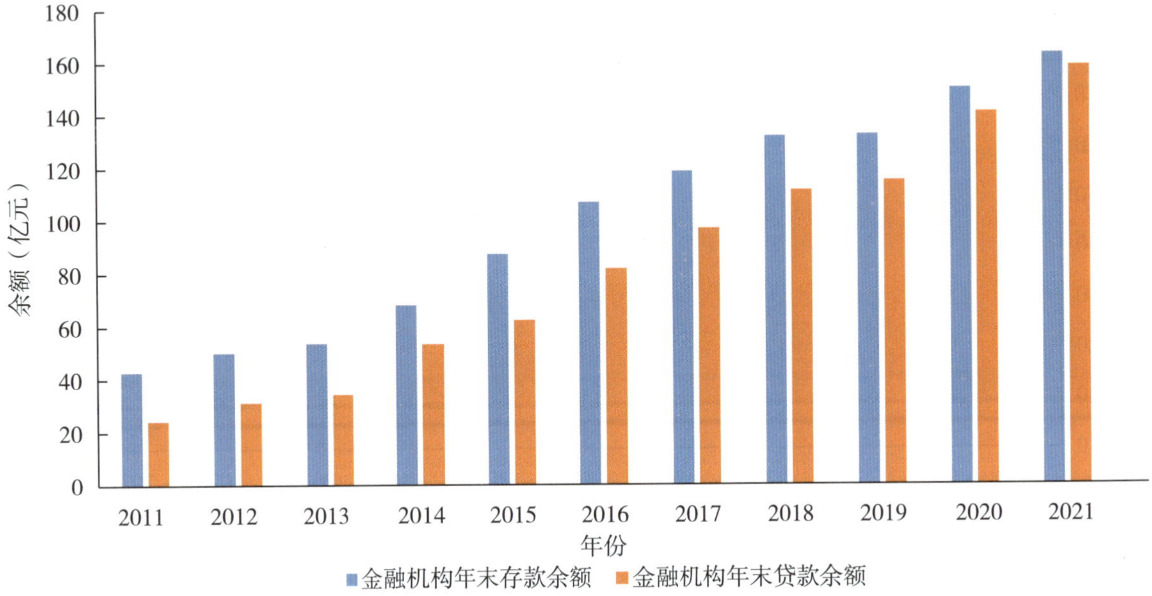

图 29-3　2011—2021 年石城县金融机构年末存贷款余额情况

资料来源：根据 2011—2021 年石城县统计年鉴整理而得。

4. 人民生活水平迈上新台阶

截至 2021 年，石城县城镇居民和农村居民人均可支配收入摆脱赣州市末位，分别列赣州市第 16 位、第 15 位。其中，城镇居民人均可支配收入 31 142 元，是 2011 年的 1.92 倍，年均增长 9.5%；农村居民人均可支配收入 13 731 元，是 2011 年的 2.65 倍，年均增长 12.9%，如图 29-4 所示。

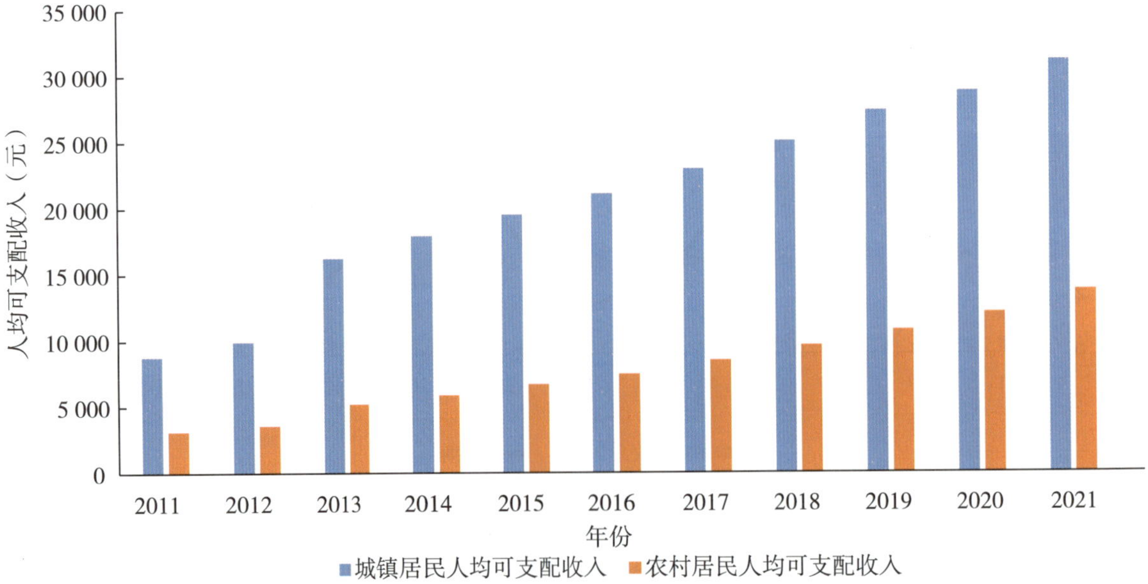

图 29-4　2011—2021 年石城县城乡居民人均可支配收入情况

资料来源：根据 2011—2021 年石城县统计年鉴整理而得。

（二）乡村振兴展新貌

1. 脱贫攻坚取得“大胜利”

石城县紧扣“两不愁三保障”要求，高标准实施精准扶贫十大重点工程，实现应保尽保、应扶尽扶，29个省定“十三五”贫困村、15个深度贫困村全面退出，49 718名农村建档立卡贫困人口和2 351名城镇贫困群众全部脱贫，贫困发生率由2014年底的18%降至0，绝对贫困人口全面消除。2019年10月，石城县精准扶贫、精准脱贫获省政府通报嘉奖；被评为全国“十三五”易地扶贫搬迁工作成效明显县。培育创业致富带头人做法获国务院原扶贫办肯定并在全国推广。

“挪穷窝、换穷业、奔小康”，铜锣湾“进城进园”集中搬迁安置点被评为全国“十三五”美丽搬迁安置点

2. 产业发展取得“大突破”

白莲、烟草、蔬菜等主导产业蓬勃发展，翻秋花生、薏仁及山地鸡、稻花鱼、鳗鱼等特色产业扬优成势，脐橙、油茶、中药材等特色种植规模逐步扩大，鼓起了农民的“钱袋子”。截至2021年，石城县白莲种植面积稳定在10万亩左右；蔬菜播种面积5.9万亩、总产量10万吨，其中相对集中连片30亩以上设施蔬菜基地27个、面积6 000余亩。

（三）工业发展步履铿锵

1. 主要工业指标增速喜人

石城县坚定不移主攻工业，发展形成了以品牌运动鞋服、矿产品精深加工、机械制造、绿色食品、新能源产业为代表的“1+4”产业格局，加快推进工业化发展步伐。2011—2021年，石城县规模以上工业企业营业收入从2011年的7.3亿元增至2021年的80.30亿元，增长1 000.0%；工业税收从2011年的3 900万元增至2021年的4.95亿元，增长1 169%；工业企业用电量从2011年的3 738万千瓦时增长至2021年底的1.06亿千瓦时，增长183%；规模以上工业企业数量从2011年的17家增长至2021年的61家，增长258.8%，如表29-1所示。

表29-1　2011—2021年石城县主要工业经济指标变化情况

年份	规模以上工业企业营业收入（亿元）	工业增加值（亿元）	规模以上利润（亿元）	工业税收（亿元）	工业企业用电量（万千瓦时）	规模以上工业企业数量（家）
2011	7.30	8.55	0.56	0.39	3 738	17
2012	8.90	9.90	0.80	0.49	4 385	18

续表 29-1

年份	规模以上工业企业营业收入（亿元）	工业增加值（亿元）	规模以上利润（亿元）	工业税收（亿元）	工业企业用电量（万千瓦时）	规模以上工业企业数量（家）
2013	13.00	11.75	1.52	0.65	5 474	22
2014	17.50	13.02	2.14	0.76	7 913	29
2015	20.10	13.34	2.32	0.78	6 368	32
2016	24.70	13.10	1.46	0.78	5 955	48
2017	40.20	15.33	2.56	1.90	8 016	49
2018	47.20	17.35	3.40	3.02	9 111	45
2019	52.60	18.95	3.88	3.31	9 450	48
2020	59.30	19.34	5.22	4.08	9 868	55
2021	80.30	23.10	7.85	4.95	10 588	61

资料来源：根据 2011—2021 年石城县统计年鉴整理而得。

2. 首位产业集群加速形成

石城县审时度势，精准定位，确定品牌运动鞋服产业为首位产业，并始终坚持首位产业首位扶持不动摇，主动融入赣州纺织服装产业带集群，积极对接粤港澳大湾区、海西经济区，着力打造品牌运动鞋服智造基地，产业规模迅速扩大（详见表 29-2），集群效应逐步显现，品牌影响力不断增强。截至 2021 年底，石城县已有鞋服生产、配套企业 600 余家，涵盖制鞋、服装、纺织、箱包等各个领域，产业工人达 2 万余人，年产成品鞋 5 000 万双以上、服装 3 000 万件以上，2021 年产值达到 130 亿元。

表 29-2　2016—2021 年石城县品牌运动鞋服产业总产值情况　单位：亿元

年份	产值	年份	产值
2016	25	2019	70
2017	35	2020	100
2018	50	2021	130

资料来源：根据 2016—2021 年石城县统计年鉴、石城县政府工作报告整理而得。

（四）全域旅游发展质效齐升

通天寨是国家 4A 级景区，所在的大畲村被评为国家乡村旅游重点村，图为通天寨下的百亩荷花园

石城县率先在全省提出“全域旅游”发展思路，打响“原中央苏区核心区域”“赣江源头县”等特色品牌，先后荣获“国家全域旅游示范区”“江西省旅游强县”等称号，成功承办赣州市首届旅游产业发展大会。通天寨地质公园获评国家地质公园，琴江水利风景区获评国家水利风景区，大畲村被评为国家乡村旅

游重点村，通天寨景区被评为省级旅游度假区。十年来，石城县旅游人数和旅游综合收入都实现了稳定增长，2021 年共接待旅游人数 994.82 万人次，较 2012 年增长 8.95 倍，实现旅游综合收入 77.2 亿元，较 2012 年增长 24.7 倍，如表 29–3 所示。

表 29–3　2012—2021 年石城县旅游业发展情况

年份	接待旅游人数（万人次）	旅游综合收入（亿元）
2012	100.00	3.00
2013	135.00	4.00
2014	170.60	5.17
2015	233.60	8.40
2016	334.20	15.08
2017	438.76	20.87
2018	554.30	24.10
2019	691.90	40.02
2020	865.05	62.38
2021	994.82	77.20

资料来源：根据石城县政府网数据整理而得。

（五）城乡面貌更加靓丽

1. 城市功能与品质实现“双赢”

十年来，石城县新（改）建城市道路 63 条、90.62 公里，4 座大桥建成通车，新（改）建城区污水管网 77.46 公里，实施老旧小区改造 17 个、背街小巷提升改造 130 余条，城区“老街”换“新颜”；城市保洁、公厕管护、园林管理等走向标准化、专业化、市场化，城区生活污水处理厂提标改造工程建成投入使用，污水处理排放达到国家一级标准；截至 2021 年底，“一江两岸”城市滨江功能带拓展至 30 公里，中心城区建成区面积突破 12.7 平方公里，常住人口城镇化率 49.16%，较 2012 年提高 17.2 个百分点；成功获评国家卫生县城、省级森林城市、市级文明城市，入选“宜居宜业典范县”。

2. 乡村宜居与秀美实现“齐飞”

农村人居环境综合整治工作成效明显，截至 2021 年底，石城县 1 881 个村庄全部达到干净整洁标准，942 个村庄达到生态宜居标准，698 个村庄达到精美社区标准，先后获评全省、全市农村人居环境整治先进县；省级美丽宜居示范县创建有序推进，创建美丽宜居示范乡镇 2 个、示范村庄 13 个、示范庭院 2 194 户；成功打造珠坑等 5 个生态宜居秀美乡村示范片区；获评市三星级以上新时代文明实践所（站）18 个，五星级示范站 1 个；“请客不收礼、节俭办宴席”经验做法多次被中央、全省、全市主流媒体刊登宣传，被列为全省推广项目。

（六）生态文明蔚然成风

1. 国家生态文明试验区建设取得明显成效

石城县成功纳入国家重点生态功能区，入选赣州市唯一的国家生态综合补偿试点县，先后获评国家生态文明建设示范区、全国休闲农业与乡村旅游示范县、江西省生态文明示范县以及“绿水青

琴江河流域完成生态综合修复，打造出城区“一江两岸”生态宜居城

山就是金山银山”省级实践创新基地。

2. 全力打好污染防治攻坚战

2021 年，石城县域出境断面、赣江源头、饮用水水源地水质优良率均达 100%，城区人均绿地面积超国家标准，空气质量优良率达 99.7%（详见表 29–4），位居全省前列，$PM_{2.5}$ 平均浓度为 18 微克 / 立方米，赣州市排名第六。

表 29–4　2017—2021 年石城县空气质量情况

年份	PM_{10}（微克 / 立方米）	$PM_{2.5}$（微克 / 立方米）	二氧化硫（微克 / 立方米）	二氧化氮（微克 / 立方米）	一氧化碳第 95 百分位数（毫克 / 立方米）	臭氧 8 小时第 90 百分位数（微克 / 立方米）
2017	44	24	14	16	1.0	104
2018	38	19	15	16	1.1	97
2019	36	18	11	16	1.5	108
2020	31	18	4	11	1.1	123
2021	31	18	5	10	1.0	108

资料来源：根据赣州市空气质量联网监测管理平台数据整理而得。

注：石城县空气质量自动监测站 2017 年正式运行，2017 年开始播报空气质量指标数据。

（七）民生福祉更加殷实

1. 民生投入持续加大

2011—2021 年，石城县累计投入教育、文化、社会保障、医疗卫生、农林水等 13 项民生支出达 199.7 亿元，占一般公共预算支出的 87.6%，民生投入年均增长率 13%，高于一般公共预算支出年均增长率 12.8%，如图 29–5 所示。教育、农林水、社会保障和就业、卫生健康支出和城乡社区列民生支出前五位，占比分别为 22.3%、18.5%、17%、16.4% 和 10.4%。

2. 基础设施更加完善

石城县“铁公机”格局初步形成。截至 2021 年底，境内形成了以“一纵一横”高速

兴泉铁路（石城段）建成通车，图为石城东站

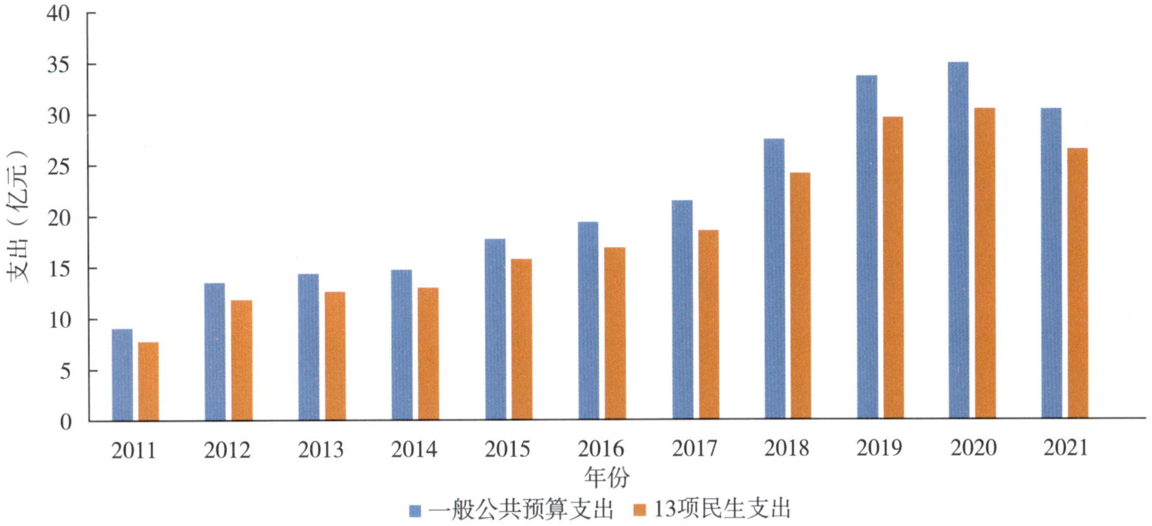

图 29-5　2011—2021 年一般公共预算支出及 13 项民生支出情况

资料来源：根据 2011—2021 年石城县统计年鉴、财政预算执行情况和 2011—2021 年财政预算草案的报告整理而得。

公路、"十"字形国道为主骨架、"8"字形县乡主干道和四通八达通村公路为支线的路网格局，县域内半小时经济生活圈全面形成，公路里程、公路等级实现量质齐升；农田水利建设方面，完成 361 座小型灌区末级渠系改造，改善灌溉面积 14.71 万亩；安全饮水设施建设方面，完成县城 5 万吨水厂改造提升项目、县城应急备用水源项目建设，实施 269 处集中供水分散型农饮项目，截至 2021 年，石城县农村集中供水率已经达 94.61%，农村集中供水人口达到 25 万人，安全饮水保障率达到 100%；能源基础设施获得新突破，建成大唐 99.5 兆瓦风电场和协鑫 60 兆瓦、赣江源光伏 56.54 兆瓦以及 30 兆瓦智慧农林生物质电站，新能源装机容量突破 300 兆瓦。

3. 教育卫生均衡发展

石城县新（改）建校舍 32 万平方米，石城中学新校区整体投入使用，高考本科上线人数实现"八连增"，教育质量不断提高；率先在江西省探索建立非贫困人口大病医疗补充保险制度，县人民医院实施 6S 精益化管理；14 个乡镇级卫生院中有 8 个乡镇卫生院通过一级医院评审，一级创评率达 57%，16 所基层卫生院"石城县电子健康档案务实应用系统"建设实现全覆盖。石城县一般公共预算教育支出从 2012 年的 3.5 亿元增至 2021 年的 6.00 亿元，增加了 2.5 亿元，增长了 71.17%，如表 29-5 所示。

表 29-5　一般公共预算教育支出情况

年份	一般公共预算教育支出（亿元）	增长率（%）
2012	3.50	—
2013	3.76	7.35
2014	3.29	-12.56
2015	3.40	3.28
2016	3.91	15.08
2017	4.51	16.02
2018	5.13	13.02
2019	5.77	12.51

续表 29-5

年份	一般公共预算教育支出（亿元）	增长率（%）
2020	5.98	3.64
2021	6.00	0.34

资料来源：根据 2012—2021 年石城县统计年鉴整理而得。

二、主要做法

（一）加强三大党建坚持

1. 坚持强基固本，战斗堡垒坚实有力

党的基层组织体系不断完善，党员队伍不断发展壮大，石城县基层党组织增加到 475 个，党员总数增加到 10 414 人。扎实推进“党旗在基层一线高高飘扬”活动和“我为群众办实事”实践活动，全面推动村（社区）党组织书记、村（居）委会主任“一肩挑”。在城区，成立城市社区党工委和城市社区管委会，构建“城市社区党工委—社区党支部—网格党员服务站”的管理体系，加强了社区工作者队伍建设和“社区吹哨、部门报到”体制建设。

2. 坚持选贤任能，干部队伍朝气蓬勃

2011—2021 年，石城县先后选派 600 余名干部到艰苦一线平台锻炼，向脱贫攻坚、乡村振兴一线选派第一书记 363 人，向乡村振兴一线选派“三个顾问”（财务顾问、法律顾问、技术顾问）390 人，加强干部基层工作历练，增强群众观念。

3. 坚持从严治党，政治生态风清气正

认真落实全面从严治党主体责任，严格履行“一岗双责”，强化对权力运行的制约和监督，石城县各级党委（党组）履行全面从严治党主体责任更加主动。驰而不息纠治“四风”，八项规定精神得到深入贯彻落实，先后开展“红包”问题、办公用房清理、“一桌餐”、整治领导干部利用名贵特产类特殊资源谋取私利问题等多项专项治理，严防、严惩各类腐败问题，营造风清气正的政治生态。深入挖掘并推广“石城请客不收礼、节俭办宴席”文明新风，持续拓展深化移风易俗改革成果。

（二）健全三大工作机制

1. 建立协调推进机制

石城县成立国家生态综合补偿试点建设工作领导小组，由县政府主要领导任组长，县政府分管领导为副组长，各部门单位、各乡镇主要负责人为成员的领导小组，建立部门联席调度机制，统筹解决国家生态综合补偿试点工作中的重大事项和重要问题。

2. 健全资金整合机制

石城县统筹整合生态类资金，实施生态保护、水环境治理、生态产业扶贫等项目 108 个，特别是琴江河流域县城段生态保护与修复工程，获得中央电视台宣传推广，吸引央企、国企、大企等社会资本，投资发展生态农业、旅游业等绿色产业，带动近 3 万余名群众增收致富。

3. 完善责任追究机制

石城县建立生态环境损害责任追究制度，对 11 个乡镇开展自然资源资产离任审计。落实生态环境损害赔偿机制，审理判决赣江源斑鳢国家级水产种质资源保护区内非法捕鱼案、涉林生态环境损害赔偿案等典型案件，追究生态修复费用 6 000 元、生态环境损害赔偿金 38 100 元。

（三）创新三大补偿机制

1. 创新森林生态效益补偿机制

石城县建立分类补偿，将生态公益林划分若干保护等级，再划分为乔木林地、竹林地等种类，根据林地生态效益赋予不同补偿标准。自 2020 年来，石城县发放林农生态公益林补偿资金，完善自我补偿，出台优惠政策，引导林农适度开展林下种植养殖和森林游憩等非木质资源开发与利用，增强林农自我补偿能力。截至 2021 年底，石城县森林药材种植面积达 5 000 余亩。

2. 创新流域上下游生态补偿机制

石城县持续完善“石城—宁都”上下游生态补偿机制，严格落实与宁都县贡江流域上下游横向生态保护补偿，流域上游承担保护生态环境的责任，享有水质改善、水量保障带来利益的权利。

3. 创新中央项目资金补偿机制

十年来，石城县充分利用中央补偿资金，撬动县级财政配套及社会资金，整体推进低碳低耗绿色工业园区建设，承接绿色食品加工、现代品牌运动鞋服等低碳工业；实施项目始终围绕生态转，建设古樟工业园、屏山创业园市政道路 8.7 公里，建设小松创业园、屏山创业园污水处理厂各 1 座及污水管网 10.3 公里，有效减少污染物排放，改善琴江河流域水质。

（四）培育三大优势产业

1. 聚能成势，打造新能源绿色富民产业

据专业测量，石城县年太阳辐射量达每平方米 4 736.6 兆焦，列全省第 1；年日照小时数为 1 920 小时，非常适合发展太阳能光伏发电。依托资源优势，石城县在不破坏环境的情况下，引进协鑫、美橙、晶科、马丁和中国大唐等大型企业，建成光电、风电、生物质发电等诸多新能源项目，装机容量突破 300 兆瓦，2 000 余农户通过林地流转和就近务工实现增收。

流转荒地发展光伏产业，农民增收有新路子，图为琴江镇协鑫光伏发电基地

2. 花开满城，打造绿色食品生产基地

石城县是中国白莲之乡，白莲种植有 1 000 多年历史。围绕这一天然优势，石城县创新基层农技推广体系，采取购买社会服务的办法，配备 6 名白莲技术推广员，全力推广白莲绿色食品标准化生产技术，推广“良种 + 良法”配套高产栽培技术及白莲腐败病预防技术逐步提高白莲产量和质量。截至

2021年底，石城县白莲种植面积稳定在10万亩左右，"石城白莲"获批注册国家地理标志证明商标，正式获批全国绿色食品原料（白莲）标准化生产基地。

3. 点泉成金，打造温泉康养旅游目的地

石城县温泉资源丰富，可开采利用地热水达13 777.74立方米/天，可采量居江西省第一；先后开发出九寨温泉、花海温泉、森林温泉、天沐温泉等温泉体建设，构建形成城北国际温泉康养度假区、城南温泉文化休闲旅游区两大核心板块。

三、展望

"十四五"时期石城县发展总体上将处于大有可为但充满挑战的战略机遇期。石城县上下将站在"两个大局"的战略高度，深入贯彻党的二十大精神，坚持稳中求进工作总基调，以推动高质量发展为主题，以深化供给侧结构性改革为主线，以改革创新为根本动力，以满足人民日益增长的美好生活需要为根本目的，认真落实江西省委"二十四字"工作思路和赣州市委"三大战略""六大主攻方向"，以"攻项目、整环境、提效率"为主旋律，以高质量打造"两地三区"为主抓手，扎实做好"六稳"工作，全面落实"六保"任务，攻坚克难、迎难而上，着力提升发展韧性，统筹推进疫情防控和经济社会高质量发展，奋力开启全面建设富裕美丽温暖的社会主义现代化石城新征程。

（一）经济综合实力实现新跨越

坚持发展第一要务，深入贯彻落实国家新时代支持革命老区振兴发展等系列政策，巩固提升良好发展势头，主要经济指标增幅继续保持在赣州市"第一方阵"，经济总量在全省排位继续前移，人均水平与全国、全省、赣州市差距进一步缩小，高质量跨越式振兴发展迈出坚实步伐。

（二）三次产业发展实现新突破

创新引领发展能力明显增强，全社会研发投入占地区生产总值比重提高至2%。产业基础高级化、产业链现代化水平取得突破性进展，生态农业、低碳工业、现代服务业质量和效益显著提升。品牌运动鞋服产业产值突破200亿元，硅精深加工制造业加速集聚发展，新型机械制造、绿色食品、新能源等产业规模持续壮大，智能制造、"互联网+"数字经济等新兴产业实现跨越发展；现代农业继续发展壮大；旅游为龙头的现代服务业加速提档升级。

（三）生态文明建设实现新进步

国土空间开发保护格局持续优化，生态环境质量继续保持全国一流、全省领先，赣江源头生态安全屏障更加牢固。生态文明体制机制更加健全，生态文明理念深入人心，形成多元化"两山"转换通道和绿色生产生活方式，绿色发展水平进入全省前列。

（四）城乡联动发展取得新成效

统筹城乡发展实践走在全省前列，城镇化质量和城市功能品质显著提升，人才、资本、科技等发展要素加速聚集，宜居、宜业、宜游的精致县城和秀美乡村基本建成，常住人口城镇化率预期提高7.5个百分点。

（五）深化改革开放迈出新步伐

“放管服”、国资国企等重点领域和关键环节改革取得突破性进展，“四最”一流营商环境加快形成。承接粤港澳大湾区、闽东南、长三角产业转移和内陆开放型经济试验区实施取得更大实效，出口年均增长10%左右，实际利用外资年均增长8%左右。

（六）社会文明程度达到新高度

社会主义核心价值观更加深入人心，“实诚精神”名片更加响亮，公民思想道德、科学文化和身心健康素质明显提高。客家文化、红色文化、生态文化、莲乡文化进一步传承创新发展，文化服务和文化产业体系更加健全。

（七）民生福祉增进得到新提升

脱贫攻坚成果得到巩固拓展。社会就业更加充分、更高质量，城镇调查失业率控制在5.5%以内，城乡居民人均可支配收入年均分别增长8.5%左右和10%左右。多层次社会保障体系更加健全，教育、医疗、住房、养老、文化、体育等基本公共服务均等化水平与全国差距明显缩小，人均预期寿命进一步提高，人民群众的获得感、幸福感、安全感不断提升。

（八）党建工作迈上新台阶

社会主义民主法治更加健全，“五型”政府效能持续提升，治理体系和治理能力现代化水平明显提高，基层高效协同治理格局基本形成。重大风险防范化解能力、突发公共事件应急能力、防灾减灾救灾能力、国防动员能力显著增强。公众安全感满意度保持在99.5%以上，继续列全省、全市前列，发展安全保障更加有力。

30 赣州经济技术开发区十年苏区振兴发展报告

摘要： 十年感恩奋进，十年振兴发展。赣南等原中央苏区振兴发展政策实施以来，在党中央、国务院深切关怀，国家部委鼎力支持，江西省委、省政府高位谋划和赣州市委、市政府正确领导下，赣州经济技术开发区牢记嘱托、感恩奋进、苦干实干，聚焦电子信息和新能源及新能源汽车“双首位产业”，奋力建设“一极两地四中心”，把政策机遇、政策红利转化为发展动力，推动赣州经济技术开发区发生翻天覆地的变化。面向未来，赣州经济技术开发区上下将站在“两个大局”的战略高度，增强机遇意识和风险意识，早日建设成为全国一流的现代化国家级经济技术开发区。

关键词： 振兴发展　苏区　赣州经济技术开发区

一、发展成效

（一）综合实力实现跨越

经济社会发展走上新台阶。2021 年赣州经济技术开发区（以下简称赣州经济技术开发区）工业主营业务收入达 1 160 亿元，比 2011 年增加了 843.2 亿元，是 2011 年的 3.66 倍，顺利迈入“千亿园区俱乐部”；规模以上工业企业从 101 家增长到 292 家，增长 189%，如表 30-1 所示。2012—2021 年，赣州经济技术开发区新增工业营收超 10 亿元企业 21 家，工业营收超百亿企业 4 家，百亿工业营收企业实现了零的突破，并且还有一大批公司在向百亿企业冲刺。财政总收入从 2011 年的 15.9 亿元增长到 2021 年的 82.84 亿元，同比增长 421%。2021 年，赣州经济技术开发区经济发展实现“三个首次突破”，其中工业营收首次突破 1 000 亿元、达到 1 160 亿元；同兴达科技等 4 家企业营收首次突破 100 亿元。主要经济指标勇夺“九个第一”，13 项主要经济指标中，规模以上工业营业收入、规模以上工业增加值、固定资产投资、工业固定资产投资、财政总收入、一般公共预算收入、限额以上社会

霞光下的赣州经济技术开发区

消费品零售额、实际利用省外资金、实际利用外资、进出口总额、出口总额等 11 项指标总量位居赣州市第 1；其中工业营业收入约占赣州市 1/4、固定资产投资约占赣州市的 1/5、工业固定资产投资占赣州市的 1/5、限额以上社会消费品零售额占赣州市的 1/5、进出口总额约占赣州市的 1/3、出口总额约占赣州市的 1/3。

表 30-1　2011—2021 年赣州经济技术开发区主要经济指标变化情况　　单位：亿元

年份	财政总收入	工业营业收入	社会消品零售总额
2011	15.9	316.8	15.6
2012	22.0	428.4	21.7
2013	26.4	512.6	24.7
2014	32.4	601.4	34.5
2015	35.6	338.0	43.3
2016	36.4	381.0	47.8
2017	41.0	467.0	56.9
2018	46.4	677.5	64.0
2019	50.6	705.0	80.4
2020	52.2	860.0	231.3
2021	82.8	1 160.0	281.2

资料来源：根据赣州市统计年鉴、赣州经济技术开发区经济发展局数据整理而得。

（二）脱贫攻坚全面胜利

1. 省级贫困村全部出列

两个“十三五”省级贫困村（三江乡新江村、凤岗镇长田村）全部出列，5 405 户 19 014 人建档立卡贫困人口全部高质量脱贫，贫困群众获得感、幸福感、满意度显著增强。2018—2020 年，连续三年在全省党委和政府脱贫攻坚工作成效考核中被评为“好”的等次，连续三年在全省财政扶贫资金绩效评价中被评为“优秀”。2021 年，在全省巩固拓展脱贫攻坚成果考核中获评“好”的等次，在功能区中排名第一。

2.“两不愁，三保障”有效解决

脱贫群众“两不愁，三保障”得到有效解决，100% 的贫困户建档立卡以来总体生产生活状况有明显改善。2015—2021 年，赣州经济技术开发区为 3.6 万人次贫困家庭学生发放各类学生资助金 3 523.09 万元，没有因贫失学辍学现象；投入 5.04 亿元新建区人民医院、赣州新能源科技城医院及异地新建乡镇卫生院 1 所、改（扩）建乡镇卫生院 4 所，建成公有产权村卫生健康服务室 42 所；全面落实“四道医疗保障线”、先诊疗后付费、“一站式”结算服务等政策，脱贫攻坚期间，财政资助脱贫人口参保率达 100%，贫困人口住院报销比例保持在 90% 适度水平；对所有贫困户住房进行了安全鉴定，投入 1 390 万元，通过拆旧建新、维修加固、建设农村保障房等途径，建设农村保障房 161 套、实施危房改造 148 户；定期对农村饮用水水质进行检测，投入 6 899.36 万元实施集中供水工程、农村饮水安全巩固提升工程、分散改水工程等 7 处，所有村通自来水，普及率提升至 94.77%。

（三）乡村振兴有效衔接

1. 组织保障坚强有力

赣州经济技术开发区成立巩固拓展脱贫攻坚成果、乡村全面振兴行动领导小组和“1+1+5”七个专项小组，优化完善系列配套政策，保持医疗保障、教育资助、就业扶持等主要政策总体稳定、平稳运行；对 62 个村（居）分驻村帮扶、对口帮扶、网格化三类管理，做到三个“全覆盖”，选派 67 名干部轮换驻村，实现重点帮扶村工作队全覆盖；101 名干部组成 39 个工作组，实现对口帮扶村、网格化管理村帮扶全覆盖；安排 1 661 名干部结对帮扶，实现脱贫户和三类人员结对帮扶全覆盖。

2. 项目建设牵引产业融合

2021 年，赣州经济技术开发区实施乡村建设项目 8 个，总投资 9 530 万元，建设集中连片村庄环境整治点 4 个、乡村振兴示范线路 3 条，完成区内高速沿线房屋立面整治，启动 5 个区级“改厕样板村庄”打造，62 个行政村通自来水、村组干道太阳能路灯全覆盖，5 个省级重点村 49 个自然村中，39 个已完成新农村建设或美丽乡村建设；投资 172 万元，实施乡村治理项目 5 个；投资 25.23 亿元，实施乡村社会事业项目 21 个，村村实现通水泥路、动力电、光纤网，农村基础设施进一步完善，创设“孝老食堂”，创新农村养老服务，教育、医疗、文化等农村基本公共服务水平加快补齐。依托品牌、产业、产品、市场等优势，赣州建控集团、菲尔雪食品、东坚米业等企业积极投身“万企兴万村”行动，加快推进农村一二三产业融合发展。

（四）产业发展蓬勃兴旺

1. 新能源汽车产业发展强劲

2016 年以来，赣州经济技术开发区紧紧围绕赣州市“1+5+N”产业布局，以构建“整车 + 零部件 + 研发 + 检测 + 汽车文化”全产业链为发展目标，坚定不移地走新能源汽车全产业集群式发展道路，先后获评省级新型工业化产业示范基地、省级重点产业集群、战略性新兴产业集聚区。2019 年，凯马汽车等整车企业实现投产下线，2021 年赣州经济技术开发区整车年产销规模近 2 万辆。2021 年，赣州经济技术开发区已聚集新能源汽车及关键零部件企业 110 余家，其中规模以上企业 47 家，实现主营业务收入 180 亿元，增速为 36.54%。

赣州市新能源汽车城山东凯马整车制造生产车间

2. 电子信息产业链条逐步完善

全力构建产品体系。赣州经济技术开发区把电子信息产业确定为“2+N”产业体系[①]首位产业之

① “2+N”产业体系：新能源汽车和电子信息双首位产业、稀土和钨后端应用、新材料、数字经济、区块链赋能和粮谷深加工。

一，全力构建“芯、屏、端、网、器”中高端电子产业体系，2021 年，赣州经济技术开发区已聚集电子信息企业 240 家，其中规模以上企业 84 家，形成了以手机整机、智能投影仪、显示模组、偏光片、导光板、5G 滤波器、高端电容、精密电阻、光纤光缆等为主的较为完整的产品体系。

全力育龙头、壮集群。2021 年赣州经济技术开发区电子信息产业实现营业收入 420.77 亿元，同比增长 60.55%；其中营业收入超 10 亿元的企业有 7 家，超 50 亿元的企业有 3 家，超 100 亿元的企业有 1 家。电子信息产业集群连续两年（2020—2021 年）获评江西省四星级产业集群。

大力实施全产业链招商。2016 年以来，赣州经济技术开发区共引进电子信息产业项目 179 个，总投资超 1 500 亿元，特别是引进了总投资 101 亿元的富士康工业互联智能制造项目，产业结构从原来以光纤光缆、电子周边件等为主导，发展至液晶电视、平板电脑、液晶显示模组、电缆及光纤光缆、电子元器件“多元共存”，高新技术产品占比超 70%，产业结构不断优化。

大力实施科技创新战略。2021 年，赣州经济技术开发区电子信息产业拥有省级以上创新平台 47 个，孚能科技获评国家级企业技术中心，同兴达等 7 家企业获评省级企业技术中心，电子信息产业高新技术企业达 65 家、专精特新企业 31 家、科技型中小企业 50 家，冠英智能、西克节能等 9 家企业成功入选江西省第一批制造业数字化转型服务商和应用案例。

富士康智能制造项目落户赣州经济技术开发区

3. 稀土钨新材料集群效应持续放大

2012—2021 年，稀土钨新材料产业已逐步形成稀土氧化物—稀土荧光粉—钕铁硼合金永磁材料—永磁电机产业链和碳化钨粉—硬质合金棒材—精密刀具产业链，培育稀土钨新材料产业规模以上企业 41 家，获评国家新型工业化有色金属（稀土新材料）产业示范基地。2021 年，赣州经济技术开发区稀土钨新材料产业继续保持高速增长，实现营业收入 149.77 亿元，同比增长 40.89%，已培育金力永磁、富尔特、荧光磁业、澳克泰、海盛合金等一批优质龙头骨干企业。金力永磁在港交所主板上市，成为全球第一家高性能稀土永磁材料行业“A+H”上市公司，2021 年实现营业收入 40.91 亿元，并成功获评江西省制造业单项冠军企业。

赣州经济技术开发区金力永磁二期磁钢项目

（五）基础设施日趋完善

1. 交通体系建设提速

在 2012—2021 年期间，围绕“外联”和“内畅”的交通发展目标，赣州经济技术开发区高质量完成黄金机场改扩建及T2航站楼建成并投入使用；赣州西站建成通车，电子科技城、新能源科技城、高铁新区主干路网基本成型，成为赣州市域的交通枢纽地，对外交通核心地位凸显。配合市本级建成了迎宾大道、东江源大道、客家大道西延、机场快速路、创业路等快速路建设，实现唐龙大桥、机场快速路跨上犹江大桥、三江公路桥通车，全面建成岗边大道、城西大道、唐龙大道、唐凤大道等主干道路，完成金岭路等主干路扩宽，大广高速科技城互通、厦蓉高速保税区互通稳步推进，"八纵十横"交通路网更加畅通。

2. 市政基础设施水平提高

赣州经济技术开发区供水保障能力进一步加强，完成赣州市第二水厂扩建，供水规模已达25万立方米/日，龙华水厂供水规模已达20万立方米/日。雨污分流体系基本形成，迎宾大道、金岭中路、客家大道等新建成的道路下已敷设雨污分流管道，"十三五"时期，赣州经济技术开发区共新建、改造雨污水管网108公里，建成海绵城市面积10.89平方公里；污水处理能力有效突破，完成沿章江布置的截污干管和污水提升2#泵站、3#泵站、4#泵站建设，香港工业园污水处理厂一期、新能源科技城污水处理厂完工运行，结束了赣州经济技术开发区污水处理设施为零的历史。

3. 公共服务设施品质提升

城市卫生环境明显改善，赣州经济技术开发区以创建全国卫生城市和巩固全国文明城市成果为契机，2016—2021年，赣州经济技术开发区建成二类以上公厕132座，8个垃圾中转站全部达到"创国卫"标准，不断规范保洁作业标准，保洁率达96%以上。公园绿地体系逐步完善，新增修复城市园林绿化面积32万平方米，金凤梅园、蟠龙公园、唐龙公园实现开园，玉兰湖公园、欧潭公园、杨边公园等公园推进有序，正在谋划高铁新区中轴线公园、朝阳公园的规划建设，建成小游园4个。商业服务设施日趋繁荣，启动了嘉福万达、星洲润达、涌泉等综合体，锦辉、唐凤等商业中心服务设施建设，同时建成宝塔、华鑫北等7个农贸市场，完成了湖边、杨坑、阳光等6个农贸市场提升改造。

（六）民生改善有力有效

1. 教育事业蓬勃发展

赣州经济技术开发区始终坚持深化教育改革、扩大教育投入、不断提升办学水平，从最初以"教学点—村完小—乡镇中学（中心小学）"为主体的单一义务教育学校体系，到如今"城乡一体、体系完备"的学校大格局，让群众实现"在家门口上好学校"的愿望；持续深入推进"名校带动"战略，江西理工大学三江校区、江西理工大学附属金岭学校、赣州一中西城校区、清华大学附属中学创新实验班相继落户赣州经济技术开发区，在优质教育资源引进和城乡教育发展方面都呈现了接连突破的良好态势。大力实施城乡学校建设三年行动计划（2018—2020年），投入25亿元高标准新（改、扩）建学校（幼儿园）21所，新增优质学位3.28万个，"大班额"全面消除，"入学难"大幅缓解。

2. 卫健事业高速发展

2012年以来，赣州经济技术开发区持续推进区域性医疗卫生中心城市建设，陆续完成各乡镇卫生院、社区卫生服务中心改（扩）建工程，新（改）建43所村卫生健康服务室、45所农村公厕；引进赣南医学院第一附属医院、赣州市妇幼保健院在赣州经济技术开发区新建主院区，均按三级甲等医院建设，同时引入优质社会医疗资源启动建设赣州仲易骨科医院项目，健全特色专科医疗建设。新建三所区级人民医院，其中赣南医学院第一附属医院托管运营区人民医院，区第二人民医院（湖边镇卫生院）已正式揭牌运营，为赣州经济技术开发区第一所正式启用的区级医院，填补赣州经济技术开发区近十年无区级公立医院的历史空白，新增床位 3 400 余张。

3. 民政事业生机勃勃

社会救助体系建设取得新突破。从 2021 年 1 月开始，低保审核确认权限下放至各乡（镇、街道、管理处），优化程序，拓宽渠道，申请方式由单一的窗口申请，增加网络自助申请。未成年人保护机制不断完善，赣州经济技术开发区成立区未成年人保护工作委员会，6 个乡镇，82 个村（居）都配备了儿童督导员、儿童主任，基本构建“上下贯通、权责明晰、层层负责”的未成年人保护工作体系。残疾人事业获得长足健康发展，成立了赣州经济技术开发区残疾人联合会，并于 2019 年 11 月 28 日正式开展办证工作，及时落实残疾人保障政策；截至 2021 年底，累计为 2 216 名残疾人发放残疾人两项补贴 1 271.84 万元，107 名贫困重度失能残疾人共享受居家照护补助资金 177.24 万元。

二、经验启示

（一）登高望远谋全局，锚定发展“新赛道”

赣州经济技术开发区坚持规划引领、谋篇布局，谋划实施近百项改革措施，在对标对表、总结继承、深入调研的基础上，提出建设“一极两地四中心”的发展“总目标”和“挺进全国 50 强、冲刺千亿园区”以及“力争到 2025 年营收突破 2 000 亿元”的年度“子目标”，建立“一张蓝图干到底”工作推进机制，2021 年赣州经济技术开发区工业主营业务收入达 1 160 亿元，顺利迈入“千亿园区俱乐部”。2012—2021 年，赣州经济技术开发区规模以上工业企业增长 266%，百亿营收工业企业实现了零的突破，并且还有一大批公司在向百亿企业冲刺，外贸出口额增长 503%，财政总收入增长 421%，新能源及新能源汽车产业实现主营业务收入 180 亿元，从十年前的刚刚起步迅速成长为主要产业群，电子信息产业从十年前占比较小快速发展成主营业务收入超 420 亿元的支柱型产业。在 2021 年度国家级开发区综合考评中名列全国第 52 位，全省排名第 2。

（二）弹射起步抢先机，争当发展“排头兵”

赣州经济技术开发区始终把改革作为推动发展的“先手棋”“关键招”。一是招大引强引爆产业升级。创新实施“一办、一院、一军、一杠”的“四个一”招商机制，组建“招大引强追梦办”，探索推行“1/3 工作法”[①]，2021 年签约项目 137 个，是 2012 年的 2.3 倍，签约资金 1 314.38 亿元，签约资金相当于 2012 年的近 5 倍，说明十年来赣州经济技术开发区的招商引资工作，在签约项目迅速增长的同时，签约项目的体量也在不断升级。对世界 500 强、中国 200 强、行业头部企业发起猛攻，不断加强对优质企业的吸引和招商，2021 年引进世界 500 强企业项目 5 个、服务业民企 100 强 1 家，招商数量和质量在十年间实现双飞跃，招商效果大幅提高，不断缩小与粤港澳大湾区的差距。2021 年成功引进总投资 300 亿元的吉利赣州 42GW · h 动力电池项目，为当年赣州市单体投资规模最大的工业项

① 1/3 工作法：各单位安排 1/3 的干部抓招商引资、1/3 的干部抓项目建设和企业服务、1/3 的干部抓业务工作。

目。二是扶优扶强壮大工业体量。加快推动新能源汽车整车、电池企业靠大联强，建立分层次遴选培育标准和动态调整机制，同兴达科技、江钨新材等4家工业企业2021年度顺利实现营收过百亿，实现百亿营收企业零的突破。2012—2021年，新能源及新能源汽车产业实现从材料加工到产品开发到整车生产销售的过程，产业群日益壮大，培育、吸引一批上下游企业，形成成熟的产业集群；电子信息产业形成“芯、屏、端、网、器[①]”产品体系，从过去劳动密集的生产型企业集群发展成集产、学、研于一体的科技型产业集群，2021年电子信息产业实现营收420.77亿元，成为赣州经济技术开发区的重要支柱型产业。三是项目建设干出热火朝天。建立季度接力滚动推进机制，形成“周战报、月调度、季评比”制度，每季度对重大项目开展主题冲刺活动和项目建设“大比武”，每半月组织重点攻坚项目开展“沙丁鱼追逐”争先赛，每十天对省大中型项目、“满园扩园”行动项目、民生实事项目召开现场调度会，深入开展春节、五一、端午以及国庆等节假日期间“重大项目不停工”，处处是沸腾的火热场景，实现“以旬保月、以月保季、以季保年”。

（三）比肩湾区优环境，构建“四最”“好生态”

赣州经济技术开发区深入实施营商环境优化升级“一号改革工程”，以改革创新为抓手，打造全省首个“无证明”营商环境，持续擦亮“经心办”“经快办”营商品牌，全省营商环境考评排名第二。一是用改革提效。2016—2021年，赣州经济技术开发区加大“放管服”改革力度，推进“容缺审批＋承诺制”改革，改革推动企业报建环节优化85%、材料精简85%，大力推进行政审批和政务服务事项“网上办”，“一次不跑”事项占比达61%。在赣州市乃至全省率先“标准地”改革、“签约速开工”改革、深化QFLP（合格境外有限合伙人）业务试点改革、探索知识产权证券化改革、组建招商服务公司推行市场化招商等一系列突破性、先导性的改革创新举措。二是以服务解忧。大力践行“一线工作法”“践诺工作法”，2016—2021年，赣州经济技术开发区建立“三同三会、三员三办”[②]企业服务制度体系，安排332名干部蹲点344个项目“同办公、同吃住、同推进”，定期召开政企圆桌会、述职评议会和暖心爽心早餐会，向625家企业派驻364名首席服务员、科技特派员、上市辅导员，构建招大引强“追梦办”、项目落地“马上办”、企业发展“解难办”等“三办”一链式服务，为企业提供从引进到落地、发展的全生命周期服务，每年为企业解决各类问题1 000多个，努力打造“风里雨里都在等你”的“企业家港湾”。赣州经济技术开发区先后获评2020中国经济营商环境十大创新示范区、2021中国经济十大最具投资价值开发区、全省开放平台先进单位。

三、展望

面向未来，赣州经济技术开发区上下将站在“两个大局”的战略高度，增强机遇意识和风险意识，把赣州经济技术开发区高质量跨越式发展放在经济全球化的大背景、全国发展的大格局、区域合

① 芯、屏、端、网、器：即芯片产业、显示屏产业、智能终端产业、智联网产业、电子元器件产业。

② “三同三会、三员三办”：“三同”即安排干部蹲点项目“同办公、同吃住、同推进”；“三会”即定期召开政企圆桌会、述职评议会和暖心爽心早餐会；“三员”即向区内企业派驻首席服务员、科技特派员、上市辅导员；“三办”即构建招大引强“追梦办”、项目落地“马上办”、企业发展“解难办”等“三办”一链式服务体系。

作的大战略中来谋划推动，进入并持续巩固全国国家级经济技术开发区 50 强、奋力冲刺 30 强，把赣州经济技术开发区建设成为全国一流的现代化国家级经济技术开发区。

（一）提升经济综合实力

赣州经济技术开发区主要经济指标增速高于全省、全市增速，地区生产总值年均增速达 9%，总量跨越 550 亿元，工业主营业务收入、进出口总额等主要经济指标占赣州市比重超过 1/4。到 2025 年，三次产业结构比重进一步优化，研发经费占 GDP 比重提升至 3.5%，新增授权专利超 5 000 件，高新技术企业数占赣州市比重上升至 30%。

（二）加强基础设施建设

赣州经济技术开发区实施交通互联互通工程，建设区域性交通枢纽，实现赣州经济技术开发区与章贡区、南康区、蓉江新区一体化融合发展，积极协助市中心城区进行“四横六纵”快速路网和“八横八纵”五区一体化交通性主干路网建设，实现中心城区联动一体化发展。继续推进城西大道三江段、黄金大道快速路、东江源大道快速路北延等骨干路网建设及蟠龙大桥、肖边大桥等跨江体系建设。

（三）完善生态文明建设

赣州经济技术开发区国土空间开发保护格局得到优化，生态环境质量持续提升，生态安全屏障更加牢固，森林覆盖率保持稳定。资源节约集约利用率不断提高，生态产品价值实现多元转化，生态文明制度体系更加健全，生产生活方式的绿色转型成效显著。生态环境持续改善，主要污染物排放总量持续减少；空气质量全面稳定达到国家空气质量二级标准，水生态建设得到加强，水环境质量持续巩固改善，基本消除城市黑臭水体，城乡人居生态环境明显改善。

（四）推进民生社会事业

持续完善社会事业服务体系，进一步提升教育、卫生健康、文化体育、民政事务等社会事业发展水平。各级各类教育事业实现均衡、协调、可持续发展，学前三年幼儿入园率达 90% 以上，公办幼儿园占比达 50% 以上，普惠性幼儿园覆盖率达 85% 以上。小学在校生巩固率达 100%，初中在校生巩固率达 100%，进一步提高普通高中招生规模和教育质量，高中阶段入学率达 92% 以上。持续加强赣州经济技术开发区医疗卫生服务体系建设，赣州经济技术开发区规划床位总数达到 3 400 张，每千常住人口医疗机构床位达到 9 张。

（五）加强新时代党的建设

坚持把党的政治建设摆在首位，围绕贯彻落实党的二十大会议精神和全面推进“三大战略、八大行动”各项工作，办好系列活动，抓实“每月学习日”学习制度；利用郭大力故居等红色资源，创新开展好党员轮训工作，推动各级党组织和党员坚决捍卫“两个确立”、做到“两个维护”。着力加强党员队伍建设，大力发展农村优秀青年党员，将每年发展党员计划重点向农村、“两新”领域倾斜，确保每个村每两年至少发展 1 名 35 岁以下年轻党员。

31 蓉江新区十年苏区振兴发展报告

摘要： 乘着赣南等原中央苏区振兴发展的高速列车，赣州蓉江新区党工委、管委会于2017年5月16日正式揭牌成立，成为赣州第1个、江西省第7个城市功能新区。自成立以来，蓉江新区抢抓发展机遇，聚焦“一区四中心”发展定位，担当实干、开拓创新，努力在建设革命老区高质量发展示范区中书写蓉江篇章，一座现代时尚、生态智慧、宜居宜业的未来之城正在加速崛起。

关键词： 苏区　振兴发展　蓉江新区

一、主要成效

自2017年成立以来，蓉江新区党工委、管委会始终坚持以习近平新时代中国特色社会主义思想为指导，深入学习贯彻习近平总书记视察江西和赣州重要讲话精神，坚决落实中央和省委、市委各项决策部署，立足“一区四中心”[①] 发展定位，按照“品质立区、产业富区、服务兴区、党建强区”工作思路，创新、实干、进位、廉洁，把高标准高品位要求贯穿发展全过程各领域，“五年成规模”目标基本实现，与全国全省全市同步全面建成小康社会，迈上了全面建设社会主义现代化新征程。

赣州蓉江新区

① “一区四中心”是指赣州经济发展的核心区和总部经济中心、金融商务中心、科技创新中心、文化旅游中心。

（一）经济水平持续提升

如表 31-1 所示，蓉江新区生产总值由 2018 年的 40.01 亿元增长至 2021 年的 55.32 亿元，年均增长 8.9%；财政总收入大幅度增长，2021 年蓉江新区财政总收入、一般公共预算收入完成 6.4 亿元、2.87 亿元，分别比 2018 年增长 214%、257%，年均增长 69.9%、64.5%；人民生活水平不断提高，城镇居民人均可支配收入 36 110 元，是 2018 年的 1.27 倍，年均增长 8.3%；农村居民人均可支配收入 18 131 元，是 2018 年的 1.6 倍，年均增长 17.77%。三次产业结构由 2018 年的 1.67 : 17.57 : 80.75 优化调整为 2021 年的 1.34 : 16.81 : 81.83。

表 31-1　2018—2021 年赣州蓉江新区主要经济指标

指标	2018 年	2019 年		2020 年		2021 年	
	绝对额	绝对额	增速	绝对额	增速	绝对额	增速
地区生产总值	40.01 亿元	43.90 亿元	8.8%	48.58 亿元	8.6%	55.32 亿元	9.5%
第一产业增加值	0.67 亿元	0.59 亿元	2.3%	0.66 亿元	2.3%	0.74 亿元	5.8%
第二产业增加值	7.03 亿元	7.57 亿元	6.8%	10.58 亿元	12.4%	9.3 亿元	6.7%
第三产业增加值	32.31 亿元	35.13 亿元	9.4%	37.34 亿元	7.8%	45.27 亿元	10.1%
财政总收入	1.37 亿元	2.89 亿元	111.3%	4.6 亿元	59.2%	6.4 亿元	39.3%
一般公共预算收入	0.74 亿元	1.71 亿元	130.5%	2.64 亿元	54.4%	2.87 亿元	8.7%
固定资产投资	—	26.23 亿元	—	45.06 亿元	71.8%	58.97 亿元	30.9%
社会消费品零售总额	—	14.86 亿元	—	15.07 亿元	1.4%	20.78 亿元	16.3%
城镇居民人均可支配收入	28 422 元	31 054 元	9.3%	32 806	5.64%	36 110 元	10.07%
农村居民人均可支配收入	11 293 元	15 362 元	36.03%	16 632	8.27%	18 131 元	9.01%
实际利用外资	620 万美元	730 万美元	17.70%	779 万美元	6.71%	827 万美元	6.16%
实际利用省外资金	—	—	—	2.4 亿元	8.11%	2.6 亿元	8.33%

资料来源：根据蓉江新区历年统计数据整理而得。

（二）乡村振兴全面推进

省级贫困村坳上村 2019 年顺利脱贫“摘帽”，2 874 户 9 699 人建档立卡贫困人口全部脱贫，脱贫攻坚任务全面完成；建档立卡贫困户人均纯收入由 2016 年的 5 810 元增至 2021 年的 14 490 元，年均增幅 29.9%。贫困群众稳定实现“两不愁”，基本医疗全面覆盖，义务教育全面保障，饮水安全基本解决，住房安全全部解决，失能弱能贫困群体兜牢基本生活；贫困群众通过产业扶贫、就业扶贫、扶贫扶志等帮扶，脱贫发展动能持续增强，截至 2020 年底，贫困户享受过产业帮扶占比 90.07%，就业帮扶占比 97.67%。统筹城乡基础设施一体化建设，按照城市道路标准，2021 年蓉江新区建成“一环三纵”主干道路约 12 公里、农村道路 87 公里，顺利打通下穿京九铁路通道 3 个，推进自来水、电力通信、燃气等各类市政管网同步进村入户，农村基础设施和公共服务不断完善。农业产业不断培育，发展花卉苗木、蔬菜、脐橙等产业，探索“龙头企业（基地）+ 合作社 + 农民 + 市场”发展模式，建立“基地 + 合作社 + 农户”的利益联结机制，2021 年底形成产业扶贫龙头企业 3 家，带动脱贫户 70 余户，各类带贫经营主体 106 家，带动脱贫户 600 余户。

（三）重点产业蓬勃发展

瞄准现代服务业发展方向，重点发展数字经济、科技创新、文化旅游、金融商务、健康颐养。2021 年底，蓉江新区市场主体超 11 000 户，注册资金 143.1 亿元，连续三年新注册市场主体超 2 000 户；引进产业项目 14 个，总投资 335.34 亿元。启迪科技城、富力现代城、中国文谷等项目加快建设，赣南数据湖示范中心正在为 33 个单位上百个系统提供服务，已成为江西省最大的光磁一体化数据存储中心，中国（赣州）知识产权保护中心顺利落地；总投资超百亿元的数创智联科技园首批项目落地，已建成区域北斗高精度位置服务平台、车路协同服务平台、时空大数据智能处理平台和江西省首个区域“低空无人机遥感网”；引进中书、世纪飞歌等实力企业，常态化举办音乐演出、体育赛事、文化讲座等各类特色活动，文化旅游活动周、COART 麋鹿嘉年华、书院文化生活论坛相继举办，富力足球学校、新旅中书商业艺术综合体陆续开放运营，文化旅游快速发展。谋划推进总部经济中心、金融商务中心建设，赣州金融商务区土地开发规划中期方案完成编制，《赣州金融商务区项目开发策划》正式获批。蓉江新区利用老旧厂房打造 3 个双创产业园，2018 年底开园的云创智谷新经济双创园吸引 100 余家新经济企业入驻，2021 年产值突破 3 亿元。截至 2021 年，“516 双创产业园”入驻企业近百家，其中数创智联、航天科工、国录大数据等重点数字经济企业近 60 家，产值超 5.7 亿元，税收超 6 200 万元，初步形成以“北斗 + 时空大数据、物联网、信息安全和数据服务”为主要产业方向的数字经济产业园区。

（四）城市建设日新月异

蓉江新区科学把握建设时序，以蓉江三路以东的 26 平方公里起步区为主战场，迅速拉开城市框架。截至 2021 年，共征收土地 2.95 万亩、拆迁房屋 272.15 万平方米，建成道路 48 条 100.7 公里、人行天桥 5 座、截污干管约 19.5 公里、停车车位 2.3 万余个，城市建成区面积达 19.5 平方公里。“东西向”打通和谐大道，“南北向”新时代、飞扬、创业、蓉江等大道实现部分路段通车，环绕城区的滨江大道全线拉通，创业大桥、平安大桥、过江隧道等跨区通道项目加快建设，内部交通大循环日益完善，对外交通大通道不断拓展，“一环五横八纵”主干路网框架基本形成。积极推动新型基础设施高质量发展，2018—2021 年，累计建成新能源汽车充电桩超 500 根，完成 300 余个 5G 基站建设，基本实现 5G 全覆盖。

蓉江新区智慧城市运行调度指挥中心

（五）改革开放不断深化

坚持把改革作为“关键一招”，以点带面、集成推进，2017—2021 年，蓉江新区谋划实施改革任务 370 项，推动各项事业迈上新台阶。大力推进“放管服”改革，赣服通蓉江分厅由 3.0 版本升级至 4.0 版本，121 项业务实现掌上办理，群众可享受“想办就办、办就办好”不打烊自助服务。持续推动权力下放，赋予潭东镇、潭口镇县级审批服务执法权 107 项，审批服务效率进一步提升。深化科技体制改革，截至 2021 年底，蓉江新区建立健全科创企业培育体系，入库科技型中小企业 6 家，完成授权专利 142 件，新增授权发明专利 12 件；完善科技人才管理、评价、激励机制，引进高层次人才 7 名、行业急需紧缺人才 48 名。

（六）生态文明持续向好

坚决打好三大污染防治攻坚战。蓉江新区持续发力建筑工地扬尘整治、工业源大气污染治理、道路扬尘治理及餐饮油烟整治，建成赣州市第一个乡镇空气环境质量监测站，空气质量达到国家二级标准。全面推行河长制、林长制，中心城区第二水厂饮用水水源地及辖区内 4 个断面水质达标率达 100%，未出现Ⅴ类及劣Ⅴ类水或水质降类情况；建成公园绿地 4 100 亩，蓝绿空间占比稳定在 45% 以上，完成低质低效林改造 7 506 亩，森林蓄积量达到 22.44 万立方米，森林覆盖率达 30.61%；生态示范创建卓有成效，潭口镇上元村被授予“江西省省级生态村”荣誉称号。

生态文明体制改革创新稳步推进。开展排污许可证“一证式管理”改革试点，落实流域生态保护补偿制度，与上游南康区、下游章贡区成功签订新一轮流域上下游横向生态保护补偿协议。生态环境监测能力大幅提升，投资 1 300 万元建设智慧环保体系，以物联网、大数据、人工智能等技术支撑，对区域内大气、水、噪声等进行实时监测，同时将辖区内工地、园林、高空瞭望、黑烟抓拍等视频监控系统接入智慧环保平台，实现精细化、智能化管理。

（七）民生福祉显著增强

自 2017 年以来，蓉江新区民生支出累计完成 32.92 亿元，年均增长 18.6%，占公共预算支出比重达 84.96%；坚持教育优先理念，在 77 平方公里城市规划区布局 51 所中小学校，社区 300 米服务半径内配建公办幼儿园；共建成中小学校和幼儿园 13 所，新增学位 12 240 个，有效缓解“入学难、入园贵”问题。聚焦医疗卫生资源紧缺问题，加快推进市中医院新院、惠民医院、疾控中心项目建设，与赣南卫生健康职业学院合作建立高校园区社区卫生服务中心，推动赣南医学院第一附属医院与惠民医院开展运营合作；举全区之力完成征拆任务，保障南方医科大学南方医院赣州医院项目落地，助力赣州建设国家区域医疗中心；推进养老服务水平高质量发展，建立区、镇、村三级养老服务网络，新建居家和社区养老服

蓉江新区新世纪公园

务设施33个，设施覆盖率（除大规模拆迁村外）达100%，新路村获评2021年全国首批示范性老年友好型社区；建成返迁安置房10 022套，完成分配8 354套，上万名百姓实现安居乐居梦想。

（八）社会大局和谐稳定

积极推进市域社会治理现代化试点，努力建设更高水平的平安蓉江，2019—2021年连续三年荣获“平安赣州建设先进单位”称号，获评“2019年赣州市应急管理综合考核优秀县（区）”“2020年全省信访工作‘三无’县（市、区）”；对蓉江新区38个小区进行“智慧安防小区”改造，建成智能人脸识别、高清、普通等各类监控探头3 000余个，全面提升小区智能安防水平；铁路护路工作已连续三年获得省级先进集体表彰。

二、主要做法

蓉江新区坚持“旗帜鲜明讲政治”是干好一切工作的根本保证，提高政治站位、把准政治方向、坚定政治立场，坚决贯彻落实党中央和江西省委、赣州市委的决策部署，以实际行动捍卫“两个确立”、践行“两个维护”。蓉江新区干部群众坚守初心、砥砺奋进，着力建设现代时尚、生态智慧、宜居宜业的品质新城。

（一）党建引领，聚力促发展

党的建设全面加强。蓉江新区深入学习贯彻习近平总书记系列重要讲话精神，坚持以高质量党建引领高质量发展，大胆探索创新构建“5541”党建工作体系，以“五进五促”为工作路径，书记讲坛、红动星期六、党组织结对共建、向党说句心里话四种工作方法、实现一个“党建质量全面过硬”的目标，进一步锤炼为民务实、真抓实干的工作作风，用心用情用力，做给群众看、带着群众干，蓉江新区党风政风呈现全新气象。

党建基础更加扎实。截至2021年，蓉江新区抓实基层党建“三化”建设，增强党建引领作用，以组织培训、服务指导等方式，组织业务培训20余次，全覆盖开展指导10次，全力推动11个拆迁村村级组织活动场所新建、改建和扩建，优化调整党总支32个、党委2个，新组建党支部6个，36个机关党支部和36个基层党支部建立结对共建关系、常态化开展结对共建活动，推动机关党组织和基层党组织的共同提升、共同成长，33个村集体经济经营性收入均突破10万元。

坚持全面从严治党。认真落实党风廉政建设责任制，驰而不息纠“四风”、树新风，保持惩治腐败高压态势，政治生态持续向上向好；民主法治建设不断加强，党管武装工作再上新台阶，连续两年获评市征兵先进工作单位。

（二）把准节奏，五年成规模

蓉江新区围绕“一区四中心”目标定位，始终坚持把准节奏，不盲目追求速度，保持足够耐心，久久为功谋发展，做到高起点规划、高标准建设、高质量发展。

城市建设成规模。蓉江新区城市框架全面拉开，26平方公里起步区已基本建成；“一环五横八纵”

城市骨干交通路网不断完善，滨江路、新时代大道等城市骨干道路相继通车；“一廊五脉七星多园”生态公园体系初现雏形，滨江公园、新世纪（运动）公园、新世纪（十里花溪）公园等相继建成并开放迎客。

经济体量和人口成规模。主要经济指标增速高于赣州市平均水平；地区生产总值、财政总收入、一般公共预算收入、固定资产投资增速连续三年位居赣州市前列；人口集聚能力不断提升，城市常住人口增至 19.1 万人。

产业发展成规模。蓉江新区以现代服务业为主体的产业结构初步形成，建成 516 双创产业园、云创智谷新经济双创园；赣南数据湖示范中心成为江西省最大的光磁一体化数据存储中心；文旅产业异军突起，围绕“公园 +”，打造了音乐会、营地乐园、书院文化等城市旅游品牌，以及滨江公园音乐喷泉等网红打卡点。2021 年，全区接待游客 230 万人次，实现旅游收入约 13 亿元。

（三）民生为重，建设幸福城

坚持“基础设施优先、公共服务优先”原则，在 5 年时间里建成了系列打基础、利长远的民生项目。

提升群众住宅品质，蓉江新区拿出黄金地段，以“品质不低于普通商品房”的标准建设返迁安置小区，并在小区周边配套建设中小学校、幼儿园、医院、商业综合体、农贸市场等公共服务设施，着力构建“十五分钟便民生活圈”。

打造一流教育品牌，蓉江新区按照“300 米服务半径内有幼儿园、800 米服务半径内有中小学”的要求，每所学校都精心设计、精致建设、精美呈现，校园环境、硬件设施达到赣州市一流水平。

补齐医疗资源短板，蓉江新区加快建设惠民医院，协调推进南方医科大学南方医院赣州医院、市中医院、市儿童医院等重点医疗卫生项目，并与赣南医学院、赣州卫生健康职业学院开展合作，引进优质医疗资源，提升医疗服务水平。

（四）前瞻谋划，智慧向未来

建成赣州市第一条地下综合管廊。蓉江新区在国内首次采用光导管技术，同步敷设电子标签，采用电气化全智能控制，并同步建设了管廊运营中心，可以完全实现地下管网的智能智慧型管理；管线迁改入廊，不仅能提高管线的使用寿命，保障城市安全、美化城市景观，也实现了城市空间的集约利用。

建成智慧城市。蓉江新区公共信息平台、智慧交通、智慧教育、智慧工地、智慧城管、智慧管网、智慧社区、智慧园林、一卡通、智慧政务等专项应用项目均已先后上线试运行；可随时对各点位进行监控、调度和管理，全覆盖、全流程、分层级的信息化监管体系，使实时在线监管成为现实。

建成海绵城市。贯彻海绵城市理念，规划建设总里程约 38 公里的“两横五纵”防洪排涝系统；根据高效排水和长远发展需要，进行成环成网规划建设，并通过增加透水铺装等技术措施，提高绿地对径流雨水的渗透、调蓄、净化、利用能力，在城市做到“大雨不积水、小雨不湿鞋”，真正造福百姓、泽被千秋。

三、展望

蓉江新区将坚持以习近平新时代中国特色社会主义思想为指导，持续深入贯彻习近平总书记视察江西和赣州重要讲话精神，聚焦“作示范、勇争先”目标定位，立足新发展阶段、贯彻新发展理念、构建新发展格局，大力推进“六个江西”建设，深入落实“三大战略、八大行动”，按照“品质立区、产业富区、服务兴区、党建强区”工作思路，创新、实干、进位、廉洁，加快建设“一区四中心”，努力在新时代革命老区高质量发展上作表率，为建设省域副中心城市和国家区域中心城市、打造对接融入粤港澳大湾区桥头堡做出蓉江贡献。

（一）坚持品质立区，提升发展能级

针对当前经济形势，集中精力抓好蓉江三路以东区域的项目建设、招商引资、产业培育，全面打通起步区路网，推动飞扬大道、仓背岭路、夏兰路等 40 条道路全面完工，加快“两桥一隧道”建设，加紧构建内连外通的交通网络。加快推进白鹭湖公园、中央景观走廊等公园建设，扎实推进污水管网、截污干管二期等环保设施建设。依托智慧城市指挥调度平台和无人机巡航，对区内已建成道路、桥梁、城市照明、管网等市政公用设施进行精细化管理，建立智慧化、精细化、网格化新型城市治理模式。

（二）坚持产业富区，增强发展动能

推行社会化招商模式，办好产业招商推介会、“三请三回”等活动，推动招商引资取得更大成效。强力推进数字经济“一号发展工程”，推动启迪科技城、赣州大数据产业园、数创智联、云创智谷等平台做大做强，引进孵化一批高新技术企业，打造数字经济产业集聚区。推进滨江休闲消费带建设，加快蓉江之星商业中心、中国文谷、嘉福万茂等项目建设。激发文旅消费活力，把握国庆、中秋等重要节点，举办多层次、多元化赛事活动，实现游客人次、旅游收入新突破。

（三）坚持服务兴区，优化发展环境

全力推进营商环境“一号改革工程”，扎实开展新一轮对标提升行动，持续深化“放管服”改革，加快推进“市县同权”等改革，推出 30 件以上“一件事一次办”和“智能辅助审批”事项，力争 60% 以上事项实现“一网通办”。聚焦民生“七个位”，启动芦苇路小学等 4 所学校新（改、扩）项目规划建设，加快赣州市第十三中学、区疾控中心、颐养中心、惠民医院建设，协助加快南方医院赣州医院、赣州市中医院新院等市级项目建设，每年新增停车位 1 000 个以上，优化一批公交线路，开工建设保障性租赁住房一期项目，加快水岸康居等 3 个小区提升改造，不断提升城市宜居性和舒适度。

（四）坚持党建强区，凝聚发展合力

精心组织党的二十大精神集中宣讲，推动党史学习教育常态化长效化。牢固树立大抓基层的鲜明导向，高质量抓好农村等各领域党建，深入开展党员“联心联户联情”、机关党组织与村（社区）和“两新”组织党组织结对共建，持续打造“书记讲坛”“红动星期六”“向党说句心里话”等党建活动品牌。健全干部激励机制，落实评先评优和绩效考核制度，营造良好的干事创业氛围。

后　记

为持续巩固提升赣南苏区振兴发展十周年系列活动成果，系统总结苏区振兴十年来取得的重大成效，进一步扩大、提升赣南等原中央苏区振兴发展政策影响力和关注度，激励赣州干部群众在新的历史起点上继续感恩奋进、接续奋斗，同时作为一项重要资料存史资政育人，赣州市委、市政府决定编撰出版《红土巨变——赣南苏区振兴发展十周年回眸与展望（2022）》。

《红土巨变——赣南苏区振兴发展十周年回眸与展望（2022）》，全面描述了赣南等原中央苏区振兴发展政策实施十年来的成就，并对赣南苏区下一步的振兴发展工作提出了若干政策建议。本书的编委会成员有李祥鑫、杨运武、邱荣生、刘屾、宋鹏、傅小新、廖丽萍、缪小征、蔡小卫。专家组成员有江西省政府原副秘书长、省政府研究室原主任陈石俊同志和江西省社科院原党组书记姜玮同志、省政府发展研究中心原副主任王志国同志。编辑部成员有彭道宾、刘善庆、黎志辉、汪忠华、沈夏珠、和聪贤、张艳、汪春翔、姚素雯、周小觉。

本书由总报告、专题报告和县域发展报告三部分组成，编撰工作在江西省委副书记、赣州市委书记吴忠琼同志，江西省发展和改革委员会主任张和平同志，赣州市委副书记、市人民政府市长李克坚同志直接领导下，赣南苏区振兴发展工作办公室具体承担。在本书编撰过程中，赣州市委常委、市人民政府常务副市长胡剑飞同志和江西省赣南等原中央苏区振兴发展工作办公室副主任、赣州市赣南苏区振兴发展工作办公室主任、赣州市发展和改革委员会主任卢述银同志给予了悉心指导。封面图片由邹小光提供，正文中的图片由赣南日报社、赣州市摄影家协会等单位和个人及各县（市、区）发展改革委（苏区办）提供。总报告和专题报告初稿由赣南苏区振兴发展工作办公室、赣州市委组织部、赣州市委政法委、赣州市委政研室、赣州市发展改革委、赣州市财政局、赣州市工业和信息化局、赣州市生态环境局、赣州市统计局、赣州市乡村振兴局、赣州市红色资源保护发展中心提供，县域发展报告初稿由各县（市、区）发展改革委（苏区办）提供，江西师范大学苏区振兴研究院（革命老区振兴研究院）彭道宾、刘善庆、黎志辉、汪忠华、沈夏珠、和聪贤、汪春翔承担了书稿的修改完善工作，广州商学院张艳参与了部分书稿的修改完善工作。在此一并表示感谢！

在中国计划出版社有关领导、编辑同志的全力支持和帮助下，本书在较短时间内就与读者见面了。在此深表谢意！

由于时间、水平有限，本书错漏之处在所难免，恳请读者包涵和批评指正！

本书编委会

2022 年 11 月

图书在版编目（CIP）数据

红土巨变：赣南苏区振兴发展十周年回眸与展望．2022／赣南苏区振兴发展工作办公室编．-- 北京：中国计划出版社，2023.1
ISBN 978-7-5182-1493-8

Ⅰ.①红… Ⅱ.①赣… Ⅲ.①区域经济发展—研究—江西 Ⅳ.①F127.56

中国版本图书馆 CIP 数据核字 (2022) 第 193968 号

策划编辑：张文征　　责任编辑：张文征　沈　建
封面设计：韩可斌　　责任校对：王　巍
责任印制：李　晨　王亚军

中国计划出版社出版发行
网址：www. jhpress. com
地址：北京市西城区木樨地北里甲 11 号国宏大厦 C 座 3 层
邮政编码：100038　电话：（010）63906433（发行部）
北京汇瑞嘉合文化发展有限公司印刷

880mm × 1230mm　1/16　25.25 印张　645 千字
2023 年 1 月第 1 版　2023 年 1 月第 1 次印刷

定价：168.00 元